U0819360

权威 · 前沿 · 原创

皮书系列为
“十二五”“十三五”国家重点图书出版规划项目

北京蓝皮书
BLUE BOOK OF BEIJING

中国社区发展报告（2018~2019）

ANNUAL REPORT ON COMMUNITY DEVELOPMENT OF CHINA(2018-2019)

社区养老专题

主　编／谭日辉
副主编／宋　梅　李金娟

社会科学文献出版社
SOCIAL SCIENCES ACADEMIC PRESS (CHINA)

图书在版编目(CIP)数据

中国社区发展报告. 2018－2019，社区养老专题／谭日辉主编. --北京：社会科学文献出版社，2019.6
（北京蓝皮书）
ISBN 978－7－5201－4965－5

Ⅰ. ①中… Ⅱ. ①谭… Ⅲ. ①社区建设－研究报告－中国－2018－2019②养老－社区服务－研究－中国－2018－2019 Ⅳ. ①D669.3②D669.6

中国版本图书馆CIP数据核字（2019）第110804号

北京蓝皮书
中国社区发展报告（2018～2019）
——社区养老专题

主　　编／谭日辉
副 主 编／宋　梅　李金娟

出 版 人／谢寿光
责任编辑／王　展
文稿编辑／张春玲

出　　版／社会科学文献出版社·皮书出版分社（010）59367127
地址：北京市北三环中路甲29号院华龙大厦　邮编：100029
网址：www.ssap.com.cn
发　　行／市场营销中心（010）59367081　59367083
印　　装／三河市东方印刷有限公司

规　　格／开　本：787mm×1092mm　1/16
印　张：27　字　数：406千字
版　　次／2019年6月第1版　2019年6月第1次印刷
书　　号／ISBN 978－7－5201－4965－5
定　　价／128.00元

中国社区发展报告（2018～2019）
编委会

主要编撰者简介

谭日辉 博士，研究员，北京市社会科学院城市管理研究基地主任；主要研究领域为城市社会学、组织社会学、应用社会学；主要代表作为《一个南方城市的空间社会学研究》（专著）、《北京社区治理机制研究》（专著）、《管理创新与政策选择：政府培育扶持社区社会组织的研究》（合著）、《社会心态与民生建设研究》（合著）、《2020北京城市空间格局优化研究》（合著）、《社会组织发展的深层困境及其对策研究》（论文）、《北京城市空间格局优化研究》（论文）、《三轮驱动与北京特大城市治理体系创新》（论文）。

宋　梅 社会学博士，北京市社会科学院城市问题研究所副研究员；主要研究方向为城市治理与社区发展。

李金娟 博士，北京市社会科学院社会学所助理研究员；主要研究方向为社区治理、社区养老。

摘　要

本报告是北京市社会科学院“中国社区发展报告（社区养老专题）”课题组编撰的2018～2019年度分析报告（社区蓝皮书），由北京市社会科学院城市所组织研究机构专家、高校学者以及政府研究人员撰写。

本报告分析了2005年以来中国社区养老以及北京市社区养老发展的现状以及形势。报告认为，中国老龄化形势越来越严峻。本报告以翔实的统计数据和实地调查资料为依据，以2篇主报告和23篇分报告，分别讨论了中国社区养老，特别是北京市社区养老的总体情况和未来形势。第一板块主报告分别立足国家层面的宏观高度和北京市级层面的发展视角，分析了我国社区居家养老的发展形势和未来展望、北京市社区养老的总体形势以及面临的宏观问题和挑战，提出了应对挑战和难题的若干政策建议；第二板块由4篇文章组成，比较全面地分析了社区养老照顾的理论进路、理想与现实，探讨了社区居家养老服务均等化问题、社区智慧养老问题以及5G技术在智慧养老中的应用等理论问题；第三板块由4篇调查报告组成，从社区服务设施的供给侧、城乡社区养老服务设施的差异、养老照料中心的运营管理、养老驿站的建设等方面着重分析了北京市社区养老服务设施建设发展面临的形势和问题；第四板块包括7篇调查报告，依据详细的调查统计数据，运用定性与定量相结合的研究方法分析了北京市老旧小区老年人的居住环境、北京市城市副中心社区养老服务、上海市社区养老服务、贵州省赤水的养老服务、海南省的社区健康文化、广西壮族自治区社区养老服务等方面的形势和存在的问题，并从不同研究视角提出对策建议；第五板块分别从空巢家庭母亲的精神心理慰藉提供、社区老人心理支持系统建设以及社会工作介入社区居家养老的路径层面分析了如何运用专业资源满足社区老年人的养老需求；第六板块由5篇典型案例组成，分别介绍了社区长期照护体系的“普亲模式”、打通社区居家养老微循环的“乐龄模式”、以青年助老服务为特色的“夕阳再晨模式”、融入式社区养老的“寸草春晖模式”、社区养老驿站多层次复合发展的“京宇轩模式”，分析了各自的运营模式及其挑战，并提出了具有针对性的对策建议。

序

根据国家统计局2018年统计公报，截至2018年底，中国60岁以上老年人口已经接近2.5亿人，占总人口的17.9%；其中，65岁以上老年人口为1.66亿人，占11.9%。① 而联合国的预测表明，未来40年里中国60岁以上老年人口规模还将迅速扩大，到2025年老年人口规模将接近3亿人，2035年突破4亿人，2015～2035年我国老年人口数量增长迅猛，平均5年增长2000万人，到2055年，或将达到5亿人以上。

进入21世纪以来，我国人口老龄化越来越成为国内乃至全世界关注的焦点之一。因为，我国人口老龄化的特点是规模巨大，虽然起步晚但发展迅速，同时是未富先老。国际社会大多用65岁及以上老年人口比例从7%增长到14%来衡量人口老龄化速度的快慢。从各国的发展经验看，法国用了115年，瑞典用了85年，英国、德国、美国都差不多用了50年，而日本只用了25年，速度之快非常惊人。根据2000年11月底第五次人口普查，我国65岁以上老年人口已达8811万人，占总人口的6.96%，60岁以上人口达1.3亿人，占总人口的10.2%。因此，中国在2000年进入老龄化社会，但是，65岁以上人口占比达到7%，应当从2001年算起。如果从2000年算起，恐怕只会少于日本的25年，预计将在2024年前后达到14%。而届时，60岁以上的老年人口将为近3亿人，占到总人口的近1/4。

我国老龄人口之所以具有以上特征，除了我国人口基数庞大、预期寿命提高以及经济发展属于后发展国家以外，长达数十年的人口控制和计划生育政策更是最重要的原因。政策导致的出生率迅速下降人为地加速了老龄化的

---

① 国家统计局：《2018年国民经济和社会发展统计公报》，http：//www.stats.gov.cn/tjsj/zxfb/201902/t20190228_1651265.html，2019年2月28日。

进程，近年来虽然放开二孩政策，但是生育率似乎已经难以再现往日繁荣，如此下去，老龄社会的前景只会进一步加重。而这种人口年龄结构的老化，并非随着中国的经济和社会的发展自发演进，同经济和社会的发展并不同步，这就使得中国出现了“未富先老”现象，并且必然地使我国的老年抚养比在未来迅速上升。我国的老年抚养比 2000 年为 15.7%，据预测，2025 年将达到 31%，到 2060 年将会达到 61%。这无疑会对每个家庭和整个社会产生巨大的压力。

人口老龄化程度的升高，意味着我国高龄、患病、独居、空巢老人的比重增加，社会赡养率增高，人口负担加重，医疗和社会福利资源紧张，社会保险支出增加，养老照料和护理服务需求激增。所以，相应地研究、建立和发展适合于我国老龄化特点的养老服务模式，以应对迅猛增长的老龄化人口发展态势，确实可以称得上是迫在眉睫的重大社会问题。2017 年，党的十九大报告就指出，积极应对人口老龄化，构建养老、孝老、敬老的政策体系和社会环境。

国内外普遍存在的养老模式基本上可分为家庭养老、社区居家养老、机构养老三种类型。其中，家庭养老是历史上存在时间最长的一种传统养老模式，至今也是我国最主要的养老模式；机构养老是一种社会化的养老模式，它由养老院、福利院、老年公寓等养老事务执行机构为老年人提供系统化、标准化的养老服务的模式；社区居家养老则由政府牵头，依托社区，依靠专业化服务，以家庭为核心，为居住在家的老年人提供相关养老服务。养老服务在内容上包括生活照料、家政服务、康复护理、医疗保健、紧急救助、精神慰藉等。

数十年的计划生育政策造成的“独生子女”家庭广泛存在，以往我国传统的大家庭正在被“4—2—1”结构的家庭取代；家庭中需要受到照顾的老人相比以前多子女家庭增多，而可照顾老人的家庭成员相对减少，家庭养老模式或将难以为继。机构养老中的机构专业人员可以为老人提供更优质的照顾，尤其对于那些独自生活、生活不能自理及需要专业照顾的患病老年人而言，也能促进“医养结合”；养老机构的设备共享，不但减轻了子女的负担，而且能提高资源的利用度，有其他老人的陪伴还能缓解老人的孤独感。所以，机构养老是一种促进健康养老的较好模式。但是，由于我国老龄化发展迅速，相应的养老机构、专业的服务人员以及配套的服务设施和环境都存在不小的缺口，形成了公立机构“一床难求”，私立机构费用昂贵等现象，目前也无法满足大部分老龄人口的需要。相比之下，社区居家养老才是我国眼下应当大力发展的养老模式。

社区居家养老是一种介于家庭养老和机构养老之间的养老方式，既具有家庭养老在家中养老的特性，又可以利用社区等社会资源辅助养老，其养老的经济负担可以由家庭成员、政府、社会组织以及市场共同承担。无疑，社区居家养老结合了家庭养老和机构养老的优点，既保留了家庭养老的传统形式，满足了老年人的心理需求，又利用社会资源向老年人提供了便利的服务；还可以缓解机构养老的床位压力，降低子女压力；社区居家养老相对低的养老成本，也更为适合我国当前的经济发展水平。最重要的就是，社区的五大主要功能中，就包括相互支持的功能和社会互助与福利的功能，它指的是社区在其成员以及其家庭遇到困难且不能靠成员自己来独自解决问题时应当给予帮助。根据社会学理论，传统上，初级群体如家庭、邻里和朋友是提供社会支持和社会保证的第一道供给线，而社区中的次级群体如国家的有关组织、营利和非营利的健康和福利机构、卫生站或者看护中心、志愿者队伍以及老年人照管中心等在初级群体无法完全履行其功能时应当提供服务。这种帮助可以是临时的，也可以是长期的。正因此，社区才称得上是名副其实的社区。

在历史上，我国农村社区就有延续千年的邻里互助的优良传统，只不过在次级群体方面有所欠缺。改革开放后，为了适应城镇化的发展，在进行我国城市社区制的初创阶段，有关政府部门就开始将老年人群纳入社区服务的工作。1987 年，民政部提出要开展城市社区服务，指出社区服务的内容首先是面向各类弱势群体和优抚对象的福利服务，包括老年人、残疾人、贫困者、优抚对象等。在社区建设开始后，2001 年，民政部印发了《“社区老年福利服务星光计划”实施方案》，提出要积极兴建老年活动中心、社区老年服务站、家庭养老服务中心、老年人日间服务中心等社区服务设施网络，依托社区为老年人服务。2006年，《国务院关于加强和改进社区服务工作的意见》提出了我国一体化、信息化社区养老综合服务平台的搭建的课题。2008年，全国老龄办、国家发改委、教育部、民政部等十部门联合下发的《关于全面推进居家养老服务工作的意见》指出要研究制定“民办公助”的政策措施，鼓励社会力量参与兴办居家养老服务业。2011年，国务院印发的《中国老龄事业发展“十二五”规划》首次将养老服务看作与养老保障地位相同的老龄事业体系，提出要将“80%以上退休人员纳入社区管理服务对象”，再次强调了完善社区居家养老服务网络的重要性，要求扩大社区服务的覆盖面和受益人群。2017年，国务院印发的《“十三五”国家老龄事业发展和养老体系建设规划》明确将我国的社区居家养老定义为“以居家为基础、社区为依托、机构为补充、医养结合”的养老方式。

《中国社区发展报告（2018～2019）——社区养老专题》这本蓝皮书就是专门针对社区养老，立足北京，面向全国进行研究的成果，报告的内容既有理论的探讨，也有实证的研究；既有学术方面的论述，也有进行养老实践方面的分析和总结。本书的主编及各位作者都在社区、社区服务以及社区养老服务等领域进行过多年的探索和研究，相信本蓝皮书的出版将会为北京市乃至全国的社区居家养老模式的发展提供可贵的理论和实践方面的借鉴和助益。

夏建中

前　言

本书是北京市社会科学院“中国社区发展报告”课题组第一次以专题的形式研究和预测中国社区养老发展形势的年度报告。

2018～2019 年度中国社区发展专题蓝皮书从以下五个方面展开分析，提出对策建议。

1. 发展篇

2005 年以来，社区养老成为社会各界共识并获得一定发展，以“居家为基础、社区为依托、机构为支撑”的养老服务体系逐步构建；社区养老照顾作为“银发浪潮”的主流应对措施，从 21 世纪初的少量学理讨论到后来的政策推进，现已迈向规模化发展。“发展篇”分析了社区养老发展理论、路径、愿景等内容，提出了社区养老对于实现健康老龄化的重要战略地位，介绍了当前社区养老的互联网发展趋势以及移动通信 5G 技术应用于社区养老场景的可行性及具体路径。

报告指出，目前社区养老的发展既具有促进就业和新型服务业的优势，同时存在社会认同度不高、服务项目单一、专业人才缺乏、市场化运作不够、优惠政策不到位等不足。报告分析认为：一方面，科学、合理认识健康老龄化，形成从健康老龄化、长期照护到安宁服务的持续性老年服务链是提升社区养老服务质量的重要因素；另一方面，社区养老照顾的良好运行还有赖于社区内外资源的整合和后台支撑，包括观念更新、政策协调，以及大众创新等。未来应基于我国现实国情，拓宽社区养老服务资金渠道，形成多元化投入机制，结合互联网社会背景建立完善的服务设施和平台，创新人工智能、5G 技术在促进老龄群体继续社会化等方面的具体应用，推进人才职业化和专业化，给予优惠政策支持来发展居家和社区养老服务业。

2. 社区养老设施篇

社区养老设施是社区养老中的一个重要研究内容，“社区养老设施篇”主要针对北京市社区养老设施的现状及发展进行了全面的专题分析与研究思考。报告基于2016~2017年“北京市居家养老相关服务设施摸底调查”的普查数据详细分析了北京市养老助残设施状况、运营方式、功能提供等现状，并在上述调查数据分析的基础上，认为当前北京市城乡社区养老设施分布不均，城市社区在覆盖率、无障碍设施配备率、从业人员配置率、服务功能层面优于农村社区，且接受日间照料服务的老年人规模呈现两头高于、中间低于农村的现状；农村社区则在养老服务设施建筑面积、老年餐桌服务老年人的规模、设施福利性层面较之城市社区具有一定优势，养老服务设施的独立使用率和坡道等无障碍设施的覆盖情况较之城市更高。此外，城乡社区养老设施建设还存在名称有待规范化、功能有待拓展、从业人员短缺等问题；养老驿站面临缺乏单体执照、运营成本高、驿站空间设计不合理以及专业人才匮乏等困境。未来需要从顶层设计、政策实施、人才培养等方面统筹协调推进，进一步拓展社区养老功能并发展居家助老功能，整合专业支撑和技能实训功能、信息管理功能，做好人才队伍建设工作，建立组织机构网络，加强资金监管，建立市场运作机制。

3. 调研篇

“调研篇”依据有关统计数据，针对我国社区养老发展程度、现状进行了详细剖析。

报告基于“第四次中国城乡老年人生活状况抽样调查”获得的调查数据进行分析研究，认为我国有照料需求的高龄老人比例高，各省份之间差异大。有照料需求的高龄老人对大部分养老服务项目显示了知晓率高、需求率高、利用率低、利用效率差、有效需求得不到满足的特点。在群体上，女性、丧偶、受教育程度低、经济条件差的高龄老人是养老服务需求的强势群体和利用的弱势群体。农村有照顾需求的高龄老人在绝大部分养老服务项目的知晓率、利用率、利用差上都低于城镇，而需求率和需求差则高于城镇。东、中、西部以及东北地区有照料需求的高龄老人在养老服务项目的知晓率、利用率、需求率、利用差、需求差上都存在较大差异，西部、中部地区的社区居家养老服务亟待加强。

报告基于翔实的调查数据，分析、描述了当前中国以北京市、上海市为代表的典型特大城市以及广西壮族自治区、海南省等地的社区养老发展现状，从北京老旧小区老年居民居住环境、北京城市副中心社区养老发展状况以及上海社区老年居民养老供需配置等方面进行了详细分析与梳理，从供给侧及需求侧的不同视角为我们展现并描摹了当前中国社区养老的发展现状、存在问题以及发展趋势。

4. 实务篇

当前，随着社会结构的变迁，老年人养老需求日益多元化、老年人心理健康问题逐渐凸显，也关涉我国健康老龄化、积极老龄化的实现。为此，满足老年人日益多元化的养老需求，需要不断创新社区为老服务路径。“实务篇”基于不同理论研究视角，着重从为独居空巢母亲提供精神慰藉、为社区老年人提供心理支持以及借助社会工作个案方法及小组工作方法介入社区居家养老模式等层面为我们展示了社区养老服务模式的微观样态。

5. 机构案例篇

当前，居家养老、社区养老和机构养老的融合发展趋势进一步增强，养老机构参与社区养老的服务模式趋于多样化。“机构案例篇”涵盖了以长期照护为指向的普亲模式、乐龄老年社会工作服务模式、夕阳再晨科技助老项目、寸草春晖“融合式”社区养老模式以及多层次复合社区“京宇轩”养老服务驿站模式探索等，从运营理念、运营策略及过程实施等方面进行了详细介绍，为现阶段机构养老服务在社区层面的具体开展提供了一定启示。

本年度“中国社区养老专题蓝皮书”的作者均来自专业的研究和调查机构、大学以及政府有关研究部门，各位作者的观点只属于作者本人，既不代表总课题组，也不代表作者所属的单位。

本年度“中国社区养老专题蓝皮书”涉及的大量统计和调查数据，由于来源不同、口径不同、调查时点不同，可能存在不尽一致的情况，请在引用时认真核对。

本课题的研究得到北京市社会科学院的重点资助。本课题研究活动的组织、协调以及总报告的撰写，均由“中国社区养老专题蓝皮书”课题组所负责。

本年度“中国社区养老专题蓝皮书”由谭日辉、李金娟负责统稿。总报告由中国人民大学杨立雄教授负责写作，总报告在撰写过程中，得到了北京市养老服务事务中心黄春旺处长、北京市民政局养老工作处李树丛副处长的大力支持，他们向课题组详细介绍了北京市社区居家养老的总体形势、面临的挑战和未来的设想，并应课题组的请求，推荐课题组到海淀甘家口街道养老照料中心（医养康研究院）、首开寸草春晖养老院、诚和敬养老驿站、京宇轩养老驿站、鼎信达科技公司（华颐天城养老服务北京有限公司）、北京市北京通养老卡数据服务中心、延庆区民政局等单位调研，得到了余立新董事长、王小龙院长、张帅一董事长、柴健董事长、孙翔杰董事长、白强董事长、延庆区民政局任局长的大力支持。北京市社会科学院科研处处长朱霞辉、社会科学文献出版社社长谢寿光、皮书分社社长邓泳红以及编辑王展、张春玲为本书的出版做了大量工作，在此表示诚挚谢意。

编　者

2019 年 6 月

目 录

Ⅰ 主报告

Ⅱ 发展篇

Ⅲ 设施篇

Ⅳ 调研篇

Ⅴ 实务篇

Ⅵ 机构案例篇

皮书数据库阅读**使用指南**

主　报　告

The Summary Reports

B.1

我国居家和社区养老服务的发展与展望

成海军*

摘　要： 我国对居家和社区养老服务的理念及含义的理解，一方面来源于国内学术界对英国社区照顾以及深受英国影响的我国香港地区安老服务的介绍与探讨，另一方面来自我国市场经济体制的建立以及与之相适应的社会福利服务的转型。我国从2005年开始探索的居家和社区养老服务模式具有公共服务性质，体现了国家、社会和家庭对养老责任的共同承担，适应我国当前“未富先老”的国情，既具有就近、便捷、低成本、有利于促进就业和新型服务业的优势，又有社会认同度不高、服务项目单一、受益人群偏少、服务经费不足、专业人才缺乏、资源效率低下、市场化运作不够、优惠政策不到

* 成海军，男，博士、教授，民政部培训中心（北京社会管理职业学院）民政政策理论研究所所长；主要研究方向为养老服务、社区建设、社会组织等。

位等不足。未来应拓宽资金来源，形成多元化投入机制，建立完善的服务设施和平台，推进人才职业化和专业化，给予优惠政策支持来发展居家和社区养老服务业。

关键词： 机构照顾　社区照顾　居家和社区养老服务　社区服务　老龄化

自2000年我国步入老龄化社会以来，老龄化带来的压力不断加大。截止到2018年底，我国60岁及以上老年人口已经达到2.49亿人，占总人口的17.9%；65岁及以上老年人口达到1.67亿人，占总人口的11.9%。[①] 近年来，由于人口老龄化和家庭小型化，传统的子女多、老人少的家庭结构逐渐变成了子女少、老人多的“核心家庭”结构。一对夫妻要奉养四个老人并抚育孩子，子女赡养老人的压力大大增加。随着老年人口比重的不断加大，社会化养老服务的需求愈发强烈，加强社会养老服务体系建设日显重要。我国在目前经济尚不发达的情况下，无法聚集大量的资金投入养老服务业。未来很长一段时间，居家和社区养老模式将在我国成为主要的养老模式，发挥重要的作用。

一　居家和社区养老服务的起源及英国社区照顾模式

在世界范围内，有关“社区养老服务”的理念和做法起源于二战以后英国“去机构化”的“社区照顾”。[②] 当时英国社区照顾以病弱老人、精神病患者、智障人士、身体障碍者为主要服务对象。为了使这一类群体摆脱院

---

① 参见国家统计局《2018年国民经济和社会发展统计公报》，http://www.stats.gov.cn/tjsj/zxfb/201902/t20190228_1651265.html，2019年2月28日。

② 陈伟：《英国社区照顾之于我国“居家养老服务”本土化进程及服务模式的构建》，《南京工业大学学报》（社会科学版）2012年第3期。

舍（机构）的照顾，回归到正常的家庭和社区生活中，英国政界、学界和社会各界对院舍照顾的批评呼声日益加剧，“去机构化”“回到社区”日渐成为照护的主流观点。社区照顾的概念也逐渐出现在社会福利政策的讨论和选择中。

英国的“社区照顾”分为“在社区照顾”和“由社区照顾”。“在社区照顾”主要是让那些长期滞留在医院或大型专业机构中的服务对象回到社区和家庭中，倡导社区内小规模的养老机构照顾和由正式和非正式资源所提供的照顾。① 强调“社区照顾”的地理概念，凸显了“在病院外的照顾”。该类对社区照料的理解在某种程度上反映了当时英国社会弱势群体脱离院舍照顾、回归家庭的一种呼声，得到了社会各界的普遍认同。“由社区照顾”最早是帮助弱势群体走出机构照顾模式，地方政府负责安置工作。② 1981 年英国政府发布《步入高龄化白皮书》指出：“社区照顾的实质就是要增加非正式照顾者的责任，主要由地方政府、营利性组织、志愿组织以及非正式的支持网络（家人、朋友、邻里等）为服务对象提供照顾。”③ 其从关注照顾的环境变为关注照顾的资源，即“正式的”与“非正式的”照顾网络。④ 1980 年前后，英国“在社区照顾”逐渐地转变为“由社区照顾”，使社区照顾本身等同于由地方政府照顾。1990 年，首次以社区照顾命名的《全民健康与社区照顾法案》出台，明确地方政府需专款专案执行社区照顾。经过几十年的发展与完善，英国社区照料更加成熟，有独特的“英国特色”。

分析英国社区照顾发展的历程和轨迹可知，20 世纪 50 ~ 70 年代兴起的

---

① HARTNELL C. , *The Community Care Handbook: the Reformed System Explained*, New York: London Age Concern, 1995: 91 -92.

② AYER S. , ALASZEWSKI A. , *Community Care and the Mentally Handicapped: Services for Mothersand Their Mentally Handicapped Children*, London: Routledge & Kegan Paul, 1984: 511 -522.

③ MEANS R. , *Community Care: Policy and Practice*, New York: Palgvwe Macmillan, 1998: 32.

④ ABRAMS P. , ABRAMS S. , HUMPHREY R. et al. , "Neighborhood Care and Social Policy", *Humanities, Psychology and Social Sciences*, 1989, 11 (2) : 43 -56.

“去机构化”的呼声，关注对弱能群体的社区照顾。20世纪70～80年代，社区照顾引进了市场化的元素，强调投资效益、市场化、私营化等服务，由社会福利服务逐渐转变为市场提供服务。20世纪70年代以后，英国人口老龄化规模持续增大，老年群体占服务的比重增加，社区照顾成了“为老服务”的替代语，尤其是有长期照料需求的老年人，更成为社区照顾的主要对象。[①] 1990年英国政府颁布《社会照顾法》，在全球首先提出“社区居家养老服务模式”概念。经过三年实践，1993年“社区照顾养老模式”正式在全国确立。该照料模式的特点是，老人居住于社区内，家庭、专业护理人员和社区志愿者都承担相应的照料责任。老人生活在他们熟悉的家庭社区内，有效缓解了子女赡养老人的压力，也使老人不为生活环境的变化而产生孤独和不安。在政府的支持下，该模式作为一项重要的社会政策在英国迅速普及，不但在本国取得巨大成效，更受到欧美多国的欢迎，被很多西方国家效仿并加以改进。

二　我国居家和社区养老服务模式的探索

我国于2004年在北京、上海、广州、南京、杭州等经济发达城市开始“居家和社区养老服务”探索。2016年7月，民政部、财政部印发《关于中央财政支持开展居家和社区养老服务改革试点工作的通知》（民函〔2016〕200号）[②]，安排专项彩票公益金，通过以奖代补方式，选择部分地区和城市进行居家和社区养老服务改革试点，促进完善养老服务体系。截止到目前，中央财政已安排三批资金支持开展居家和社区养老服务改革试点。在内容上七大领域可以获得支持，通过政府购买服务、公建民营、民办公助、股权合作等方式，鼓励社会力量管理运营居家和社区养老服务设施；支持城乡敬老

① BAGGOTT R.，*Health and Health Care in Britain*，New York：Palgrave MacMillan，1994：432.

② 参见中华人民共和国中央人民政府网站，http：//www.gov.cn/gongbao/content/2017/content_5222958.htm，2017年5月2日。

院、养老院直接提供居家和社区养老服务；等等。[①] 试点城市普遍在社区养老服务中心或站点开展日间照料服务。在服务方式上，很多城市采取“走出来、走进去”的办法，既动员活力老人走出家门，在社区接受适合的养老服务，也为失能老人安排上门服务；在上门服务方面，各地有一些自己的经验做法，如北京市推出 96156 生活服务热线，运用声讯、信息技术整合全市企业为老人提供 100 多项服务；大连实行家庭护理员一对一、一对多的上门服务。许多试点城市建设社区服务网络，如南京市整合社区服务资源，将社区服务的内容、形式、收费标准、服务机构以及服务监督等信息进行公开。北京市居家和社区养老服务见图 1。

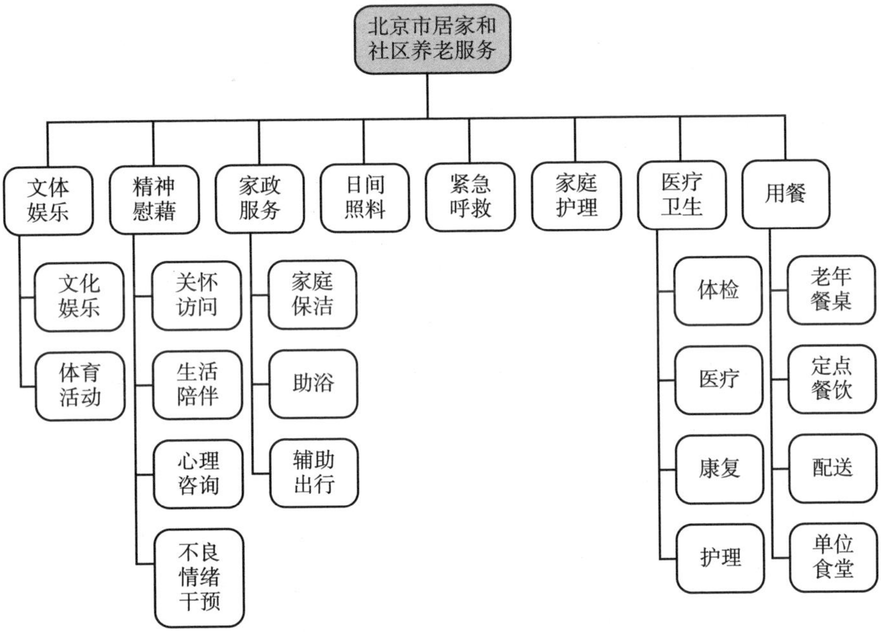

图 1　北京市居家和社区养老服务

① 参见中华人民共和国中央人民政府网站，http://www.gov.cn/gongbao/content/2017/content_5222958.htm，2017 年 5 月 2 日。

三 我国居家和社区养老服务的现实优势

一是居家和社区养老是基于传统家庭养老功能弱化和机构养老服务能力不足而做出的选择。高龄化、少子化、空巢化的加剧以及跨地域职业流动，使子女在照顾父母方面力不从心，空巢老人越来越多，家庭对老人的照料日趋弱化。现有养老服务的供给不足和不平衡发展面临严峻挑战。社会化养老机构服务设施和服务水平大大滞后于养老需求。

二是大多数老年人愿意就近获取“家门口”的社区服务。社区的“嵌入式”“小型化”“多功能”养老服务设施，是大型养老机构所无法比拟的。提供社区“家门口”的服务，老年人能生活在熟悉的家庭和社区环境中，满足大多数老年人安土重迁的习惯和与家人团圆的情感需求，使其既享受专业服务，又享受天伦之乐，因此普遍受到老人们的欢迎。相关调查显示，80%以上的老人选择居家和社区养老。

三是居家和社区养老服务费用低、财政负担小。居家和社区养老服务借助于城市社区养老服务网络支撑，以少量资金投入即可启动，不必花费大量资金兴建养老院、购置养老设施，是一种符合国情的、经济实用的养老方式。

四是居家和社区养老服务符合国际化养老发展趋势。二战以后的一段时间里，欧美国家采取集中供养的办法，解决对老年人的福利服务问题，通过兴建大量老年福利机构、护理院，来提供院舍照顾。但是，这种照顾模式成本高、环境单调、探访不便、财政不可持续。20世纪60年代，出现了“回到家庭和社区”的趋势，很多国家进行了社会福利改革，尝试社区照料模式，把养老照料服务重点放在居家和社区，制定了一系列促进社区养老服务发展的政策，确立了“社区养老优先于机构养老”的新目标。目前，世界上大多数老人选择居家和社区养老，即使在欧美等发达国家和高福利国家，居家和社区养老也是主体。

四　我国居家和社区养老服务的运作方式

目前，居家和社区养老服务主要有以下几种运作方式（见图2）。

一是政府主办，街道社区组织服务队伍承接具体服务。其以街道或社区居委办公用房或租借房为社区居家养老提供服务场所。这是全国比较普遍的做法。二是由社区养老机构承接养老服务。政府委托养老机构，利用养老机构提供的场地，雇佣工作人员，通过建立日间照料中心、社区服务站（点）等方式，为老人提供居家和社区养老服务。三是政府委托社会组织承接服务。北京、长沙、武汉、兰州等地，开展居家和社区养老公益项目，明确服务对象、服务内容、服务人员、服务质量等内容。四是政府出资向企业购买服务。政府把居家和社区养老服务券（卡）或补贴资金直接发给烈军属老人、“三无”对象和城市特困群体，由这些群体向社会组织和企业购买自己所需要的居家养老服务。武汉、温州等地区也采取类似方法。五是邻里互助开展“一对一”养老服务。北京、浙江、江苏、甘肃等地整合协调社会资源，通过企业和社会组织，在社区构建“虚拟养老院”；宁波等地采取“一对一”亲情化服务模式。其建设之初，多由政府背景下的机构承接服务工

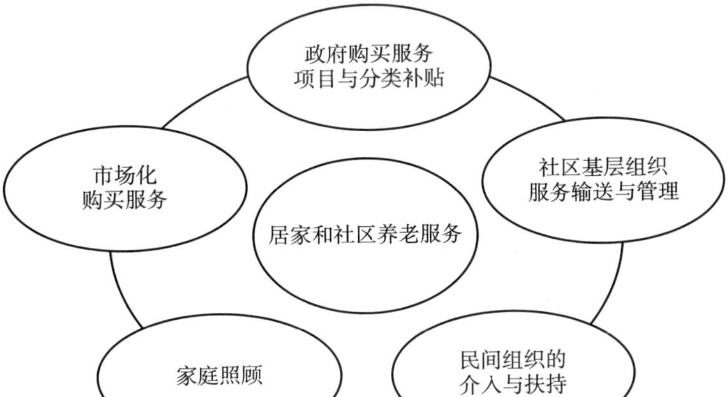

图2　我国居家和社区养老服务结构

作，随着非营利组织的增多，更多地方逐渐把居家和社区养老服务交给社会组织承接。六是“城企联动普惠养老”方式。①

五　我国居家和社区养老服务面临的问题和困境

一是服务项目单一。当前全国各地开展的居家和社区养老服务，普遍存在服务内容少、服务层次低、服务时间短等问题，在服务内容方面，主要是家政服务、日常照料、上门服务、康复护理、精神慰藉等少数项目，缺乏心理疏导等个性化的服务内容，不能满足广大社区老年人个性化、多样化、精细化的养老服务需求。服务内容、服务行为和服务标准还缺乏相应的规范和统一的标准。二是受益人群少，服务覆盖面较窄。大部分地区主要通过政府直接或间接为“三无老人”和失能、半失能老人购买服务，其他服务对象享受比较少。三是服务经费严重不足。四是市场化运作环境尚未形成。目前，全国各地运行的居家和社区养老服务，总体上以政府推动为主，政府通过社会组织和企业为特殊群体购买或提供公益性为老服务，行政色彩比较浓厚，市场运作成分不够，机制尚未形成。五是服务专业人才缺乏。调查显示，目前我国居家养老服务护理人员有90%来自农村地区，平均年龄为46岁，有60%左右是小学和初中文化，有90%以上没有经过专业培训直接上岗。② 一些专业护理人员宁可做小时工，流失到其他服务行业，也不愿做居家和社区养老服务工作。六是服务设施不完善。有一半以上的地方未建立社区服务网络，难以做到资源共享、服务需求和服务供给的对接。很多地区社区单位的养老服务设施不对外开放，造成社区服务资源的“条块分割”，普遍存在重视部门利益和单位内容享用、缺乏社区资源共享的问题。七是相关支持政策不足。目前居家养老政策仍是粗放型的，存在政策不完善、监督

① 《探索支持社会力量发展普惠养老的有效合作新模式——解读城企联动普惠养老专项行动》，中央人民政府网站，http://www.gov.cn/zhengce/2019-02/23/content_5367957.htm，2019年2月23日。

② 《关于完善社区居家养老服务的提案》，全国政协十二届二次会议提案第0266号。

不到位、规划滞后的问题，极大地制约了该项工作的开展。居家和养老服务的进一步发展，涉及多重制度，如养老保险制度、养老服务制度、医疗保险制度、养老服务评估制度、市场监管制度以及税收优惠政策等。八是社会认同度不够。很多地方的老年人对居家和社区养老服务的内容了解不多，对居家和社区养老运作方式的认同度不够，认为政府购买服务就是免费的。

六　我国居家和社区养老服务视阈下的各方关系

推进居家和社区养老服务，必须处理好各方关系，特别是政府、市场和社会三方关系，需要在政府主导下，推进居家和社区养老服务的社会化和市场化。

第一，政府主导，厘清责任。政府的职责：一是制定发展规划，出台相关政策；二是保基本、兜底线、建机制；三是培育市场和监督职责。政府主导意味着“政府是路灯”，又是“红绿灯”，但是不能包办和替代。随着政府职能的转变，应在政府指导下走社会化和市场化的路子。

第二，社会参与，提供服务。基层社会组织贴近基层百姓，运营成本低、发挥效率好、提供服务周到，在居家和社区养老服务中具有独特的作用。

第三，市场推动，促进供给。逐步提高市场化水平，培育养老服务市场，是我国居家和社区养老服务的健康发展方向。应发挥市场的决定性作用，放开养老服务市场，充分发挥民间资本在居家和社区养老服务业中的作用，探索与当地经济社会发展水平相适应的社区养老服务运行模式和机制。需要通过购买服务、合同外包、委托等多种形式，鼓励和支持企业和个人从事居家和社区养老服务。

第四，服务全面，多样运营。居家和社区养老服务是一个完整的服务体系、健康服务体系和精神服务体系。在市场经济较发达、收入水平较高的地区，应采取政府购买、企业市场化提供服务的方式；在社会组织较活跃的地区，应采取非营利性组织参与的供应方式；在欠发达地区，应由政府主导，发挥区、街、居机构职能，组织力量为老年人提供服务。

七 我国居家和社区养老服务的发展路径与对策

分析和借鉴国内外居家和社区养老服务的经验和做法，从我国国情出发，探索解决居家和社区养老服务的资金、人力、设施、运作环境等问题，提出发展路径和对策。

第一，拓宽资金渠道，形成多元化投入机制。逐步形成政府、企业、非营利机构和家庭四方投资的格局。加大政府经费投入。应在现有财政预算科目之外，增加“居家和社区养老服务”科目，形成自然增长机制。还可以将社会捐助作为居家和社区养老服务资金的重要来源，通过完善捐助资金等相关措施，促使企业和慈善力量参与养老服务。

第二，推进社区养老服务人才的职业化和专业化。一是推进专业教育，培养专门人才，通过招生、收费、基础设施建设等方面的扶持，鼓励相关院校设立养老管理与服务等专业，增加招生规模。二是强化技能培训，对现有社区养老服务人员进行技能培训，健全培训制度，形成培训和服务体系。三是提升职业声望，增强服务队伍的稳定性，宣传居家和社区养老服务的作用，改善专职服务人员的工资待遇，增强职业的归属感和荣誉感。四是与再就业结合，建立基本服务队伍。五是发挥社会组织力量，引导志愿服务，通过“时间银行”，整合社区志愿者队伍，参与社区养老服务，探索养老服务方式。

第三，建立完善服务设施和平台。一是将社区养老服务设施纳入城市公共服务设施规划，同步规划和建设。二是有效整合社区现有社区养老服务资源。三是建立社区养老信息服务平台，录入每位老人的基本情况，为老人建立标准化电子健康档案、服务需求等信息库，如北京市建立“96156”社区服务平台。

第四，给予优惠政策和配套措施支持。一是建立服务管理体系，将居家和社区养老服务发展成为最基本的养老方式，建立与之相适应的管理体系。二是建立监督制度，对服务机构、内容、人员和质量等实施全过程监控。三是制定优惠政策，鼓励与老人同住。四是完善相关的配套制度，通过健全法制体系、标准体系、规则体系和服务体系等制度，对服务对象、服务标准、服务机构、管理监管、服务人员等做出规范和要求。

B.2

北京市社区养老发展分析与展望

杨立雄*

摘　要： 北京市是全国最早迈入老龄化社会的地区之一。为应对老龄化危机，北京市制定了“9064”养老发展模式，社区养老成为北京市养老事业发展的重点领域。经过多年的努力，北京市全面打造了社区养老服务的“三边四级”管理和服务体系，建立了较为完善的社区养老法规政策体系、质量评价体系、社会保障体系和产业发展体系。同时，北京市鼓励社区养老创新，养老驿站渐成网络，社区养老参与主体逐步多元化，智慧养老快速推进，社区养老已成为养老的主要方式。但是北京市在社区养老发展过程中还需要理顺政府、市场、社会和家庭的边界，并将资源向贫困、高龄及失能老年人集中；同时，进一步完善相关政策，增强养老驿站可持续发展能力。

关键词： 北京市　社区养老　养老服务创新

---

* 杨立雄，社会学博士，中国人民大学劳动人事学院教授、硕士生导师、博士生导师，中国人民大学中国社会保障研究中心副主任；主要研究方向为养老服务、残疾人社会保障等。该报告在撰写过程中，《中国社区发展报告》课题组负责人谭日辉研究员全程参与调研、协调和联系。其在调研过程中得到了北京市民政局养老处黄春旺处长、李树丛副处长的大力支持，得到了各调研机构负责人的支持，杨建海、陈仁兴、雷妮妮、袁嘉、朱锦贤、张莉莉等也参与了调研和部分资料的整理，在此一并表示感谢。

北京市是全国最早迈入老龄化社会的地区之一。北京市老龄委发布的数据显示，截至 2017 年底，北京市 60 岁及以上户籍老年人口超过 333 万人，占户籍总人口的比例接近 25%；根据预测，到 2020 年，北京市户籍老年人口将超过 380 万人，常住老年人口将超过 400 万人。[①] 为应对老龄化社会的挑战，北京市将养老事业纳入政府发展规划，颁布相关法律，出台多项政策，初步构建了以居家为基础、社区为依托、机构为补充的养老服务模式。

目前，居家养老、社区养老和机构养老作为养老的三种方式被广为接受，然而人们对于这种划分方式仍然存在争议。有学者认为居家养老起源于社区居家养老[②]，两者并没有严格的区分[③]；还有部分学者按照养老场域将养老划分为居家养老和机构养老两种方式[④]，社区养老可以被纳入居家养老，合称“社区居家养老服务”。[⑤] 本报告从养老场域出发，将养老方式划分为居家养老和机构养老，认为社区只为居家养老提供配套和补充。[⑥] 为了行文方便，本报告将社区养老等同于居家养老。

---

① 《北京近 1/4 户籍人口 60 岁以上　老龄化程度居全国第二》，《新京报》2018 年 10 月 15 日。

② 董春晓：《福利多元视角下的中国居家养老服务》，《中共中央党校学报》2011 年第 4 期。

③ 如有学者将居家养老定义为：“以家庭为核心，以社区为依托，以专业化服务为依靠，以居住在家的老人为对象，为他们提供生活照料、医疗护理、精神慰藉和解决日常生活困难的社会化养老服务。”参见闫坤《中国养老保障制度研究》，中国社会科学出版社，2000。

④ 参见袁缉辉《强化家庭作用，支持居家养老》，《上海大学学报》（社会科学版）1995 年第 6 期；杨宗传《居家养老与中国养老模式》，《经济评论》2000 年第 3 期；程伟《居家养老服务券的实践与思索——兼谈购买服务在社会福利社会化中的意义及其政策价值》，《中国民政》2007 年第 4 期。

⑤ 李灵芝、张建坤、石德华、王效容：《社会组织参与社区居家养老服务的模式构建研究》，《现代城市研究》2014 年第 9 期。

⑥ 事实上，《北京市居家养老服务条例》将居家养老定义为：以家庭为基础，以城乡社区为依托，以社会保障制度为支撑，由政府、企业、社会组织提供专业化服务的一种养老服务模式。这也表明社区并不是一种养老方式，而是居家养老的依托。

一　北京市社区养老服务发展历程、服务体系与政策支持

（一）北京市社区养老发展历程

回顾改革开放以来北京市社区养老的发展历程，可将其大致划分为三个阶段。

第一阶段为初步发展阶段（1980～2000年）。20世纪80年代初，在城市经济体制改革的背景下，原有的“单位制”服务体系开始瓦解，刺激了城乡居民对社会化的养老服务的需求。1984年，在福建漳州会议上，民政部正式提出了社会福利“社会化”的发展路径，服务范围扩展到生活照料、患病医疗、文化娱乐、体育健身等方面。20世纪80年代中期，为满足居民日益增长的福利服务需求，民政部门开始发展包括老年人在内的社区服务。1994年，民政部等十部委发布《中国老龄工作七年发展纲要（1994—2000年）》，提出家庭养老和社会养老相结合，在进一步夯实家庭养老的基础上，开始发展社会化的养老服务。北京市是全国最早发展社区服务和提倡社会化养老的地区。1993年，北京市民政局等多个部门联合发布《关于加快社区服务业的意见》，就加快发展社区服务业提出了要求，明确了发展路径。随后，北京市开展“建设一流”的社区服务活动，社区养老有了初步发展。1995年，北京市颁布《北京市老年人权益保障条例》，将老年人的生活服务、疾病护理等服务项目纳入对社区服务中心的服务项目，居家养老服务网络体系有了初步发展。

第二阶段为快速发展阶段（2000～2013年）。2000年，《北京市人民政府批转市民政局关于加快实现社会福利社会化意见的通知》发布，北京市社会化养老服务进入新阶段。到2001年，北京市共建成“社区星光老年之家”2335个，每个社区基本具备“三室一场一校”即文化娱乐室、保健康复室、日间托护室、户外健身场地和老年大学，养老服务设施的条件大为改

善。2005 年，北京市启动“紧急医疗救助呼叫器”工程，年均安装基本维持在 5000 个左右，智慧养老开始起步。2008 年，北京市在东城等 10 个区内开展社区养老服务补贴券试点，标志着社区养老开始得到大规模普及和推广。2009 年，北京市提出“一刻钟社区服务圈”目标，将社区养老纳入“一刻钟社区服务圈”，极大地方便了居民生活。当年，北京市还确立了“9064”的养老服务发展目标，将养老划分为家庭、社区和机构养老三种模式即在社会化服务协助下 90% 的老年人通过家庭养老，6% 的老年人由政府购买社区照顾服务养老，4% 的老年人实行养老服务机构养老。社区养老的地位得以确立。2010 年，北京市制定“九养”政策，惠及老年人的衣食住行，兼顾老年人的物质生活和精神健康，推进了社区养老的硬件设施建设，改进了社区养老的软件环境。2011 年 11 月，《北京市“十二五”时期老龄事业发展规划》发布，提出“四级”养老服务中心建设规划。

第三阶段为全面发展阶段（2013 年以后）。2013 年，《国务院关于加快发展养老服务业的若干意见》（国发〔2013〕35 号）发布，将社区养老纳入政府规划，社区养老步入提升质量、完善服务体系的阶段。2015 年，《北京市居家养老服务条例》出台，对居家养老的服务内容、管理部门职责、服务实施主体、资金来源等做了详细规定，这是全国首个省级居家养老条例。2016 年，北京市制定《北京市“十三五”时期老龄事业发展规划》，要求大力发展居家养老服务，加强社区养老服务设施建设。北京市民政局、北京市老龄委等部门相继出台了《北京市支持居家养老服务发展十条政策》（“养十条”）《关于开展社区养老服务驿站建设的意见》《关于 2016 年开展养老助餐服务体系试点建设工作的通知》，构建起较为完善的社区养老政策体系。2017 年，北京市老龄办出台《北京市居家养老服务标准（草案）》，对助餐、助医、助洁、助浴、助急、康复等居家养老服务予以规范。

（二）北京市社区养老服务体系

经过 30 多年的发展，北京市业已形成了以养老服务指导中心、养老照料中心和养老服务驿站为主体的社区养老服务体系。其通过统筹与协调区域内的养老服务资源，构建北京市社区养老的“三边四级”服务体系，为老年人提供便捷、优质的养老服务。

在市级层面，由市政府全面统筹与协调老龄事业的发展，将市老龄委打造成社区养老的“指挥中心”和“总服务台”。此外，北京市对老龄工作机构进行了调整和优化，除了新增了老龄委成员单位之外，又组建了老龄委专家委员会和专项工作协调小组，形成了各负其责、分工合理的工作机制。

在区级层面，建设区级养老服务指挥平台，其主要职责是制定区域养老政策，统筹养老服务资源。北京市财政通过划拨专项资金，支持区级养老服务指导中心建设。同时，在指导思想上，由政府主导老龄事业发展，社会化力量运营，改革老龄事业的管理体制。目前，朝阳区、怀柔区、房山区、顺义区、密云区、延庆区六区已建成并开始试运营，其他区也正在快速推进。

在街乡层面，区县政府加强街道乡镇养老照料中心的建设，统筹机构、社会和政府的养老资源。北京市对养老照料中心的建设资助和运营管理办法等进行了明确规定，由政府出资进行扶持，专业的社会化力量开展运营，充分发挥各主体的优势，解决供需难题。截至目前，北京市已开业运营的106家养老机构已开展短期照料、助餐、助洁、助浴等辐射社区养老服务553项，惠及110万老年人。

在社区层面，建设城乡社区养老服务驿站，使老年人能够在社区内就近享受养老服务。北京市制定了《关于开展社区养老服务驿站建设的意见》，基础设施由政府提供，或者给予运营单位租金补贴，市场主体低偿运营，并逐步实现连锁化运营。2016年，北京市大力支持海淀、丰台等区的建设试点工作，共建成150家社区养老服务驿站；2017年，北京市进一步扩大建设运营，全年实现运营达230家。北京市通过专项资金扶持，扩大了养老服务驿站的覆盖面，增强了社区养老服务的辐射能力。

（三）北京市社区养老政策体系

目前，北京市已构建起社区养老的政策体系，这一体系主要由以下几个方面组成。

一是法规政策体系。北京市基本形成了以法律为指导、部门规章为主体、行政法规及地方性法规为补充的社区养老法规政策体系。在法律方面，以《中华人民共和国老年人权益保障法》为依据，其出台了《北京市老年人权益保障条例》《北京市居家养老服务条例》；在部门规章方面，颁布了《关于北京市市民居家养老（助残）服务（“九养”）办法的通知》《北京市支持居家养老服务发展十条政策》《关于开展社区养老服务驿站建设的意见》《关于建立居家养老巡视探访服务制度的指导意见》等十个文件。

二是质量标准体系。北京市为加强养老服务从业主体的检查监督和诚信建设，颁布了《北京市养老服务机构监管办法》、《关于推进养老服务业诚信体系建设的指导意见》及《北京市养老服务单位诚信评价管理办法（试行)》。为提高养老机构服务质量，北京市多部门联合印发《关于开展养老机构服务质量建设专项行动全面提升养老行业服务质量水平的实施意见》《关于加强养老服务设施规范化管理工作的通知》等文件。在社区养老标准体系方面，北京市编制了助餐服务、助医服务等九项社区养老服务标准。此外，北京市制定了老年能力标准评估办法，并在海淀区完成了全市首个国家级社区养老服务业标准化试点工作。

三是社会保障体系。北京市基本形成了以普惠性养老政策为基准、特殊性养老政策为辅的社保体系。在普惠性养老政策方面，北京市针对老年人出行、休闲等方面进行优待，于 2008 年出台《关于加强老年人优待工作的办法》。并且，室内老年人享受各项福利优待的凭证为养老助残卡，为进一步完善该卡功能，北京市于 2018 年施行《北京通——养老助残卡管理办法》。同时，北京市于 2017 年发布《关于进一步完善本市城乡居民基本养老保险政策措施的通知》，以推动形成统一的城乡居民基本养老保险。在特殊性养老政策方面，北京市通过发布《北京市特殊老年人自理能力评估管理办法（试行）》《北京市老年人能力综合评估实施办法（试行）》等文件，对市内老年人的能力进行综合评估，并确定了四类重点保障对象。此外，政府通过直接组织或购买服务等方式，进一步完善了对特殊老年人的补贴。

四是产业发展政策体系。为支持社区养老驿站的发展，北京市制定《北京市社区养老服务驿站运营扶持办法》，对社区养老驿站给予大力支持，支持措施包括服务流量补贴、托养流量补贴、连锁运营补贴和运维支持。为提高专项资金的利用效率，北京市转变资金的投入方式，加强全程绩效管理，并增强养老服务专项转移支付预算“项目法＋因素法”分配的应用。为解决相关从业人员年龄偏大、待遇偏低、专业水平不足的问题，北京市研究制定养老服务从业人员薪酬待遇政策，初步探索毕业生入职补贴等制度。此外，为形成层次分明、结构适宜的人才结构，其根据人才类型形成了不同的培训体系。此外，北京市制定了社区养老服务优秀单位奖励扶持办法，在各领域培育了一批居家养老服务的龙头企业，从而实行了连锁式、规模化经营，如通过以奖代补的方式支持社会单位提供老年餐饮服务试点，在满足老年人用餐需求的同时，激励企业发展。

二　北京市社区养老服务发展现状

（一）社区养老设施发展现状

首先，考察社区养老服务设施的数量情况。北京市建成的社区养老服务设施的数量已达到较高水平，但不同辖区的设施数量存在较大差异。2016年，北京市民政局开展了北京市居家养老相关服务设施摸底普查①，截止到

① 此次普查由北京大学人口研究所乔晓春教授为主要负责人，普查范围包括北京市16个区的所有街道（乡镇）和社区（村庄），其中，街道（乡镇）有330个，社区（村庄）有6789个。以下引用的图表均由此次普查数据整理而来。

2016年底，北京市共有社区养老服务设施4104个，其中街道乡镇和社区所属的社区养老服务设施分别有495个、3609个，平均每一街道内的社区养老服务设施数量高达12.4个①，但不同辖区的设施数量差距较大。海淀区和房山区拥有的社区养老服务设施数量最多，分别占全市设施总数的13.3%和11.6%，石景山区和通州区的社区养老服务设施的数量较少，仅占全市设施总数的1.2%和2.6%，拥有社区养老设施最多的海淀区与设施最少的石景山区之间的设施数量相差494个，差距非常大（见图1）。

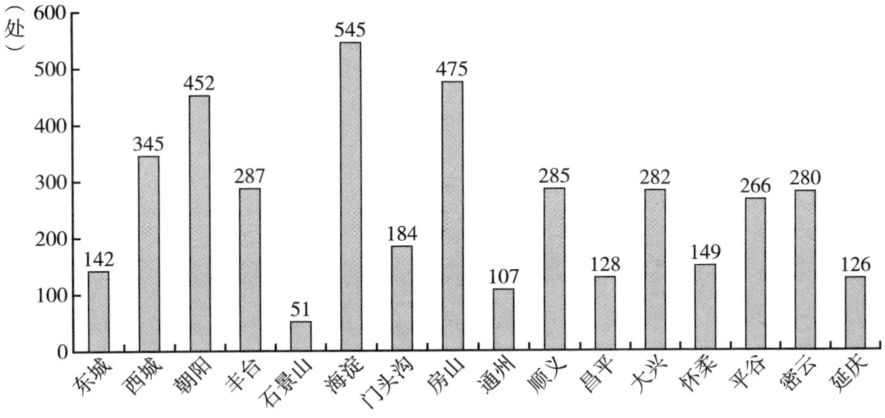

图1　北京市各区拥有的社区养老服务设施数量

其次，考察社区养老服务设施的分布情况。总体来看，北京市仍有超过一半的社区没有任何养老服务设施，且平均每一设施覆盖的老年人数量较多，表明北京市的社区养老服务面临很大的需求，社区养老服务设施还有很大的发展空间。从设施在社区层面的分布来看，全市具有社区养老服务设施的社区占社区总数的比例仅为40.4%，意味着仍有59.6%的社区处于社区养老服务的真空地带，且平均每一社区的养老服务设施仅为0.6个。分区来看，不同区之间养老服务设施在社区的分布状况上存在较大差异，部分区的养老服务设施在社区的覆盖上已经较为完备，而部分区还有较高比例的社区

① 平均每一街道内的设施数=社区养老服务设施总数/街道总数=4104/330≈12.44。

不具有养老服务设施，其中西城区有 80% 的社区设立了养老服务设施，属于全市拥有设施的社区占比最高的区，其次是处于远郊的平谷区，而设施数量较少的石景山区和通州区也是拥有社区养老服务设施的社区占比较低的两个区，分别仅有 20% 和 15% 的社区拥有养老服务设施，可见这两个辖区的养老服务设施的建设发展步伐较为缓慢。

从社区养老设施覆盖老龄人口数来看，北京市的社区养老服务设施平均覆盖的老年人数量较多，面临的服务需求较大，而各区建成的设施数量与当地的老年人口数并非完全成比例，导致养老服务设施覆盖老年人口数在不同辖区的差异也较大。如表 1 最后一列所示，全市平均每个设施覆盖的老年人人数为 802 人，对于人口密度较大的六个中心城区（东城、西城、朝阳、丰台、石景山、海淀）以及设施数量偏少、人口偏多的通州区和昌平区，辖区内每一设施平均覆盖的老年人口数量都接近或超过 1000 人，表明这些辖区内的养老服务设施面临更大的服务需求；而处于远郊的怀柔、平谷、门头沟、密云等区每一设施的平均覆盖的人口数不足 400 人，因而各辖区在规划和建设社区养老服务设施时应当将有实际需求的老年人口数量作为考量因素之一。

表 1　北京市各区社区养老服务设施的分布情况

区名	具有设施的社区比例(%)	平均每个社区的设施数(个)	平均每个设施覆盖老年人口数(人)
东城	50.3	0.78	1672
西城	79.5	1.33	1068
朝阳	46.6	0.86	1346
丰台	44.0	0.77	1065
石景山	20.1	0.34	2441
海淀	54.5	0.85	883
门头沟	44.0	0.61	362
房山	54.0	0.82	356
通州	15.1	0.18	1548
顺义	44.3	0.53	527
昌平	16.4	0.25	1189

续表

区名	具有设施的社区比例（%）	平均每个社区的设施数（个）	平均每个设施覆盖老年人口数（人）
大兴	26.6	0.41	571
怀柔	38.1	0.47	399
平谷	59.2	0.87	348
密云	50.1	0.67	329
延庆	25.8	0.30	452
合计	40.4	0.60	802

注：具有设施的社区比例 = 具有社区养老服务设施的社区数/社区总数；平均每个社区的设施数 = 区内社区养老服务设施总数/社区总数；平均每个设施覆盖老年人口数 = 60 岁以上户籍老年人口数量/设施总数。

资料来源：表格数据由北京市居家养老相关服务设施摸底普查报告中的市级街道社区数据汇总表整理得到，参见 http：//mzj. beijing. gov. cn/news/root/tzgg/2018 －05/126951. shtml。表 2 同。

再次，考察社区养老服务设施的类型。如图 2 所示，在各类社区养老服务设施中，老年活动中心占比最高，达 48%，其次为托老所，占比为 11%，之后依次是日间照料中心、残疾人温馨家园和老年助餐服务点，剩下的设施占比都不超过 5%。虽然有些名称能够在一定程度上反映设施的主要功能，例如“老年助餐服务点”“托老所”等，但在实际中这些设施并非只提供单一的服务。随着“三边四级”养老服务体系的推进，北京市将街道和乡镇级别的养老服务设施统称为养老照料中心，将社区养老服务设施称为养老服务驿站，将村庄层级的养老服务设施称为幸福晚年驿站。截止到 2017 年底，北京市已有街乡养老照料中心 172 个、社区养老服务驿站 380 家，其中包括农村的幸福晚年驿站 113 家。①

最后，考察社区养老服务设施的建筑面积情况。北京市多数社区养老服务设施的建筑面积较小，且各设施的面积大小不一。北京市所有社区养老服务设施的平均面积为 419.90 平方米，但其中面积不足 300 平方米的设施占

① 参见《北京市老龄事业发展和养老体系建设白皮书（2017）》，http：//www. bjmzj. gov. cn/attached/file/20181026/20181026140555_ 117. pdf，2018 年 10 月 26 日。

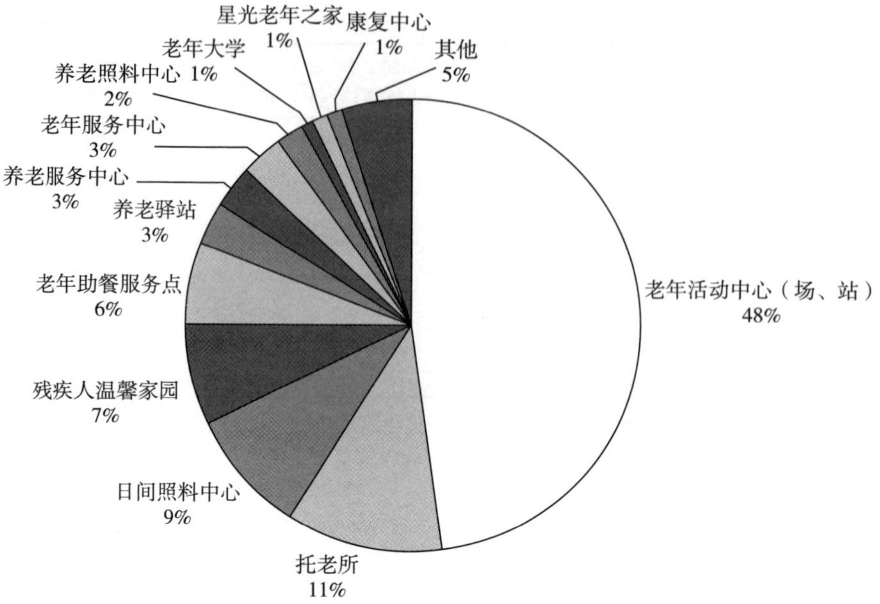

图 2　北京市不同类型的社区养老服务设施占比

比高达 72%，表明多数设施的面积偏小。按隶属的层次来看，社区所属的设施的平均面积为 307.77 平方米，远小于街道所属的设施的平均面积；按名称来看，名为星光老年之家和日间照料中心的设施的平均面积是较小的，分别为 114 平方米和 127 平方米，而平均面积较大的为养老照料中心和养老服务中心，分别为 2818 平方米和 2371 平方米。①

表 2　北京市社区养老服务设施的建筑面积

	总面积(平方米)	总数(个)	平均面积(平方米)
街道所属	504123.8	396	1273.04
社区所属	927299.6	3013	307.77
街道社区合计	1431423.4	3409	419.90

① 限于篇幅，未将不同名称的设施面积分别列出来，具体数据可参见北京市居家养老相关服务设施摸底普查报告中的市级街道社区数据汇总表。

（二）社区服务内容发展现状

首先，考察社区养老服务设施提供的服务类型。为了便于分析，此处将普查时询问的19类服务依据《北京市居家养老服务条例》（以下简称《条例》）划分为9类[①]，提供各类服务的设施数量如图3所示。总体来看，北京市的社区养老设施能够提供较为多样化的服务，除《条例》规定的9类基本服务外，其还针对老年人的实际需要提供了法律咨询、代购代买等服务，以满足老年人的多元需求，但多数设施都集中于提供较为简单的文体娱乐和精神慰藉类服务，而对于较为精细化和专业化的餐饮服务、家政服务、医疗康复等服务以及紧急救援服务的提供较为有限。在所统计的社区养老服务设施中，提供文体娱乐服务的设施数量最多，有2707个，占设施总数的75.4%；提供精神慰藉服务的设施数量次之，与提供文体娱乐服务的设施数量相差不大；相比之下，提供医疗卫生服务、日间照料服务、康复护理服务以及餐饮、家政等服务的设施数量则过少；提供紧急救援服务的设施数量最少，难以应对老年人的突发意外需求。

其次，考察社区养老服务设施可同时提供的服务项目。普查数据表明，北京市的多数社区养老服务设施提供的服务种类较为单一，大多设施仅能提供少数几项特定的服务，其中有约50%的设施仅能提供不超过两项的服务。如表3所示，有11.6%的设施不提供给定19项服务中的任何一项服务；提供1项和2项服务的合计占比最多，接近40%；仅有25.7%的设施同时提供6项及以上的服务。所有设施提供的服务项目平均为4项，其中名为养老照料中心和养老驿站的设施提供的服务项目最多，分别为平均12.5项和11.3项，而名为老年活动中心和老年助餐服务点的设施提供的服务项目较

① 本报告将询问的19项服务中的现场就餐和上门送餐服务归入餐饮服务，将健康指导和陪伴就医归入医疗卫生服务，将康复护理和辅具租赁归入护理服务，将日间照料、短期托养和长期托养归入日间照料服务，将现场助浴、上门助浴和家政服务归入家政服务，将心理慰藉和陪伴聊天归入精神慰藉服务，将呼叫服务归入紧急救援服务，将代购代买、代收快递和法律援助归入其他服务。

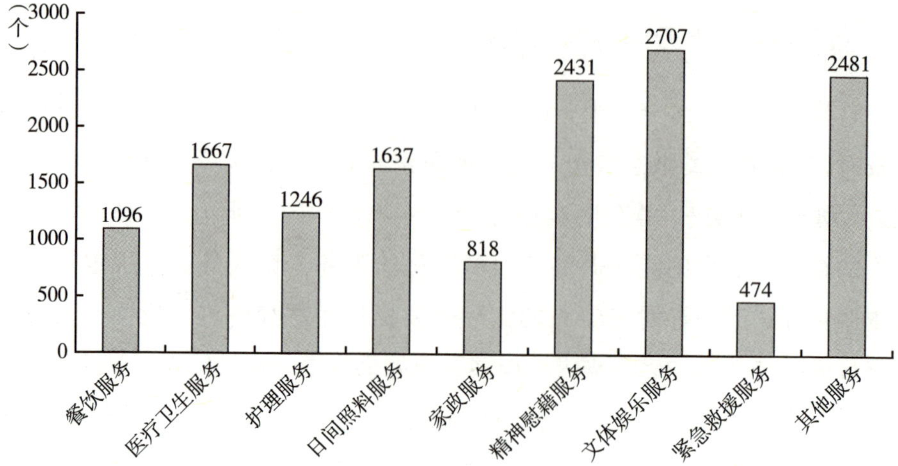

图 3　北京市提供各类服务的设施数量

少，均为 2.3 项。

总体来看，社区养老服务设施提供的服务项目日趋丰富，专业化和精细化水平正在提升，但是与社区养老服务的需求相比，仍然存在一定差距。

表 3　按服务项数分的服务设施数和比例

服务功能项数	设施数(个)	所占比例(%)
0	414	11.6
1	916	25.7
2	486	13.6
3	357	10.0
4	270	7.6
5	210	5.9
6~19	916	25.7
有效合计	3569	100

（三）社区养老服务组织发展现状

在服务组织运营模式方面，表 1 及表 2 的数据显示：一是社区所属服务组织较多的是与其他组织合作运营，说明越是基层服务组织，资源投入越不足；

二是街道乡镇所属服务组织与社区所属服务组织在运营模式上存在较大差异。

总体来比较，在街道乡镇所属服务组织独立运营的有 366 个，占 77.5%，与其他组织合作运营的占 22.5%（见表 4）；社区所属服务组织独立运营的有 1810 个，占 55.3%（见表 5），与其他组织合作运营的占 44.7%，相比较而言，社区所属服务组织与其他组织合作运营的所占比例较高。按照不同运营模式来比较，在民办民营模式中，街道乡镇所属服务组织所占比例最高，为 90.3%；而在公办民营模式中，社区所属服务组织所占比例最高，为 81.6%。

表 4　按街道乡镇所属和运营模式划分的服务组织独立运营数量和比例

运营模式 街道乡镇所属	公办公营	公办民营	民办民营	公建民营	民办公助	农村集体经营	其他	合计
独立运营(个)	157	78	56	21	22	16	16	366
合计(个)	219	98	62	24	28	21	20	472
比例(%)	71.7	79.6	90.3	87.5	78.6	76.2	80	77.5

表 5　按社区所属和运营模式划分的服务组织独立运营数量和比例

运营模式 社区所属	公办公营	公办民营	民办民营	公建民营	民办公助	农村集体经营	其他	合计
独立运营(个)	783	71	107	32	54	563	200	1810
合计(个)	1476	87	153	47	70	976	462	3271
比例(%)	53	81.6	69.9	68.1	77.1	57.7	43.3	55.3

在从业人数方面，表 3 反映出：一是不同服务组织之间，从业人员人数分布差距较大；二是养老服务组织整体服务力量薄弱，服务覆盖面窄。

从从业人员总数来看，有从业人员的养老服务组织人员总数为 12478 人，从业人数超过 1000 人的服务组织有五类，其中从业人数最多的为老年活动中心，3338 人；从业人数最少的是老年大学，159 人，反映出不同服务组织之间，人员分布差距较大。从平均从业人数来看，最多的是养老照料中心，其平均人数为 13.8 人，标准差为 17.4，其离散程度处于上游，说明其服务组织之间从业人数分布相对不均匀；平均从业人数最少的是老年活动中心，其平均人数仅为2.5人，但其服务组织达1312个，反映出了老年活动中心从业人数总体上偏低，服务覆盖面较宽。

表6 按服务组织名称划分的平均从业人数和从业人数总数

设施名称分组	平均从业人数(人)	设施个数(个)	标准差	总计
日间照料中心	6	287	59	1713
托老所	3.2	326	4.7	1029
养老驿站	4.5	101	4.4	457
养老服务中心	9	92	19.5	829
老年服务中心	5.5	80	13.3	442
养老照料中心	13.8	61	17.4	840
老年活动中心	2.5	1312	4.5	3338
残疾人温馨家园	4.7	243	5.9	1148
老年大学	4.8	33	6.6	159
老年助餐服务点	6.4	212	12.7	1365
康复中心	7.1	52	15.5	371
其他设施	5.5	136	9	751
名称缺失	5.1	7	8	36
合计	4.8	3330	20.3	12478

资料来源：《北京市居家养老相关服务设施摸底普查报告中的市级街道社区数据汇总表，http：//mzj.beijing.gov.cn/news/root/tzgg/2018－05/126951.shtml。

三 北京市社区养老创新

（一）北京市社区养老创新进展

一是创新组织管理机制，全面提升服务效能。北京市老龄办新增国管局财务司、协调督查处等职能部门，进一步增强了统筹、协调、组织、指导职能。其通过在中央单位离退休干部集中住宅区建设养老服务驿站，积极探索央地养老一体化格局。在区级层面，北京市深化养老工作体制改革，理顺养老工作机制，进一步优化区级老龄工作机构设置，将老龄工作部门统一纳入区民政部门管理。

二是突破社区养老服务设施供给的发展瓶颈，增加有效供给。近年来，北京市相继出台系列文件，加强社区养老服务设施规划，对社区养老服务设施的发展目标和布局、社区养老服务场地的配置标准、土地使用等进行了规定，从而确保了养老服务质量。同时，北京市开展了城乡社区养老服务资源的普查工作，对北京市养老资源进行了摸底，为下一步更好地整合和利用资源，推动养老服务设施建设提供了依据。

三是积极探索失能老人护理补贴试点工作。2015 年，北京市发布《关于经济困难的高龄和失能老年人居家养老服务工作中有关服务事项的通知》，要求对经济困难的高龄和失能老年人提供预防保健、就医陪护、居家护理、精神关怀、生活照料、老年餐饮、康复产品等服务；为规范失能老年人评估工作，北京市民政局等部门又印发了《经济困难的高龄和失能老年人居家养老服务试点区老年人能力评估办法》，在西城、朝阳、海淀、顺义和密云五个区进行失能老年人的评估试点，统一采用市老龄办制定的“北京市养老服务需求评估表”对老年人进行失能评估。北京市还在海淀区进行了商业性长期护理保险制度的试点工作。目前，北京市通过积极探索，已初步形成了长期护理保险发展的基本思路和框架，将商业性和政策性长期护理保险进行融合，以满足失能老年人的照护需求。

四是创新社区养老服务模式改革试点。按照“统分结合、突出重点、经验可复制、成果可持续”的原则，协调下达市级财政专项补助资金 1.745 亿元，支持各区全面深化社区养老服务试点，补齐城乡养老服务短板，构建城乡一体的养老服务体系。首先，在密云区、平谷区、怀柔区开展农村养老改革试点工作，探索农村养老服务模式，成立邻里互助服务队，对互助员进行培训和管理。其次，在医养结合方面，机构养老和入户上门医疗服务有了新进展。北京市印发《关于推进医养结合试点工作的实施方案》，指导开展国家级医养结合试点。最后，在适老化改造方面，公共设施和老年人家庭改造迈出了新步伐。在社区配套设施建设中，解决老年人集中居住的亲情、文体、活动及学习等需求。积极推动老年公租房项目建设试点，大力支持老年宜居住宅的设计和建设，加强对公共服务设施的无障碍设计。

（二）国有企业进入社区养老服务领域

与中小企业相比，无论是从资本、人力、管理经验，还是从社会信誉、公众接受度等方面来看，国有企业都占据较大的优势。因此，社区养老服务的发展应适度放宽社区养老服务的建设运营资质，鼓励有实力、运营经验丰富的国有企业参与进来，从而依托国有企业成熟的经营管理经验，以及优质的资本和资源优势，集中发展社区养老服务。

北京诚和敬养老健康产业集团依托养老服务驿站的社区养老是其基础业务之一。截至 2018 年底，其已签约驿站 129 家，其中，城市驿站 72 家，农村驿站 57 家，覆盖 300 多个社区，服务覆盖 13 万老人，累计提供超过 100 万人次服务。

自成立以来，诚和敬养老服务驿站不断加强标准化体系建设，目前已经完成质量管理、职业健康、信息安全三个体系 ISO 认证。驿站的发展路径在于政府投标和政企合作，并借助资本力量进行市场化运作。此外，诚和敬养老服务驿站在发展中形成了以生活服务产品、文化养老产品、社区治理服务、医疗康复产品、第三方合作为主体的核心产品体系，探索出了独具特色的发展模式和运营体系。

一是因地制宜地探索特色化运营模式。东城区将驿站与科技发展相结合，建设“智慧养老”特色驿站，如 24H 智慧驿站和智慧餐饮等。通州区通过举办红色旅游、“我的菜园在郊区”等活动，打造市区老人与农村老人互动的“新农村驿站”模式。朝阳区和海淀区建设“市场化”特色驿站，为驿站周边居民提供丰富、便民、特色的产品及服务。石景山区通过向驿站辐射范围内的自理、失能、半失能及有照料需求的老人提供服务支持，致力于打造“医养结合”特色驿站。

二是深度参与基层社区治理。驿站通过参与民政、老龄政策制定，与社区共同探索党建共建、老残一体、精神文化等专项服务的合作，实现“社区吹哨，部门报到”的社区治理共建模式。

三是依托驿站平台，开展特色化服务。首先是突发事件救助服务，通过建立急救培训基地等，形成15分钟紧急救助圈。其次是创建国内首个“讲述者”口述心理慰藉项目，开发文化养老品牌。最后是建立乐智坊，开发针对老年帕金森的非药物干预技术。

四是依托互联网技术，构建智慧养老服务系统。诚和敬在运营养老驿站的过程中，积极探索，大胆创新，自主研发了智慧养老信息服务平台，建立起驿站指挥中心系统，实现全流程监管，形成了“智能终端+驿站响应”的全新智慧养老新模式。

（三）志愿—互助养老模式

在我国，志愿服务往往在民政部、团中央的领导和推动下，囊括了养老服务、环保服务、大学生志愿服务等活动或组织。养老志愿服务即在老龄化日益加重的背景下，为解决“养老难”而由政府推动的助老行为。而互助养老则更多地凸显社会自发的因素，也是为解决“养老难”的问题，在政府的引导下，基于友爱、信任所形成的一种老年人之间的互帮互助行为。在实际行动中，志愿和互助虽有交叉，但是差别也很明显。笔者之所以把北京的互助养老模式界定为“志愿—互助”，是因为在调研中发现多家互助性质的养老服务机构或组织并存浓厚的志愿色彩。

在北京，“志愿—互助”养老模式的代表是京宇轩健康科技有限公司（以下简称“京宇轩”）、平谷区“爱在夕阳”志愿为老服务队和延庆区的幸福晚年餐桌等。后两者由政府主导和推动，而前者主要是市场的自发力量。正如京宇轩的负责人介绍，原来做大健康产业的京宇轩在为老年人提供保健服务的过程中，有感于养老服务资源的匮乏所导致的养老问题，激发了对孝道文化的传承理想，遂于2014年进入养老服务行业。其通过对各种社会资源的盘活和利用，目前已初具规模并形成了一定的特色。

一是公益服务。京宇轩通过和中国社会福利基金会的合作，广泛接受社会各界的捐助，其中包括捐钱、捐物资和捐工时。这些捐助主要用于对低收入老年人的补贴和服务，但有的并不直接用于老年人，而是通过补偿志愿者服务的方式，间接用到老年人身上。比如，对于那些提供志愿服务的低龄老人，可以通过给予大米、一定时数的按摩保健、志愿积分等方式，补偿或激励低龄老人提供志愿服务。同时，通过低偿服务的方式，介入养老驿站的护理服务，实现社会公益和政府托底工程的结合。

二是志愿服务。在京宇轩的运作模式中，养老服务价格的低廉主要得益于广泛的志愿者服务，其中包括大学生志愿者、社工志愿者和一些健康老人志愿者等。对于大学生志愿者和社工志愿者，其一方面满足了他们的爱心表达和社会实践，另一方面帮助他们及所属的企业、学校履行了社会责任。对于健康老人志愿者，其不仅为他们提供了继续接触和融入社会的平台，也为自身未来的养老做了“时间储蓄”。关于“时间储蓄”，京宇轩的做法是和中国社会福利基金会合作，专门印制服务记录本，每次服务的时长均被记录在册，待到将来自己需要养老服务时，完全可以拿来置换，这就是国外的“时间银行”理念。目前，在京宇轩经常从事养老服务的低龄老年人有 400 多位。

三是互助服务。调查可见，京宇轩的互助养老服务深度嵌入了志愿精神和行为，而在其他两家的调研中，发现的情况亦如此。平谷区为满足农村老年人尤其是独居老人中的失能、失智、失独、高龄等特殊困难群体的养老照护需求，以村委会为依托，以志愿者服务为抓手，开展了“爱在夕阳”志愿为老服务队的建设试点。服务内容包括巡视探访、健康监测、陪同聊天、打扫卫生、洗衣做饭等；主要措施是通过物质奖励和精神奖励，秉持“志愿 + 有偿”的原则，激励“有闲村民”加入助老志愿者服务队。低龄老人参加志愿服务的，可以将他们的服务时间纳入志愿服务激励，未来可优先接受他人提供的志愿服务。

（四）融合式社区养老模式

融合式社区养老模式，是在社区建立小型养老机构，把居家、社区和机构养老的功能融合起来并构成完整的服务体系，同时，通过政府主导、市场运作、家庭合作的方式，为居家老年人专业化和个性化的养老服务。与之相类似的是嵌入式和虚拟式养老模式，但三者之间也存在很大差别。或者说，融入式养老弥补了嵌入式和虚拟式存在的运行障碍，融合了二者的优势并整合了政府、市场、社会和家庭的资源；一方面满足了失能、半失能老年人的长期照料需求，另一方面整合了政府和社区资源，实现了居家养老。

融入式社区养老模式的代表是“首开寸草”。其前身“寸草春晖”创建于2011年，功能定位于城市核心区域的护理型养老院，专注于为高龄、失能、半失能、失智老人提供颐养、照料、医疗、护理、康乐等服务。早在2007年，“首开寸草”的创始人就开始从事社区养老服务的日间照料工作，而到2009年以租赁国营旅馆的方式开设了第一家融合式社区养老机构。到2014年，“寸草春晖”率先提出“融合式养老模式”的概念，即基于“就近养老”的理念，打造居家、社区和机构养老的有机融合，形成个人、家庭、社区和机构多元供给的新型养老服务模式。

作为社区融合式养老模式的开拓者，“寸草春晖”的养老模式引起了社会各界的广泛关注，2016年经由首开集团参股，重新开启了新的征程，致力于打造集机构、社区、居家养老于一体的连锁化专业护理型养老机构。其目前在北京核心区域已投入运营11家，并计划在2021年前扩展至20家，未来也有计划向北京以外的其他地区进行探索和渗透。

与传统养老模式相比，融合式养老将社区、机构、居家养老三种模式的优势有机整合在一起。比如，就老年人的行为模式而言，其更愿意在家庭中养老，但是在当前社会状况下难以解决家庭养老服务人员供给的问题；就老年人行动能力而言，失能、半失能老人更需要专业人员的护理，但是会面临巨额护理费用的问题。而融合式养老可以把多方面需求整合起来，既可以为居家老人提供上门服务，也可以为失能老人提供机构护理服务，因此可将有限的资源充分利用起来，形成小规模、多功能、专业化、低成本的养老模式。

融合式养老通过在社区建养老院或护理服务平台的方式，将政府资源、社会、市场、家庭等各方资源进行整合，实现了服务手段多样化、服务内容个性化和资源匹配精准化。比如，可以承接低收入老人的政府购买服务，也可以为低龄老人和其他志愿者提供服务的平台，自创立以来每年约有上万人次在该机构参与志愿服务；还可以利用家庭资源，实现老年人与家庭的对接和亲情的连接；同时为“刚需”的老人提供厨师、营养师、护理员、医生等日常生活或照料服务。所以融合式养老实现了机构、社区和居家的有机结合，形成了个人、家庭、社区和机构等多元服务供给的有机联合。

（五）智慧式社区养老模式

“智慧养老”借助互联网、物联网的技术，将养老服务中的老人、政府、社区、机构等各个主体与智慧床位、可穿戴设备等养老客体联结起来，形成互联互通的关系网络，为不同需求的老人提供便捷式、全方位养老服务。

养老产业是未来经济发展的“蓝海”，而智慧养老则是“蓝海”中的“蓝海”，因此市场上正在尝试或跃跃欲试的智慧养老运营的企业不胜其数。在北京，从事智慧养老经营的有京福安、华颐天诚、颐佳、医养康、联讯安防等众多企业品牌。根据课题组的前期调研，北京市智慧养老的运营模式主要以依托养老卡进行养老服务大数据搜集、协助养老服务监管和建立养老服务供需对接平台等方式运行。

一是依托养老服务卡，构筑养老数据服务管理平台。北京京福安科技股份有限公司作为养老卡大数据管理服务平台的承建单位，具体工作如下。（1）搭建北京通养老卡服务体系，将老年人的基础数据库建设、老年人服务需求调查、服务体系建设、养老补贴资金发放及消费、养老服务需求对接等工作整合到一张养老卡上，方便对老年人进行服务管理。（2）建设智慧养老服务工具。其中包括针对政府，建立可视化管理平台；对于老年人，开发适合老年人使用的北京通养老服务信息机，按键上的老年餐桌、居家护理、急救等十二个服务项目清晰可见，方便老人使用。（3）拓展智慧养老工具的应用。可以实现与养老机构的对接、独居老人探访、失能家属培训、志愿者服务、居家照顾等服务。

二是构筑养老服务监管系统，协助政府对养老运营进行监管。调研的另外一家智慧养老企业，华颐天诚养老服务（北京）有限公司则主要承接政府对养老运营的监管，目前服务北京市七个城区的养老服务及监管需求。华颐天诚主要利用企业自主开发的应用软件，通过 OCR 识别技术、GPS 定位系统等对服务内容及数据进行校验，比如对服务开始时间、结束时间以及服务地址，实时鉴别开启养老服务的真实性。其通过这些实时化、可视化、数据化的电子监控系统工具，实现了对巡视探访、失能评估、驿站运营监管以及机构辐射等信息的监管。

三是建立养老服务供需的对接平台，开拓智慧养老发展的广阔空间。华颐天诚和京福安等智慧养老企业依托协助政府监管和建立养老大数据平台的同时，探索未来市场发展的空间。两家企业主要依托服务平台开拓养老服务供需对接的业务。比如华颐天诚在协助监管的同时对养老服务的信用进行评价，还利用已有的大数据分析，通过绘制不同年龄段居家和机构养老需求的曲线图，开发具有智慧功能的家庭养老床位。

四　北京市社区养老发展中存在的问题与政策建议

（一）问题和挑战

一是社区养老服务驿站可持续性发展的问题。目前，养老服务驿站发展尚未成熟，大多养老服务驿站投入较大而营利较低，收不抵支现象较为普遍，在驿站运营中存在“外部供血”和“自身造血”能力不足的困境。一方面，养老服务驿站的前期建设需要投入大量资金，成本回收存在较长的周期，再加上驿站的正常运营开支较大，如驿站员工的工资支付、水电费用等，而政府的优惠政策落实存在一定的滞后性，导致驿站在运营初期面临较大困难；另一方面，大多养老服务驿站的“非营利”性质导致驿站在服务范围和服务内容等方面的市场化发展模式受限，其主要收入严重依赖于政府补贴和政府购买服务，服务性收入和床位收入等市场化运营收益较低，再加上养老服务业用工成本的不断增加，对养老服务驿站的可持续发展提出了巨大挑战。

二是社区养老服务发展仍面临诸多要素的制约。首先是社区养老的专业人才要素。目前，无论从数量还是素质上来看，社区养老的专业化服务人员均存在较大缺口。养老服务程序较为烦琐且具有一定的职业风险，职业声望和职业认同感较低，再加上养老服务从业人员工资水平较低且福利待遇不高、薪酬提升空间较小，导致目前社区养老服务人员存在年龄偏大、专业化水平较低等问题。而且大多从业人员未获得资格证书，专业素养较低，尤其是“志愿—互助”模式中的服务素养问题尤其严重。其次是场地因素。残联、民政等部门竞相争取社区服务用地，导致社区服务用地紧张，往往没有多余的场地开展社区养老服务。若以商业用地的形式租赁场地，则面临租金较高、补贴较低、难以维持运营的风险。同时，如果未获得社区内的场地，又会面临社区居民对其开展的养老服务认同感较低的风险。因此，在社区养老的未来发展中，合适的场地问题依然是一大障碍。

三是老年人养老服务需求相对不足，社区养老服务供需矛盾突出。目前，作为社区养老服务需求方的老年人群体，大多倾向于免费的养老服务项目，而自费购买养老服务的意愿较低，导致老年人对社区养老服务的有效需求不足。需求方参与的不充分，导致社区养老服务的资源供给逐渐萎缩，无法形成一定的规模效应，供给方缺乏发展动力。究其原因，一方面受制于传统的消费观念，老年人更倾向于购买实物而非服务，再加上大部分老年人的养老金待遇较低，无力支付其他养老服务；另一方面，目前社区养老服务的供给与老年人的实际需求契合度较低，也在一定程度上降低了老年人的购买意愿。此外，老年人的社区养老服务需求呈现多样化、个性化的特点，导致社区养老服务市场化发展方向不明朗，带来产业化短板问题。

四是政府与市场的责任边界尚未界定清晰。目前，政府在社区养老中存在“错位”的问题，政府往往扮演“包揽一切”的角色，包括制定政策、发布标准、财政支持、监督管理、项目评估等方面，市场的空间较小。此外，政府在评估与监管方面却相对不足。一方面，当前缺乏统一的评估标准和评鉴机构，导致在项目建设中养老机构无所适从；另一方面，在监管方面未能考虑城市中心区建设养老机构的场地困难等问题，采取一刀切的监管方式会阻碍养老机构发展。目前，养老服务的发展严重依赖于政府购买服务和相关优惠政策支持，市场主体独立性较差，自主发展的空间较为有限，这就导致社区养老服务的供给与需求之间存在较大偏差。调研结果显示，目前开展最多的社区养老服务是助餐和巡视探访，而这正是政府所重点支持的领域。然而，这两项服务只能解决老年人的刚性养老服务需求，受益对象大多是身体健康状况相对较好的老年人，不仅导致老年人群体间的差距进一步拉大，也尚未着力解决好特殊老年人群体的长期照护需求、康复护理需求等。可以看出，政府对于社区养老服务的干预过多，会造成供给与需求的不平衡，也会对市场主体的积极性和发展空间产生一定的挤出效应。

五是社区养老服务的政策导向问题。目前，养老助餐券等社区养老服务措施，受益者大多为身体健康的老年群体，而对长期照护服务、康复护理服务具有较高需求的重残、失能和特困老年人群体，却并未得到足够的支持。社区养老服务业的发展过分强调“养老事业”，即认为养老服务是类公益性质的，政府须发挥主导地位，企业等市场主体的发展空间遭到挤压，不利于整个养老服务产业的发展。

（二）发展建议

鉴于社区养老服务发展中面临的上述问题，未来北京市社区养老服务的发展应立足于以下几个方面。

第一，从“事业”导向转向“事业＋产业”导向的社区养老服务体系。目前，无论是学术界还是政策实践界，对“养老事业”和“养老产业”的边界界定尚不清晰，其争议主要体现在养老产业的发展究竟以政府为主导还是以市场为主导。[①] 应该意识到，养老服务产业是建立在市场经济之上的一种产业，而不是由政府举办的免费福利，也不是一种公益事业，它必须实现一定的营利性，从而保障养老服务组织在支付租金、人工、能源等成本费用的同时，能够实现可持续发展，并在市场中寻求壮大的机会。因此，社区养老服务体系应从“事业”导向转向“事业 + 产业”导向，从而将“市场性”与“公共性”有机结合，将养老服务产业的发展方式、营利途径等的市场性要求，与该产业发展中的政府购买公共服务、对市场规制等公共性要求连接起来，更好地满足老年人多层次的养老服务需求。

第二，社区养老服务应从普惠性支持转向重点人群支持。目前，北京市在社区养老服务驿站建设、养老助残服务券、经济困难老年人家庭适老化改造、社区养老助餐服务体系和紧急救助服务以及医养结合等领域均取得重要进展。但是，上述社区养老服务举措大多是面向所有老年群体的普惠型支持，而缺乏对重度残疾老人和重度失能老人群体的倾斜性政策。事实上，重残、失能和特困老人具有较高的照料护理需求，其家庭照料者被赋予了重要照护职责，面临沉重的经济压力和心理负担。然而，现有的社区养老服务体系对其的关注与支持却相对不足。因此，社区养老服务的发展方向，应从普惠性支持转向重点人群支持，整合相关资源解决重残、失能和特困老人的社区养老服务需求。

第三，社区养老服务内容应区分政府支持和市场购买，合理界定政府与市场的责任边界。目前，北京市社区养老服务的发展存在政府与市场、养老服务事业与养老服务产业边界模糊的问题。因此，应合理区分社区养老服务中政府和市场的责任边界。政府应重点支持重残、失能和特困老人群体的社区养老服务，加强对养老服务的指导、评估和监督职责。而对于市场主体来说，其应明确由市场提供的社区养老服务内容，发挥市场在均衡供求与需求方面的优势，从而发展质优价廉的养老服务。在这个过程中，政府应增加对老年人的相关补贴标准，刺激其养老服务需求，提高消费能力，从而促进社

① 杨立雄、余舟：《养老服务产业：概念界定与理论构建》，《湖湘论坛》2019 年第 1 期。

区养老服务产业的发展。

第四，充分发挥多元主体在社区养老服务发展中的作用。除了政府和市场主体外，社会组织、社区也在社区养老服务中扮演了重要角色。因此，社会组织应充分发挥其专业优势，借助于专业化的设备和人才队伍，保障社区养老服务的专业化水平。社区应充分发挥整合社区内外各种养老资源的能力，链接来自正式系统和非正式系统的养老服务资源，保障其灵活性和多样性。同时，社区在社区养老服务的供给方与需求方之间应起到一定的桥梁作用，基于老年人多样化的需求，充分考虑到老年人的年龄、性别、健康和家庭等个体性因素和社会性因素，提供多样化的服务。

第五，智慧养老要适度，发展智慧养老，不能代替人性化的管理。随着互联网技术的发展，“互联网＋”为社区养老服务业的发展带来了机遇，智慧养老越来越受到政府和业界的推崇。智慧养老实现了对社区养老服务的全程监管，即服务需求—服务递送—享受服务—服务评估反馈，大大提升了服务质量和水平。然而，智慧养老作为一个新生事物，老年人的接受程度有待提高，商业模式和规范标准等尚不清晰，因此，智慧养老的快速推广仍需审慎。更重要的是，在实际操作领域，智慧养老的初衷是让老年人更便利，但老年人更需要人性化的关怀，因此，智慧养老的发展要适度，绝不能以智慧养老平台代替人性化的管理。

第六，加强对社区养老服务的监管，提升养老服务质量。首先，推进养老服务行业诚信体系建设，完善养老机构星级评定、信用等级评定等政策。其次，加强养老服务业标准体系建设，通过制定行业标准，规范各责任主体的服务，确立一套科学、合理、操作性强的标准和规范，实现整个服务流程的标准化，确保社区养老服务的有效实施与可持续发展。最后，应充分考虑老年人个性化与多样化的养老服务需求，实现服务流程标准化与服务需求个性化的统一。

第七，加强养老服务人才队伍建设。针对养老服务从业人员年龄偏大、技能水平偏低、职业流动性大等特点，应着手制定养老服务人才登记管理办法，建立养老服务人才信息平台。同时，应制定养老服务从业人员薪酬待遇政策，进一步提高从业人员薪酬待遇水平，建立明晰的人才职业晋升体系和待遇递增机制，继续推进养老护理师改革试点，完善养老护理员职业发展体系，吸引具有专业资质的人才投入养老服务业的发展。此外，制定《北京市养老服务人才培养培训补贴实施办法（征求意见稿）》，建成分级分类培训体系，加强养老服务从业人员教育培训，进一步提高养老服务从业人员的专业水平。

结　语

快速老龄化和深度老龄化为北京市养老服务的发展带来了巨大挑战，为此，北京市多措并举，以“9064”为养老服务的发展方向，建立了城乡一体的养老保障制度。回顾政策体系和相关文件可以发现，北京市社区养老服务的发展大致经历了初步发展阶段（21 世纪之前）、快速发展阶段（2000～2013 年之前）和全面发展阶段（2013～）三个阶段。截至目前，北京市已初步形成了较为完善的养老服务发展体系，包括法规政策体系、质量标准体系、社会保障体系和产业发展政策体系，在社区养老服务内容、设施和组织等方面均取得较大进展。概括起来，北京市社区养老服务的发展成就主要体现在以下三个方面。一是全面打造了北京市社区养老服务的“三边四级”体系。二是积极探索创新社区养老服务发展模式。北京市不断加大财政支持力度，创新组织管理机制，突破社区养老服务设施发展瓶颈，有效增加养老服务设施供给，并积极探索失能老人护理补贴试点。三是创新社区养老服务模式，探索出国有企业进军社区养老、志愿—互助养老模式、融合式社区养老模式和智慧式社区养老模式。

然而，北京市社区养老服务仍面临诸多制约因素。首先，社区养老服务驿站过分依赖政府购买服务，造血能力差，其可持续发展问题值得商榷。其次，社区养老服务发展仍受到诸多要素的制约，主要是专业人才的短缺和场地不足。最后，政府与市场的责任边界尚未界定清晰，社区养老服务政策导向也存在偏差，主要体现在群体导向、补贴政策导向和社区养老服务业的发展导向等方面。

基于此，未来社区养老服务的发展应注意转变政策导向，实现社区养老服务从“事业”导向转向“事业+产业”导向、从普惠性支持转向重点人群支持。社区养老服务内容应区分政府支持和市场购买，划清政府和市场的边界，并注意充分发挥多元主体在社区养老服务发展中的作用。此外，智慧养老为社区养老服务提供了诸多便利，但是智慧养老的发展要适度，不能用智慧养老代替人性化的管理，需要对社区养老服务进行监管，全面提升社区养老服务质量。

发 展 篇

Home-community Care Development

B.3
社区养老照顾：理论、进路、理想与现实

缪 青*

摘 要： 社区养老照顾作为银发浪潮的主流应对，从21世纪初的少量学理讨论到后来的政策推进，现已迈向规模化发展。依据社区照顾的愿景以及全生命历程的分析，作者创新性地提出了有尊严老年生活的服务链理路：从健康老化、长期照护到安宁服务；其良好运行有赖于社区内外资源的整合和后台支撑，包括观念更新、政策协调，以及大众创新等，并由此深化了对社会化老年安全网以及善终理念的认知。迈向高水平的社区养老除了提升照护者的专业素质外，普及长期照护和安宁服务的新知、提升公众的参与水平不可或缺。透过愿景分析

* 缪青，博士（加拿大多伦多大学），北京市社会科学院研究员、博士后指导教师，长期从事有关社区养老服务的研究、规划、讲学、培训及国内外交流工作，发表有关养老服务论文20多篇。

和养老服务链的丰富内容，营造老年宜居社区的重要节点得以厘清。循此路径前行，消除短板、扎实推进，将宏观目标与实施细则衔接起来并汇聚大量的微创新，将会大幅提升照顾服务的质量和老年生活的幸福感。

关键词： 社区养老照顾　养老服务　长期照护　安宁服务　公众参与

社区养老照顾的推进与社会经济发展的水平相关。就2000年中国社区服务的发展阶段来说，其主要的关注点还在“补缺型”和“救济型”上。而近20年前北京的人均GDP不过在3000美元左右，因而面对来自国外的社区养老照顾经验，其还处在拓宽眼界和了解信息的阶段。到了2010年代中后期，社区居家养老的提法开始出现在政策文件中。可以看到，2008年以后，北京、上海、天津等城市有关的社区养老议题开始提上日程。例如北京提出“9064”规划、上海提出“9073”养老服务发展规划等。发展社区照顾是社区公共服务的新阶段，照顾服务应当是普惠型的，相关产品应是多样化的，包括生活照料、护理服务、营养咨询、心理抚慰，以及对家庭照顾者（志愿者和社区工作者）的支持服务等。集中照顾的单调环境缺乏社区那样的邻里互动，容易使老人觉得被社会遗忘。相形之下，更加灵活的社区养老模式受到了老年居民的青睐。也是在这期间，社区居家养老作为应对北京市老龄化发展的主要方案，逐渐在社会各界形成共识。北京市也在社区养老方面进行了诸多有益探索，例如推出政府服务购买机制以及出台专业服务人才教育培训的优惠政策等等。

一　多功能社区照顾:愿景、规模化发展与短板

（一）多功能社区照顾的愿景推出

如何为失能、半失能老人提供身边可供选择的、必要的照护服务，

是当前社区养老服务面临的一个紧迫任务。有数据表明：老人在失能期之前还可能经历另一个平均期为44个月的生活半自理期。这说明，当代老龄化社会所面对的大概率失能现象，是中国社会也是人类社会前所未见的。由此可见，社区照顾的设计应考虑到老年失能期的应对（其背后还有全生命历程、养老服务三阶段以及人到老年所关心的善终问题考量等，本文后面还会展开）。这在下述有关社区养老的愿景图中清晰地展现出来（见图1）。

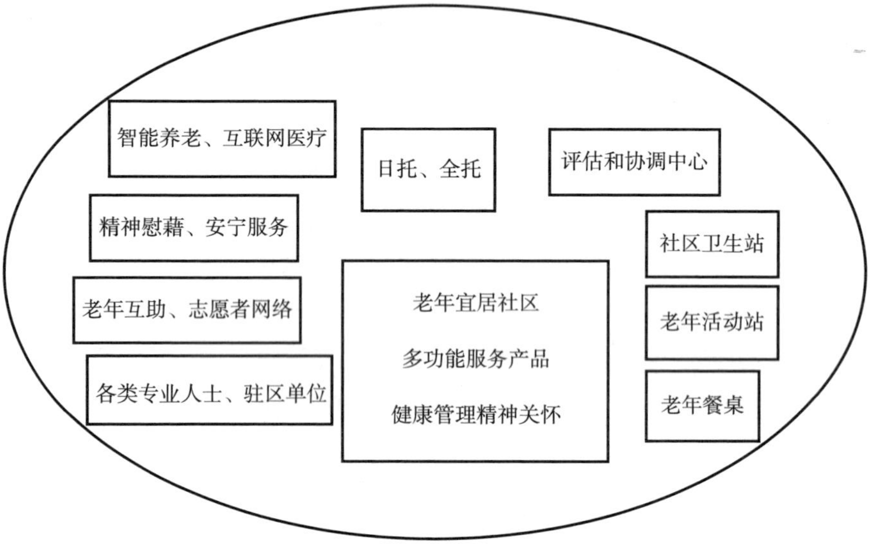

图1　社区养老的愿景

由图1可见，社区照顾的结构与多种要素不仅涉及从家庭支持、社区照顾到机构照顾的无缝衔接，还凸显了理想型的照顾服务背后的机制支撑：一是能够做到“皆保险”——有护理保险制度的持续财源支持；二是能够做到“皆护理”——有多样化的照顾服务为依托。这也凸显了照顾服务背后的社会化老年安全网的重要意义，其构建旨在帮助每个人应对老化时段的种种难题，无论是空巢、独居，还是大病、失能、失智等风险。这意味着从政府到公众都要更新观念，认识到如果不扎扎实实地搞好“大孝”——在社区构建多功能照顾服务和护理保险机制，那么私德意义上的“孝”很可能会沦为空洞的说教。

（二）社区养老已迈向规模化发展

令人欣慰的是，在各级政府的积极推动下，当下中国的社区养老已呈现规模化的发展，许多城市都出台了居家养老服务规范。以北京市为例，其目前正在着力推进“三边四级”养老服务格局的形成。社区养老驿站目前有日托、夜托、月托等多种服务方式，为周边居民提供了多项选择方案；除此之外，一些驿站除了拥有健康疗护、助洁助浴、家政服务、精神慰藉、文化娱乐等项目外，还增加了助餐服务、远程服务等板块，能够为老人提供助医助药、呼叫服务、信息化服务等。

应当清醒地看到，老龄化带来的挑战依旧是严峻的。面对急速发展的老龄化形势，北京、上海等城市都在探索长期护理保险制度，如果护理保险、养老保险和医保能够有效衔接，社区照顾的成本就能降低以利持续运行。

还应当指出的是，在微信上经常见到一些介绍国外养老、医疗福利的帖子，其只谈服务项目免费，不谈政府财源和增税的一面，有明显缺失。例如，日本居家养老照顾做得比较好，得益于护理保险制度。但一些帖子只谈论政府出钱请护理人员上门服务，只凸显老年人自己负担10%的费用的一面。那么问题就来了，居家护理要持续运行，日本政府的财源在哪里？实际上，钱还从增税中来。日本推行护理保险是强制的，40岁以上的职工每月从工资中扣除保险费用。考虑到上门护理一旦可以报销，人会倾向于多用，小病大养的情况也时有发生，这又带来了财政吃紧的问题，所以近年来日本又加强了对评估和报销的审核。

上述有关愿景的讨论还提示我们，尽管社区照顾已经迈向规模化发展，但供给仍显不足、短板仍多。其外在表现是服务产品单一、专业服务人员短缺以及质量有待提升等。而深层的原因则涉及观念滞后、宏观目标与实施细则的衔接，涉及前台服务与后台支撑的协同以及政策协调与大众创新等。而这些又与深化对多功能社区照顾的认识相关联。

二　搞好社区养老是发达的标识：知识更新以及目标与实施的衔接

无论是在愿景讨论的论文中，还是在电视访谈及各地城市（诸如北京、上海、石家庄、大连、成都、威海等）的讲学中，笔者一再谈到搞好社区照顾是发达城市和发达社区的标识。因而一个城市、一个社区迈入发达的门栏，形成下述积极老龄化的共识至关重要，譬如关于个体生命历程的整体认知、安宁服务理念的科学认识与接纳以及老年人力资源建设等等。此外，搞好养老服务既是国民健康工程也是拉动内需及就业的机遇，追寻有尊严的老年生活是幸福民生的重要支撑。对上述新知识缺乏理解，除了表现在对未富先老的过度担忧外，谈论养老照顾只强调养老金缺口和公共财政负担的一面，也是表现。此外，上述认识的滞后性也反映了老年学、社会工作、经济学、医学、信息技术及人工智能等学科在老龄研究上跨学科合作的不足。

（一）观念更新与养老服务三阶段的新知普及

透过多功能社区照顾的愿景分析，结合全生命历程及健康管理的线索可以清晰地看到社区养老的服务主线：从健康老化、长期照护到安宁服务的三个阶段。这实际上触碰了人到老年普遍关心的善终问题，是对善终理念的细化讨论和理论创新。

1. 健康老化阶段及其应对

健康老化是一种积极老龄化的取向和态度。老化作为每个人一生当中都会经历的过程，尽管是无法避免的，仍有很多事是可以努力与改变的，诸如积极参与各类社会活动、维持身体健康、延缓老化速度以及维持老年人的生活品质等。笔者认为，由治疗到健康管理重心的转变，也意味着家庭和社区接受健康服务的医疗实践的推进。顺便说一句，当下发达社会（例如日本）的健康管理和养老趋势都强调医疗服务和养老照顾向社区靠拢。

2. 长期照护阶段及其应对

长期照护的议题之所以引发社会高度关注，源于高龄人口的增多特别是前面谈到的老龄社会所面对的大概率失能问题，而多功能社区照顾的愿景设计已经涵容了相应的制度安排。

在这里，有两点需要强调。一是“照护”是一个综合概念，侠义的“照护”是指为高龄或疾病等而导致生活不能自理或半自理的老年人提供的生活照护以及医疗护理等服务；广义的“照护”概念则一方面关注老年个体由于生理疾病而衍生的照护内容，另一方面关注老年个体心理调适及心理建设等方面的内容。二是高质量的照护服务有赖于体系化运作，实际上是一种整合性服务体系。照护服务所面对的是失能或失智者及其家庭在社区的生活，不仅需要跨专业医疗团队服务，还需要大量半专业与志愿者的支持。为此，从社区到社会须形成层叠覆盖的社会照护网络。

谈到良好的照护有赖于体系化运作，一个重要的方面是照护人员与被照护者及亲友的良好互动，对公众普及有关长期照护及安宁服务的知识，营造支持照护服务的良好社会氛围。在这里，通过与社区养老院合作照护老人，一位学者的亲历和思考很有见地，生命科学研究知识已告知，人越到晚年发生伤病的概率越大。“高龄老人无论是居家还是住养老院，要求其百分之百地不出意外，既是违背自然规律的幻想，也是对照护者和被照护者双方的苛求。”① 因此，对养老院的管理方来说，其要加强对护理员的技能培训并组织技能考核，重视对老人的风险防范，包括防呛咳和防摔倒等。而对家属及亲友方来说，其也要明白在生命周期和疾病变化中总有人力不可为之处，人们只能顺应自然。这样一来，照护者与被照护者及亲友双方就能够坦诚相见，保持信息沟通，妥协与合作，达成平安养老之目标。避免“医闹”现象打击医生的职业自信以及“跌倒诬陷”等不良风气压抑路人扶助老弱的善心，从而难以达成高质量的老年诊疗与照护。

① 朱玲：《社区养老院一年》，https：//mp. weixin. qq. com/s/rTH78B6Pgqn_ Nud46r7kvg，2019年3月4日。

3. 安宁服务阶段及其应对

谈到安宁服务，作为生命终末阶段维持高品质生活的服务，对它的细化分析和实践更直接触碰到了善终问题，也即通过多方位的安宁服务让老年人平静的无痛苦的离世，达成生死两平安。在这里，安宁服务所涉及的内容相当广泛，诸如舒缓医疗、心理抚慰、生前预嘱、养老监护、志愿者和支持网络以及死亡质量、死亡教育等。限于篇幅，本文仅就安宁护理和社会支持的议题稍加展开。

伴随着人的老化过程加深，大部分健康状况都不属于医疗治愈的范围，很多慢病、功能残障、癌症晚期等有可能只是“照护”和“维持”的问题。因此，舒缓医疗或者说安宁护理、安宁疗护就提上了日程。随着医学技术的不断进步，延寿治疗的办法日趋多样。如果缺乏舒缓医疗和死亡质量的理念，医护人员在临床中就易于倾向追求治疗结果，而忽视治疗措施可能带来的负面效应。而人们对癌症的恐惧，在很大程度上也是由于缺乏安宁服务的知识。还应注意到，现代社会，人们在追求生命健康的同时对生命质量日益重视。因此，在深度解读生命的意义上，安宁疗护作为切实可行的应对方案，有助于老年人平静、无痛苦、有尊严地走完终末期历程。

还应当清醒地看到，中国有关舒缓医疗的推展仍然迟缓。有学者指出其影响因素主要在于一是舒缓医疗的学科地位尚未确立、人才流失现象严重；二是受到现行医疗保障政策的影响，目前我国大病医保还未将化（放）疗、舒缓医疗纳入医保范围；三是公众对于舒缓医疗知识缺乏了解，接受度有待提高。①

由以上讨论可见，迈向高水平的社区养老除了提升照护者的专业素质外，普及长期照护和安宁服务的新知、提升公众的参与水平不可或缺，这是一个水涨船高的过程。

---

① 参见曹继军、颜维琦《我国享受姑息治疗人口不足1%》，《光明日报》2015年11月30日，第6版。

（二）搞好目标与实施的衔接，真切认识到养老服务是拉动内需和扩大就业的朝阳产业

透过愿景分析以及养老服务阶段性的内容展示，可以清楚地看到，要达成高水平养老服务的目标，三个阶段作为同一过程有两个侧面：一方面是尽可能延长健康老化的时段，另一方面是通过长期照护和安宁服务，让老年人平静地、无痛苦地度过失能和生命终末时段。而各个阶段实施细则的优化以及服务质量的提升，将极大地增进老人晚年生活的幸福感。

与此同时，知晓了养老服务三阶段的知识，就会看到搞好养老服务不仅能推进健康工程和降低高额医疗费用，而且可以扩大就业和拉动内需，发展养老服务业是朝阳产业也是破解未富先老难题的机遇。有学者也提出，中国与欧美国家在迈向老龄化之时的经济发展水平不同，人均国内生产总值对比达到几千美元与几万美元的差距。面对在人均医疗费用上老年人远高于中青年人的状况，前者是后者的6～8倍，以往的研究往往过于关注人口老龄化带来的经济和医疗方面的压力，而没有看到老年人口也是国家健康和财富的源泉，包括其消费潜力及养老服务业对就业的拉动。因而下述现象是耐人寻味的，人们一方面在讨论养老消费的市场潜力巨大，另一方面讨论如何把“包袱”转化为老龄人口“红利”的文章甚少，并且作为朝阳产业，养老服务人员包括对护理员的培训却由于待遇不高、政策支持力度不够，呈现人才短缺的困局。

三　高质量老有所养的路径：政策协调、质量提升和大众创新

（一）搞好照顾服务供给的重要环节是资源整合与政策协调

愿景分析和养老服务链的讨论表明，前台的服务质量提升与后台多种因素的支撑相关，因而照顾服务的良好供给对社区内外资源的整合提出了很高

的要求。例如，一个并不复杂的陪伴老人到服务中心的活动，就需要有风险防范的知识和老年意外保险的支撑，涉及照护者的专业技能和保险制度的安排。

就社区内的专业化配置和养老资源整合而言，在实施护理服务时如何达成照护人员与被照护者及亲友的良好互动，不仅照护者需要培训，被照护者亲友、社区志愿者和公众也须了解养老服务不同阶段的多种知识。而基层养老服务资源的整合，则涉及多元化的专业资源如社工、心理咨询师、营养师的人才资源整合以及社会组织、邻里资源的支持等。

就社区外部的政策协调与养老资源整合而言，其涉及了从医疗、民政到社会保障等多部门的调配，涉及了从政府、社区到企业的多方参与格局。例如构建养老服务的行业联盟，推进研究、规划、培训的互动。政府应拓展购买服务的范围，包括在推进医养结合的同时，运用人工智能和互联网技术，开发老年健康管理和照顾服务信息系统。最近，为了激发市场活力，国务院又出台了取消养老机构设立的许可，这将有利于社会力量办养老机构并释放小微养老机构的能量。但在放开搞活的同时如何加强监管，防范安全、卫生、消防、设施老化等风险，建立服务组织的准入和退出机制以保障服务质量等，显然还有大量的政策协调工作。

此外，高质量的公共政策离不开高水平的老龄研究，这一研究应在跨学科合作、专业化培训和老龄产业开发的结合上多做努力。一方面养老服务蕴藏了巨大的市场潜力，老龄研究应关注构建研究、规划、培训的互动平台（前面的讨论已有展示），另一方面，需加大养老服务职业培训力度，除了大力发展养老服务的职业教育外，社区培训也应当是规模化的。可以利用远程教育的网络技术，实施网络公开课教学包括线下评估来传授养老服务技术和知识。对此，透过政策支持包括免费提供各种社区培训、知识讲座，将有利于照顾服务的知识普及，将有利于广纳人才（包括志愿者）以及提高养老服务的职业声望，进而促进服务质量的改善。

实际上，在网上搜索已经能够看到不少有关养老护理的普及知识。例如，中国养老人才联盟资讯所提供的卧床老人护理技巧解析，介绍了优秀护理员的一些经验知识，诸如怎样安排舒适的居住、日常基础护理要点、及时给予情感的疏导、长期卧床病人主要并发症的预防等。

（二）发展老年互助、培育养老服务组织并搞好质量控制

随着深度老龄化社会的到来，面对大量高龄、空巢和独居老人以及大概率的老年失能状况，抱团取暖和老年互助将会有大的发展。在这方面，围绕居家养老，使社区医疗、健康管理以及智能服务协调发展，各地都有不少创新。与此同时，在政策放开的过程中企业在开发服务流程和培育规范的养老消费市场方面可以大有作为。一方面要提供关于促进一线养老护理人员及企业发展的政策支持；另一方面要加大养老服务公司的内部组织架构建设及治理。

在上述方面，社区建制为整合社区养老福利资源、获取专业化支持提供了良好的平台。应当真切地认识到养老服务业作为促进幸福民生的健康工程，既是劳动力密集型产业，也是知识密集型产业。实际上，北京、上海、广州等许多城市的社区，已有推进养老服务、社区医疗、健康管理三位一体的尝试。如何在新时期推动社区养老发展、营造社区养老良好发展氛围，值得我们进一步探讨思考。

（三）以大众创新来提升社区养老的服务质量

当我们看到了社区照顾愿景的结构和多功能要素，看到了有尊严老年生活的服务链——从健康活化、长期照护到安宁服务，看到了服务链的运行有赖于社区内外资源的整合和后台支撑，包括养老公共政策的协调，促进研究、规划、培训的互动，促进福利与市场的互动，等，也就对照顾服务背后的社会化老年安全网有了整体性的把握。由此可见，安全网的建设不仅是政府的事，也需要每个公民的积极参与。因为其构建是在帮助每个人应对老化时段的种种难题，无论是空巢、独居，还是大病、失能、失智等风险。也正是透过对照顾服务的愿景分析和服务链的讨论，使人们看到了要实现质量提升，服务链条上诸多环节的大众创新，也即大量的微创新至关重要。

创新是追寻需求而来的，那么当一个人迈向深度老化之时能遇到什么呢？一位作家对暮年风景的描述真实而精彩：一是独自生活和品尝孤独逐渐成为老年人生活的主要内容；二是社会关注度越来越小，老人要学会安静地待在一角，欣赏后来者的热闹和风光；三是前行路上险情不断，得学会与疾病共处，带病生活，不要幻想身无一点疾病；四是准备在床上生活，重新返回幼年状态，去接受别人照料并准备骑鹤远遁。① 令人欣慰的是，在这一时段也会有一束束爱之光照亮旅程，它或者来自社会，包括社区、慈善组织和政府，或者来自他人包括老人的亲人朋友，还有就是老人自己。

以上讨论发人深思并提出了一个问题，对于多数老年人来说，有尊严的晚年生活究竟需要什么，是养老公寓广告上的那些漂亮的大房子，还是五花八门的各类诱人消费品？对此，台湾菩提长青村的节俭型养老互助模式很有启示。长青村所倡导的“开源节流、老有所用、够用就好”的老年社区，集健康照顾、老年互助、终身学习、休闲产业于一身，已不再是单向地被照顾服务，而是鼓励老年人自立与帮助社会的双向发展。在这里，“老有所用”指的是老人运用自身的力量，不仅照顾自己而且照顾别人。实践表明，抱团互助的老人们幸福感很高，这就是微创新。值得一提的是，长青村的住房并不豪华，而是台湾 1999 年大地震期间搭建的简易组合屋。在灾后重建时市政部门一度准备拆除组合屋，迁移老人们去各个养老院。但考虑到在长青村久宿的老人们亲情难舍，抱团养老意愿强烈，组合屋经修缮加固后便为抱团养老所用。

上述讨论让笔者不禁忆及自己的一篇旧文，“社会支持这一影响老年心理健康的关键因素，主要的不是取决于社会交往和社会支持的数量及范围，而取决于其质量，也即在关键时刻、紧急时刻，或者需要人帮助的时刻，你能否找到可以信赖的人提供支持”。② 因而，对于一个迈向深度老化的人来说，如果你在很大程度上相信，在你需要帮助的时候，总可以找到值得信赖

---

① 周大新：《天黑得很慢》，http：//cul. qq. com/a/20180309/026602. htm，2018 年 3 月 9 日。

② 缪青：《老人心理健康和社会支持网络》，《心理与健康》2004 年第 1 期。

的人和社会组织提供帮助，这显然会有效地缓解焦虑并有助于心理健康。进一步的研究还表明，不仅稳定的社会支持可以提高人的幸福感，而且可以为他人提供帮助，也即如果别人需要帮助的时候，你能够通过社会支持网络来提供帮助，更有助于提高人生的成就感和幸福感。

这篇旧文在今天读来仍不乏启示，在结尾处笔者指出，“在明天的社区活动和老年服务方面，中国社会支持网络应当是个什么样子？这不仅仅是政府应当思考的问题，而且是每一个已经步入和行将步入老年生活的人，需要积极地思考、参与和行动的”。本文讨论的社区养老之理想与现实就是多年后研究、参与和思考所做的回应。

综上所述，养老服务政策的出发点和归宿是以人为本，无论是强调社区内的专业化配置、资源整合，还是关注外部的养老政策协调，其政策绩效最终还是要落地到社区。一方面让服务者有尊严地工作，通过税费优惠、补贴、媒体彰显以及人工智能协助等多种手段使养老服务成为令人羡慕的行业；另一方面让老年人有尊严地生活。愿景分析和养老服务链的丰富内容展示已经厘清了营造老年宜居社区的重要节点。循着本文展示的路径逐步地消除短板、扎实推进，将宏观目标与实施细则衔接起来并汇聚大量的微创新，大幅提升照顾服务的质量和老年生活的幸福感，营造一流的社区养老服务并不是遥不可及的事情。

参考文献

缪青：《社区养老关键在于提高认识》，《中国老年报》2013 年 3 月 13 日，第 3 版。

缪青：《老人心理健康和社会支持网络》，《心理与健康》2004 年第 1 期。

B.4 基于个体与社会层面的健康老龄化战略思考

宋　梅*

摘　要： 长寿为个人的成就和其对社会的贡献提供了更多机会，但长寿的老年人往往面临一系列的健康问题，这意味着社会的关注点需要将当前追求年轻、保持年轻的文化重点替换为与年龄有关的社会参与、贡献、相互联系和最佳功能等方面。健康老龄化被视为应对老龄化社会挑战的积极方案，基于个体健康的功能性目标与现代社会、教育和公共卫生政策创新，健康老龄化视老年人为宝贵的资源，当人们活得更长、更健康的时候，社会有能力消除偏见，提供创造性的解决方案。

关键词： 健康老龄化　战略　年龄歧视

20世纪以来，人类的预期寿命急剧增加，这一成就可以归因于医疗和非医疗因素，包括更好的卫生条件、生活和工作条件、更安全的交通、免疫、抗生素、更低的吸烟率以及癌症和心血管疾病的预防和治疗。长寿为个体取得更大成就和做出更大贡献提供了机会，但长寿的老年人往往面临一系列的健康问题，这些问题最终会限制老年人的独立性。此外，预期寿命的增长也带来了一系列的社会问题，比如养老金的捉襟见肘、看护人员的短缺、

---

* 宋梅，博士，北京市社会科学院城市问题研究副研究员。

养老床位的紧张等等。个体身体机能的衰老有某些共性，也有一定程度的差异，如何让个体的生命周期在现代科技技术进步的辅助下，健康地衰老、有尊严地衰老成为社会各界解决老龄化问题的关键。

一 健康老龄化的意义与定义

从中国古代皇帝不惜重金钻研“炼丹术”到现代“抗衰老”产业的盛行，都体现了人类对衰老的探索深藏于人类的历史结构主线之中。据商业预估，全球的“抗衰老”产业商业价值将超过千亿美元。但作为社会科学研究，其在关注“健康老龄化”问题时，显然不能仅着眼于抗衰老产业的商业价值，也不能立足于“长生不老”或“永葆青春”的个体追求。

长寿的老年人通常生活在一系列健康问题中，这意味着当代社会人们关注的“健康老龄化”必须接受一个更广泛的、以人为中心的健康概念，世界卫生组织将“健康”定义为“完全的身体、心理和社会福利，而不仅仅是……没有疾病或虚弱”。因此，“健康老龄化”需要被具体定义，需要包含更广泛的范畴。除了需要关注的疾病最小化外，还需要关注对老龄学研究有重要意义的概念，如文化、功能、参与、弹性、意义、尊严和自治。个体对健康老龄化的看法也会随着时间的推移而变化。怎样才是一个理想的衰老过程？“成功的衰老”“主动衰老”“最佳衰老”“健康衰老”“老化良好”“生产性衰老”等术语都表达了人们对衰老后良好生存状态的渴望。为了改善老年人的健康、保持独立和生活质量，选择使用“健康老龄化”术语试图反映人类在促进长寿的同时优化生命周期中的生命的努力；最大限度地减少医疗使用和成本；使个体尽可能延长工作时间；尽量满足老龄人的健康需求，健康老龄化可以提供一种以个人为中心的护理和以社区和医疗系统辅助护理的通用术语，从而使人们能够将“最佳”老化（健康地老化）与典型（正常地老化）以及不可避免地老化区分开来。

健康老龄化战略看似针对越来越多的65岁及以上的人群，而实际将当前的健康促进知识转化为个人和社区的干预措施，可以贯穿在整个生命周期内，从而为个体和人类的健康提供策略支持。健康老龄化可以定义为基于个体的护理目标与现代科学、教育和公共政策创新，减少年龄的增长带来的负面影响，优化生活功能和质量，并降低发病率和虚弱程度，用全生命周期的概念来认识和对待人口老龄化的问题。

二 健康老龄化战略与多系统合作

世界卫生组织颁布了《积极老龄化政策框架》，文件肯定了人类预期寿命延长的积极作用，并重视老年人群作为老年化社会发展的潜在资源，强调通过政策支持，保护老年人的安全，鼓励他们继续为社会做出贡献。而目前我国的健康老龄化战略主要通过国家卫计委、国家发改委、国家中医药局、全国老龄办等13部门联合印发的《“十三五”健康老龄化规划》来推进。《“十三五”健康老龄化规划》主要在以下五个领域展开：（1）优化老年医疗卫生资源配置；（2）加强宣传教育、预防伤害和管理慢性病；（3）加强康复护理、医养结合和安宁养护工作；（4）增强心理健康；（5）促进社会参与。2018年中国60周岁及以上人口已达24949万人，占总人口的17.9%，其中65周岁及以上人口16658万人，占总人口的11.9%。预计到2050年前后，中国老年人口数将达到4.87亿人的峰值，占总人口的34.9%。虽然老年人口数量在逐年增加，但老年医学在卫生行业的培训中仍处于较低的水平。此外，如果单纯依靠卫生政策来支持人口结构的变化显然是不够的，如果不考虑老年人的健康和福祉，很多公共卫生议程则变得毫无意义或者完全无法实现。

整个生命周期内的健康管理工作实际需要全社会分工、合作完成，其范围远远超越了医院或养老院环境中提供的临床服务。健康老龄化已超越了临床服务，包括一个复杂且相互关联的生态系统，该生态系统影响我们变老以及变老后如何生活等等。

健康老龄化是一个复杂的系统工程，由于老龄专业医生的供应量有限，全社会都需要学会利用有限的人力资源来提供高质量的医疗服务。家庭系统、生物系统、心理社会等因素都在影响个体的健康和福祉，在细胞、个体和社区层面进行跨学科地研究，有助于更好地了解如何最大限度地满足有疾病的老年人的复杂需求，并为提高全社会的健康状况和改善老龄化困境奠定基础。

社区照顾系统、卫生系统和临床医生可以进行合作，以整合服务，促进所有老年人的参与和独立。随着预期寿命的增长，为老年人的健康提供更多的政策解决方案比单独依赖于医疗系统更为可靠。健康的老龄化不仅需要对护理行业作出协调的反应，还需要对社区的优先事项做出适当调整，从而促进健康、安全并有利于老龄人在熟悉的环境中独立生活。作为社会文化和职业道德的倡导者，更多部门的合作，可以使健康医疗保健体系与老年人的需求保持一致。

健康老龄化战略目标的实现依赖于医学、心理、社会等决定因素，必须弥合基础研究与临床应用之间的差距。跨界的合作与研究有助于缩小这一差距，倡导对老龄化进行基础性的生物学的研究，同时倡导医疗保健系统和社区、相关单位合作，充分利用全社会的资源使每个人在其整个生命周期中都能过得很好。总之，健康老龄化战略旨在现实性、动态性、多维性基础之上构建全社会的大健康目标。

世界卫生组织已确定了促进健康的重要优先事项。第一，卫生系统应协调一致，以满足老年人的需求，同时促进尚未成为老年者的健康成长。第二，应继续加强长期护理服务和帮助。第三，每个人都应该有机会在一个对年龄友好的环境中生活和长大。第四，需要对身体机能进行更好地监测和理解，以克服临床知识和科学研究的差距。年度体检的重点是预防疾病和残疾，体检的重点内容应与有效健康监测的指标保持一致。

促进健康老龄化的目标需要通过对细胞、个体和社区层面的多维度和复杂性进行研究，提倡医学工作者和社会工作者共同设计严谨的调查问题，从而对人们敏感的健康状况和结果进行监测，包括对身体机能、生存质量和生活满意度进行测量。通过作为临床医生和专业社会工作者的倡导，与社区和相关公共卫生部门建立关系来培养健康老龄化的观念；通过公共和专业教育、支持健康老龄化的实践，促进社会、学科和职业各方面的合作。

三　价值重塑与老年刻板印象的消除

作为社会科学研究者，其需要向个人和公众宣传对“老年”概念有适当的预期，既不过分乐观，也不过分悲观。同时需要重视社会上对“老年”歧视的普遍性和非制度化存在的“真实性”。年龄歧视是根据某人的年龄而针对其持有的偏见，一般来说，对年龄歧视的研究集中在对老年人的偏见上，尽管关于年龄歧视的研究还为数不多。与其他任何社会偏见一样，年龄歧视也基于一些负面的刻板印象。而这些针对老龄人的负面刻板印象对老年人的心理和身体健康产生了直接和显著的负面影响，当老年人相信这些负面刻板印象的真实性时，其对老年人的认知有明确的、直接的威胁。

（一）主观年龄与年龄歧视

从社会心理学的角度来看，一个人感觉到的年龄与社会和环境因素有关；从生物医学的角度来看，一个人的年龄或年轻程度与身体健康和功能密切相关。迄今为止，大多数研究都集中在生物医学因素上，很少有研究同时融合两种不同的观点，探讨主观年龄与心理社会和生物医学指标之间的联系。从社会心理学的角度来看，主观年龄与年龄歧视的感知经验有关。个人因年龄而受到歧视的程度是一种重要的社会经验，可能会影响他们的年龄或年轻程度。随着年龄的增长，个人越来越容易受到年龄的负面刻板印象的影响，年龄的增加会导致社会贬值、不公平待遇和年龄歧视，歧视反映了拒绝和社会排斥，被认为是对身体健康有有害影响的重要社会压力来源。

5 岁及以上的人被问到他们是否经历过年龄歧视时，几乎所有人说没有。然而，在 55～74 岁的人中，大多数人认为他们经历过年龄歧视，当这种情况发生时，他们内心很难过。一种解释是，老年人相信年龄成见的事实，因此他们没有将这种歧视视为年龄歧视。而年轻人并不认为自己“老”，精神和身体健康状况良好的老年人将老年人的行为（例如大声说话，简单地说，就好像老年人是个孩子）视为不尊重和侮辱。减少年龄歧视及其对老年人福祉的有害影响的最大障碍是，年龄歧视仍然是当今最特殊的一种社会偏见形式。大多数人对老年人的刻板印象与性别歧视、种族歧视不同，如果说某人老了，仿佛意味着人生中最好的日子已经过去了。抗衰老产业公司预测，2018 年，中国人花费了 600 亿美元购买旨在掩盖衰老迹象的产品。我们整个社会都告诉老年人，“你是无用的，而且是一种负担”。它告诉年轻人变老是不好的，变老更糟。

年龄歧视渗透到社会的各个领域，老年人的福祉会因为年龄成见受到影响，医疗保健专业人员对更喜欢的年轻客户会区别性对待地给出治疗建议。许多医生将老年患者视为“抑郁、衰老、无法治疗和固执”。医生们常常认为，由于衰老是不可阻挡的，伴随老年的疾病并不重要，因为有些疾病被视为衰老过程的自然组成部分。虽然一些医生承认他们对待老年和年轻患者的方式不同，但年龄歧视也反映了卫生系统在医疗预算优先事项上的偏见。在设计用于快速出院的医疗保健系统中，经常出现多种疾病，需要长期治疗的老年患者对医疗保健提供者来说是“麻烦”，即使在病情严重的情况下，老年患者往往接受较少的治疗，在维持生命的治疗中也有更多的限制。同样，一些心理健康专业人士也对老年客户表现了年龄偏见，并且会倾向于避免接受老年客户，因为老年人是孤独的，仅希望有人与之交谈。

（二）年龄偏见影响健康

老年人对老年人负面印象的信仰程度会对他们的生活意愿产生重大影响，相信消极的年龄刻板印象也会影响老年人对自己健康的控制程度。自认为对健康几乎没有控制力的老年人在遇到健康问题时，更不主动从事预防性健康行为或寻求医疗帮助，对衰老有负面认识的老年人更容易在日常生活的基本活动（如洗澡、穿衣、进食、散步）和日常生活（如工作、理财、使用电话、烹饪）需要使用工具活动中遇到问题。年龄刻板印象不仅会对老年人思维方式产生负面影响，更令人担忧的是，对老年人身体健康也会产生明显影响。

一个常见的假设是，衰老是一个以身体衰退为特征的过程，而晚年健康问题产生的原因是标志着人们衰老的常见疾病。然而，这一假设需要心理学家的重新发现进行修正，即老年人的感知方式，以及他们如何感知自己加速衰退的身体机能。在被要求列举出身体残疾原因的老年人中，那些以“老了”为主要原因的老年人，其关节炎、心脏病和听力损失的水平明显高于那些不将残疾归因于“老了”的老年人。与乐观、积极的老年人相比，认同对老年人消极刻板印象的老年人的健康状况往往更差。这一结果产生的原因可能在两个方面。首先，信念可以影响老年人是否采取任何措施来预防老年疾病。如果老年人有很强的身体机能控制信念，他们将更有可能采取预防性行为，寻求医疗护理。其次，老年人如果认为“老了”将伴随着不可避免的健康下降，可能会导致压力和焦虑。有研究表明，压力和肾上腺素的增加对人体免疫功能和心血管健康都有不利影响。事实上，仅仅让老年人接触到关于老年的负面刻板印象就会增加心血管对压力的反应。

（三）年龄偏见影响寿命

喜欢将健康问题归因于衰老的人比那些没有这种归因关系的人死亡率更高。发生这种情况的可能原因在于这样的归因将人们的注意力从真正的疾病上转移开，从而造成他们在健康状况恶化时寻求医疗援助的延迟。老年人对他们的生活质量的期望值较低，对抑郁、即将到来的依赖、精力较少的期望值较高，而这些消极的期望值与寻求医疗保健的重要性较低有关。这些不良预期（例如，“年老即生病”）源自对老年的负面刻板印象，与对健康没有此类负面预期的老年人相比，死亡率增加了一倍以上。那些对心理和身体健康有更积极想法的人比那些相信心理和身体衰退的有消极成见的人可以多活 2.5 年至 4.5 年。

四　重新定义衰老与主动应对老龄化

人口老龄化社会的到来，不应视为一场危机，而需要全社会改变思想和态度。这包括与年龄歧视作斗争，从改变对老年人价值的看法开始。向社会各个年龄层传授关于衰老的知识并强调衰老的积极方面。

衰老需要被重新定义为一段持续活动、成长和享受的时期。鼓励老年人对退休和老龄化采取更健康、更积极的看法。积极的老年化观点可以对老年人的男性和身体健康有重大的、有意义的积极发展。强调老年人在家庭、工作和社区中的能力和参与，除了基于疾病的治疗、身心的舒适愉悦之外，健康老龄化的主要目的是促进老年人的社会参与。努力用敬业、参与、贡献、相互联系、活跃和最佳状态等功能性的概念来取代当前文化中注重年轻和追求年轻的观念。如果鼓励社区、医疗保健系统和临床医师共同致力于整合各种预防性服务，以促进老年人的参与和独立，那么帮助每个老年人过上健康的生活方式，以提高其预期寿命的方法也将是最容易实现的。

当年轻人很少或根本没有与老年人互动时，老年人的刻板印象就会“盛行”，鼓励儿童与老年人（如寄养祖父母）增加接触，可以降低儿童长大成人后对老年人形成偏见的可能性，以社会化和积极的情感和认知进步的形式为老年人提供好处。持续积极的家庭关系和社会支持系统可以缓冲老年人消极的自我观点和消极的心理和身体健康。当成年人对老年人的心理和身体健康有积极的期望时，或者即使他们的预期会有所下降，但他们知道支持是可靠的和可以实现的，他们会感到对他们的老龄化有一种安全感和控制感。

随着人口老龄化的加剧，迫切需要更多的专业人员来为老年人提供服务。政府可以为那些选择老年医学或老年医学职业的人制订激励计划。据估计，到 2030 年，将需要另外 350 万名老年保健专业人员来满足 65 岁及以上人群的快速增长。需要促进心理学家和医疗保健专业人员的教育和培训，消除年龄神话和刻板印象。

解决医疗保健专业人员的老龄化偏见，可以对老年患者和客户的健康老龄化产生明显的积极影响。需要做更多的工作来鼓励医生和心理健康专业人员选择老年医学和成为老年医学专家。

总之，在目前的发展阶段，健康老龄化有必要被视为一种尚未完全开发的资源，当人类活得更长、老龄化社会真正到来的时候，社会成员需要通过提高认识和进行再教育提高应对老龄化社会挑战的能力。

参考文献

The 2015 White House Conference on Aging Final Report，http：//www. white house conference on aging gov.

R. D. Adelman，M. G. Greene，R. Charon & E. Friedman，"Issues in the Physician-Geriatric Patient Relationship"，In H. Giles，N. Coupland & J. Weimann（Eds.），*Communication*，*Health and the Elderly*，England：Manchester University Press，1990，pp. 126 - 134.

J. O. Allen，"Ageism as a Risk Factor for Chronic Disease"，*The Gerontologist Advance Online Publication*，2015.

B.5

北京社区智慧养老服务建设现状、存在问题及思考*

李金娟**

摘　要： 立足互联网社会背景，运用人工智能手段创新养老服务方式，从养老服务供给侧提升社区老年居民获得感、幸福感，对于首都城市品质的提升具有重要意义。北京市近年来在智慧城市建设尤其是社区智慧养老层面虽获得一定发展，但仍然处于探索运营阶段。本报告主要针对首都社区养老智能化建设现状进行梳理，对问题进行分析，以进一步明晰新时期社区智慧养老的意涵、发展愿景并为政府部门提供科学决策的理论依据。

关键词： 社区养老　智慧养老　智能技术

近年来，为适应互联网时代发展，网络智能化逐渐成为北京市社区养老服务建设的新趋势，“智慧养老”也开始成为学界热议的高频词。社区智慧养老是智慧城市的重要构成之一，是新时期北京社区治理创新的具体表征之一。当前，北京市老龄化程度进一步加剧，迫切需要我们在梳理当前社区智

* 北京市社会科学院青年课题“新媒体时代城市社区智慧养老研究”阶段性研究成果；项目编号为2018B5168。

** 李金娟，北京市社会科学院社会学所助理研究员，博士，研究领域为福利社会学、文化社会学等。

慧养老发展的基础上运用互联网思维创新社区养老模式，优化首都养老服务具体路径。

一 北京市老龄化态势严峻以及发展社区智慧养老的必要性

尽管相关研究表明，“北京市外来人口、户籍人口数量自2017年以来便呈现双下降趋势”[①]；然而由于老年人口基数大、高龄人群数量增速快等影响，北京市老龄化形势仍然不可小觑。2018年10月15日发布的《北京市老龄事业发展和养老体系建设白皮书（2017）》相关数据显示，截至2017年底，北京市60岁及以上户籍老人已达333.3万人，占到北京市户籍人口总量的24.5%[②]，也就是说，每4个人中就可能有1位老人；较之2012年262.9万人的数量增加了26.8%，年平均增幅为5.36%。照此推算，等到2030年，北京市60岁以上户籍老年人估计将增至约600万人，北京市将达到重度老龄化阶段。由此可见，如何应对北京市老龄化的严峻形势需要得到各界迫切重视。以此为背景，解决社区养老服务发展不充分、不平衡的供需矛盾问题，就需要我们基于新时代发展理念创新社区养老服务模式，不断构建社区居家养老服务的2.0版，即社区层面的智慧养老。

关于何谓社区智慧养老，目前学界并无明确的定义。笔者认为，社区智慧养老主要是指：利用互联网、物联网等信息技术搭建O2O社区养老智慧信息服务平台，基于平台数据储备、传输、共享等功能，为社区有需要的老年居民提供集生活照顾、医养照护、文化娱乐、精神慰藉等于一体的照顾资源并能及时完成线上线下的功能对接；其宗旨在于通过整合社区内外的养老

① 洪小良、陈志光：《北京人口形势分析报告》，《北京人口发展研究报告（2018）》，社会科学文献出版社，2018，第1~10页。

② 北京老龄委员会工作办公室、北京师范大学公益研究院主编《北京市老龄事业发展和养老体系建设白皮书（2017）》，2018，第2~10页。

资源，基于智能化的互联网平台为有需要的老年人提供选择多样的智慧养老服务，提升其生活质量。

与传统养老模式相比，在缓解老龄化形势方面，社区层面的智慧养老具有其独到优势。其一是拓宽了社区智能服务产品种类，从而为老年人提供了多样化的便捷服务。随着移动互联时代4G技术的逐渐成熟、5G技术的成功应用，人工智能等信息技术与养老服务产品的融合也在不断加深，在一定程度上完善和延伸了养老服务的社区公共服务功能。其二是相比传统养老服务过程中一对一的人力资源照护，社区层面智能化的养老服务可以节省人力成本，提升社会经济效益。具体而言，即通过信息技术的有效应用可以在一定程度上促进社区照顾资源的聚合并及时获得用户需求侧的反馈情况，从而提升社区老年居民生活质量，满足其多元化养老需求。

为应对老龄化形势，北京市委市政府近年来陆续出台了一系列关于“互联网+养老”发展的相关政策文件，积极探索社区云服务养老模式，积累了一定实践经验。

二　北京市社区智慧养老服务建设现状分析

（一）政策法规体系初见端倪

2015年以来，在国家层面的政策推动下，互联网技术得以逐渐应用于医疗、养老服务等民生领域，我国社区养老信息化建设的发展方向也进一步明确。以此为背景，北京市委市政府针对首都新时期急速发展的老龄化形势，结合首都经济社会发展特征，相继出台了一系列有益于北京市智慧城市建设及智慧养老服务发展的政策法规文件。从近年来市级层面出台的政策文件来看，2012年以来，北京市委市政府意识到现代城市建设和发展与互联网信息技术之间的重要关联，并逐步开始智慧社区建设工作。以此为背景，随着北京市老龄化进程的急速发展以及互联网信息技术创新应用的进一步拓展，社区智慧养老作为城市民生事业的重要组成部分，也日益成为居民社区养老服务的重要构成和未来发展趋势。2016 年以来，在国务院有关政策指导下，基于北京市新时期经济社会发展形势，北京市委市政府明确了首都为老服务事业发展的智能化和信息化方向，并针对社区智慧养老如互联网平台的搭建路径等给予了详细说明，为北京市社区智慧养老服务在新时期的开展提供了一定政策指导。

总的来说，在上述有关政策理念引导下，北京市委市政府自 2012 年开始投入社区基础设施建设和部分信息化项目运营以来，于 2015 年开始围绕“互联网 + 社区”进行社区建设与治理，为社区智慧养老的运营开展提供了现实基础和物质准备。

（二）社区智慧养老服务体系初步搭建

早在 2013 年，北京市便通过建构养老综合服务信息平台“96156 小帮手”尝试搭建全市范围内的养老服务信息平台。此后，北京市委市政府不断探索为老服务新模式，运用互联网思维创新北京市社区智慧养老发展，初步形成基于“区 - 街 - 居”机制运营发展的社区智慧养老服务体系，并在社区智慧医养结合方面获得一定发展。

首先，在构建市级指导、区级统筹、街乡落实、社区连锁的“三边四级”养老服务体系建设理念指引下，北京市初步建立了纵向对接、层次丰富、功能互补的智慧养老服务网络，以“养老照料（助残）中心 + 养老驿站”为表征的区 - 街 - 居养老服务对接互补机制基本形成。一方面，机构设施建设逐步完善。截止到 2017 年底，“北京市区级养老服务指导中心已建成并运营的有 6 家，正在建设中的有 9 家，完成选址并在完善建设方案的 1 家”。[①] 与此同时，养老照料中心投入运营的共计 192 家；北京市范围内运营的社区养老驿站共计 380 家，基本覆盖了全市 16 个区县。[②] 另一方面，

① 《北京养老照料中心服务 110 万居家老年人》，中国青年网，http：//news. youth. cn/jsxw/201705/t20170514_ 9757254. htm，2017 年 5 月 14 日。

② 北京老龄委员会工作办公室、北京师范大学公益研究院主编《北京市老龄事业发展和养老体系建设白皮书（2017）》，2018，第 12 页。

以养老服务的品牌化、连锁化运营方式推动社区智慧养老服务模式的创新发展。例如，北京市东城区于2016年通过引入品牌化、连锁化经营的社会企业诸如慈爱嘉、汇晨等参与首都社区智慧养老服务资源的生产和供给过程。可以说，在当前发展阶段，这种品牌化、连锁化的以点带面的运营方式在一定程度上推动了北京市社区智慧养老的发展。

其次，以社区为依托的智慧医养服务逐步开展。一是由社区基层医院提供集血糖仪、血压仪、肺功能测试仪以及健康体检一体机，为老人提供检测身体健康状况的免费服务。二是依托社区卫生服务站（中心）搭建社区健康小屋，通过搜集、对比社区老年居民不同时期的体检数据及健康管理数据，运用网络通信技术，通过网络传输设备将采集到的健康数据资源上传至云平台；在此基础上将养老机构、基层社区医院、医疗机构等不同维度的资源对接整合，以为老年居民提供健康服务。

（三）社区养老服务内容智能化趋势进一步增强

1. 由政府提供的养老福利服务信息化建设力度加大

在智能产品供给层面，北京市于2013年推出“96156小帮手”居家养老（助残）管理服务平台，由此标志着北京市社区养老信息化建设的开端。2016年以来，北京市养老服务信息化建设力度持续加大，例如启动为失智老人配备防走失手环项目、实施“老年福利服务一卡通”工程等，并运用智能化的养老助残卡来对老年人健康状况进行精准把脉与管理。截至2017年9月30日，“已完成制卡数246万张，发展服务商1.5万家，共计为老年人提供生活照顾、精神慰藉、文化教育等六大类服务110项”。[①]

在设施层面，以社区卫生服务中心（服务站）、养老照料中心、养老驿站等机构为组织架构，以健康云、日常护理、精神慰藉、紧急救助等多维度切入老年群体实际需求，提供多样化的个性服务。值得一提的是，为提升社

① 《本市户籍老年人口已达329万，老龄化已超24%》，首都之窗，www.beijing.gov.cn/bmfw/shbz/ggts/t1497241.htm，2017年10月31日。

区老年居民“北京通－养老助残卡”消费使用的便捷性，作为北京市折子工程之一的“幸福彩虹”社区项目自2017年启动以来，由政府提供一定补助，由平台机构为居民提供店面改造、物流协调、折扣商品、家政维修、健康养生、金融理财多种一站式业务。

2. 由不同市场主体提供的养老智能化服务日益多元化、精细化

得益于北京市进一步加大支持各类市场主体参与养老服务的政策力度，北京市2018年以来持续增加养老服务和产品的多样化供给。除了自建专业团队模式如慈爱嘉、青松，以及以搭建供需双方沟通桥梁为主的平台模式如“二毛照护”居家养老服务平台之外，由市场提供的智能养老服务内容的丰富性还体现在老年生活辅助用品、老年智能产品以及康养管理层面。具体而言，一方面由老年用品展示体验中心、网络商城研发提供助行、助浴、助医用具和康复辅具以及保健器材等老年用品，逐步开展适配、租赁服务，增大老年用品的市场供给量。另一方面，从事居家养老服务的家政企业提供的养老服务内容在考虑老年人个性化的同时结合互联网新时代需求开始迈上规范化发展路径。

（四）社区智慧养老实践运营模式的探索

这里需要指出的是，当前北京市社区居家养老服务工作主要是由市民政局及市老龄办等政府部门合力推动进行的，社区智慧养老的运营发展离不开政府部门的大力支持。故而在此仅以下述两种模式来进行分析说明，其余就不再赘述。

1. “政府＋企业”的运营模式

其一是政府与大型国有通信服务运营商合作的模式。例如，“北新桥智能养老服务平台”，即由政府搭台，并由信息技术公司提供技术设备的一种运营模式。

其二是委托物业公司经营管理。例如顺义区石园北区利都智能养老服务驿站，即在物业公司经营的基础上由政府与其签订合同，来为居民提供智能养老服务。其特征主要体现为以物管App联结大数据平台为业主提供

涵盖家政服务、居家养老、康养服务，辐射社区1500多名60岁以上老人。

其三是随着北京市涉老企业的规模化发展，一些专注于社区居家养老服务的品牌企业开始连锁化的运营模式，例如诚和敬、慈爱嘉、青松等。社区通过与提供服务资源的市场主体签订相关条款，并对签订合同条款的市场主体给予一定财政补贴以及税收减免优惠来为居民提供多样化服务。

这种以政府为主导、以市场为补充的智慧养老发展模式在一定程度上可以避免政府失灵的情况，并可以为社区老年居民提供更多丰富、便捷的服务选项。

2. “政府+社会组织”的运营模式

当前，随着社会治理重心的下沉以及北京市政府对于社会力量参与智慧养老服务支持力度的加大，由社会组织、志愿者及其他社会主体参与提供的社区智慧养老服务也开始成为当前北京市智慧养老服务队伍资源的重要构成。例如西三旗街道“i家园智慧社区服务驿站”智能养老驿站，其运营模式即由街道政府委托、北京和合社会工作发展中心来负责运营，主要以“政府+社会组织+专业社工+居民”共商共建模式为居民提供专业化的居家养老服务。

笔者认为，上述案例在一定程度上为北京市社区智慧养老服务的实践运营积累了丰富的经验并提供了可借鉴的模式，值得我们今后进一步探究。

三　北京市社区养老智慧服务发展存在的问题

与传统养老模式相比，智慧养老是近几年才出现的新兴业态，社区智慧养老是社区养老在互联网经济形态下呈现的新形态，其自身发展还有待完善。

（一）社区智能养老服务产品种类及服务存在短板

其一体现在智能家居在为老服务工作领域中的实际应用受限。从智能家居用品的市场供给来看，目前市场上家居用品智能化设计主要面向中青年人群，针对更需要智能化家居用品辅助的老年人群的产品供给还较少。[①] 即便是已有的智能化产品，也在设计理念上缺乏针对性及实用性。从政府现行政策补贴来看，由于政府补贴覆盖面较小，缺乏智能化家居应用的改造入户细则，适老化家具的智能改造目前仅仅停留在口号阶段，缺乏实质性工作进展。目前北京市社区智慧养老为老人配备了及时定位、紧急呼叫器、一键通等智能设备，健康服务监测终端、智能养老等智能设备则较为缺乏。例如，只有 80 岁以上的高龄、空巢老人才有资质申请智能传感设备的配备。

其二体现为老年照护产品发展不充分。当前，老年人养老需求日益多元化已是共识。供给侧和需求端的不匹配的矛盾集中表现为智能服务产品中医养照护产品、情感陪护型产品等的缺位。这是由于“从政府到公众对通过智能产品和新媒体方式来搞好健康管理（不单纯是测量血压和心电图等），以及满足老年人精神需求的认识不足”[②]，以及新生代智能产品的推广使用尚需时日，加之老年人认知能力有限等因素影响，具有普适性的，尤其是面向老年人精神慰藉的养老公共智能服务产品仍然较为欠缺。

其三体现为产品功能拓展不足、产品运营维护成本高、服务模式的持续性有待探索以及与线下具体生活场景的服务链相脱节等等。此外，一些智慧养老示范化项目受资金、人力等因素制约，极易陷入为博眼球而进行概念炒作的恶性循环，因而项目推广效果不明显。很多养老服务商为尽快营利而忽视老年人需求，难以形成企业品牌和自身核心竞争力。

（二）社区智能养老服务标准化建设有待规范

从现阶段智慧养老的运营现状来看，基于社区场域的智慧养老服务

① 谭敏：《别让智能化“制约”了老人生活》，《中国联合商报》2017 年 9 月 18 日，第A4 版。
② 李金娟：《运用新媒体搭建社区为老服务平台》，《青年记者》2015 年第 11 期。

建设是当前社区养老的主要发展趋势。而与此同时，由于智能养老在我国才刚刚起步，北京市虽然作为首都具有独特的资源优势，但其在养老服务智能化服务的标准化建设层面仍然有待进一步规范。一方面，基于新媒体移动互联的优势，以北京市为例，大多数社区虽然已经构建了全天候一站式社区公共服务平台，为老年受众提供日常资讯服务、生活照顾、文化娱乐等服务，而其相应服务标准、服务流程、监督评估机制大多处于缺位状态。另一方面，社区智能养老机构的运行机制依赖于社区管理智能系统、老年人健康智能管理系统、护理服务智能系统、生活服务智能系统和文化娱乐智能系统等多维系统支持和运行①，而当前北京市在这方面显然还处于摸索阶段，标准化建设明显滞后。此外，关于智能养老服务的运营商如何介入养老机构，以及上述多元主体之间的权责利方面也没有一套细化的可以参考的标准，由此极易导致养老智能服务产品监管领域的混乱失序，迫切需要以精细化的治理路径来规范、改善这一现象。

（三）社区智能养老系统化建设有待加强

从平台自身硬件设备看，其表现为智能硬件制造、管理信息系统集成以及平台运营服务三方不同行业领域之间链接缺乏系统性，相互割裂、行业分布不集中导致的“信息孤岛”现象。一方面，社区层面的智慧养老服务平台系统建设缺乏一定标准；另一方面，社区当前承担了大量行政性事务，社区工作者往往面临重复录入数据却无查阅数据权限的尴尬境地，因而导致社区可以共享的医疗、养老服务资源数据还较为有限。此外，志愿者团队、亲戚和朋友等基本组织元素仍然很少融入智能系统；社区智慧养老服务平台与政府、社区、社会企业之间的关系定位还不清晰，难以形成有效合力。

① 朱勇：《智能养老》，社会科学文献出版社，2014，第79页。

四　思考建议

（一）基于老年受众需求，创新“互联网 + 养老”公共服务工作机制

当前，信息社会发展的一个重要表征即城市建设正向智慧城市发展。人工智能等信息技术是社区智慧养老运营必不可少的必备物质条件；基于网络化的养老智能服务平台是社区层面为老年居民提供“互联网 + 养老服务”的重要载体。可以说，社区智慧养老是一项系统工程，其运营发展既有赖于科学技术的进步，也更需要一套协调机制来进行保障。

一是运用互联网、物联网技术建立公共养老服务数据平台，避免各系统条块分割、独立运营导致的“信息孤岛”问题。具体而言，在统一数据录入格式及标准的前提下整合数据资源，并集成到区级或市级老龄数据中心从而利于进一步细分老年用户需求。二是运用互联网思维对养老服务系统进行更新迭代，优化配置社区内外的智慧养老服务资源。就目前较为普遍的由政府提供的福利模式、政府与企业及社会组织合作的 ppp 模式而言，其一方面应进一步拓展智慧养老服务企业的推广渠道，提升社会知晓率，在此基础上构建信息技术、服务资源多维协同的生态网络系统，借助社区内外养老资源的再组织化、再专业化形成社区智慧养老资源库。三是进一步推广政府与社会力量的合作，依托人工智能技术培育互联网和社区养老服务业融合的新形态，规范监督评价管理体制，逐步完善社区智慧养老服务体系。

（二）建构政府、企业以及社区共同参与的协同发展机制

1. 政府层面：强化顶层设计，加强政策引导与支持

社区智慧养老服务模式的运营有赖于民政部门、工商部门、社会保障部门、科技部门以及医疗管理等部门之间通力合作、协同完成。为此，应由政府从国家层面、市级层面尽快出台相关政策措施针对智能养老行业标准、具

体发展方向和路径予以规范管理，并形成多部门协同进行的可操作的任务清单。

与此同时，还需要加大对于智慧养老产业发展的政策优惠力度支持：在养老服务人才培养层面发展相关职业教育培训，为社区层面的智慧养老服务提供人才资源储备；在金融、土地、税收等方面进一步建立健全相关制度，加大优惠力度，吸引更多社会力量加入互联网社会背景下社区智慧养老的创新治理；在监督管理层面，建构智慧养老服务的行业协会，充分发挥行业协会在社区智慧养老过程中的监管作用，逐步构建社区智慧养老服务机构准入退出机制。

2. 企业层面：拓展丰富养老智能化产品服务供给

首先，基于大数据及人工智能等技术的发展，一方面充分利用传感器、智能穿戴设备、智能家居、智能拐杖、智能服务机器人等智能设备，做好老年人健康跟踪、管理工作，完善和延伸养老服务的社区功能；另一方面针对不同群体老年人提供个性化服务，研发接地气的文化智能产品，满足老年人的“私人定制”需求如心理慰藉、社会交往等。

其次，加大智能化管理控制系统开发力度，通过区块链经济去影响更多的数据挖掘、三方服务机构、金融保险机构以及大数据服务结构等，充分吸引、调动社会力量来为老年人提供多样化服务。

最后，提升智慧养老企业公信力，重视企业战略品牌建设，建立供需双方之间的信任机制。“信任度”是大数据背景下获取数据、数据运算、存储过程有效运行不可或缺的要素，也是互联网社会治理的有效黏合剂。因此，加强智能养老企业标准化建设、确立企业服务品牌的核心价值对于形成社区智慧养老网络服务产业链的重要性不言而喻。

3. 社区层面：逐步促进智能养老服务的落地生根

关注并重视人机交互发展过程中社区工作者的引导性，使智慧养老真正成为人性化的、有温度的软服务而非冰冷生硬的技术外壳。那么在平台运营之前基于老年用户进行需求调研就很有必要。具体可由社区工作者搜集老年用户网络社会参与及其他反馈信息，例如针对养老智能设备的待机时间、操作界面、设备功能以及是否具有一键人工服务等进行老年技术使用意愿的调研以做好后续配套方案的跟进等等；在此基础上根据老人需要适时调整清单内容，构建相应的评价指标并持续测量智慧养老平台的绩效表现，充分调动社区内外各种自组织、公益组织力量，以社区项目化的形式整合各层养老资源，促进新时期社区养老服务的智慧建设。同时引入第三方评估机制，考量智能设备系统、智能服务平台的实践应用价值、运营盈利方式以及可持续发展。

参考文献

李金娟：《运用新媒体搭建社区为老服务平台》，《青年记者》2015 年第 11 期。

朱勇：《智能养老》，社会科学文献出版社，2014。

B.6
5G技术在社区养老中的应用场景创新

李茂　夏晨*

摘　要： 第五代移动通信技术具有先进的技术优势和广阔的应用前景，5G技术将与其他社会生产领域深度融合，带来全新的技术应用场景，深刻改变人们的生产生活方式。研究这一技术在社区养老事业中的创新应用，具有一定的理论意义和实践指导意义。本文首先分析了前几代移动通信技术标准的演变历程，并指出5G技术的特点；随后重点分析5G技术在我国社区养老中的应用场景创新以及对社区养老事业发展的积极作用，同时指出推动这一进程存在的困难与问题，并提出相应的对策建议。

关键词： 5G　社区养老　应用场景　创新

2018年以来，备受世人瞩目的第五代移动通信技术（以下简称为"5G"或"5G技术"）应用落地进程持续加快。2018年12月10日，工业和信息化部向三大移动通信运营商颁发了5G系统中部分频段的官方使用授权。这也标志着我国5G产业将进入快速发展期。2019年，随着配套基础设施和上下游产业链的完善，5G将深度介入社会生产成为物联网时代的核心技术支撑。不仅如此，5G技术还将与其他社会生活领域深度融合，带来全新的技术应用场景，深刻改变人们的生活方式。

---

* 李茂，博士，北京市社会科学院市情调研中心副研究员，研究方向为网络经济管理。夏晨，陆军炮兵防空兵学院教研保障中心信息技术室讲师，研究方向为互联网技术。

一 5G技术特点

5G（The fifth Generation）即第五代移动通信技术，通信工程界和研究界一般将其称为“5G技术”，实质是一种通用型行业规范标准。在分析5G技术特点之前，我们有必要对5G之前已有的四代移动通信技术发展历程进行梳理，这样有助于更好地理解5G技术的发展逻辑和技术特点。

（一）前四代移动通信技术的发展和技术特点

移动通信技术起步于20世纪40年代，二战中的相关军事应用使得这些技术的重要性逐步为人们所认识。二战结束后，科研技术人员开展了移动通信技术的基础性研究与测试，并在有限幅度的短波频段上进行了一些通信实验。随着微电子技术发展和元器件工业生产成本的降低，一些具有有限终端容量和双程联系的通信系统问世，这些系统在警方的移动通信中实现了应用，具备了现代移动通信系统的雏形。但这些系统的信号抗干扰性差，信噪比较低，通信宽度冗余度有限，并网使用的用户数量规模受到了很大的限制。到了20世纪70年代，贝尔实验室的科研人员设计并发展了蜂窝通信技术（Cellular Mobile Communication），该技术利用具有蜂窝拓扑连接结构的无线网，使得各个终端设备和网络基础服务设备之间通过无线电构成一个实用性网络，从而达到终端用户在网络活动中通信的目的，从此移动通信才摆脱简单的“单程点对点”式传播结构，而转向了“双程多对多”式的传播结构，移动通信技术进入了快速发展的阶段。

在40多年的发展中，移动通信技术形成了四个阶段，具体阶段的技术特点、应用场景和代表性终端如表1所示。

表1　前四代通信技术的特点

序号	阶段	技术特点	应用场景	代表性终端
1	1G	频分多址技术(FDMA)	音频模拟化传输,安全性和通信仿真质量有限	“大哥大”
2	2G	GSM技术,码分多址技术(CDMA)	语音和低速率的数据通信,保密性和通信质量也有所提升。	移动电话
3	3G	IMT－2000技术,时分多址技术(TDMA)	较高传输速率、较高使用效率、拟真质量高、成本低廉和安全性较好等	智能手机
4	4G	正交频分多址技术(OFDMA)	实现了第三代移动通信网络标准与局域网的融合,支持各种类型移动多媒体业务。	平板电脑、无人机等

资料来源：作者自行整理。

从表1可以看出，每一次通信技术的迭代演进都加速了信息传输效率，推动了应用场景的广化与深化，促进了应用终端的升级。信息传输内容也从简单的模拟信号发展到大数据量的数值信号，传输内容的形式也不断地丰富完善。

（二）5G技术特点和应用场景

在5G技术支持下，不同移动终端形成了一个具有大规模多样式终端兼容的融合网络系统，具有里程碑式的意义。从总体上来看，5G技术有以下几个方面的特点。

第一，高速率。与以前四代技术不同的是，5G技术利用的是高频段，其传输速率高、传输效果好。[①] 据相关研究表明，采用4G技术的移动网络带宽为100Mbps（兆比特每秒），而采用5G技术的移动网络带宽提高了近百倍，达到10Gbps（千兆比特每秒）（见表2）。在5G的速率下，传输一个容量为1G的电子文件只需要两秒左右的时间。这种高速率带来了一系列性能优点：通信时延缩短、连接规模提高、移动性大幅改善。

---

① 相关资料显示，5G将采用28GHz（吉赫兹）毫米波通信，当前4G使用700MHz（兆赫兹）、900MHz、1800MHz、2600MHz等低频段。

表2 4G技术和5G技术高速率特性的对比

	速率	时延	连接规模	移动性
4G技术	100Mbps	30～50毫秒	10000	350KM/h
5G技术	10Gbps	1毫秒左右	1000000	500KM/h

资料来源：作者自行收集整理。

第二，物联性。如上所述，5G技术可以支持大规模的接入，具有较短的响应时延和大数据量的传输速度，这些都为物联网的实现奠定了基础，大大扩展了终端种类和数量。4G时代的终端主要是手机或者移动终端（PAD、电脑等），而5G技术的应用可以使得未来接入移动通信网络中的终端不仅是我们今天的手机或移动终端，还会有更多种类的产品。人们日常生活中的每一个设备和装置可以通过5G技术接入一个智能化网络，如衣服、鞋子、空调、冰箱、洗衣机等，为更好的生活体验提供数据与服务；生产生活工具、器具与设备可以通过5G接入一个宏观网络，如办公椅、汽车、机床、模具等，为更高效地生产提供信息与支撑，社会生产和生活将逐步进入“万物连接、万物智能”的时代。

第三，安全性。为了应对多种应用场景和满足多样的业务需求，5G在设计之初就对体系安全提出了要求。5G在整体安全架构稳定的基础上，灵活地调整具体终端的接入认证原则和数据传输原则，可以有针对性地去满足不同用户对象所要进行应用的安全需求，还提供网络接入安全性确认模块。需要注意到，5G技术在安全性和操作流畅性之间进行了较为稳妥的平衡，有效降低了安全管理的成本。因此，在5G技术的实际应用中，具体产品供应商可以根据不同的业务类型来建立相应数据安全准则和用户信任模型。5G可以为了满足用户的不同需求来提供更加灵活的认证管理模式，在数据安全、隐私保护以及防止恶意网络攻击上具有得天独厚的优势。

除以上三点之外，5G技术还具有低能耗、网络虚拟切片、网络分发和边缘计算等应用型特点，可以预见5G技术将实现通信技术的新突破，形成万物高速、高效、高安全性连接的全新应用格局。5G 的应用场景将是革命性的。由于传输速率极大，电脑直接通过网络和云端联系，不再需要本地运算存储设备；家用电器将与云端后台相连并接受智能控制，车联网控制宏观交通流量，自动驾驶逐步取代有人驾驶，等等。

二 5G技术在社区养老中的应用场景创新

国家统计局的相关数据显示：2018 年末全国 60 岁以上人口数达 24949 万人，占总人口数的 17.9%；65 岁以上人口数达 16658 万人，占总人口数的 11.9%。[①] 中国已经步入深度老年化社会，我国养老需求大幅增加，而养老资源供给不足，难以满足人民群众对养老日益增长的需求。2017 年 4 月，《国务院关于积极推进“互联网 +”行动的指导意见》明确提出“促进智慧健康养老产业发展”的目标任务。这意味着利用互联网技术推动养老事业发展，提升养老事业的运行效率已经上升到了国家战略层面，成为养老行业未来发展的方向和战略选择。作为养老模式重要组成部分的社区养老事业，应充分把握 5G 技术落地这一时代机遇，积极实施 5G 网络嵌入战略，使用适应 5G 技术的终端，构建社区养老设备物联网架构，采用大数据、云计算、人工智能技术开展精准识别，并利用可穿戴设备等新一代信息技术产品提供具体服务，有效实现个人、家庭、社区、医疗机构与健康养老资源的有效合力，推进社区养老效率提升，推动社区养老服务智慧化升级。

结合我国经济社会发展水平和养老事业发展所处的阶段，5G 技术在社区养老中的应用场景创新主要体现在以下几个方面。[②]

---

① 《2018 年国民经济和社会发展统计公报》，国家统计局网站，http://www.stats.gov.cn/tjsj/zxfb/201902/t20190228_1651265.html，2019 年 2 月。

② 业界对于“应用场景”的界定有很多种，本文中“应用场景”指的是技术应用的范围和实际使用环境。

（一）收集数据，动态健康管理，满足老年人的医疗需求

医疗需求是社区养老的首要需求。当前阶段，社区养老事业中医疗信息化建设水平还有待提高，硬件软件水平跟不上日益增长的用户需求。一些老人罹患急性疾病或面临突发状况，但是缺乏有效安全的健康监控硬件，相关配套软件也没有搭建起来，社区无法第一时间获知他们的状况，难以及时给予他们专业的医疗护理，社区也难以有针对性地给予他们基本的健康护理。

5G的数据高传输率和终端兼容性使得以往相互独立的老年人医疗保健设备（如血压计、血糖仪、呼吸监测仪和一些医疗型可穿戴设备等）融合在一个网络架构下，实现数据的互联互通，与后台预警监测管理系统相结合，持续地收集老年人的身体运行和健康体征数据，并有针对性地提供诊断与预警信息。在主体授权的条件下，这些数据内容与社区养老机构对接，实现健康数据组网。社区养老机构通过5G网络搭建起来的数据平台可以准确掌握社区老年人的实时健康情况和突发信息情况，针对个别个体的突发情况还可以第一时间制定应急方案，快速开展专业施救措施。

对于社区日常健康护理需求，5G网络收集起来的社区老年人大数据可以成为社区健康数据库的基础材料，利用这些数据并使用特定的疾病诊断软件和平台，可以有针对性地开展疾病预防管理，实现线下健康数据监测与线上实时身体允许数据的耦合。利用这些数据还可以建设统一的养老医疗服务平台，开展老年人医疗需求评估和养老医疗服务项目登记，大大提升社区养老的医疗资源利用水平和医疗服务效率（如图1所示）。

在这样的创新应用场景下，针对社区养老实际需求而设计的5G老年人手机，低延时、低能耗、快传输的可穿戴设备和智能组网的急救呼叫设备具有广阔的市场前景，产品成长潜力巨大。这些硬件产品能够充分利用5G技术的特点，有效发挥自身功用并嵌入社区养老服务网络。当然这些产品在保证功能实现的同时，需要控制生产成本、操作体验和交互难度，以便于贴近老年人的认知水平和操作能力，从而使其获得更大的市场竞争力。

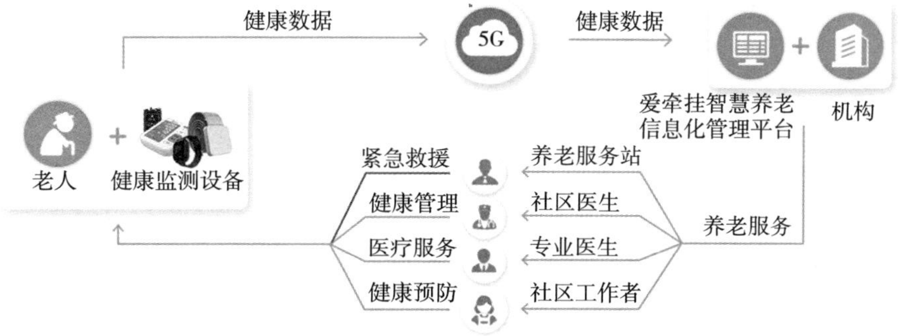

图1　5G技术在社区养老医疗中的应用场景示意

（二）整合资源，促成服务交互，贴近老年人的起居需求

社区生活中老年人的日常起居需求种类多，具体包括日常保洁、物业服务、康复辅助、卧床看护、家务小时工等，总体上需求量较大。由于行业壁垒和数据信息不畅通，这些服务没有形成合力，各自领域的业务数据成为一个个“信息孤岛”，不同机构和部门“分散作战”，降低了社区养老服务效率，拉低了社区养老服务体验效果。针对这些情况，具有前沿视角的社区养老服务企业、机构和企业应充分利用5G技术，整合相关资源，实现服务交互，理顺社区养老家政服务产业链。这主要通过以下几个途径实现。

第一，社区养老机构和企业可以利用5G网络的高速性，实现不同种类业务数据互联互通、互享互传，全面加强社区养老起居服务数据收集和整理，动态了解与掌握社区老年人的家政种类、需求和时间空间分布。在此基础上，利用信息技术提高家政服务的规模效益，扩展范围经济效应，挖掘社区内已有养老服务资源潜力。

第二，社区养老机构和企业可以利用5G网络的终端兼容性与安全性，利用大数据和人工智能模型，精准识别社区老年人的差异化日常生活需求，有针对性地开展物业家政、膳食辅助、日间照料、夜间陪护等服务项目，建立日常综合服务体系，推进社区家政服务智能化水平，提升社区老年人的满足感和舒适度。

第三，社区养老机构和企业可以利用5G网络的扩展融合性，在互惠互利、合作共赢的指导理念下，加快与零售业、餐饮住宿业等其他居民生活服务业的融合发展。社区养老机构还可以借助旅游业、健康服务、心理咨询等行业快速发展的有利时机，加强与这些行业的融合发展。融合发展，可扩展社区养老服务的种类，实现服务创新。

需要指出的是，尽管5G技术具有较高的安全性，但是这种安全性只是建立在技术层面上的，整个信息体系的安全性还是需要一整套制度设计来完成的。通过5G技术整合社区养老资源与实现服务交互的同时要高度重视数据安全性和用户隐私保护：要求数据在收集、整理、存储和应用中要合理控制泄露风险，提高数据防护安全性；还要机构和企业制定相关规则，明确自身数据收集的权限与义务，清晰保证数据的用途与使用目的，而且所有数据使用流程和方式需要得到被收集者的授权；对于侵害被收集者权益的行为，还要做出明确的赔偿和追究界定，防止这些隐私数据为不法组织和个人所利用。

（三）精准投送，丰富文娱活动，适应老年人的精神需求

与物质生活一样，精神文化生活是社区养老中的一个重要方面。精神文化产品供给的质量和数量将大大影响社区老年人的生活质量，也是社区养老建设的重点领域。从当前情况来看，社区精神文化产品有限，文娱活动数量不多，质量有待于提高，种类有待于丰富。这方面的原因主要有两点：一是相关产品供给不够，缺乏有质量的老年人文娱产品；二是相关技术服务不到位，难以实现优质资源的精准推送。前者还需要政府和社会加大产品供给力度，后者就需要在社区养老中通过技术升级和技术创新来完成。

第一，在今后社区养老建设进程中，应该充分发挥5G技术文娱功能。配合手机、IP电视、平板电脑等终端，通过大数据分析技术，精细识别用户需要，精准推送具有地方特色和地域特点的老年人精神文化产品，扩展种类，丰富数量。有条件的社区可以建立社区用户共享的文娱数据库，大幅推送戏曲、相声、书画、民俗、广场舞、评书、街头曲艺等多种文娱产品。建

立推送反馈平台机制，及时了解推送效果、满意度和用户需求，更好地改进文娱产品供给水平。

第二，5G技术还可以打破空间与时间限制，老年大学、文化讲座、书法班、绘画班、舞蹈班、说唱团等精神文化活动可以通过5G网络进行传播。社区老年人可以做到足不出户就可以参与这些活动，不再受各种外界因素的影响，也不再受特定时间的限制，可以无缝参与各种精神文化活动。同时，鼓励线上传播和线下活动相结合，让虚拟的精神文化活动有现实支撑和依靠，为广大老年人可以追寻晚年梦想、实现自我提供一种独特的体验和表达。

第三，推进老年公共文化服务5G化。积极提升老年公共文化设施的多媒体融合水平，鼓励社会各级各类博物馆、影剧院、美术馆、文化馆、科技馆、纪念馆、公共图书馆的相关活动在网上向老年人开放，利用5G直播实现“现场参与”、利用视频互动实现“跨区讲座”、利用AR、VR技术实现“虚拟参观”和“虚拟访问”。这些公共文化服务机构还要增加面向社区老年人的特色文化服务项目，积极吸取他们的反馈和建议，推进老年人公共文化服务参与能力建设，提高老年人参与公共文化服务建设的活跃度。

（四）便捷沟通，降低交流难度，促进老年人的继续社会化

相关研究表明，老年人需要积极适应社会的发展与环境的变迁，积极调整心态，用新的眼光观察事物，从而实现继续社会化。在社区养老中，相关机构及时开展老年人的继续社会化措施，使之逐步与新的生活方式相适应，能够有效降低老年人的心理压力，排遣老年人情绪上的不满与精神上的负担，降低疾病猝发风险，具有重要的意义。随着信息社会发展进程的加快，互联网无疑是当前老年人继续社会化的主要途径，5G网络更是社区老年人继续社会化的重要媒介。设计好相关5G产品与服务，促进老年人的继续社会化主要可以通过设计开发适应老年人交流沟通的硬件产品与软件服务展开。

开发适应社区养老的智能老年人终端，建立全新产品架构（参见图2）。通过5G网络关联形成一个以老年人终端为中心的，包含政府、医院、社区

和养老机构的综合网络。通过发挥各方力量，重新构造社区老人的日常护理系统，同时要建立保障管理机制，实现相关资源共享公用，及时高效满足老年用户的日常养老需求。

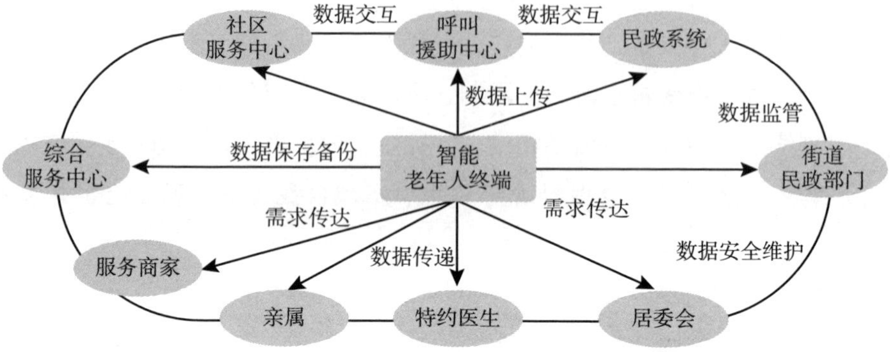

图2　适应社区养老的智能老年人终端产品架构

已有社交通信App应用和软件具有较强的沟通功能，但这些产品设计时主要针对接受意愿和学习能力较强的青年群体展开，其产品逻辑和操作流程对于老年人并不友好，加大了老年人的学习难度，增加了老年人的交流难度。因此，需要设计开发适应5G技术特点的老年人社交沟通的App应用和软件。其具有较强的交流沟通功能，简化的操作流程和有针对性的产品逻辑，可以让老年人速学易会。由于这些产品主要针对老年人的社交沟通，对隐私性和安全性有较高的要求，而且这种要求不能影响产品使用体验和交流效果。这就要求相关厂商和机构要深入了解老年人对产品的需求，完善功能和产品架构，不断优化产品设计。

三　推进应用场景创新中存在的困难

5G技术在社区养老中有广阔的应用前景和明晰的创新点，但是也面临一些实际困难与问题，主要集中在以下几个方面。

（一）基础设施优化配套问题

由于5G技术运行的无线频段更高，现有80%通信基站的设备设置和连接能力还难以满足实用化要求，需要大规模搭建5G网络，对已有的通信基站还需要进行大幅度改建。不仅如此，5G频段较高，还带来了一个基站服务范围的问题，要实现5G技术设计功能，其基站分布就要呈现高密度分布状态。以上两个原因带来的电力系统保障要求、控制程序优化需求和检修流程变更等任务急剧增加。因此，5G技术的实用还面临一个现实的基础设施优化配套的问题，在短时期内实现5G落地应用的任务总量非常重，成本也是较为高昂的。

（二）终端产品应用还不成熟

从当前情况来看，适应5G技术的终端产品成本还难以下降，主要是核心芯片和通信模块成本还一直处于高位，设备能耗较大，持续工作能力有限。在短期内，市场需求量有限，难以增加产品的规模效应，价格较高。尽管各大通信产品制造商，如华为、诺基亚、爱立信等都在大幅度开发5G相关终端，但大部分产品依旧停留在概念展示与实验阶段，距离实用化还很远。因此，5G终端产品与大规模商业应用存在很大的距离，而且在短期内难以解决这个问题。

（三）5G介入社区养老的盈利模式还不明确

首先，老年群体接受新事物的能力有限，使用移动终端改变生活状态的意愿不大。社区养老的对象老年群体如果没有真正形成5G网络产品的习惯的话，无论采用何种推广模式和服务模式都难以明确盈利模式。而社区养老机构和企业需要承担高额的运营成本，一旦用户规模难以达到理想的状态，缺乏扩容增收效果，便很难维持。其次，线上线下服务内容存在差异。在社区养老服务中，一旦线上服务内容出现偏差与错误，老年人会根据生活习惯接受线下服务，不再使用线上服务，难以形成产品黏性，更难以形成高频次使用习惯。

（四）5G 介入社区养老的前期投入较大

一方面，整个养老产业投入就要上规模的投资，而且这种投资的回报周期长，回报利润较低，这给投资方带来了较高的时间成本和运行压力；另一方面，5G 嵌入社区养老进程的前期硬件成本较高，相关软件和体系设计较为复杂，调试运行难度也较高，同时可商用的客户终端的成本也难以在短期内大幅度下降。这些因素使得 5G 介入社区养老的前期投入较高，阻碍了社会资本的进入，对于推进 5G 技术在社区养老中的功能快速发挥产生了不利的影响。

（五）缺乏可执行的行业标准和政策体系

目前，我国社区养老事业还处在起步阶段，利用 5G 技术开展社区养老应用创新还有很多地方需要进一步摸索，5G 嵌入社区服务的相关行业标准、规范和政策体系建设更是一片空白。5G 技术在社区养老事业中的应用需要一整套行业标准和政策体系，明确规定 5G 技术应用条件下信息互联、互通、互助、互补原则，对 5G 嵌入式社区养老的质量管理、风险预防、评估评价、信息共享、信息安全、基本架构、操作流程、认定标准等制定共同认可、可遵守、可执行的标准与规范体制，为 5G 技术应用提供制度保障。

四　对策性建议与结语

针对以上所述问题与困境，本文提出以下对策性建议。

首先，充分利用政府资金和市场资源加大 5G 基础设施配套力度。政府要意识到网络基础设施改造与新建的经济拉动作用，不能单单计算“维修建设账”，应大幅度加大已有基站改造力度，增加 5G 新基站，使得 5G 基站建设在政府的支持下有序化展开。先在城中心和经济发达地区推进建设进程，利用好现有基站资源的改造工作，在一些地区开展 5G 嵌入社区养老服务的试点。还要用利用好地方政府融资工具和融资平台，吸引社会资金，加大5G基础设施民间投资力度。

其次，引导市场预期，提升市场需求。当前5G终端成本难以下降主要原因是市场需求有限，难以形成规模效应。这就要求相关研发制造企业要加大技术攻关力度，降低终端产品设计成本，也要求政府和业界要加大5G技术宣传力度，引导市场预期，勾勒出5G应用的美好前景，提升消费者对于5G终端产品的需求，利用“需求创造供给”，从而降低终端产品的生产成本。

再次，进行盈利模式摸索创新，引导社会资本进入相关领域。组织学界业界人士进行研究，广泛了解社区养老的实际需求，鼓励经营手段创新和服务流程创新，主动探索符合当前中国国情的营利模式，增加5G产品、服务和终端的体验感和舒适感，增加老年人的使用黏性。引导社会资本进入社区养老5G服务领域，鼓励他们开发研制5G技术嵌入系统和平台，以优惠政策调动社会资本参与社会养老服务的积极性，使其能够有明确的营利预期。

最后，要加快制定相应行业标准和政策体系。5G介入社区养老事业，开展社区养老服务是一项系统工程，需要有完整的政策标准保障体系。因此，政府要主动作为，顺势出击，积极组织业界学界和基层群众，制定出台5G社区养老的质量管理、风险预防、评估评价、信息共享、信息安全、基本架构、操作流程、认定标准等行业标准和政策体系。对于基础性的标准和政策，如基本架构、信息安全，质量管理等内容要提前布局，先行先试。

习近平总书记在党的十九大报告中提出：“积极应对人口老龄化，构建养老、孝老、敬老政策体系和社会环境。”① 面对5G技术成熟应用这一历史机遇，要围绕老年化群体多层次多样化的需求，提升基础设施配套水平，明

① 习近平：《决胜全面建成小康社会夺取新时代中国特色社会主义伟大胜利——在中国共产党第十九次全国代表大会上的报告》，人民出版社，2017，第48页。

确营利模式，引导5G技术深度嵌入社区养老事业。与此同时，利用5G技术特性，积极开展产品服务创新，实施流程再造，推动社区养老服务业技术、设施、标准、人才建设。只有让5G技术真正融入社区养老事业，才能最大限度提升养老服务质量，让广大老年人在社区内享受优质养老服务。

设 施 篇

Community Elderly Facilities

B.7

北京市社区养老服务供给侧状况分析

乔晓春*

摘　要： 本报告基于北京市民政局负责组织的“北京市居家养老相关服务设施摸底普查”所获得的街道乡镇和社区层面全部养老助残服务设施数据进行研究分析。本次普查的时间是2016～2017年。普查通过在街道乡镇、社区发放调查问卷的方式，共获得北京市16个区县330个街道乡镇6789个社区中4104所养老助残设施的相关数据，涉及养老助残设施场所设施分布、居家养老服务功能以及实施服务状况等方面的内容。报告在此基础上进一步从深层进行分析梳理：一是针对北京市社区养老服务设施数量、分布及覆盖进行了理论阐述；二是从养老设施名称、建筑情况、设施性质、来源和建设情况、

* 乔晓春，北京大学人口研究所教授，博士生导师。

设施环境和条件等维度分析了社区养老设施的现状；三是结合运营时间、运营模式、设施入住人数、床位数和床位利用情况以及从业人数等数据论述了养老设施的运营状况；四是从功能视角分析了社区养老设施服务功能构成、不同类型设施的服务功能状况、服务功能项数分布等。

关键词： 养老助残设施 居家养老 服务功能

2015年，北京市第十四届人民代表大会审议通过了《北京市居家养老服务条例》，并于当年5月1日起正式实施。《北京市居家养老服务条例》强调："居家养老服务是指以家庭为基础，在政府主导下，以城乡社区为依托，以社会保障制度为支撑，由政府提供基本公共服务，企业、社会组织提供专业化服务，基层群众性自治组织和志愿者提供公益互助服务，满足居住在家老年人社会化服务需求的养老服务模式。"这里明确强调居家养老服务要"以城乡社区为依托"，因此摸清北京市社区养老服务供给侧状况是开展好居家养老服务首先要做的一项基础性工作。

为此，北京市民政局联合相关部门在全市范围内开展"居家养老相关服务设施摸底普查"，目的是使各级政府能够有的放矢地做好居家养老顶层设计，真正把《北京市居家养老服务条例》落到实处。针对居家养老服务最直接的承担者，本次普查的重点是摸清街道（乡镇）和社区层面现有的养老设施底数，以及现有设施的服务功能和利用状况。本次普查登记的参照时点为2016年9月22日0时。本文将利用这次普查获得的详细数据，对北京市社区养老服务供给侧状况进行详细描述和客观分析。鉴于提供居家养老服务主要依靠的社区层面的各类养老设施和人员主要集中在北京市各街道、乡、镇和社区层面，因此为了获得社区层面所有养老服务设施或场所、社区养老服务相关资源、其他公共服务潜在资源数据特别是社区服务中心和社区服务站的资源情况，以及其他潜在资源情况，我们把普查对象分别设置在了街道乡镇和社区两个层面，并分别设计了两套问卷。

本次普查的街道问卷共调查了全市 16 个区的 330 个街道乡镇，而这些街道乡镇上报了共计 6851 个社区[①]，这一数字基本上涵盖了截至 2016 年 10 月 22 日北京市的全部街道乡镇和社区（见表 1）。

表 1　按行政区分的本次普查涵盖街道乡镇和社区数量

单位：个

区名	街道乡镇个数	社区个数	其中	
			村委会个数	居委会个数
东城	17	182	0	182
西城	15	260	0	260
朝阳	43	554	121	433
丰台	21	378	63	315
石景山	9	149	0	149
海淀	28	622	76	546
门头沟	13	302	173	129
房山	28	597	459	138
通州	15	591	479	112
顺义	25	544	437	107
昌平	21	515	298	217
大兴	22	686	493	193
怀柔	17	319	284	35
平谷	18	306	271	35
密云	20	424	330	94
延庆	18	422	376	46
合计	330	6851	3860	2991

表 1 数据表明，街道乡镇个数最多的是朝阳区，为 43 个；其次是海淀和房山，均为 28 个；最少的是石景山区，只有 9 个。社区个数与街道乡镇个数在排序上并不完全一致，比如社区个数最多的是大兴区，为 686 个；其

① 这一数据来自各街道乡镇普查表所填写的数量，而实际提交社区普查表的社区为 6789 个，比街道乡镇上报的数量少了 62 个。

次是海淀区，共计 622 个；朝阳区的社区为 554 个，仍然排在房山（597 个）和通州（591 个）的后面；最少的仍然是石景山区，为 149 个。

一 北京市养老助残设施数量、分布和覆盖状况

作为居家养老相关服务设施摸底普查，了解街道乡镇和社区层面的各类养老助残服务设施是本次普查的重点。居家养老服务设施有别于集中居住式的养老机构，它是指街道乡镇或社区所属的、未经过正式注册登记，也未获得过养老机构许可证，坐落在街道或社区，有一定的空间和面积，能够或已经承担了某些或特定养老助残服务而专用或非专用的场所或设施；也可以包括已经正式注册登记，但目的并不主要是开展机构（或集中居住式）养老而是在社区层面开展居家养老和助残服务的设施。这些设施往往针对居家老人和残疾人需求而开展服务，其服务功能也是多种多样的，有的从事日间照料、日常助餐、文体活动、家政服务等等。本部分将分析目前北京市养老助残设施的数量和分布情况，以及设施在街道乡镇和社区的覆盖情况和对老年人口的覆盖情况。

（一）按区分的设施数量和分布比例

本次普查在街道乡镇问卷和社区问卷部分均分别询问了各自所属的养老设施情况。街道乡镇一级的设施是指坐落在本街道、乡、镇，且属于本街道、乡、镇直接使用的设施或场所，不包括本区，也不包括本街道（乡镇）所辖社区使用或直接管辖的设施或场所。尽管社区的很多设施隶属于街道（乡镇），但其使用权仍然归为社区。这里按“使用权”（而不是按“所有权”）来划分归属。

全市的街道乡镇层面共普查了 495 个养老助残设施（见表 2）。这一层面养老助残设施数量排第一的是朝阳区，有 94 个，占了全市街道乡镇所属养老助残设施的 19.0%；第二是西城和大兴，分别有 59 个和 50 个，分别占了 11.9% 和 10.1%；第三是房山、丰台和海淀，分别有 49、48 和 41 个

这样的设施，分别占9.9%、9.7%和8.3%；街道乡镇所属养老设施比较少的是门头沟、怀柔、延庆、通州和石景山，分别只有7、9、11、12和13个养老助残设施；平谷、密云和昌平养老助残设施相对也比较少，分别只有15、16和17个养老助残设施。

表2　按区分的街道乡镇所属和社区所属养老助残设施情况

区名	街道乡镇所属		社区所属		街道和社区合计	
	设施数(个)	比例(%)	设施数(个)	比例(%)	设施数(个)	比例(%)
东城	34	6.9	108	3.0	142	3.5
西城	59	11.9	286	7.9	345	8.4
朝阳	94	19.0	358	9.9	452	11.0
丰台	48	9.7	239	6.6	287	7.0
石景山	13	2.6	38	1.1	51	1.2
海淀	41	8.3	504	14.0	545	13.3
门头沟	7	1.4	177	4.9	184	4.5
房山	49	9.9	426	11.8	475	11.6
通州	12	2.4	95	2.6	107	2.6
顺义	20	4.0	265	7.3	285	6.9
昌平	17	3.4	111	3.1	128	3.1
大兴	50	10.1	232	6.4	282	6.9
怀柔	9	1.8	140	3.9	149	3.6
平谷	15	3.0	251	7.0	266	6.5
密云	16	3.2	264	7.3	280	6.8
延庆	11	2.2	115	3.2	126	3.1
合计	495	100.0	3609	100.0	4104	100.0

社区的养老助残设施是指坐落在本社区，且属于本社区使用或直接管辖的设施或场所，不包括所在街道（乡镇）所使用且坐落在本社区内的设施或场所。全市在社区层面共调查到3609个养老助残设施，设施最多的区是海淀，有504个，占社区所属养老助残设施的14.0%；其次是房山和朝阳，分别有426个和358个设施，占11.8%和9.9%；西城、顺义、密云、平谷、丰台和大兴社区所属的设施也比较多，分别有286、265、264、251、239和232个设施，分别占该层级设施的7.9%、7.3%、7.3%、7.0%、

6.6%和6.4%。社区层面养老助残设施最少的区是石景山和通州，两区分别只有38和95个社区层面的养老助残设施，只占全市该层级养老助残设施的1.1%和2.1%；比其略多一些的是东城、昌平和延庆，分别为108.111和115个社区层面的养老助残设施，所占比例分别是3.0%，3.1%和3.2%。

将街道乡镇和社区所属养老助残设施加总后，全市共有4104个非居住型养老助残设施，按照数量由高到低的顺序排列分别是海淀、房山和朝阳，分别有养老助残设施545、475和452个，各自所占比例都已经超过了10%，三个区养老助残设施占了全市的35.9%，达到三分之一以上；北京市16个区中养老助残设施数量处于中间层次的区包括西城、丰台、顺义、大兴、密云和平谷，各自所占的比例均高于6%；其余区县养老助残设施比例均低于5%，其中养老助残设施最少的仍然是石景山区，街道乡镇和社区合计共有51个养老助残设施，只占到全市此类养老助残设施的1.2%。

由于每个区的街道乡镇数量和社区数量差异很大，而且不同的区老年人口数量差异也很大，单纯从各个区养老助残设施数量看，并不能反映相对于街道乡镇和社区的养老助残设施的覆盖情况，也不能反映相对于老年人口数量，这些设施的分布密度情况，为此需要相对于各区的街道乡镇数量和老年人口数量来看设施的分布状况。

（二）设施在街道乡镇和社区的覆盖程度

分析与养老助残相关的服务设施在各区的覆盖程度，可以发现北京市有67.3%的街道乡镇都有所属的养老助残设施（见表3），与此同时意味着32.7%即约三分之一的街道乡镇没有自身所属的养老助残设施。

然而，设施在各区的覆盖面差异很大，西城区的每一个街道都有自己的养老助残服务设施，覆盖面为100%；石景山和东城区有近90%的街道乡镇都有养老助残服务设施，朝阳、丰台、大兴、房山和平谷区接近80%的街道乡镇有养老助残设施，而密云的养老助残设施覆盖的比例最低，只有30%的街道乡镇有自己所属的养老助残服务设施，怀柔的养老助残设施比例仅高于密云，有35.3%的街道乡镇有此类设施。

各个区养老助残设施数量的多少不仅与该区人口数量或老年人口数量多少有关，更与该区街道乡镇数量的多少有关，为此需要测量北京市平均每个街道乡镇所具备的养老助残设施数量（见表3）。从普查数据中可以发现，北京市平均每个街道乡镇具有1.50个养老助残服务设施。西城区是街道乡镇养老助残设施密度最高的区，平均每个街道乡镇有3.93个这样的设施，这可能跟城区经济比较发达、养老助残设施建设起步较早、各类设施均比较完善有关。大兴区平均有养老助残设施2.27个，丰台区有2.29个，朝阳区有2.19个，东城区有2.00个；最少的是怀柔区和门头沟区，平均每个乡镇街道只有0.53和0.54个养老助残服务设施；延庆区平均为0.61个，平均数低于1个的还有密云、平谷、顺义、通州和昌平。很明显，位于郊区，特别是远郊区，近年新发展起来的区域，养老助残设施往往更为缺乏。

表3　按区分的街道乡镇所属养老助残设施数量和比例

区名	街道乡镇总数（个）	具有设施的街道乡镇数（个）	具有设施的街道乡镇比例（%）	设施总数（个）	平均每个街道乡镇设施数（个）
东城	17	15	88.2	34	2.00
西城	15	15	100.0	59	3.93
朝阳	43	34	79.1	94	2.19
丰台	21	15	71.4	48	2.29
石景山	9	8	88.9	13	1.44
海淀	28	20	71.4	41	1.46
门头沟	13	6	46.2	7	0.54
房山	28	22	78.6	49	1.75
通州	15	9	60.0	12	0.80
顺义	25	14	56.0	20	0.80
昌平	21	11	52.4	17	0.81
大兴	22	17	77.3	50	2.27
怀柔	17	6	35.3	9	0.53
平谷	18	14	77.8	15	0.83
密云	20	6	30.0	16	0.80
延庆	18	9	50.0	11	0.61
合计	330	221	67.0	495	1.50

若看社区层面养老助残设施的覆盖情况，全市6788个有效社区中有2741个社区有养老助残服务设施（见表4），养老助残设施在社区层面的覆盖比例为40.4%，即有近60%的社区是没有养老助残设施的。社区养老助残设施覆盖比例大大低于街道覆盖的比例（67.0%）。覆盖比例最高的是西城区，占到近80%，其次是平谷区（59.2%）、海淀区（54.5%）、房山区（54.0%）、东城区（50.3%）、密云区（50.1%）、朝阳区（46.6%）、顺义区（44.3%）、门头沟区（44.0%）、丰台区（44.0%）；比例比较低的是通州、昌平、石景山和大兴区，分别为15.1%、11.4%、20.1%和26.6%。

表4　按区分的社区所属养老助残设施数量和比例

区名	社区总数（个）	具有设施的社区数(个)	具有设施的社区比例(%)	设施总数（个）	平均每个社区设施数(个)
东城	183	92	50.3	108	0.59
西城	259	206	79.5	286	1.10
朝阳	524	244	46.6	358	0.68
丰台	373	164	44.0	239	0.64
石景山	149	30	20.1	38	0.26
海淀	640	349	54.5	504	0.79
门头沟	300	132	44.0	177	0.59
房山	582	314	54.0	426	0.73
通州	591	89	15.1	95	0.16
顺义	535	237	44.3	265	0.50
昌平	511	84	16.4	111	0.22
大兴	683	182	26.6	232	0.34
怀柔	318	121	38.1	140	0.44
平谷	306	181	59.2	251	0.82
密云	415	208	50.1	264	0.64
延庆	419	108	25.8	115	0.27
合计	6788	2741	40.4	3609	0.53

若以社区为单位来计算平均所属的社区养老助残设施数的话，北京市平均每个社区拥有 0.53 个养老助残设施。社区层面居家养老助残设施最为密集的是西城区，平均每个社区有 1.10 个这样的设施，其余各区的设施平均数都未超过 1 个；最少的是昌平，通州和石景山，均在 0.16 个左右。

（三）设施在人口和地域上的覆盖程度

全市全部的 4104 个设施属于坐落在最基层、与老年人距离最近、主要从事居家养老和社区助残的设施（见表 5）。

表 5　按区分的每个设施覆盖老年人口数和地域面积

区名	65 岁及以上户籍老年人口（万）	土地面积（平方公里）	街道和社区合计设施数（个）	平均每个设施覆盖 65 岁及以上人口数（人）	平均每个设施覆盖面积（平方公里）
东城	15.00	41.86	142	1057	0.29
西城	24.80	50.53	345	719	0.15
朝阳	38.75	455.08	452	857	1.01
丰台	20.57	305.80	287	717	1.07
石景山	7.00	84.32	51	1372	1.65
海淀	31.67	430.73	545	581	0.79
门头沟	4.14	1450.7	184	225	7.88
房山	10.49	1989.54	475	221	4.19
通州	9.72	906.28	107	909	8.47
顺义	9.16	1019.89	285	321	3.58
昌平	9.16	1343.54	128	715	10.50
大兴	10.16	1036.32	282	360	3.67
怀柔	3.83	2122.62	149	257	14.25
平谷	5.49	950.13	266	206	3.57
密云	5.49	2229.45	280	196	7.96
延庆	3.73	1993.75	126	296	15.82
合计	209.14	16410.54	4104	510	4.00

然而，北京市各区的地域面积、人口规模和人口密度之间的差异均很大，从而导致每个养老设施平均所覆盖的老年人口数量和地域面积也有相当大的差异。通常来说，设施个数越少、老年人口越多的地区，往往每个设施平均覆盖的老年人就会越多。设施平均覆盖老年人口最多的是石景山区，高达1372人，这是因为石景山区不仅老年人口少，而且养老助残设施更少；其次是东城区，为1057人，这说明相对人口而言，东城区的养老助残设施略显不足；相反，平均覆盖的老年人口数密云最少，只有196人，如果跟东城区和石景山区比，密云似乎养老助残设施更为充足，老年人可以享受到更多的养老助残服务。然而，事实并不是这么简单，因为一个居家养老服务设施能否充分地为周边老年人提供服务、为老年人提供什么内容的服务以及用什么方式为老年人提供服务，不仅与服务设施覆盖的人群规模有关，还与服务的距离或服务半径有关。只有在服务半径相等的情况下，才能真正利用每个设施覆盖的65岁及以上户籍老年人口数的多少来判断哪个地区的养老助残服务设施更为充分。

由表5可见，尽管在东城区每个社区养老助残服务设施平均覆盖的人比较多，但平均覆盖的距离则只有0.29平方公里，西城区养老助残设施的平均覆盖半径更小，只有0.15平方公里，从而导致服务的可及性更容易实现。相反，延庆区每个养老助残设施覆盖的户籍老年人只有296人，远远低于东城区的1057人，但是每个设施平均覆盖的地域比较大，达到了15.82平方公里，从而导致很多服务仍然是不可及的。服务的可及性不仅要考虑外部条件，即需求的规模、内容和距离，还要考虑服务提供者的内在条件，即服务人员、服务内容和服务条件等因素。因此，供给和需求的合适标准需要经过进一步的测算来得到。

二　养老助残设施现状

普查不仅要了解养老助残设施数量，更重要的是了解养老设施现状，包括设施名称、设施硬件状况、设施性质和来源以及设施环境和条件。

（一）居家养老助残设施名称状况

北京市目前养老助残机构有很多，也很杂，而街道乡镇和社区所属的居家养老服务设施的名称也是五花八门的。实际上，养老设施名称既有历史的原因也有现实的原因。早期的很多养老机构都称为敬老院、养老院，这些基本上属于集中居住式养老；自从 2001 年民政部提出“星光计划”，通过发行福利彩票来资助城市社区的老年人福利服务设施、活动场所和农村敬老院的建设，在社区层面建设了一大批相应的养老设施，并被称为“星光老年之家”；2008 年残联提出建设“残疾人温馨家园”，从而又涌现了一大批这类机构；2009 年开始北京市提出“九养”政策，强调要在城乡建设“社区托老所”和“老年餐桌”；2014 年北京市民政局又进一步提出在街道乡镇层面建设“养老照料中心”；2016 年北京市民政局提出在社区层面建设“养老服务驿站”；等等。由于不同时期在名称上提出过不同的要求，在各个时期成立的机构或设施往往使用了当时要求的名称，一些旧设施也随之更名，也有些仍然保留原有的名称，甚至有些设施使用多个名称。目前无论养老机构还是养老设施，在名称上亟须进行规范。为了摸清情况，本次普查专门调查了各类养老助残设施所使用的名称，并对名称作了分类处理（见表 6）。

表 6　按街道、社区和设施名称分的养老助残设施数量和比例

设施名称分类	街道乡镇所属		社区所属		设施合计	
	数量(个)	比例(%)	数量(个)	比例(%)	数量(个)	比例(%)
老年活动中心(场、站)	31	6.3	1718	47.7	1749	42.7
托老所	9	1.8	397	11.0	406	9.9
日间照料中心	40	8.1	283	7.9	323	7.9
幸福院	9	1.8	285	7.9	294	7.2
残疾人温馨家园	141	28.5	119	3.3	260	6.3
老年助餐服务点	31	6.3	211	5.9	242	5.9
养老驿站	48	9.7	60	1.7	108	2.6
养老服务中心	32	6.5	70	1.9	102	2.5
老年服务中心	8	1.6	88	2.4	96	2.3

续表

设施名称分类	街道乡镇所属		社区所属		设施合计	
	数量(个)	比例(%)	数量(个)	比例(%)	数量(个)	比例(%)
养老照料中心	44	8.9	27	0.7	71	1.7
老年大学	11	2.2	40	1.1	51	1.2
星光老年之家	0	0.0	40	1.1	40	1.0
敬老院	25	5.1	13	0.4	38	0.9
康复中心	11	2.2	41	1.1	52	1.3
养老院	18	3.6	17	0.5	35	0.9
老年公寓	14	2.8	16	0.4	30	0.7
社区互助型养老机构	0	0.0	8	0.2	8	0.2
社区养老机构	1	0.2	8	0.2	9	0.2
福利院	4	0.8	6	0.2	10	0.2
护理院	1	0.2	1	0.0	2	0.0
其他	17	3.4	154	4.3	171	4.2
合计	495	100.0	3602	100.0	4097	100.0

注释：表中的数据均为有效值，即刨除了缺失值。

实际上设施名称不仅承载了居家养老助残工作的历史，同时名称的字面含义也在一定程度上反映了其所具有的功能。比如，“残疾人温馨家园”主要是针对残疾人提供服务的设施，“老年助餐服务点”主要是提供老年人的餐饮服务的设施，“老年活动中心”主要是提供老年人开展文体娱乐活动的场所，“老年大学”是提供老年人进行学习的场所，等。

汇总结果发现，在街道乡镇层面的养老助残设施中，“残疾人温馨家园”的数量最多，有 141 个，占到 28.5%，超过了四分之一；而名称为“养老驿站”“养老照料中心”“日间照料中心”的设施分别有 48 个、44 个和 40 个，它们所占比例也比较高，都在 8.1% ~9.7%，这说明目前很多的“养老驿站”和“日间照料中心”建在街道乡镇层面，而不是建在社区层面。名称为“养老服务中心”和“老年服务中心”的设施，基本属于同一类设施，只是名称上略有差异，若把两类设施合并，那么在街道乡镇层面共有 40 个，所占比例为 8.1%；“老年活动中心”和“老年助餐服务点”属于居家养老服务的特有设施，其功能更为清晰，前者专门为社区老年人开展各类文体和娱乐活动提供场所，后者为社区老年人专门提供就餐服务的设施，二者均为31个，分别占全部设施的6.3%；街道乡镇所属的“敬老院”共有25个，“养老院”有18个，二者的性质类似，属于传统的养老机构。在这一层面还有11个“老年大学”，14个“老年公寓”和11个“康复中心”。然而，在街道乡镇层面，名称为“托老所”和“幸福院”的则很少；而名称为“星光老年之家”和“社区互助性养老机构”的几乎没有，而这些名称在社区层面则较为普遍。

在社区层面，“老年活动中心（场、站）”的数量和比例都是最多和最高的，超过了1700个，比例为全部社区养老设施的近50%，这说明社区层面的养老服务更多的是组织老年人参加各类文体和娱乐活动，而不是提供照料服务；排在第二位的是“托老所”，有397个，占了11%，这与2009年提出的“九养”政策有关；“幸福院”和“日间照料中心”分别有285和283个，所占比例也比较高，占比均为7.9%；在社区这一级共有211个“老年助餐服务点”，占全部设施的5.9%。尽管社区层面助餐服务会有比较高的需求，如果一个社区只有一个“老年助餐服务点”的话，这一数量只占全部被调查的6789个社区的3%，这意味着北京市有97%的社区无法满足居家老年人的就餐服务需求。

将街道乡镇和社区所属设施合并来看，被称作“养老驿站”的共有108个，其中60个设置在社区层面，48个在街道乡镇层面；“养老照料中心”共71个，44个在街道乡镇层面，27个设置在社区层面；而“残疾人温馨家园”共计260个，其中有141个属于街道乡镇，119个属于社区。

（二）设施建筑情况

居家养老设施主要立足于社区的居家养老服务，这类养老助残设施往往建筑面积小，服务人员少。调查发现，街道乡镇所属的养老助残设施面积，1~99平方米的占14.7%，100~199平方米的占13.2%，200~299平方米的占12.2%，300~399平方米的占8.9%；从400平方米以后所占比例基本上就比较低了（见表7）。而社区所属的养老助残设施比街道乡镇所属的设施面积更小，面积在 1～99 平方米的设施就占到了所有设施的 44.9%，100～199 平方米的设施占到了 20.7%，200～299 平方米的占到了 11.1%，三者合计为面积小于 300 平方米的设施，占到了 76.7%；如果加上 300～699 平方米，即 1～699 平方米设施所占的比例则已经超过了 90%。

表 7　按街道乡镇、社区和设施面积分的养老助残设施数量和比例

面积分组（平方米）	街道乡镇		社区		合计	
	数量（个）	比例（%）	数量（个）	比例（%）	数量（个）	比例（%）
0	4	0.8	24	0.7	28	0.7
1～49	25	5.2	714	20.3	739	18.5
50～99	46	9.5	863	24.6	909	22.7
100～199	64	13.2	728	20.7	792	19.8
200～299	59	12.2	390	11.1	449	11.2
300～399	43	8.9	207	5.9	250	6.3
400～499	25	5.2	129	3.7	154	3.9
500～599	25	5.2	93	2.6	118	3.0
600～699	17	3.5	72	2.0	89	2.2
700～799	10	2.1	29	0.8	39	1.0
800～899	19	3.9	43	1.2	62	1.6
900～999	5	1.0	14	0.4	19	0.5
1000～5999	114	23.5	180	5.1	294	7.4
6000～9999	9	1.9	19	0.5	28	0.7
10000 +	20	4.1	8	0.2	28	0.7
有效值合计	485	100.0	3513	100.0	3998	100.0
缺失	10		96		106	
总计	495		3609		4104	

数据里面有一个比较奇怪的现象，就是一些养老助残设施的面积登记为 0。这可能是由于这类养老设施的牌子仍然存在，但原有的面积已经被挪作他用；也有些是由于与其他设施共用但本身并不属于养老助残设施；还有些是由于已经挂牌且正在建设过程中，只是目前这一设施并未完全建成。对数据做进一步的分解发现，街道乡镇所属的设施面积为 0 的 4 个设施均为“养老驿站”，而社区所属的、面积为 0 的设施绝大多数是“托老所”。

如果刨除面积为 0 的设施，并按照不同所属层次和设施名称进行分类，可以看出街道乡镇所属设施的面积普遍比社区同类设施的面积要大，比如名称同为日间照料中心的，街道乡镇所属设施平均建筑面积为 538 平方米，而社区的平均面积只有 127 平方米；街道乡镇所属的养老照料中心平均建筑面积为 5128 平方米，而社区所属的养老照料中心面积为 1035 平方米；街道乡镇的老年活动中心平均面积为 671 平方米，而社区层面为 289 平方米；老年助餐服务点在街道乡镇层面的平均面积为 323 平方米，在社区的面积为 179 平方米。从整体来看，街道乡镇所属设施的平均建筑面积为 1975 平方米，社区设施的平均建筑面积为 391 平方米。这里的一个例外是康复中心，其社区所属设施面积大于街道乡镇所属的设施面积。

如果比较哪一类设施所使用的建筑面积更大的话，很明显老年公寓的建筑面积是最大的，街道乡镇层面的老年公寓平均建筑面积为 17425 平方米，社区层面的老年公寓平均建筑面积为 16304 平方米；在街道乡镇层面，福利院、养老院、敬老院、养老服务中心、养老照料中心和老年服务中心的建筑面积也都比较大，均超过 2000 平方米；而在社区层面，养老院、敬老院、康复中心、养老照料中心和养老服务中心的面积也相对比较大，均超过 1000 平方米。建筑面积相对比较小的设施主要是老年助餐服务点、老年大学、幸福院等设施，在这方面街道乡镇所属设施与社区所属设施还是有差异的。

养老助残设施是专门为老年人和残疾人服务的，而老年人和残疾人往往自理能力和活动能力都比较差，因此对这类设施地点的设置必须能够符合这类特殊人群的需求。比如，设施应该尽可能地设置在一层，即使坐落在高层建筑中，也必须设有专门的电梯，方便老年人和残疾人的行动。普查专门询问了街道乡镇和社区养老设施所在的最高楼层。从调查结果中发现，绝大多数养老助残设施均坐落在 0 层（平房）或一层，在街道乡镇层面其比例为 65.5%，在社区层面的比例为 82.3%；在街道乡镇层面，设施的最高楼层坐落在二层的占了 16.2%，坐落在三层的占了 9.3%，坐落在四层的占了 4.4%，坐落在五层的占了 2.7%，而六层及以上的比例只有 1.8%；在社区层面，设施最高楼层坐落在二层的占 10.8%，三层的占 3.4%，而四层及以上的比例只有 1.5%。因此，从总体情况看，这样的比例算比较合理的，而个别设置在高层或地下室的养老设施实际上是不适合老年人活动的。如果分别看街道乡镇和社区养老设施的话，往往隶属于街道乡镇的养老设施坐落在建筑高层所占的比例较高，而社区所属的养老设施更多设置在一层。

实际上只要养老助残设施坐落在二层以上就要求一定要安装电梯，否则这样的设施就很难被老年人和残疾人利用。调查发现，坐落在二层以上的养老助残设施并不都安装电梯。在街道乡镇所属的坐落在二层以上的养老助残设施中仍然有 40% 是无电梯的，在社区所属的设施中有高达 75% 是没有电梯的。将二者所属的设施合并后，总体上有 66% 的具有二层以上的设施是没有电梯的。当然，如果该设施只是作为社区养老的协调和办公场所，而不是老年人或残疾人的活动场所，没有设置电梯也是可以接受的。

（三）设施性质、来源和建设情况

既然街道乡镇和社区所属的养老助残设施将是未来推行居家养老的主要依靠对象，那么了解这些设施的所有制性质就非常必要。在街道乡镇层面，有 74.1% 的设施属于公有设施；非公有的自有设施占到 13.8%，公私共建的占到 4.3%。同样，在社区层面，有 83.8% 的设施属于公有设施，而非公有的自有设施占到 6.2%，公私共建设施只占到 2.3%，实际上，除了以上描述的几类设施外，还有一些其他性质的设施，所占的比例也比较高，达到 7.7%（见表 8）。尽管如此，从整体上看，公有设施在居家养老方面仍然起主导性作用。

如果按区来进行比较的话，可以发现门头沟和延庆的养老设施中属于公有设施的比例最高，二者均达到 94.4%，其次是顺义、西城、平谷、房山、通州，这一比例均在 87% ~90%；丰台的公有设施比例最低，只占 64.9%，其次是朝阳、石景山和昌平，公有设施比例均略高于 70%（见表 9）。

表8　按街道、社区和设施性质分的养老助残设施数量和比例

设施性质	街道乡镇		社区		合计	
	数量(个)	比例(%)	数量(个)	比例(%)	数量(个)	比例(%)
公有设施	364	74.1	2951	83.8	3315	82.6
非公有的自有设施	68	13.8	218	6.2	286	7.1
公私共建	21	4.3	81	2.3	102	2.5
其他	38	7.7	271	7.7	309	7.7
有效合计	491	100.0	3521	100.0	4012	100.0

表9　按区和设施性质分的设施数量和比例

区名	公有设施（个）	非公有的自有设施(个)	公私共建（个）	其他(个)	合计(个)	公有设施比例（%）
东城	110	11	5	15	141	78.0
西城	303	8	7	23	341	88.9
朝阳	313	47	12	72	444	70.5
丰台	185	37	14	49	285	64.9
石景山	36	8	3	3	50	72.0
海淀	437	37	16	46	536	81.5
门头沟	168	3	1	6	178	94.4
房山	409	36	5	18	468	87.4
通州	93	7	2	4	106	87.7
顺义	253	10	5	14	282	89.7
昌平	93	21	3	9	126	73.8
大兴	236	14	10	19	279	84.6
怀柔	116	5	1	18	140	82.9
平谷	228	20	6	6	260	87.7
密云	219	20	11	4	254	86.2
延庆	116	2	1	3	122	95.1
合计	3315	286	102	309	4012	82.6

目前这些养老设施的来源，在街道乡镇层面主要来自养老/助残专有配套设施，占到38.6%，其他公共服务设施占14.6%，有13.0%的设施属于租用设施，集体自有设施也占到8.9%（见表10）；在社区层面，设施来源

结构与街道乡镇有很大差异，设施来源比例最高的是集体自有设施，占到27.1%，养老/助残专有配套设施所占比例为20.5%，其他公共服务设施所占比例为23.5%。这说明在社区层面，特别是一些农村地区，集体自有设施在居家养老方面发挥了更大的作用。

与街道乡镇相比，社区所属设施的来源中租用设施所占比例明显低于街道乡镇，而物业无偿提供的设施比例社区又明显高于街道乡镇。除了以上提到的设施来源外，在北京市仍然有一些设施属于单位集中居住区所提供的，也有一些属于私人所提供的设施和一些闲置设施。

表10　按街道、社区和设施来源分的养老助残设施数量和比例

设施来源	街道		社区		合计	
	数量(个)	比例(%)	数量(个)	比例(%)	数量(个)	比例(%)
养老/助残专有配套设施	187	38.6	723	20.5	910	22.7
其他公共服务设施	71	14.6	828	23.5	899	22.5
集体自有设施	43	8.9	952	27.1	995	24.9
非配套建设、购买的公共设施	31	6.4	143	4.1	174	4.3
租用设施	63	13.0	176	5.0	239	6.0
物业无偿提供设施	10	2.1	239	6.8	249	6.2
单位集中居住区设施	10	2.1	159	4.5	169	4.2
私人自有设施	29	6.0	74	2.1	103	2.6
闲置设施	7	1.4	35	1.0	42	1.0
其他	34	7.0	190	5.4	224	5.6
合计	485	100.0	3519	100.0	4004	100.0

在这些居家养老服务设施中，改建的设施所占比例最大，在街道乡镇层面达到了58.9%，在社区层面高达48.6%；而新建的比例并不高，在街道乡镇层面只占到了25.8%，在社区层面占到了30.3%；扩建的比例就更小了（见表11）。这样一种分布体现了北京市的特点，即空间有限、建设成本过高。这意味着，未来社区居家养老仍然要继续走“改建”的道路，至少要将设施的改建和新建结合起来发展，而不能单纯依靠建设新设施来开展和拓展居家养老服务。

表 11 按街道、社区和设施建设方式分的养老助残设施数量和比例

建设方式	街道乡镇		社区		合计	
	数量(个)	比例(%)	数量(个)	数量(%)	数量(个)	比例(%)
新建	125	25.8	1057	30.3	1182	30.1
扩建	32	6.6	161	4.6	193	4.9
改建	285	58.9	1695	48.6	1980	50.4
其他	42	8.7	575	16.5	617	15.7
合计	484	100.0	3488	100.0	3972	101.1

实际上，这些设施无论是改建、新建还是扩建，很多都得到了政府的财政支持，得到支持的新建比例在街道乡镇层面达到 74.2%，而且有政府投入的比例在建设方式上并无明显的差异，只是政府对“其他”建设方式的投入比例相对少一些；在社区层面的设施建设上，有政府投入的比例要略低于街道乡镇层面政府投入的比例，尽管如此，在社区养老助残设施建设上政府投入的比例达到了 63.4%（见表 12）。这说明，政府的推动起到了主导作用，这种作用是必不可少的。

表 12 按隶属层级和建设方式分的设施建设得到政府投资的数量和比例

隶属层级	建设方式	是(个)	否(个)	合计(个)	有政府投入比例(%)
街道	新建	89	31	120	74.2
	扩建	24	8	32	75.0
	改建	217	67	284	76.4
	其他	23	17	40	57.5
	合计	353	123	476	74.2
社区	新建	661	353	1014	65.2
	扩建	102	56	158	64.6
	改建	1114	557	1671	66.7
	其他	279	281	560	49.8
	合计	2156	1247	3403	63.4

（四）设施的环境和条件

为了了解养老助残设施是否方便老年人和残疾人活动，调查还专门询问了该设施中老年人活动空间是否在地下、是否有坡道等无障碍设施、是否有无障碍厕所等问题。从调查所反映的结果看，在街道乡镇所属的设施中老年人活动空间在地下的占到5.0%，在社区所属的设施中占到7.5%，尽管这一比例并不是很高，但作为养老助残设施还是应当尽量避免设置在地下的。在养老助残设施中有坡道等无障碍设施所占比例，在街道所属的设施中还是比较高的，达到84.0%；在社区所属设施中只有46.5%，很明显还不能完全达到要求。在街道所属的设施中设有无障碍厕所的比例同样是比较高的，达到77.8%，而在社区所属的设施中，这一比例只有24.6%。这说明，社区所属的养老助残设施在条件上仍然不如街道乡镇所属的设施，这是今后需要进一步调整和完善的。总之，若街道乡镇和社区把所有养老助残设施放到一起的话，有7.2%的老年人活动空间在地下，这是需要今后进行调整的；有51.4%的设施有坡道等无障碍设施，31.6%的设施有无障碍厕所（见表13）。这说明有近50%无坡道等无障碍设施和近70%未安装无障碍厕所的养老助残设施需要在今后补建。

表13　按街道乡镇和社区分的养老助残设施有关状况

设施状况	街道乡镇		社区		合计	
	绝对数(个)	比例(%)	绝对数(个)	比例(%)	绝对数(个)	比例(%)
活动空间在地下	22	5.0	228	7.5	250	7.2
有坡道等无障碍设施	398	84.0	1472	46.5	1870	51.4
有无障碍厕所	368	77.8	774	24.6	1142	31.6

三　养老助残设施运营情况

无论有多少养老助残设施、无论现有的状况和条件如何，最重要的还是要看它是如何运营的、是否发挥了作用以及发挥了多大的作用。这部分主要分析养老助残设施开始运营的时间、运营模式、设施的入住状况、床位和床位利用状况，以及从业人员情况。

（一）开始运营时间

在2000年以前，居家养老设施是很少的，在街道层面只占到全部设施的7.9%，共38个，在社区则占到6.1%，共210个。即使是从2000年到2004年，开始启用的社区养老助残设施比例也很小，街道层面的比例只是略高于5%，共25个，社区层面比例为9.0%，共310个。从数据中可以看出，养老助残设施从2005年到2010年出现了快速增长，启用的养老助残服务设施在街道乡镇层面占到了目前全部设施的近20%，在社区层面占到21.2%；2010年到2014年，这一比例再次出现了大幅度的增长，开始启用的设施在街道乡镇层面占到了34.0%，在社区甚至占到了44.1%（见表14）。

表14　按街道、社区和设施启用时间分的设施数量和比例

启用时间分类	街道乡镇所属		社区所属		合计数	
	设施数量（个）	比例（%）	设施数量（个）	比例（%）	设施数量（个）	比例（%）
2000年以前	38	7.9	210	6.1	248	6.3
2000～2004年	25	5.2	310	9.0	335	8.5
2005～2009年	92	19.2	730	21.2	822	20.9
2010～2014年	163	34.0	1521	44.1	1684	42.9
2015～2016年	143	29.8	608	17.6	751	19.1
2017年以后	19	4.0	68	2.0	87	2.2
有效值合计	480	100.0	3447	100.0	3927	100.0
缺失值	15		162		177	
合计	495		3609		4104	

（二）运营模式

目前这类居家养老服务设施的运营模式绝大多数都是公办公营，其在街道乡镇层面占到46.6%，在社区占到44.6%；公办民营的设施在街道乡镇层面占到了21.3%，而在社区层面所占比例却很低，只有2.6%；同样，民办民营的比例在街道乡镇层面占到12.9%，也是比较高的，但在社区只占到4.6%，比例并不高。在社区层面，农村集体经营的养老设施却占到了非常高的比例，达到30.1%，而其他形式的运营模式也占了比较高的比例，为14.6%（见表15）。很明显，街道乡镇所属的养老助残设施与社区所属的设施在运营模式上还是有比较大的差异。

表15　按街道、社区和运营模式分的养老助残设施数量和比例

运营模式	街道乡镇所属		社区所属		合计数	
	设施数量（个）	比例（%）	设施数量（个）	比例（%）	设施数量（个）	比例（%）
公办公营	228	46.6	1537	44.6	1765	44.9
公办民营	104	21.3	91	2.6	195	5.0
民办民营	63	12.9	160	4.6	223	5.7
公建民营	24	4.9	47	1.4	71	1.8
民办公助	29	5.9	71	2.1	100	2.5
农村集体经营	21	4.3	1035	30.1	1056	26.9
其他	20	4.1	502	14.6	522	13.3
合计	489	100.0	3443	100.0	3932	100.0

调查中我们也想了解目前的养老助残服务设施是与其他公共服务项目共同使用，还是专门针对养老助残服务的专用设施。调查结果反映，在街道乡镇层面，独立使用的养老助残服务设施占到77.5%，而有22.5%的设施与其他服务设施共同使用；在社区层面，独立使用的比例为55.5%，共用的比例为44.5%（见表16）。

从不同形式养老服务设施的运营来看，在街道乡镇层面独立使用率最高的是民办民营设施，占到 90% 以上；在社区层面独立使用率最高的是公办民营设施，占到 81.6%；无论是在街道乡镇层面还是在社区层面，独立使用率最低的都是公办公营设施，前者为 71.7%，后者为 53.0%。这说明，尽管基层的公共服务设施以“公办”为主，甚至绝大多数还在实行“公营”，但基层的公共服务项目很多，导致多数“公营”设施具有多项功能，而不是只承担一项功能，这种现象在基层是普遍存在的，如何保证既能够充分满足社区老百姓的需求又能够使相应设施得到充分的利用，则是需要进一步研究的课题。此外，在目前基层公共服务任务增长速度快于服务设施增长的情况下，设施的共用属于不得已而为之；这不仅源于投入的不足，更重要的是北京市土地资源和房屋资源的紧缺，导致服务条件受限。

表 16　按街道、社区和运营模式分的独立使用养老助残设施数量和比例

运营模式	街道乡镇			社区			街道乡镇和社区合计		
	独立使用数（个）	合计数（个）	独立使用比例（%）	独立使用数（个）	合计数（个）	独立使用比例（%）	独立使用数（个）	合计数（个）	独立使用比例（%）
公办公营	157	219	71.7	783	1476	53.0	940	1695	55.5
公办民营	78	98	79.6	71	87	81.6	149	185	80.5
民办民营	56	62	90.3	107	153	69.9	163	215	75.8
公建民营	21	24	87.5	32	47	68.1	53	71	74.6
民办公助	22	28	78.6	54	70	77.1	76	98	77.6
农村集体	16	21	76.2	563	976	57.7	579	997	58.1
其他	16	20	80.0	200	462	43.3	216	482	44.8
合计	368	475	77.5	1868	3364	55.5	2236	3839	58.2

街道乡镇和社区层面的养老助残设施主要作为政府实施老年人和残疾人基本公共服务所建造的设施，因此这类设施不仅在建设上曾经得到过政府的支持，而且在后来的运营上，很多设施也得到过政府财政上的补贴。在调查到的设施中，街道乡镇所属的设施在运营阶段有 74.2% 得到过政府的补贴，

而在社区层面，只有36.5%的设施在运营阶段得到过政府的补贴，大约是街道乡镇获得补贴比例的一半（见表17）。很明显，社区所属设施得到补贴的可能性远远小于街道乡镇所属的设施。从整体上看，能够得到补贴的养老助残设施只占到40%多一点，绝大多数设施在运营阶段并没有得到过政府的补贴。

表17　按设施性质分的在运营阶段有政府补贴的数量和比例

设施性质	街道乡镇			社区			街道乡镇和社区合计		
	有政府补贴（个）	合计（个）	有补贴比例（%）	有政府补贴（个）	合计（个）	有补贴比例（%）	有政府补贴（个）	合计（个）	有补贴比例（%）
公有设施	263	343	76.7	945	2554	37.0	1208	2897	41.7
自有设施	43	65	66.2	70	201	34.8	113	266	42.5
公私共建	15	20	75.0	33	78	42.3	48	98	49.0
其他	25	38	65.8	71	232	30.6	96	270	35.6
合计	346	466	74.2	1119	3065	36.5	1465	3531	41.5

如果按不同设施性质来看政府补贴状况的话，在街道乡镇层面获得政府补贴比例最高的是公有设施，占76.7%，其次是公私共建设施，占到75.0%；在社区层面，获得政府补贴比例最高的是公私共建设施，占到42.3%，公有设施获得补贴的比例为37.0%，自有设施获得补贴的比例最低，占34.8%。

如果看政府补贴在运营模式方面的差异，可以发现在街道乡镇层面民办公助设施获得的补贴比例最高，达到85.7%（见表18），其次是公建民营，占82.6%，公办公营获得补贴的比例为76.3%，这一比例与农村集体经营的设施所获得补贴的比例相近；获得政府补贴比例最低的是民办民营，只占56.5%。如果看社区的情况，同样是民办公助获得补贴的比例最高，达到66.7%，其次是公办民营，达到56.3%，而民办民营、公建民营和农村集体运营设施所能够得到政府补贴的比例均在三分之一左右。

表 18　按运营模式分的有政府补贴的数量和比例

运营模式	街道乡镇			社区			街道和社区合计		
	有政府补贴（个）	合计（个）	有补贴比例（%）	有政府补贴（个）	合计（个）	有补贴比例（%）	有政府补贴（个）	合计（个）	有补贴比例（%）
公办公营	161	211	76.3	577	1372	42.1	738	1583	46.6
公办民营	78	100	78.0	49	87	56.3	127	187	67.9
民办民营	35	62	56.5	49	148	33.1	84	210	40.0
公建民营	19	23	82.6	15	43	34.9	34	66	51.5
民办公助	24	28	85.7	44	66	66.7	68	94	72.3
农村集体	16	21	76.2	293	891	32.9	309	912	33.9
其他	12	18	66.7	84	426	19.7	96	444	21.6

（三）设施入住人数

本次普查在街道乡镇问卷和社区问卷中还专门针对这些服务设施的条件做了比较详细的调查，在这里只展示一些基本的情况、比如设施所接受的入住人数和入住床位情况、日间照料床位和日间照料老人情况、老年餐桌的利用情况、从事服务的人员数量等。

由于街道和社区层面养老服务设施的重点不是提供集中居住式养老服务，而是为社区居民提供居家服务，所以居住在这些养老助残设施中的老人并不多。从数据所反映的结果看，调查到的所有街道乡镇和社区的 2966 个有效养老助残设施中，有 88.5% 的设施未安排老年人入住，其中在街道乡镇层面有 71.9% 的设施未安排老年人入住；在社区层面，有 91.4% 的设施未安排老年人入住。换句话说，街道乡镇养老助残设施中安排老年人入住的比例为 28%，而社区设施中安排老年人入住的比例不到 10%。如果看入住人数的话，街道和社区合计中有 1 ~ 9 名老年人入住的设施占到 3.4%，入住人数在 10 ~ 19 人的设施占到 2.0%；尽管如此，仍然有 1.7% 的设施有 100 名以上的老年人入住。这类设施实际上应该被纳入养老机构的范畴，而不应该属于居家养老服务设施。

（四）床位数和床位利用情况

就居家养老而言，是否有老年人居住并不是很重要，但是否有床位相对来说就比较重要了，特别是有多少日间照料床位就更重要了。在所有普查得到的街道和社区层面的养老助残设施中，没有任何床位设施的比例为64.3%。然而，有些设施可能是为了提供老年人活动场所，或老年大学，或老年助残服务，一般不需要为老年人安置床位，所以就不太需要测量或考虑设置床位的问题；有些设施，如日间照料中心、托老所、养老驿站、养老照料中心等设施就需要设置一定数量的床位。按设施名称分类来计算无床位设施的比例就可以更准确地了解床位在各类设施中的分布情况。结果很明显，老年人活动场所、老年大学、老年助残服务等设施中未设置床位的比例就比较大，而日间照料中心、托老所、养老驿站、养老照料中心等设施设置了床位的比例也很大，这些都是比较合理的。

如果进一步看有床位的设施中每个设施平均的床位数，普查得到的结果是每个设施平均有37.8张床位。平均床位数最多的是老年公寓，共有27所有床位的老年公寓，平均每个设施有329张床；其次是6所福利院，平均有209.7张床；再次是34所养老院，平均有191.8张床；11所有床位的老年服务中心，平均有140.6张床；36所敬老院，平均有112张床。而承担居家养老任务比较多的日间照料中心、托老所和养老驿站，其平均床位数则很少，分别为9.9、9.2和11.6张床。

北京市街道和乡镇层面所有养老设施所具有的床位总和为40925张，其中老年公寓床位数量最多，共有8884张；其次是养老院，共有6522张，再次是养老照料中心，共有5236张床；最后是养老服务中心和敬老院，各有4000多张床。

如果看有床位的设施中床位个数的分布，可以发现在街道乡镇层面，只有1~9个床位的设施占到26.5%，是表中比例最高的（见表19）；而1~9个床位比例在社区层面只占到5.8%，社区层面比例最高的是20~29个床位的设施，占到67.1%。这里表现了一个很明显的特点，在街道层面的床位分布呈现“中间低、两头高”的情景，即床位少的设施比例和床位多的设施比例相对都比较高，而床位个数居于中间的比例相对较低；在社区层面的床位分布正好相反，呈现“两头低、中间高”的情景。

表 19 按街道、社区有床位设施分的养老助残设施数量和比例

床位数	街道乡镇所属		社区所属		合计数	
	设施数量（个）	比例（%）	设施数量（个）	比例（%）	设施数量（个）	比例（%）
1～9	67	26.5	48	5.8	115	10.6
10～19	60	23.7	139	16.7	199	18.4
20～29	62	24.5	558	67.1	620	57.2
30～59	20	7.9	37	4.5	57	5.3
60～99	22	8.7	33	4.0	55	5.1
100+	22	8.7	16	1.9	38	3.5
合计	253	100.0	831	100.0	1084	100.0

如果将床位数、日间照料床位数和日间照料服务老人数进行比对，可以发现，北京市所有有床位的养老助残设施中的床位总数为 40925 张，这其中用于日间照料的床位总数为 8439 张，占全部床位的比例只有 20.6%，而这些日间照料的床位目前服务的老年人为 7567 人，被服务的老年人人数占日间照料床位数的 89.1%。

（五）从业人数

居家养老设施是否真正发挥了居家养老功能，需要看设施的使用情况，以及该设施为周边老年人提供服务的情况。而提供服务必须配备相应的服务人员。调查数据发现，无论是街道乡镇所属还是社区所属的养老助残服务设施，均有一些无专门的从业人员，这一比例在街道乡镇的设施中占 11.4%，在社区的设施中占比高达 38.2%（见表 20），这意味着尽管设施存在，但设施的服务功能并不能得到充分的发挥和利用。这些设施中只有一名服务人员的比例，在街道乡镇层面为 8.0%，在社区层面为 16.7%；只有两个人的比例，在街道乡镇层面为 12.5%，在社区层面为 12.8%。总的情况看，街道乡镇所属设施的从业人员为0～5人的比例为近60%，而在社区层面这一比例高达81.3%，这说明目前街道和社区层面的养老服务力量十分薄弱，很难完成多功能、全方位、广覆盖的居家养老服务任务，配备好一定数量、具有一定专业素养的居家养老服务人员是今后的一项艰巨任务。

实际上，回答“从业人员”这一问题的缺失值是比较高的，即很多设施并未填写从业人员数量，街道乡镇缺失了6.3%，社区缺失了20.6%。这些缺失值中很多可能也属于无从业人员的设施，若考虑到这一问题，从业人员为0或从业人员比较少的设施比例会更高。

表20　按街道乡镇和社区、从业人数分的养老设施数量和比例

从业人数	街道乡镇所属		社区所属		合计数	
	设施数量（个）	比例（%）	设施数量（个）	比例（%）	设施数量（个）	比例（%）
0	53	11.4	1095	38.2	1148	34.5
1	37	8.0	478	16.7	515	15.5
2	58	12.5	368	12.8	426	12.8
3	67	14.4	194	6.8	261	7.8
4	30	6.5	93	3.2	123	3.7
5	29	6.3	104	3.6	133	4.0
6	32	6.9	95	3.3	127	3.8
7	16	3.4	67	2.3	83	2.5
8	20	4.3	41	1.4	61	1.8
9	8	1.7	20	0.7	28	0.8
10	24	5.2	54	1.9	78	2.3
10+	90	19.4	256	8.9	346	10.4
合计	464	100.0	2865	100.0	3329	100.0

如果根据设施名称分类来看从业人员的构成，可以发现，在45个社区养老机构（包括社区互助性养老机构和星光老年之家）中有25个从业人员为0，占此类养老设施的55.6%。日间照料中心和老年活动中心从业人员为0的也非常多，比例也非常高，在调查到的287个日间照料中心中，有134个无从业人员，所占比例为46.7%；在1312个老年活动中心中，有611个

无从业人员，占46.6%。而养老院（包括敬老院、福利院和幸福院）则呈现“两头多、中间少”的情况，即无从业人员比例高（38.9%），只有一名从业人员的比例也高（19.4%），而8名从业人员以上的设施比例也比较高（17.5%）。从业人员为0的比例比较低的设施主要集中在老年公寓（3.4%）、残疾人温馨家园（7.0%）和老年人助餐服务点（9.0%）。

四　养老助残设施服务功能

2015年公布的《北京市居家养老服务条例》专门对居家养老服务内容做了规定，主要包括为老年人提供社区老年餐桌、定点餐饮、自助型餐饮配送、开放单位食堂等用餐服务；为老年人提供体检、医疗、护理、康复等医疗卫生服务；为失能老年人提供家庭护理服务；为失能、高龄、独居老年人提供紧急救援服务；利用社区托老所等设施为老年人提供日间照料服务；为老年人提供家庭保洁、助浴、辅助出行等家政服务；为独居、高龄老年人提供关怀访视、生活陪伴、心理咨询、不良情绪干预等精神慰藉服务；开展有益于老年人身心健康的文化娱乐、体育活动。为此，本次普查专门针对现有养老助残设施是否能够提供《北京市居家养老服务条例》中所提到的服务进行了摸底调查，即了解这些设施是否具备相应的服务功能。

（一）服务功能构成

针对街道乡镇和社区层面养老助残设施的普查，我们专门设计了19项服务内容，供被调查者选取。然而，在调查到的4104个养老助残设施中，有520个左右的设施未填报各自的服务功能情况，导致这一内容的缺失值占到总设施数的12.6%左右，填报了这些选项的设施为3580~3592个，占到87.4%左右。根据有效填报的结果，可以发现在这些设施中提供文体娱乐功能的设施最多，共计2797个，占到全部养老助残设施的75.4%，这说明北京市老年人对文体娱乐的需求最高，在街道社区层面所提供的这方面服务也是最多的；其次是具有提供法律援助功能设施的比例也很高，达到39.9%；

提供心理慰藉服务所占比例也达到了36.7%；提供健康指导和陪伴聊天服务的也分别占到32.5%和31.2%，比例也很高。如果把文体娱乐、法律援助、心理慰藉、健康指导和陪伴聊天看作“软服务”的话，那么日间照料、康复护理、陪伴就医、现场就餐和上门送餐、家政服务和代购代买等，在居家养老层面就属于“硬服务（保证基本生活需求的服务）”或“刚性需求”，在这方面提供日间照料服务的设施有1054个，占29.4%；提供康复护理的设施有694个，占到19.4%；陪伴就医的占到14.0%，提供现场就餐和上门送餐的比例分别为19.6%和10.9%；能够提供家政服务的占到9.7%，提供代购代买服务的占11.0%（见表21）。很明显，在这些设施中，提供“软服务”的比例比提供“硬服务”的比例要高得多。然而，居住在家的老年人更需要的是“硬服务”，因为“软服务”并不能提供居家老人的基本生活需求服务。

在这些设施中能够提供短期托养服务的设施共计315个，占全部设施的比例为8.8%，而提供长期托养服务的设施共有268个，所占比例为7.5%；若将短期和长期托养合并，共计583个，二者合计所占比例为16.3%；还有13.2%的设施可以提供呼叫服务，这些也是很重要的服务内容。特别是呼叫服务，未来需要在居家养老服务中得到普及，这既方便为老年人提供服务，也有利于紧急救助，更可以解决子女的后顾之忧。

表21　按服务功能分的设施数和比例

服务内容	提供服务设施数(个)	有效设施合计(个)	提供服务设施比例(%)
日间照料	1054	3588	29.4
短期托养	315	3587	8.8
长期托养	268	3592	7.5
现场就餐	705	3588	19.6
上门送餐	391	3588	10.9
现场助浴	315	3587	8.8
上门助浴	157	3589	4.4
法律援助	1431	3585	39.9

续表

服务内容	提供服务设施数(个)	有效设施合计(个)	提供服务设施比例(%)
心理慰藉	1314	3585	36.7
文体娱乐	2707	3588	75.4
康复护理	694	3585	19.4
辅具租赁	552	3580	15.4
家政服务	346	3584	9.7
代购代买	395	3584	11.0
代收快递	507	3584	14.1
陪伴聊天	1117	3585	31.2
陪伴就医	501	3583	14.0
健康指导	1166	3585	32.5
呼叫服务	474	3585	13.2
其他	148	3384	4.4

（二）不同类型设施的服务功能状况

不同的服务功能往往与服务设施的定位有关，而服务设施定位在一定程度上与设施的名称有关。比如，在所有登记的322个日间照料中心里有247个从事日间照料服务，占同类设施的79.2%；而从事短期托养的有34个设施，所占比例为10.9%；在这一名称的设施中还有47个提供现场就餐服务、33个提供上门送餐服务，分别占15.1%和10.6%；在所有日间照料中心的设施中，提供文体娱乐的比例也非常高，达到65.6%，提供法律援助和心理慰藉的设施分别都占了近50%，提供陪伴聊天和健康指导的比例也很高，分别为44.9%和38.6%。

提供日间照料服务的，除了日间照料中心外，主要还集中在养老驿站（81.2%）、养老照料中心（76.6%）、老年公寓（66.7%）、养老服务中心（66.0%）和托老所（62.8%）。提供短期托养服务的主要集中在养老照料中心（73.4%）、老年公寓（56.7%）和养老驿站（53.5%）。提供长期托养服务的主要集中在老年公寓（86.7%）、养老照料中心（71.9%）；提供现场就餐服务的则主要集中在老年就餐服务点（81.7%）、养老照料中心

（81.3%）、老年公寓（80.0%）和养老驿站（78.2%）。除了老年助餐服务点外，各类设施提供文体娱乐服务的比例均很高，所占比例绝大多数都为70%～90%。

提供心理慰藉比例比较高的设施包括养老驿站（80.2%）、养老照料中心（78.1%）、老年公寓（66.7%）和残疾人温馨家园（60.3%）；提供康复护理比例比较高的同样是这四类设施，其比例分别为71.9%、70.3%、60.0%和66.0%。除此之外还有康复中心，提供康复服务的比例为74.0%。提供家政服务的比例普遍比较低，最高的是养老驿站，超过了52.5%，其次是养老照料中心，为46.9%；提供代购代买业务的主要集中在老年公寓，占到70%，养老照料中心和养老驿站均超过了50%；提供陪伴聊天服务、健康指导和呼叫服务的也主要集中在养老驿站、养老照料中心和老年公寓这三类设施中，残疾人温馨家园提供健康指导的比例也相对比较高。

（三）服务功能项数分布

实际上不同类型设施所提供的服务内容会有一定的差异，然而那些设施比较完善或服务条件比较好的设施所能提供的服务内容（功能）也会比较多；相反，能够提供服务的项目少或服务内容比较单一的设施，往往也是服务条件比较差、服务人员相对不足的设施。在3569个有效应答的设施中，在给定的19项服务功能里，有414个（占11.6%）养老助残设施无任何一项服务功能（见表22）。换句话说，这些设施针对老年人和残疾人几乎提供不了任何服务，基本上属于“有名无实”。

表22　按服务项数分的服务设施数和比例

服务功能项数	设施数（个）	有效比例（%）	累计比例（%）
0	414	11.6	11.6
1	916	25.7	37.3
2	486	13.6	50.9
3	357	10.0	60.9

续表

服务功能项数	设施数(个)	有效比例(%)	累计比例(%)
4	270	7.6	68.5
5	210	5.9	74.3
6	168	4.7	79.0
7	161	4.5	83.6
8	110	3.1	86.6
9	62	1.7	88.4
10	63	1.8	90.1
11	63	1.8	91.9
12	63	1.8	93.7
13	27	0.8	94.4
14	43	1.2	95.6
15	41	1.1	96.8
16	36	1.0	97.8
17	24	0.7	98.5
18	33	0.9	99.4
19	22	0.6	100
有效合计	3569	100	
缺失值	535		
合计	4104		

在这些设施中，只能够提供一项服务的有 916 个，占全部设施的 25.7%；能够提供两项服务的共计 486 个设施，占全部设施的 13.6%。这样，最多只能提供两项服务的设施在北京市全部街道乡镇和社区层面的养老助残设施中已经超过了 50%。而且随着服务项数的增加，设施数也迅速减少。能够提供 10 项以上服务的设施只有 352 个，占全部设施的 9.9%。

通过街道乡镇和社区的普查，我们已经可以比较全面地摸清坐落在街道乡镇和社区且能够承担起居家养老服务的有关设施和资源的情况。未来针对北京市居家养老所做的任何规划和设计，都需要以这些数据为基础，以现有设施为规划起点，通过对现有设施的调整、改造、补充和完善，结合街道乡镇和社区已有的资源，最终使北京市的每一个社区都能提供居家养老服务，每一位老人都能得到自己所需要的服务。

需要说明的是，本次摸底普查尽管十分重要，但它并不能完全或充分揭示目前居家养老所面临的所有问题，它充其量也只是揭示了北京市居家养老服务“供给侧”的“硬件”现状，而“需求侧”的情况并不清晰，特别是对与“需求侧”相对应的“供给侧”缺口的分析，这里还做不到；另外，“供给侧”的“软实力”，包括服务理念、服务可及性、制度建设、人员素质、服务能力、服务质量、尊严和权利保护、服务安全等问题，我们并不了解。因此，还需要进一步开展更多、更深入的调查研究，才能使问题更为清晰。

参考文献

北京市民政局、北京市残联：《北京市市民居家（助残）养老办法》（京政办发〔2009〕104号），2009年11月12日。

北京市人民政府：《关于加快推进养老服务业发展的意见》（京政发〔2013〕32号），2013年10月12日。

北京市人民政府办公厅：《关于加快本市养老机构建设实施办法》（京政办发〔2013〕56号），2013年10月31日。

北京市民政局、财政局、市老龄办：《北京市2014年街（乡、镇）养老照料中心工作方案》（京民福发〔2014〕36号），2014年1月22日。

北京市老龄工作委员会办公室：《北京市居家养老服务条例》，北京市第十四届人民代表大会第三次会议通过，2015年1月29日。

北京市人民政府：《北京市居住公共服务设施配置指标和北京市居民公共服务设施配置指标实施意见》（京政发〔2015〕7号），2015年2月2日。

北京市老龄工作委员会：《关于开展社区养老服务驿站建设的意见》（京老龄委发〔2016〕8号），2016年5月14日。

B.8

北京市社区养老设施的城乡差异性研究*

闫萍　石万里**

摘　要： 本文使用2016年《北京市居家养老相关服务设施摸底普查》的统计调查数据，通过对北京市社区养老服务设施的城乡差异性进行分析，探索北京市城乡社区养老服务设施在覆盖率、拥有量、设施名称、建筑面积、设施性质、独立使用率、无障碍设施配备率、服务老年人规模、从业人员配置率、服务功能等方面的差异，并提出完善城乡养老服务需求调查；探寻适合农村老年人的社区养老服务设施有效供给模式，实现城乡社区养老服务设施全面、合理覆盖，城乡均衡发展；加强社区养老服务设施的规范性、独立性和合理性；进一步鼓励和支持社会资本参与养老服务设施建设，尤其在农村探索多元参与模式；提升养老服务从业人员待遇标准，增加养老服务设施专业服务人员等建议。

关键词： 北京　社区养老设施　城乡差异性

近年来，老龄话题越来越受到政府和公众的关注。2017年北京市60岁及以上常住老年人口达358.2万人，占常住总人口数量的16.50%，其中户

* 国家社会科学基金青年项目（14CRK006）；北京社会科学基金一般项目（18JDSRB006）；北京行政学院2018年学科建设项目（2018XKJ014）。

** 闫萍，中共北京市委党校社会学教研部、北京市人口与社会发展研究中心、北京市人口研究所副教授，法学博士；石万里，中共北京市委党校社会学教研部人口学专业在读研究生。

籍老年人口为336.5万人，占户籍总人口的24.76%。[1] 如何积极有效地应对人口老龄化发展，已成为北京市亟待解决的问题。

作为我国养老服务体系的重要支柱之一，社区养老在国家政策规划中始终被提及和重视。如，2013年的《关于加快发展养老服务业的若干意见》《“十三五”国家老龄事业发展和养老体系建设规划》等文件都对社区养老提出相关要求。《北京市居家养老服务条例》也提到要“加强社区养老服务设施建设”，力争为老年人提供更加完善、专业化的服务。因此，社区居家养老在未来我国养老格局中的重要地位日益凸显，在社区中设置完善的养老服务设施成为当前“多层次、多样化养老服务体系”的重要支持。

然而，城乡老年人的养老需求有所差异，要为老年人提供精准化和专业化的服务，必须对社区养老服务设施的城乡性差异予以重视。为此本文根据2016年《北京市居家养老相关服务设施摸底普查》数据，分析了北京市社区养老服务设施的城乡差异性，力求找出城乡社区养老服务设施的特点，以期望对未来北京市社区养老服务设施发展的路径有所贡献。

一　数据来源及处理

本文分析所用数据如未特殊标注，全部来源于北京市民政局2016年首次进行的《北京市居家养老相关服务设施摸底普查》（社区调查问卷）。由于本系列问卷包含街道乡镇、社区、养老机构、社会组织、医疗卫生等九类问卷，基于本文主要对社区养老服务设施的城乡差异性进行研究，所以选用了社区调查问卷中有关社区配套建设的养老服务设施的数据进行处理分析。

这次普查共调查了北京市16个区的6789个社区，获得有效问卷6788份，笔者通过对6788份有效问卷进行梳理，对照北京市行政区划分识别表

① 北京市统计局、国家统计局北京调查总队编《北京统计年鉴2018》，中国统计出版社，2018。

识别出每个社区的行政属性（居委会或村委会，居委会代表为城镇社区，村委会代表为农村社区），共区分出城镇社区有效问卷3030份，农村社区有效问卷3724份，合计6754份（另有34份问卷无法识别，作无效处理）（见表1）。由于调查的遗漏、误差和时效性，普查数据与北京市民政局公布的分区县城乡社区数据存在一定差异，但整体上出入不大，所以利用此次调查数据对北京市社区养老服务设施的城乡差异性进行比较。但需要注意的是，在对具体变量进行具体分析时，会有缺失值出现，所以前后数据可能会存在一定的偏差。

表1　北京市各区县城乡社区分布情况

单位：个

各区	城镇社区	农村社区	不清楚	总计
东城区	183	0	0	183
西城区	259	0	0	259
朝阳区	429	93	2	524
丰台区	327	41	5	373
石景山区	149	0	0	149
海淀区	582	57	1	640
门头沟区	122	178	0	300
房山区	133	446	3	582
通州区	115	475	1	591
顺义区	112	421	2	535
昌平区	207	292	12	511
大兴区	196	485	2	683
怀柔区	42	276	0	318
平谷区	48	256	2	306
密云区	85	326	4	415
延庆区	41	378	0	419
总计	3030	3724	34	6788

二　北京市社区养老设施的城乡差异及特点

本次调查中所谓的社区养老服务设施不同于集中式居住的养老机构，它指的是属于街道乡镇和社区的、未经注册登记的、坐落在社区中用于提供养老服务的设施。这些设施往往针对老年人的需求开展服务，其服务功能主要包括日间照料、短期托养、家政服务等。

（一）城镇社区养老服务设施的覆盖率高于农村社区，社区养老设施覆盖程度待提高

城乡社区养老服务设施覆盖程度差异明显。在调查的城镇社区中，有养老服务设施的社区占比达45.7%；而在调查的农村社区中，有养老服务设施的社区占比为35.9%，远低于北京市社区养老服务设施覆盖程度（40.3%）。具体见表2。

表2　是否有养老服务设施的社区情况

单位：%

	有	没有	总计
北京市	40.3	59.7	100.0
城镇社区	45.7	54.3	100.0
农村社区	35.9	64.1	100.0

（二）城镇单个社区养老服务设施的拥有量高于农村社区，城乡社区养老服务设施分布不均衡

城镇社区中单个社区拥有多处养老服务设施的情况较为突出。在拥有养老服务设施的城镇社区中，拥有养老服务设施为1个的占73.4%，2个的占17.9%，3个及以上的占8.6%，平均每个社区拥有量为1.40个；而在拥有养老服务设施的农村社区中，拥有1个养老服务设施的占比为

84.4%，2 个的占比为 11.6%，3 个及以上的占比为 3.9%，平均每个社区拥有量为 1.2 个（见表3）。

表 3　社区拥有养老服务设施数量情况

		1 个	2 个	3 个	4 个	5 个及以上	总计
城镇社区	计数(个)	1016	248	90	17	14	1385
	占比(%)	73.4	17.9	6.5	1.2	0.9	100.0
农村社区	计数(个)	1128	155	47	2	4	1336
	占比(%)	84.4	11.6	3.5	0.1	0.3	100.0
总计	计数(个)	2144	403	137	19	18	2721
	占比(%)	78.8	14.8	5.0	0.7	0.6	100.0

注：此变量下，有效社区共计 2721 个，其中城镇社区 1385 个，农村社区 1336 个。

（三）城乡养老服务设施名称类别多元化、复杂化，社区养老设施名称有待规范

由表 4 可知，城乡社区的养老服务设施中，名称最为普遍的是老年活动中心，城镇社区与农村社区的分别占 52.3% 和 41.9%。而在城镇养老服务设施中，排在第二位的为日间照料中心，占比达 10.6%，接着是其他（7.3%）、托老所（7.1%）和老年助餐服务点（6.2%）；在农村养老服务设施中，仅次于老年活动中心的是幸福院，占比为 17.2%，接下来是托老所（15.5%）、老年助餐服务点（5.2%）和残疾人温馨家园（3.5%）。

表 4　分城乡养老服务设施名称分类情况

设施名称		城镇社区	农村社区	总计
日间照料中心	计数(个)	206	44	250
	占比(%)	10.6	2.7	7.0
托老所	计数(个)	139	249	388
	占比(%)	7.1	15.5	10.9

续表

设施名称		城镇社区	农村社区	总计
养老驿站	计数(个)	39	20	59
	占比(%)	2.0	1.2	1.7
养老服务中心	计数(个)	30	35	65
	占比(%)	1.5	2.2	1.8
老年服务中心	计数(个)	53	32	85
	占比(%)	2.7	2.0	2.4
养老照料中心	计数(个)	21	5	26
	占比(%)	1.1	0.3	0.7
老年活动中心(场、站)	计数(个)	1019	674	1693
	占比(%)	52.3	41.9	47.6
社区养老机构	计数(个)	9	0	9
	占比(%)	0.5	0.0	0.3
社区互助型养老机构	计数(个)	9	4	13
	占比(%)	0.5	0.2	0.4
星光老年之家	计数(个)	25	19	44
	占比(%)	1.3	1.2	1.2
残疾人温馨家园	计数(个)	68	56	124
	占比(%)	3.5	3.5	3.5
老年大学	计数(个)	33	3	36
	占比(%)	1.7	0.2	1.0
老年助餐服务点	计数(个)	121	84	205
	占比(%)	6.2	5.2	5.8
养老院	计数(个)	11	7	18
	占比(%)	0.6	0.4	0.5
敬老院	计数(个)	6	8	14
	占比(%)	0.3	0.5	0.4
老年公寓	计数(个)	9	7	16
	占比(%)	0.5	0.4	0.4
福利院	计数(个)	0	5	5
	占比(%)	0.0	0.3	0.1
护理院	计数(个)	0	1	1
	占比(%)	0.0	0.1	0.0
康复中心	计数(个)	7	23	30
	占比(%)	0.4	1.4	0.8

续表

设施名称		城镇社区	农村社区	总计
幸福院	计数(个)	2	276	278
	占比(%)	0.1	17.2	7.8
其他	计数(个)	143	55	198
	占比(%)	7.3	3.4	5.6
总计	计数(个)	1950	1607	3557
	占比(%)	100.0	100.0	100.0

注：此变量下有效养老服务设施共计3557个，其中城镇社区有1924个，农村社区有1584个。

（四）农村社区的养老服务设施的建筑面积整体上大于城镇社区，城镇养老设施服务功能的空间载体有待优化

在农村养老服务设施中，仅有54.3%的设施建筑面积不足200m^2，小于300m^2的设施仅占67.7%，而300～499m^2的设施占比达12.6%，500m^2以上的高达19.7%。在城镇养老服务设施中，有75.8%的设施建筑面积不足200m^2，85%的设施建筑面积小于300m^2，仅有7.1%的养老服务设施建筑面积为300～499m^2（见表5）。虽然近几年养老服务设施增长快速，但是需要注意的是部分养老服务设施建筑面积限制了其开展相应服务的功能。

表5　社区养老服务设施建筑面积城乡差异情况

设施建筑面积(m^2)		城镇社区	农村社区	总计
1～199	计数(个)	1457	839	2296
	占比(%)	75.8	54.3	66.2
200～299	计数(个)	177	207	384
	占比(%)	9.2	13.4	11.1
300～399	计数(个)	89	121	210
	占比(%)	4.6	7.8	6.1
400～499	计数(个)	49	74	123
	占比(%)	2.5	4.8	3.5

续表

设施建筑面积(m^2)		城镇社区	农村社区	总计
500~1000	计数(个)	91	189	280
	占比(%)	4.7	12.2	8.1
1000+	计数(个)	60	116	176
	占比(%)	3.1	7.5	5.1
总计	计数(个)	1923	1546	3469
	占比(%)	100.0	100.0	100.0

注：此变量下有效养老服务设施共计3469个，其中城镇社区1923个，农村社区1546个。

（五）农村养老服务设施的福利性大于城镇社区，农村养老服务市场活力有待激发

城乡社区养老服务设施都以公有设施为主，城乡社区养老服务设施的80%~90%是公有设施，分别占79.2%、89.3%；城镇社区中非公有设施的养老服务设施占比超过20.0%，而农村社区的非公有设施的养老服务设施占比仅为10.7%，由此可见，城镇社区中非公有设施的养老服务设施占比大于农村社区，养老服务设施的性质更加多样化（见表6）。

表6　社区养老服务设施性质城乡差异情况

设施性质		城镇社区	农村社区	总计
公有设施	计数(个)	1524	1414	2938
	占比(%)	79.2	89.3	83.8
非公有的自有设施	计数(个)	140	79	219
	占比(%)	7.3	5.0	6.2
公私共建	计数(个)	50	32	82
	占比(%)	2.6	2.0	2.3
其他	计数(个)	210	59	269
	占比(%)	10.9	3.7	7.7
总计	计数(个)	1924	1584	3508
	占比(%)	100.0	100.0	100.0

注：此变量下有效养老服务设施共计3508个，其中城镇社区1924个，农村社区1584个。

（六）跟城镇社区相比，农村社区养老服务设施的独立使用率和坡道等无障碍设施的覆盖率更高，城乡养老设施中无障碍设施配置水平整体仍需提升

在城镇养老服务设施中，非独立使用的养老服务设施占比高达46.5%，而农村社区仅为41.6%（见表7）；同时农村养老服务设施的坡道等无障碍设施拥有率（28.1%）也高于城镇（22.1%）（见表8）。然而城镇养老服务设施的无障碍厕所拥有率为55.0%，显著高于农村（35.0%）（见表9）。但值得注意的是，城乡养老服务设施中有超过75%的仍未配置相应的无障碍设施。

表7　城乡社区养老服务设施是否独立使用

是否独立使用		城镇社区	农村社区	总计
否	计数(个)	871	614	1485
	占比(%)	46.5	41.6	44.4
是	计数(个)	1001	861	1862
	占比(%)	53.5	58.4	55.6
总计	计数(个)	1872	1475	3347
	占比(%)	100.0	100.0	100.0

注：此变量下有效养老服务设施共计3347个，其中城镇社区1872个，农村社区1475个。

表8　是否有坡道等无障碍设施

是否有坡道等无障碍设施		城镇社区	农村社区	总计
否	计数(个)	1389	962	2351
	占比(%)	77.9	71.9	75.3
是	计数(个)	395	376	771
	占比(%)	22.1	28.1	24.7
总计	计数(个)	1784	1338	3122
	占比(%)	100.0	100.0	100.0

注：此变量下有效养老服务设施共计3122个，其中城镇社区1784个，农村社区1338个。

表 9　是否有无障碍厕所

是否有无障碍厕所		城镇社区	农村社区	总计
否	计数(个)	816	869	1685
	占比(%)	45.0	65.0	53.5
是	计数(个)	996	467	1463
	占比(%)	55.0	35.0	46.5
总计	计数(个)	1812	1336	3148
	占比(%)	100.0	100.0	100.0

注：此变量下有效养老服务设施共计 3148 个，其中城镇社区 1812 个，农村社区 1336 个。

（七）城镇社区接受日间照料服务的老年人规模呈现“两头高、中间低”于农村的特征，农村老年餐桌服务老年人的规模要高于城镇社区，服务质量有待评估

在提供日间照料的城乡养老服务设施中，日间照料老人人数为 1～10 人的占比最大，分别占 61.9%、53.3%；城镇社区中日间照料老人数量为 1～10 人及 40 人以上的比例要高于农村，农村养老服务设施日间照料老人人数为 11～40 人的比重（38.4%）高于城镇（28.4%）（见表 10）。在提供就餐的养老服务设施中，城镇老年人餐桌每天就餐人数在 20 人及以下的占比达 48.5%，高于农村（39.7%），而每天就餐人数在 20 人以上的占比却低于农村(见表 11)。

表 10　日间照料老人人数情况

日间照料老人人数		城镇社区	农村社区	总计
1～10 人	计数(个)	109	122	231
	占比(%)	61.9	53.3	57.0
11～20 人	计数(个)	28	55	83
	占比(%)	15.9	24.0	20.5
21～30 人	计数(个)	15	23	38
	占比(%)	8.5	10.0	9.4

续表

日间照料老人人数		城镇社区	农村社区	总计
31~40人	计数(个)	7	10	17
	占比(%)	4.0	4.4	4.2
41~50人	计数(个)	7	7	14
	占比(%)	4.0	3.1	3.5
50人及以上	计数(个)	10	12	22
	占比(%)	5.7	5.2	5.4
总计	计数(个)	176	229	405
	占比(%)	100.0	100.0	100.0

注：此变量涉及社区共计405个，其中城镇社区176个，农村社区229个。

表11　城乡老年人餐桌每天就餐人数情况

老年人餐桌每天就餐人数		城镇社区	农村社区	总计
1~10人	计数(个)	44	23	67
	占比(%)	22.2	14.5	18.8
11~20人	计数(个)	52	40	92
	占比(%)	26.3	25.2	25.8
21~30人	计数(个)	26	25	51
	占比(%)	13.1	15.7	14.3
31~40人	计数(个)	12	15	27
	占比(%)	6.1	9.4	7.6
41~50人	计数(个)	12	11	23
	占比(%)	6.1	6.9	6.4
50人及以上	计数(个)	52	45	97
	占比(%)	26.3	28.3	27.2
总计	计数(个)	198	159	357
	占比(%)	100.0	100.0	100.0

注：老年餐桌养老服务设施共计357个，其中城镇社区198个，农村社区159个。

（八）城镇社区养老服务设施的从业人员配置率高于农村社区，养老服务设施从业人员短缺

农村社区养老服务设施从业人员数10人及以上占比低于城镇社区。城镇养老服务设施中无从业人员的设施占比达52.6%，农村养老服务设施中

无从业人员的设施占比达 47.3%[①]。而在有从业人员的城镇养老服务设施中，从业人数为 1~3 人的占 47.0%，4~6 人的占 15.5%，10 人及以上的达 28.2%；在农村社区养老服务设施中，从业人数为 1~3 人的占 70.7%，4~6 人的占 17.8%，10 人及以上的占 6.4%。超过 70% 的农村养老服务设施从业人员数仅为 1~3 人（见表 12）。可见，养老服务设施从业人员不足是当前农村养老服务设施建设的一个特征。

表 12　城乡养老服务设施从业人数情况表

从业人数		城镇社区	农村社区	总计
1~3 人	计数(个)	435	599	1034
	占比(%)	47.0	70.7	58.4
4~6 人	计数(个)	143	151	294
	占比(%)	15.5	17.8	16.6
7~9 人	计数(个)	86	43	129
	占比(%)	9.3	5.1	7.3
10 人及以上	计数(个)	261	54	315
	占比(%)	28.2	6.4	17.8
总计	计数(个)	925	847	1772
	占比(%)	100.0	100.0	100.0

注：有从业人员的养老服务设施共计 1772 个，其中城镇社区 925 个，农村社区 847 个。

（九）城乡养老服务设施的服务功能主要以文体娱乐为主，农村社区养老服务设施的法律援助和心理慰藉功能较城镇差距大

城乡养老服务设施中超 60% 的服务功能是文体娱乐，法律援助和心理慰藉占比位居第二、第三位，而具备长期托养、现场助浴和上门助浴服务功能的养老服务设施均不足 5.0%（见表 13）。分城乡来看，城镇养老服务设施中具备文体娱乐、法律援助、心理慰藉、康复护理、陪伴聊天等基础服务

① 数据由计算所得：（城镇/社区养老服务设施总数—城镇/社区中拥有从业人员的设施数量）÷城镇/社区养老服务设施总数，其中，城镇社区养老服务设施总数为 1950 个，农村社区养老服务设施总计 1607 个。

功能的比重高于农村，其中城镇社区养老服务设施中具备心理慰藉功能的比重比农村高两倍多，而农村养老服务设施具备日间照料、短期照料、长期照料、现场就餐和现场助浴、家政服务等功能的比重要高于城镇。

表 13　养老服务社区具备的服务功能情况

具备的服务功能	城镇社区（个）	比重[1]（%）	农村社区（个）	比重[2]（%）	总计（个）	比重[3]（%）
日间照料	428	21.9	354	22.0	782	22.0
短期照料	94	4.8	92	5.7	186	5.2
长期托养	76	3.9	68	4.2	144	4.0
现场就餐	233	11.9	205	12.8	438	12.3
上门送餐	161	8.3	90	5.6	251	7.1
现场助浴	80	4.1	76	4.7	156	4.4
上门助浴	50	2.6	16	1.0	66	1.9
法律援助	802	41.1	375	23.3	1177	33.1
心理慰藉	725	37.2	283	17.6	1008	28.3
文体娱乐	1326	68.0	974	60.6	2300	64.7
康复护理	252	12.9	179	11.1	431	12.1
辅具租赁	279	14.3	85	5.3	364	10.2
家政服务	163	8.4	168	10.5	331	9.3
代购代买	148	7.6	96	6.0	244	6.9
代收快递	159	8.2	212	13.2	371	10.4
陪伴聊天	566	29.0	274	17.1	840	23.6
陪伴就医	163	8.4	144	9.0	307	8.6
健康指导	560	28.7	311	19.4	871	24.5
呼叫服务	188	9.6	127	7.9	315	8.9
其他	68	3.5	39	2.4	107	3.0

注：比重 1 表示城镇社区中具备特定服务功能的养老服务设施在所有城镇社区养老服务设施中的比重，城镇社区养老服务设施总计 1950 个；比重 2 表示农村社区中具备特定服务功能的养老服务设施在所有农村社区养老服务设施中的比重，农村社区养老服务设施总计 1607 个；比重 3 表示具备某种特定服务功能的养老服务设施在所有养老服务设施中的比重，城乡养老服务设施总计 3557 个。

三　优化发展北京市城乡社区养老服务设施的建议

通过对调查中城乡养老服务设施的差异性分析，本研究提出以下几点建议。

（一）完善城乡养老服务需求调查，把握老年人养老服务需求的外部城乡区域差异，以及内部养老服务需求梯度差异，精准识别老年人的服务需求，以实现养老设施的精准配置，防止供需失衡或错位

调查结果显示，首先，社区养老服务设施主要为自理老人提供服务，对失能和半失能老人的服务需求顾及不够，上门照料、家政服务等服务占比较低；其次，以文体娱乐功能为主的养老服务设施，已经无法满足老年人需求的多样化；最后，设施配置缺乏针对性，单个社区养老服务设施的服务人数较少，造成了资源浪费。养老需求是养老服务设施供给的动力源泉和根本依据。应该通过走访社区了解老年人的服务需求，并调查社区周边既有设施，有针对性地制定服务内容和错位配置服务设施，避免养老服务设施的浪费和服务的缺位，实现现有养老设施和资源的共享和高效利用。

（二）探寻适合农村老年人的社区养老服务设施有效供给模式，实现城乡社区养老服务设施全面、合理覆盖，城乡均衡发展

跟城市相比，农村老年人的居住比较分散，养老服务对象碎片化，养老服务设施的供给很难形成规模效应，这给养老服务设施的供给模式带来挑战。从调查结果来看，2016 年城乡社区养老服务设施覆盖率均低于 50%，农村社区只有 35.9%，养老服务设施建设任重而道远。此外，城镇社区养老服务设施平均拥有量高于农村社区，应加快农村社区养老服务设施建设，利用社区公共场地、社区活动中心等设施，一方面减少设施的使用场地，克服场地不足的问题；另一方面可以增强这些设施的使用功能，为老年人提供便利，在农村地区更多地开发社区养老服务设施的上门服务功能，更多地开

展支持家庭的服务，使得农村老年人的养老由家庭支持转变为支持家庭，以适应目前农村老年人“离家不离村”“离土不离乡”的传统养老理念。将社会化养老的理念引入农村家庭养老，提高农村家庭养老的质量和效率，以适应农村老龄化的挑战和需要。

（三）加强社区养老服务设施的规范性、独立性和合理性

调查显示城乡社区养老服务设施的独立使用率和无障碍设施配置率普遍较低，农村社区养老服务设施的独立使用率和无障碍设施的配置率高于城镇社区。

城镇社区很多养老设施建筑面积偏小，很不利于设施养老服务功能的开展。针对这些问题，一方面要规范和完善养老设施配置标准，以保证养老服务设施有效发挥其服务功能；另一方面，探索对“小微”设施的技术空间改造，实现服务功能的发挥。

（四）进一步支持社会资本参与养老服务设施建设，尤其在农村探索多元参与模式

调查结果显示2016年城乡社区的养老服务设施以公有设施为主体，社区养老设施配置体现了较大的福利性。尤其在农村社区，公有设施比重为近90.0%，除了政府要给予大力支持外，应该同时健全激励和回报机制，积极引进社会资本参与社区养老服务设施的建设和维护运营，增加总供给，激发市场活力，满足老年人多样的服务需求。

（五）提升养老服务从业人员待遇标准，增加养老服务设施专业服务人员

调查显示城乡社区养老服务设施从业人员严重匮乏，有从业人员的养老服务设施近60%只有1~3人，无法满足老年人的日常服务需求，而且其中一部分并非专业人员，养老服务质量很难保证。因此，应该进一步扩大养老服务人员总量，建立合理的薪酬待遇标准，吸引专业服务人员。

B.9
迎接人口老龄化挑战，完善特大城市养老照料模式建设

李树丛*

摘　要： 北京市是全国老龄化程度较深的直辖市，也是人口规模较大的特大型城市。近年来，北京市围绕老年人家庭生活的“床边”、社区照料的“身边”、街道（乡镇）日常活动的“周边”的“三边”服务需求，加强市级指导、区级统筹、街道（乡镇）落实、社区（村）服务的“四级”服务保障体系建设，及时、科学、综合应对人口老龄化，取得了较好成效。在“三边四级”服务体系中，街道（乡镇）养老照料中心作为创新的独特养老服务机构，承担机构养老、社区托老、居家助老、技能实训、专业支撑、信息管理六大功能，起着“居中间带两头”的作用，统筹社区服务资源连接专业养老机构和居家养老服务需求，依托机构实体将专业养老服务延伸到社区、递送到家庭，站位养老服务领域引导匹配为老服务资源满足老年人多元个性需要，较好地增强了老年人的获得感、幸福感和安全感。在发展中，其也面临规划、土地、法人、税收、人才、资金等各种困难和问题，既有共性的，也有个性的，需要随着改革发展的深入，特别是对养老服务的深入研究和探讨，逐步探索推动解决。

* 李树丛，北京市民政局养老工作处副处长。

关键词： 养老服务　社区养老　照料模式

到2017年底，北京市做实了以机构养老为核心延伸辐射到社区、递送到居家的养老服务保障体系，出台了一系列从思路到规划、从建设到运营、从服务到监管的配套政策，在特大城市中推行以“居家为基础、社区为依托、机构为支撑”的养老体系融合发展道路。

一　北京市城区人口老龄化、高龄化问题突出

北京市是我国老龄化程度十分严重的地区之一。截至2018年底，北京市60周岁及以上常住老年人口有364.8万人，占常住总人口的16.9%；60周岁及以上户籍老年人口有349.1万人，占户籍人口总数的25.4%。到2035年，北京市老年人口总量将达到约550万人，人口老龄化程度位居全国前列。北京市不仅老龄化问题将变得严重，高龄化、空巢化问题也将变得十分突出。从2018年底的统计数据看，北京市80周岁及以上的老年人口占总人口数量的比重从2009年底的2.6%上升到2018年底的4.2%，总量达到了58.4万人，是2009年底32.6万人统计数的1.79倍。北京老年人空巢化比率较高，高龄化情况与失能化状况并存，80周岁及以上户籍老年人口有58.4万人，占总人口数量的4.2%，连续几年以年均10%以上的高速度在增长，从2017年开展的“精准帮扶”需求调查初步数据看，失能老年人口占老年人口总量的10%左右，达到了惊人的30多万人。全市性的高龄化、独居性、失能老年人口数量的增多，对全社会的社区公共服务及配套设施，特别是对社区居家养老需求较多的日间照料服务、托老健康服务、居家上门服务、专业陪护型机构服务质量等都提出了更多元、更高效、更迫切的服务需求。

从地理范围上看，北京市人口老龄化程度较为严重的地区主要分布在六个中心城区，中心城区人口密度大，高龄老人多。截至2018年底，80周岁

及以上户籍老年人口占60周岁及以上户籍老年人口的比例排在第一位的是东城区，达到了5.4%；西城区、丰台区、石景山区并列第二位，达到了5.3%；朝阳区以5.2%紧随其后，居第三位。值得注意的是，海淀区的80周岁高龄人口占60周岁以上户籍人口的比例也达到了4.5%，人口老龄化、高龄化有加速之势。2000年至2015年北京市进行了四次城乡老年人口状况抽样调查，对这四次抽样调查的结果显示：住在城区的老年人口比例基本稳定在72%～78%，分别是72.85%、77.04%、77.49%、76.78%，中心城区的老年人口比例相对稳定。

北京市的老年人并没有因为退休而离开中心城区，反而高度依赖于中心城区的医疗和养老照顾体系，这无形中加剧了中心城区的医疗资源压力，同时反映了中心城区的市场化服务为老龄人的养老提供了更多的便利。为此，通过科学规划布局、标准化建设、有效整合利用政府市场、社会设施资源显得尤为重要。受中国传统养老文化和中国老年人的生活习惯影响，居家养老、社会养老一直是北京市老龄人的首选，而随着中心城区高龄人口的比例逐年增加，机构养老的需求也将越来越多，如何实现“整体规划、系统创新、融合发展、一体贯通”将是破解北京日渐加剧的老龄化问题的关键。

二　养老照料中心运营模式及功能发挥的基本情况

按照“核心区全覆盖、拓展区广覆盖、新区和涵养区试点覆盖”的思路，北京市养老照料中心建设路径将从六个中心城区逐步拓展到其他区，由城区拓展到郊区，由农村拓展到农村，且有明显的政策导向代表性和老年人口覆盖率。由区民政主管领导，部分街道乡镇、居民社区、养老照料中心、相关管理部门负责人与社区老年人进行面对面地交流互动，以实地走访、座谈交流、文献检索等多种方式，可以回首城市核心区的老旧居民区、功能拓展区的新建小区、城乡接合部的混合居住区、近郊区的新农村发展区、城区建设边缘的生态涵养新建区老年人的基本养老服务需求与供给差异，审视如何运用养老照料中心这一平台指导开展社区养老和居家养老工作，如何通过养老照料中心将本区养老政策、保障信息及服务资源延伸递送到社区和居家老人，如何通过养老照料中心归集辖区内老人的信息和服务需求并及时反馈给政府部门，以及养老照料中心如何开展人才培训并发挥信息管理功能实现统筹所辖区域的养老工作，进而厘清并构建具有首都特点的“政府主导、商户主力、居家主体、社区中介、老年人为本”的五位一体的基层养老服务体系。

（一）养老照料中心的运营模式

在市场需求驱动和政府政策引导下，北京市投入运营的养老照料中心有公办民营、公建民营、民办民营等多种形式，有工商注册和民办非企业登记等多种资质类型，还有全国第一家外资民非养老机构，达到并体现了充分调动社会力量积极广泛参与的建设扶持和运营管理目标。其中，四个中心城区规划建设的养老照料中心中，有依托现有机构的、新建的、配套设施改造的、利用街道现有设施整合功能的等多种形式，充分挖掘、整合利用了老旧城区里街道行政辖区内可资利用的社会资源。

1. 强化资源整合，加强政策引导

为更好地完成养老照料中心的建设任务，各区、街道（乡镇）不断加大资金投入，主动把养老照料中心建设作为扶持重点。西城区充分运用现有养老信息平台为全区养老照料中心提供信息支持，不断加强信息化建设、扩展服务方式和手段，提高中心辐射社区和居家养老功能的效率和水平，弥补人力资源不足的短板；朝阳区协调联络保利威事务所律师作为志愿者，为养老照料中心建设发展“把脉”，提供法律指导和支持，建立了联络 QQ 群，加快了对政策传达和信息反馈以及咨询需求的及时回应。在资金支持方面，丰台区长辛店街道为养老照料中心申请了专门的信息平台建设经费，依托养老照料中心建立社区居家老年人信息系统，通过调查摸底了解社区老年人需求，并将研究成果与养老照料中心分享；右安门街道社区服务中心申请经费建设社区老年人信息平台，并将信息系统无偿提供给养老照料中心使用。

其在养老服务市场发育还不充分的情况下，可以采取政府投入等行政手段加以明确引导，充分调动各类市场资源，参与建设运营，有效带动了养老服务市场的发展。在2014年北京市开展的80个养老照料中心建设中，政府仅投入了2.4亿元财政预算资金，却激发了社会资本投资活力，撬动了市场存量资源至少20亿元，激活了更为可观的家庭养老服务资源，有效满足了有支付能力的居家和社区养老服务需求，使大量个性和普遍的养老服务需求有了多方供给市场，从长远来看，必将有利于巨大的家庭养老服务资源和潜力的释放，进而激活壮大全市养老服务产业，做强城市养老产业。政府部门通过强化建章立制，加大了政策引导。为优化养老照料中心运营，更好地实现统筹服务功能，各区在推进建设上，强化建章立制，加强政策引导。

2. 推动医养结合，满足实际需求

把养老服务与卫生机构密切结合起来，养老照料中心在做好老人生活照料、精神慰藉等服务的同时，提供老人健康管理、疾病诊治、康复护理、健康检查、临终照护、精神关怀等服务，既能为居家和社区老年人提供了健康管理等公共服务，又为养老机构和卫生机构入住的老人特别是慢病老人、易复发病老人、大病恢复期老人、残障老人以及重症晚期老人提供了有效的养老和医疗服务。从医疗与养老的关系看，“医养结合”将老人健康服务放在更加重要的位置，对养老服务进行了充实和提高。在中心建设运营的实践中，各区通过机构探索、社会协作等方式推进医养结合，探索形成了“整合照料”“联合运行”“支撑辐射”三种医养结合模式。

“整合照料”是由单一的机构提供医养结合性服务，包括具备健康管理功能的养老机构和具备养老功能的医疗卫生机构。海淀区香山医院划出200多张床位，重组为香山街道养老照料中心，依托自身医疗资源，主要服务重度失能老年人、老年痴呆患者等，遵循“小病不离床，大病不出院”原则，提供医生、护士、护工一站式服务。

“联合运行”由一个或多个养老机构与卫生机构合作，实现“嵌入式医养结合”，主要由卫生服务机构与养老机构结合，双向服务，互惠互利。西城区金融街养老照料中心总建筑面积3075平方米，其中700平方米提供给医疗服务站，主要为80周岁以上的高龄老年人提供服务。卫生服务站对养老照料中心护理人员进行定期培训，为老年人定期巡诊，为老年人家属进行医疗指导，还与骨伤医院、民康医院建立起顺畅的分级救治体系。

“支撑辐射”由卫生服务机构与养老机构开展合作，为养老照料中心以及社区居家老人提供健康服务。西城区宁馨园养老照料中心与医院开展术后康复、医后休养、慢病调理、个性护理等对接服务，满足老年人基本康复需求，主要为失能、失智和完全不能自理的老年人服务。

投入运营的养老照料中心结合自身优势，积极拓展创新服务。朝阳区英智老年公寓已有 8 年成功运营的历史，依托其熟悉社区环境、与社区资源关系良好的优势，投入养老照料中心运营以来，紧密依靠原有养老机构在周边社区设置了 3 个服务站，每个站点每天平均服务 30 ~ 60 人次，很好地贯彻了通过“集中加分散”进行辐射服务的政策目标，还配备了本田福祉车，上门接送轮椅用户，进一步扩大了服务的辐射范围和服务人群。西城区宁馨园养老照料中心，作为一家民办民营的养老机构，依托其关联的物业公司，积极开拓为周边社区老年人上门维修、助浴助洁等服务，及时响应了社区老人服务需求。

3. 因地制宜，完善服务

投入运营的养老照料中心，主动从环境条件出发，因地制宜地建设服务设施，完善管理机制，拓展服务范围，从营销和公共关系角度，富有积极性地开展了辐射社区老年人的相关工作与活动。丰台区卢沟桥街道幸福里养老照料中心由民间资本承租原学校校舍改建而成，紧紧依托位于社区中心的区位优势，着力建设辐射服务设施，从无到有、从有到全，已具有六大设施功能：为社区老年人家属提供服务的培训实操室；为社区老年人预留 150 张床位的日间照料室；服务社区老年人的送餐功能，每餐四菜一汤，每份 15 元；面向特殊困难老年人的帮扶服务，由社区居委推荐，已对接 10 个社区，1 个社区进入服务阶段；联系发廊志愿者为社区老年人免费理发；开展甜点烘焙课、露天电影等活动吸纳社区老年人参加。朝阳区八里庄街道爱晚桑榆养老院依托原有的社区托老功能，积极利用周边土地资源，改造环境条件，通过分区设计，将毗邻的资源回收站改建成养老照料中心，将原有的托老所等建筑物和养老照料中心的建筑物以中段隔断式进行分体隔离，使养老照料中心服务的老人和机构原入住老人之间不发生交叉流动，既不影响原在院入住的老年人，又保证了辐射居家和社区养老的功能发挥。

在2018年新一轮党和国家机构改革方案实施并逐步落实以前，多年来，尽管从中央到地方的民政组织体系和养老工作格局不断完善，但是在社区养老和居家养老方面，各级民政部门一直缺乏法定职责和相关的服务平台及抓手，原来由全国老龄办通过议事协调机构主动作为、牵头主导的工作格局又于法无据，游离于政府部门职责之外，现实中大多还是依托基层政府和基层社区开展工作；民政部门以往的法定职责集中在关注并保障老年人社会福利方面，2013年9月，国务院文件首次明确提出由民政部门牵头养老服务业，从法理角度讲，需要对民政部门“三定”方案作出调整，明确养老服务监督管理、行业规范、业务指导、推动发展等职责，相应增加工作机构或人员编制；由各级老龄办牵头或主导的社区和居家养老服务，往往受制于非政府部门一般淡化自身的行政规划职能和制定政府政策角色，议事协调机构大多关注项目和一次性使用资金完成任务的惯性思维，无法保证工作的体系化、持续性和配套性，需要按照国务院文件要求重新明确定位并强化其综合协调、督促指导、维护老年人权益等职能。2018年下半年以来，国家卫健委、民政部等相关国家机关机构改革方案正式公布，明确了养老服务工作是民政部新调整和加强的职能之一，增设了养老服务司，各省市民政机构改革方案陆续得到落实，使民政部门牵头建设集居家、社区、机构养老为一体的整合养老服务体系有了明确的法理和行政依据。北京市养老照料中心的建设和运营监管的过程，就是在省级民政部门统筹下推进整合式养老服务工作的有益探索。

三　养老照料中心建设运营和服务管理中存在的问题

养老照料中心是一种创新型的养老机构，融合了居家养老、社区养老和机构养老，打通了居家、社区和机构养老服务体系。一段时期以来，养老机构的法律法规、政策体系、标准规范、服务监管相对完善，但居家和社区养老尚未明确政府、市场、社会组织之间的关系，尚未明确法定职责部门和法定部门职责，尚无法律规章保障其建设标准、服务规范、功能设置、运营监管，在政府职责上谁主管、谁参与、谁监管、谁执法等可持续发展上需进一步探索。

（一）服务规范问题

1. 养老照料中心建设运营实践超前于服务管理现状

为了加快建设、规范服务，北京市出台了多个由民政部门牵头制定的规范性政策，在文件中明确了由市民政局主导，并对建设工作方案、项目申报流程、建设规范、功能设置、医养结合、工程招投标、资金拨付与使用管理等问题都进行了明确和规定。从调研情况看，全市现已建成或投入运营的养老照料中心都处于边建设、边规范，边发展、边完善，边培育、边管理的阶段，这种边发现问题、边出台政策解决问题的工作特征，反映了养老照料中心几年来的建设运营实践超前于服务规范管理的现状，反映了养老服务工作多头管理、有待整合、加强工作的现实。在工作部署、指挥协调、督促推动上需要进一步加强部门沟通，需要适应机构改革的落地实施，进一步明确民政部门履行政府职责的坚定声音。

2. 养老照料中心的服务资质问题

按照《养老机构管理办法》（民政部令第 49 号）之规定："养老机构按照服务协议为收住的老年人提供生活照料、康复护理、精神慰藉、文化娱乐等服务。"养老机构的服务对象只能限于在机构内入住的老人。北京市建设的养老照料中心明确被界定为养老机构，由区民政部门进行设置登记、备案管理。但所开展的辐射社区和居家老年人的上门服务，尤其是"助医""上门送餐"等服务都没有明确的法规界定，处在打"擦边球"或明显违法（如上门行医等）阶段，由于不具备服务资质，也不便于对外收费，只能提供免费的辐射社区的居家养老服务，相关的收费服务只能通过注册或协议的服务提供商收取，长此以往，必定会限制辐射社区和居家养老功能的发挥。

同时，不具备服务资质，也使得相关部门无法对其提供的服务进行监管，加以规范。

（二）功能定位问题

1. 小型养老照料中心难以兼具六大功能

养老照料中心兼具机构养老、社区托老、居家助老等直接性服务，也具备信息管理、技能实训与专业支撑等间接服务功能。在北京市这种特大型城市的中心城区，尤其是西城区人口密度大、单位地价高的核心区域，无法建设规模较大的养老照料中心，小型的养老照料中心由于规模小会弱化辐射功能，很难兼顾政策明确的这六项功能。

2. 养老照料中心的功能定位与一般养老机构同质化

在为入住的老年人提供直接服务职能时，养老照料中心在服务内容的本质上与其他养老机构无异，存在服务同质化倾向。而送餐、家政等非专业化服务，虽然满足了社区居家老年人的迫切需求，但是并不能突出发挥机构养老的专业特长，反而占用了养老机构大量的人力、物力资源和服务精力，这类需求本应通过一个健全完善的养老服务体系或依托养老照料中心对周边或社会的服务资源进行整合，进一步拓展间接性服务功能。比如，其可以打造社区养老服务资源统筹供给响应平台或便民信息网、民生服务热线等，针对老年人的需求，为其链接最佳的服务供给资源。

3. 养老照料中心的功能定位与需求的契合程度有待进一步提高

北京市的各种社区存在较大的差异，不同社区老年人口的需求大相径庭，以单位大院、北京原住民为基础的核心区老旧居民区老年人因原来的生活环境、工作特性自然形成了不同的养老需求，以拆建改造、农转非、新一代户籍北京人为基础的近郊居民区老年人的服务需求多元多样，以本市农民和外来务工人员为主体的郊区化居住小区的养老需求个性化突出，如果没有基于具体需求在共性养老服务基础上的差异性服务定位，养老照料中心辐射功能的发挥势必南辕北辙。

（三）可持续发展问题

1. 相关扶持政策有待进一步完善与落实

在建设运营上，《北京市人民政府关于加快推进养老服务业发展的意见》明确提出了运营补贴、收费减免等扶持政策，比如“养老机构用水、用电、用气、供暖价格按照本市相应居民收费价格标准执行”，但在现实中，由于相关部门没有跟进落实，养老照料中心普遍难以享受，存在落实难问题。

2. 对于民间资本缺乏长效的激励机制

从权利义务关系看，提供和扶持机构养老是政府的基本公共服务职能，在支持居家养老、社区养老中政府的职能定位目前尚不明确，扶持产业发展、优化市场环境、强化市场监管、提供公共服务是政府部门重要职责，民办养老机构自主投资、自主运营，理论上讲无义务承担公共服务，这就需要建立一个长效的政策或制度来激励和约束民办养老照料中心，使其持续发挥辐射社区居家养老功能，可以考虑通过政府购买服务、政府减免养老设施租金、出台税收优惠政策等方式，实现互惠互利，也需要在最初的项目建设资助协议中明确好各自的职责和角色，以及对服务的监督和评估。

3. 对于养老照料中心的社会宣传有待加强

由于缺乏统一、可信的信息化平台建设支持，在调研中对部分社区居民尤其是老年人的随机访谈显示：目前社会上对民办或民营养老机构还存在一定的误解，对当前社会化的养老服务政策还缺乏一定的正面认识，而且，家庭内部对养老服务的认知也存在偏差。鉴于北京市提出了以社会化为主的养老照料中心运营管理原则，因此，有必要通过网络新媒体、广播、电视、社区宣传栏、工作人员亲自讲解等多种方式，在社会上特别是社区内进行积极的宣传，正本清源，进而倡导现代的、积极的养老服务政策和理念。

（四）人力资源问题

1. 医疗护理人员严重不足

在养老照料中心所开展的辐射社区的服务中，老年人及其家人非常关注日常护理、康复、慢性病咨询等医疗护理服务项目。失能、半失能老年人需要在接受生活照料的同时，享受到医疗、康复、护理等健康服务。但由于独立设置内设医疗机构成本过大，聘请一位全科大夫、两名专业护士的年薪支出至少在 20 万元左右；引入社区卫生服务机构合作时，自收自支单位的性质，派生了到机构内服务人员的工资如何支付等问题，与原来机构的关系如何处理等都需协调，这些因素直接使养老照料中心医疗护理人员严重欠缺，目前各养老照料中心的服务设施主要还是偏重提供日间照料功能，即使是开展医养结合的养老照料中心，其医疗水平也偏低，绝大部分养老照料中心不具备专职医疗护理人员，具备上门提供医疗护理服务资质的仅有英智老年公寓一家。养老照料中心这种工作人员组成和配置与国外社区照料中心存在一定差距，尤其体现在医疗护理人员的配置上。

2. 养老机构的工作人员主要包括管理者、护理者、后勤保障人员

护理人员应该是养老机构的主体，根据国家社会养老体系建设规划要求，目前全市按照护理人员与养老机构自理人员 1∶13、半自理人员 1∶8、完全不自理人员 1∶3 左右的比例服务老人，平均护理比为 1∶7，调研的 4 个城区中护理比分别为西城区 1∶7、朝阳区 1∶6、海淀区 1∶8、丰台区 1∶5，入住老年人与护理员的平均比例为 7∶1。调研中部分养老照料中心和养老机构反映：目前养老服务人员的平均薪酬为每月 3500 元，由于生活成本较高（主要是租房成本，寸草春晖养老院曾为员工租房作为集体宿舍，但是又违反了群租房的规定），导致养老服务人员对薪酬的满意度较低，每年流失率一般都在 40%～50%，个别的甚至高达 70%。即使是在各项福利待遇较好的英智老年公寓，在 140 名员工中，5 年以上的从业者也仅

有30人；乐居老年公寓两年来的30名养老护理实习生中只有一人留下继续从事养老服务工作，其余最长的只在老年公寓工作了7个月。在国家职业大典中，养老护理员被列为技术工种，而非技术职称，使护理员缺乏晋升渠道和机会。调研中部分养老照料中心和养老机构反映：目前养老服务人员各项保险金平均约为每月1250元。随着国家劳动保护政策法规的完善和医保、社保改由税务部门征收，养老机构用工成本还在不断提高。在当前的政策环境和社会氛围下，养老护理员以及其他为老服务人员都较为缺乏，难以满足当下的需要，更遑论老龄化程度日趋加深而带来的日益拉大的供需缺口。

3. 养老照料中心从业人员素质有待提高

需求端的管理是一项系统工程，不仅要关注硬件建设和技术问题，从业人员的数量和素质更应成为关注的重点。在2014年开始建设时，北京市两亿多的政府投资主要关注的是硬件和技术建设，尚缺乏对从业人员队伍组织建设的考虑和投入。“只见物，不见人。”目前从事养老照料行业的工作人员年龄普遍较大，专业训练不足。除了椿萱茂老年公寓、英智老年公寓以外，多数从业者均未满足持证上岗条件，以2014年的寸草春晖养老院为例，其护理人员平均年龄超过50岁，其中甚至还有一名73岁高龄的护理员。绝大部分养老照料中心和养老机构均无社会工作者、心理咨询师等专业工作者。太阳宫老年公寓向社区辐射的心理慰藉服务，仅能通过发动60岁到70岁的老年志愿者来完成。机构负责人普遍反映养老院工作人员劳动强度大、社会偏见大、工资待遇低，很难吸引专业技术人员，护理人员大都从劳务市场招聘，多是外来进京务工者，多数从未接触过护理行业，不但缺乏系统的专业知识，没有行业经验，且性别结构失衡（女性居多），流动性大。养老服务是一个劳动密集型的行业，需要有养老护理员、社会工作者、志愿者、义工甚至心理咨询师、医护人员等服务队伍去做服务管理，做好家访、需求评估、心理情感支持、服务统筹等，需要有助老服务员上门进行家务、助餐、助浴、助医等，需要有专业康复护理人员提供上门指导和培训。

四 北京市推进养老服务体系建设的启示

（一）从社会投资和市场需求角度出发，大力推进养老照料中心的建设

由于养老机构作为实体易受重视并易于投资，为此养老机构发展较快，但居家养老并未从机构发展中明显受益，相对于社会群众的需求和今后的发展趋势，居家和社区仍将是我市养老的主要场所和方式，客观上需要政府部门采取措施，促进传统养老模式向兼容并蓄、相互支持的养老服务模式转变，形成三位一体的新型社会养老服务体系。这就需要改变以往将老年人群体排斥在“国家经济发展中值得投资的人力资本”之外的观念，大力推进养老照料中心的建设，积极发展养老服务业。养老照料中心的建设应以社会投资为导向，旨在提高社会成员参与经济建设和社会发展的能力，从而实现公平与效率、权利与责任、经济成长与社会发展等目标的整合。养老照料中心的建设运营，一方面扩大了就业，拉动了内需；另一方面，政府通过老年服务项目向老年人家庭提供物质帮助和社会服务，使老年人在享受养老服务的基础上，使其子女间接地得到政府的扶持，将子女的生产力从繁重的老年人照料中解放出来，实现老年人社区居家养老与子女事业发展、输血与造血的结合，从而提高老年人社会福利体系的效能。

（二）从构建家庭政策角度，促进养老照料中心辐射社区及居家养老功能发挥

在传统的民政工作中，老年社会福利工作的对象主要是数量极其有限的“三无”老年人，目标群体是老年人个体，现在的养老服务工作群体拓展到了全体老年人，甚至拓展到了养老功能残缺或不足的老年人家庭，需要从建构家庭政策角度，促进养老照料中心发挥辐射居家养老服务功能，扶助、扶持养老功能残缺或不足的家庭，恢复和重建其正常家庭功能

和养老功能。政府的资源毕竟是有限的，在医疗水平不断提高和人类的生命预期不断增加的社会现实面前，需要提倡家庭在养老服务中发挥更多的作用。以家庭政策为视角，从养老功能正常的家庭到功能丧失的家庭，以这两端为主建立养老照料中心服务对象连续体，进而分类目标群体，带动养老照料中心细化功能定位。

（三）从社区实际需求出发，对养老照料中心进行功能定位

应该充分考虑中心服务对象和相关运营方式的专属特征，对服务面积、老年人口数量、老年人口分布密度等做出充分评估，有所区分地进行相应的功能定位。鉴于目前养老照料中心的规模普遍较小，辐射社区的范围有限，有必要强化养老照料中心的功能辐射而弱化其区域辐射，每一家养老照料中心仅以某几项服务功能作为核心功能，提供特色服务，术业有专攻，不同的养老照料中心最终能够实现功能对区域的全覆盖，而不是一家“大而全”的养老照料中心对区域实现服务功能全覆盖。应该在所负担的机构养老、居家助老、社区托老、信息管理、技能实训、专业支撑这六大功能里，督导每个中心至少具备三项基本服务功能，列为“规定动作”，其中居家助老、信息管理是每一家养老照料中心必备的两项“规定动作”，机构养老和社区托老两项中根据实际情况必选一项作为“规定动作”，其他几项功能则作为“自选动作”，从而形成“3 + X”的功能定位。在“3 + X”的功能定位中，突出信息管理功能，信息管理平台要连接医疗服务机构，通过采集终端获取数据，对健康数据加以分析，并及时反馈给医疗服务机构，实现医养结合。

（四）按照政策规定，全面落实养老照料中心的优惠扶持政策

尽管2014 年以来北京市养老照料中心的建设发展较快，但其建设运营仍遇到诸多问题，其辐射社区及居家养老功能的发挥与社会需求仍然相差甚远。针对这一现状，应切实落实中央和地方层面已出台的建设、土地、税收、用水、用电、用气、用暖等方面的优惠政策，使养老服务业更好更快发

展，强化对养老照料中心的扶持力度，引导它们因应市场需求，不断丰富内在的服务形式和服务内容，为老年人提供社区内的服务，以满足老年人居家养老的个性化需求，从而解除老年人子女的后顾之忧，强化家庭养老功能。需要通过政府购买服务等方式，建立长效机制，激励民营养老照料中心持续发挥辐射社区的功能。

（五）实施全面培训，提升服务质量

把养老照料中心的养老专业服务队伍建设放到优先位置，推动解决人才队伍专业化建设滞后问题。为老年人服务的工作人员需求巨大，专业社会工作者只是其中一小部分，数量远远不足以满足老年服务需要。加强养老照料中心人才队伍建设，特别是社会工作专业人才队伍建设，还应发挥社区社会工作者的独特优势，发挥其在了解老人需求、提供便民服务上的作用，为社区居家老人提供多元个性服务。

五　推进北京市养老服务工作发展的思考

近年来，随着新时期政府养老服务的内涵与外延发生的重要变化，养老服务从政府无偿供养的城乡特困人员拓展到全体社会老年人，需要改变以往单一的政府行政供给方式，立足向市场放权、向社会放手、借力产业发展趋势，统筹发挥好政府、市场、社会在基础性公共产品供给上的协同机制，发挥各自优势，合作开展市场治理和壮大服务产业。

（一）充分认识养老照料中心发挥辐射服务功能的重要意义

发展以社区养老为平台的居家养老服务是形势所趋；坚持“以老年人需求为导向、以市场机制为主导”，加强政府引导，加大资金投入，加速政策制定，夯实养老照料中心统筹协调和服务平台基础，建立全方位、专业化社区居家养老服务网络体系，使老年人就地养老，就近获得基本养老服务，有利于维护老年人身心权益，使其共享经济社会发展成果。

（二）切实发挥养老照料中心五大功能

1. 坚持机构养老功能

从法律、行政、政策、制度、体制等多方面入手，推动建设集“养老、康复、护理、休闲、娱乐、健身”为一体的社区居家养老服务模式。加大全市性养老服务设施整体布局、具体规划和相应建设标准的贯彻落实，科学规划养老照料中心的空间布局，通过行政、经济、法律等手段探索对基层政府落实养老设施专项规划的奖惩措施。通过设立养老照料中心分支、与其他具备资质的社区服务设施合并和借助小微企业低息贷款等扶持政策，解决居家服务设施无法定资质又缺少抵御风险能力等问题。在规划设施建设时，注意前瞻融合，做好机构和居家相互支持的融合设计。出台政策引导养老照料中心优化床位结构，加大“医养工”结合型床位设置，接收失能和失智老人，提供长期照料、护理、康复和保健等服务，更好地发挥示范辐射功能，满足社区居家老人康复服务需求。对“医养工”结合型床位比例高于50%的养老照料中心，给予额外补贴，特别是对工学康复设施设备的购置补贴。在可利用空间较为丰富的郊区养老照料中心尝试开辟局部区域，引入居家环境模拟改造，积极开展失智痴呆老年人特殊护理研究，探索为痴呆老年人提供“无嵌入”服务，帮助其在熟悉的环境里舒心地生活，建设好更加坚实有力的社区和居家养老就近支撑实体。

2. 拓展社区托老功能

将社区内的小微型养老机构和养老设施作为延伸性养老服务平台，充分发挥机构实体实力和人才孵化优势，“抓中间、带两头”，为辖区内的社区和居家老年人提供融合发展的多元服务供给。采取“集中＋分散”的空间布局，养老机构集中照料与在社区设置站点开展服务相结合，按照“养老照料中心—社区服务站—家庭”的层级发展结构，完善在社区层面的“布点”，在主要社区设立服务站，解决“最后一公里”问题。服务站作为养老照料中心延伸的分支机构，起到入户中转站和日间照料、康复护理场所作用，大幅减少养老照料中心人员往返和康复护理用具运输等成本，让居民看得见、摸得着、用得上，贴近家庭、方便社区服务；协调有关部门，在缺少空间的情况下，将养老照料中心与现有社区服务设施、社区卫生机构、残疾人托养设施、社区文化教育设施、老年活动场所、法律维权站点、党员学习活动场所等合并设置，既可实现资源共享又可解决空间问题，规避无法律认可其资质等问题。探索建立多功能的小型社区养老设施。在增强日托所护理功能基础上，急群众所急，开办夜托所，通过轮替帮助老年人家属和家庭护理人员得到夜间“喘息”服务。整合已有的便民服务热线、社区服务热线、餐饮服务企业、家政服务公司、超市等社会资源，形成社区养老有序链接体系。

3. 发展居家助老功能

着力推进养老照料中心从社区到居家服务的“最后 100 米”。支持培养老年人的老有所为和自立意识，尽可能让老年人在自己或类似家庭的环境里养老；提供相关生活照料支持，提高老年人自助意识，提升老年人的独立自主性，使老年人更自主地选择自己的晚年生活方式及所需服务。规范居家养老服务供应商的服务统计与收费，个性化的按单次流量收费；对于常见急症和慢性病的服务对象，可在明确服务对象的类型、需要护理的总时数（每周）、服务的输送渠道基础上，按照“套餐”方式形成“照护服务包”，通过养老助残卡向服务对象提供优惠服务。在长期护理保险未推出前，将护理、康复等常见主要项目纳入医保范围，由医保支付居家护理费用，形成养老机构内设护理床位、照料中心服务站护理床位和家庭病床的合理医保支付梯度政策。加快推进康复辅助器具进家庭得到利用，“多腿”发展康复护理产业。养老照料中心可向社区居民免费或低价出租康复辅具，必要时政府部门可统一购买为照料中心进行标配。建设低成本、高效率居家养老服务需求响应体系，鼓励老年人加入社区组织开展志愿和互助活动。

4. 做实专业支撑和技能实训功能

着力夯实街道乡镇养老照料中心的机构养老支撑作用，突出其统筹平台、服务引导、需求供给、标准示范、技能实训等功能。强化专业化服务功能，坚持服务规划与市场导向相呼应、服务标准与老年人需求相结合，有针对性地培育发展以老年人为目标群体的医疗保健业、家庭服务业、教育娱乐业、体育文化业，将多种经营实体与养老照料中心辐射服务结合，满足老年人医疗、用餐、保洁、洗浴、卫生、应急、救助、出行、社交等个性化需求，壮大社区养老服务规模，推进社区养老服务产业发展。采取有效措施提高为老服务专业化技能，制订合理、专业的长期照料标准、社区和居家养老服务标准，建立可测量服务水平的指标和专业化的服务技能，推动社区和居家养老专业化发展。提高为老服务人员专业素质，对辖区内所有为老服务从业人员进行专业化、实操性强、贴近居家的培训和教育，提高职业知识和技能，拓展培训有需求的老年人家属，使社区和居家老年人就近享受高品质服务。建立评估考评体系，对辖区内为老服务人员资格进行考评，并建立为老服务人员和组织的服务监督机制，用经营企业的理念经营管理社区和居家养老服务工作，注重服务质量和发展水平。对考核优秀的服务人员和组织给予奖励并在社区公开，对考核结果一般的服务人员进行再培训，规范服务人员队伍的职业技能，提高养老照料中心辐射服务的职业声望，树立居家社区养老服务的专业权威。

5. 抓好信息管理功能

督导所辖区域内的养老机构、社区为老服务设施、居家养老服务提供商和相关为老社会组织、志愿者组织以及老年人家庭等全部开通信息系统终端，建立养老照料中心对辖区内社区和居家养老服务信息全覆盖的信息管理服务体系。实现信息共享和实时动态管理整合完善辖区老年人口数据库并加强数据库更新建设，加强社区网格化平台和养老（助残）服务平台共享。指导社区机构或者社区服务驿站定期开展老年人居家养老服务需求调查，建立社区（村）采集点，通过电话、短信、微信等方式，实现老年人服务需求的专业收集和常态收集相结合、日常收集和定期收集相结合，做好动态化管理和全程跟踪，跟进评估后列出养老服务需求清单。通过信息管理系统，拓展推动老年人能力评估和建立老年人健康电子档案，实时完善快速更新的大数据库，列出社区居家养老服务需求类别和供给项目、公示公开收费标准和相关测算方式、壮大养老服务队伍、开展入户的实体服务，支持养老照料中心辐射社区居家养老功能切实发挥。

（三）加强养老照料中心运营管理保障机制建设

1. 建立组织机构网络，加强监管制度和评估机制建设

建立民政部门牵头、相关职能部门密切配合、齐抓共管的组织协调工作格局，保障有力地行使组织、协调、监督等职责。加强市、区民政主管部门和各职能部门的沟通协调，建立资源共享机制，打造统一的管理服务平台，优化养老服务制度设计。协调街乡网格化管理机制，建立服务督导制度，定期走访社区居家老人，评估服务效果，持续推动社区居家养老服务良性发展。在制定政策上，加强已有政策的执行和落实力度，加快制定鼓励扶持社会力量进入社区和居家养老、规范政府购买服务、服务人员技能培训和职称评定等针对性、操作性强的政策。在完善制度上，试点建立长期护理保险制度、家庭照料者补贴或扶持制度、养老服务从业人员职业培训补贴制度、老年人服务需求评估标准、老年人家庭照料者服务需求评估等规范，探索社会力量进入社区和居家养老服务市场的资格准入、等级划分考评等市场准入制度。建立监督评估和服务外包等制度。

2. 建立长期稳定的资金来源制度，加强资金监管

加大政府性资金投入，建立养老照料中心辐射社区和居家养老服务项目整体财政预算制度，纳入市和区两级年度财政预算，杜绝单纯依靠基层财务补贴。支持发挥各区主体责任，实现事权财权相适应，逐步解决资金碎片化问题。扶持各种社会力量广泛参与社区养老，在场地、资金、税费、水电气暖和优先购买服务上给予最优政策。从福利彩票公益金中拿出一定比例补贴辐射服务，建立养老服务人力资源开发补贴资金，并明确单列培训资金额度。对养老服务从业人员培训实行政府买单，逐步扩大政府购买服务的培训范围，培植实训基地，将居家社区服务人员和养老机构行政管理人员的培训纳入政府购买服务范围。加强对养老照料中心辐射服务资金的监管和政府资金投入的绩效考核，提高财政资金使用效益。养老照料中心应自觉接受群众监督，定期公开收支情况，对违反资金使用规定的人和事严肃查处，绝不姑息。

3. 建立市场运作机制，吸引社会广泛参与

鼓励有条件的机构面向居家社区养老开展连锁经营、品牌推广，政府部门制定规则、推介实力机构来创造媒介平台，鼓励投入公办设施资源作为引导，壮大实力和提高资源利用效率。鼓励为老服务商加强养老产品研发，组织有关养老服务行业的技术人员深入养老机构进行调研论证，研发并大力推广适老住宅、旅游方案、健身器材、玩具、食品、低位货架、大字说明书、洗浴设施、康复辅助器具和助行器具等生活辅助用具，方便老年人生活，打造完整的养老服务产业链。

4. 建立服务队伍培养机制，提高服务人员素质

对养老照料中心辐射社区服务的用工行为给予政策支持。出台引导性政策，建立由服务年限、服务质量考评、教育培训、技术等级等组成的员工积分制，规定不同等级员工最低工资和社会保险先缴后返等方法，提高养老机构护理人员工资待遇，合理配置护理人员比例，稳定和不断扩大养老服务队伍。采取先缴纳、后申请补贴方式，适当降低养老照料中心用工成本，有效鼓励开展辐射社区服务工作。发挥社工在调解矛盾、组织协调方面的专业优势，招募社工和设置社工岗位进入养老机构，建立引进专业社工人才机制。鼓励志愿行为，制定相应政策制度，利用多种“储蓄服务”方式发挥社会志愿者作用。

B.10
北京市社区养老服务驿站存在的问题及对策分析*

赵华夏　李红武**

摘　要： 社区养老服务驿站是北京市为夯实居家养老服务基础，完善养老服务体系，促进养老服务业发展，从而更好地满足社区老年人多样化养老需求而提出的创新性工程。本研究认为，应该从两个方面破解社区养老服务驿站在建设、运营与发展过程中遇到的问题：一是政府应该强化顶层设计，打通政策服务“最后一公里”；二是运营主体要善于将借力与造血并举，才能够完善“三边四级”养老服务体系。

关键词： 社区养老服务驿站　三边四级　养老服务体系

一　北京市养老服务驿站建设背景

众所周知，我国当下社会发展的重要国情之一是人口老龄化的快速发展，这一国情引发了政府、社会乃至学术界的共同关注。为积极应对人口老

* 本文为北京市社会科学基金项目“北京市老龄护理专业人员的培养与发展规划研究”（15SHB023）的阶段性成果。

** 赵华夏，中国老年报社编辑、记者；李红武，北京青年政治学院老年服务与管理专业教研室主任，副教授，主要研究领域为老年社会工作、老年教育、传统文化与社区建设等。

龄化给国民经济和社会发展所带来的挑战，国家将之上升至战略层面，出台了相应的政策与法规，仅2013年，中央和各地方政府就密集出台了大量涉老的政策性文件①，这些政策和法规为社会力量如房地产企业、金融保险领域进军养老行业提供了政策指引。此后，党和国家领导人也多次在重要场合对当下的老龄工作做了专题研究和重要指示。2016年2月，在全国老龄工作委员会第十八次全体会议召开之际，国家主席习近平就加强老龄工作做出重要指示和批示，他指出，“有效应对我国人口老龄化，事关国家发展全局，事关亿万百姓福祉。要立足当前、着眼长远，加强顶层设计，完善生育、就业、养老等重大政策和制度，做到及时应对、科学应对、综合应对”。同年5月，中央政治局围绕习近平总书记的讲话，专题讨论了我国人口老龄化的形势和应对策略。这些论述，一方面体现了党和国家核心领导对人口老龄化问题的高度重视，另一方面充分体现了人口老龄化的快速发展对我国经济发展、社会稳定以及人民幸福所产生的影响，同时为科学应对人口老龄化奠定了坚实的基础，指明了发展的路径。

为应对人口老龄化的纵深发展，北京市在借鉴上海经验的基础上，结合实际情况，于2008年就提出了“9064”的养老模式②，在这一模式中，居家养老与社区养老所占比重最大，是养老服务市场的主战场，也是民众当下乐于选择且符合我国国情的最重要的养老方式。为进一步推进居家养老服务

① 2013年，国家及地方出台的涉老的政策性文件有：《国务院关于加快发展养老服务业的若干意见》（国发〔2013〕35号）；《关于开展养老服务业综合改革试点工作的通知》（民办发〔2013〕23号）；《李克强主持召开国务院常务会议　确定深化改革加快发展养老服务业的任务措施》（2013）；《民政部关于推进养老服务评估工作的指导意见》（民发〔2013〕127号）；《北京市人民政府关于加快推进养老服务业发展的意见》（京政发〔2013〕32号）；《关于开展养老服务业综合改革试点工作的通知》（民办发〔2013〕23号）；等。

② 所谓“9064”的养老模式，是指“90%的老年人在社会服务协助下通过家庭照顾养老，6%的老年人通过政府购买社区照顾服务养老，4%的老年人入住养老服务机构集中养老”。参见北京市民政局《关于加快养老服务机构发展的意见》（京民福发〔2008〕543号）。

建设，北京市于2016年创新性地推出了“三边四级”[①] 的养老服务体系建设，通过社区养老服务驿站的建设，进一步完善并优化北京市养老服务多层次体系，最终解决老年人居家养老的后顾之忧，真正意义上实现居家养老的愿景。虽然社区养老服务驿站位处“四级”之终端，但其与社区居民互动最为频繁，满足居民需求最为直接，是北京市政府着力解决养老服务“最后一公里”的重要保障，也是北京市构建首善之区与和谐宜居之都的坚实基础。

二 北京市社区养老服务驿站概述

2016年，北京市老龄工作委员会印发了《关于开展社区养老服务驿站建设的意见》的通知（京老龄委发〔2016〕8号），同年，北京市民政局印发了《社区养老服务驿站设施设计和服务标准（试行）》（京民福发〔2016〕392号），这两个文件从整体上对社区养老服务驿站的定位、建设基础、运营主体、建设规模、服务内容及发展目标等方面进行了明确的说明与详细的规定，为当下社区养老服务驿站的建设与运营奠定了基础。

（一）社区养老服务驿站的功能定位与布局原则

《关于开展社区养老服务驿站建设的意见》（以下简称《意见》）指出，社区养老服务驿站是充分利用社区资源，就近为有需求的居家老年人提供生活照料、陪伴护理、心理支持、社会交流等服务，由法人或具有法人资质的专业团队运营的为老服务机构。驿站是街道（乡镇）养老照料中心功能的延伸，作为居家养老服务的基础，是政府为社区老年人提供基本养老服务的重要载体和主要途径，是社区老年人家门口的“服务管家”。

① 所谓“三边四级”，是指“在政府主导下，通过构建市级指导、区级统筹、街乡落实、社区连锁的四级纵向对接、层次丰富、功能互补的服务网络，依托区级养老服务指导中心、街乡养老照料中心和社区养老服务驿站等区域养老服务联合体，统筹区域内企事业单位和社会组织提供的各类专业服务和志愿公益服务，实现老年人在周边、身边和床边就近享受居家养老服务”。具体参见李万均主编《北京市老龄事业发展和养老体系建设白皮书（2017）》，社会科学文献出版社，2018，第17页。

从驿站的性质来看，社区养老服务驿站是具有独立法人或法人资格的专业化为老服务机构，其最主要的功能是为社区居家老年人提供基本服务①，同时搭建养老服务供需平台，及时响应社区老年人的服务需求，是老年人的“暖性工程”“幸福工程”，是完善养老服务体系的重要举措。

从驿站服务的对象来看，社区养老服务驿站的服务对象是“身边有需求的老年人”，这与当下提倡的“在地化”养老的理念相一致，即让老年人在自己熟悉的环境中满足养老的需求，尽可能减少老年人因离开熟悉环境而产生环境适应不良引发的新的身心健康问题和社会问题。

从驿站提供的服务内容来看，社区养老服务驿站要为社区居民提供日间照料、呼叫服务、助餐服务、健康指导、文化娱乐、心理慰藉六类基本服务。同时在此基础上，可根据自身条件拓展助洁、助浴、助医、助行、代办、康复护理、法律咨询等服务。这些服务基本上涵盖了与社区老年人息息相关的基本需求。

基于如上的功能定位，社区养老服务驿站在布局上紧贴“三边”原则，综合考量地区人口密度、老年人口分布状况、服务需求、服务半径等因素，统筹规划社区养老服务驿站的选址和布局。城市社区以“一刻钟生活服务圈”为范围进行测算，依据老年人口密度和社区公共服务设施千人指标，同时参考街道（乡镇）养老照料中心分布，进行规划设置。农村地区，统筹规划驿站和其他公共服务设施建设，原则上按照村委会设置，在村委会所在地建立驿站，在发挥养老服务功能同时，将困境儿童、残疾人纳入重点服务对象，实行综合服务。

---

① 有学者认为，社区养老服务驿站充当的是“市民身边的总服务台”，“帮助老年人联系各种资源，满足服务需求”，而“不直接为老年人提供服务”（参见李爱华、王迪文、朱梅红《基于熵权法的北京市养老驿站服务质量模糊综合评价》，《人口与社会》2018 年第 3 期）但笔者认为这一认识有失偏颇。实际的情况是，社区养老服务驿站作为老年人家门口的“服务管家”，不仅在利用自身的专业优势提供直接的服务，还根据老年人的不同需求，作为社会资源的整合者，通过链接其他专业资源来满足本社区老年人多方面的需求；专业化的社区养老服务驿站还要善于培养、开拓、激发社区老年人新的需求，兼具需求开拓者、服务提供者与资源整合者三重功能。

（二）社区养老服务驿站的建设思路与运营模式

社区养老服务驿站建设的基本思路是“设施政府无偿提供、运营商低偿运营”，由政府无偿将公有设施提供给社会组织和企业，充分发挥政府、市场各自的作用。

作为公有设施的提供者，政府针对社区建设的具体情况，采取了不同的资源提供策略：对于已经配备养老设施的新建社区，要求无偿用于社区养老服务驿站运营（用于养老机构建设设施除外），挪作他用的，责令收回并无偿交由企业和社会组织使用；对于没有配套养老设施的老旧小区，由各区政府通过购买、租赁其他设施，作为社区养老服务设施，无偿交给企业和社会组织运营；对于空间有限的社区，采取统筹集约的方式，如利用社区服务设施、残疾人服务设施以及企事业单位的公共资源等，通过资源共享，双向开放，承接社区养老服务驿站的相关功能。此外，政府还通过PPP的模式，由政府无偿提供土地，由社会组织或企业新建驿站，约定服务周期后再无偿交由政府统一配置。

在具体的运营模式上，《意见》除提供了常见的四种运营模式之外，鼓励各区县不断创新，探索适合本区域的其他运营模式。这四种运营模分别如下。

1. 连锁运营

具有法人资质、实力雄厚的品牌社会组织或企业，对区级行政区域内多家驿站实行连锁式运营，推动社区养老服务驿站连锁化、品牌化。提倡街道（乡镇）养老照料中心承接服务区域内社区养老服务驿站的建设运营。

2. 单体运营

独立社会组织、企业利用设施开展单家社区养老服务驿站运营。

3. 联盟运营

多家社会组织、企业或个体工商户通过加盟协议方式共同运营一家驿站，其主体服务区应由具有法人资质的社会组织或企业运营，并代表驿站承担对其他加盟服务点的指导和牵头协作，实现分工合作。

4. PPP 运营

政府提供土地，交由社会组织或企业新建驿站；约定运营周期后，无偿移交给政府。

通过政府的资源配置与市场的灵活机动，实现双方的优势互补，不断完善北京市养老服务体系建设，满足人民群众日益增长的多层次、多样化养老服务需求。

（三）社区养老服务驿站的建设标准与发展规划

社区养老服务驿站的建设标准，依据《北京市养老服务设施专项规划》《社区养老服务设施设计标准》公布的相关标准进行建设，在建设过程中，采取“主体服务区＋加盟服务点”建设模式。单体运营模式参照主体服务区的建筑面积建设。按照建筑规模、设备配置、人员配置、服务功能不同，社区养老服务驿站可分为 A 型驿站、B 型驿站和 C 型驿站。

1. A 型驿站

主体服务区建筑面积原则上在 400m^2 以上，每个加盟服务点建筑面积原则上不少于 60m^2，总建筑面积控制在 1000m^2 以内；可设置床位为 15 张以上，配备相应的管理人员、财务人员、医疗保健人员、养老护理员、工勤人员、社工、专职护士和应急支持人员；除具备基本服务功能外，应组织开展康复护理、心理咨询、法律咨询等延伸性服务，并根据老年人需求提供专业护理等个性化服务。

2. B 型驿站

主体服务区建筑面积原则上在 200～400m^2，每个加盟服务点建筑面积原则上不少于 60m^2，总建筑面积在 500m^2 左右；可设置床位为 10～15 张，设置康复区域、洗涤区域，配备一定比例的管理人员、社工、养老护理员、工勤人员和必要的应急支持人员；除具备基本服务功能外，根据实际需求开展康复护理、心理咨询、法律咨询等延伸性服务。

3. C 型驿站

主体服务区建筑面积一般在 100～200m^2，每个加盟服务点建筑面积原则上不少于60m²，总建筑面积在300m²左右；可设置床位为10张以下；设有老年人生活区域、活动区域，配备一定的管理人员、社工、养老护理员和必要的应急支持人员；具备日间照料、呼叫服务、助餐服务、健康指导、文化娱乐、心理慰藉六项基本服务功能。

2017年，北京市民政局与北京市老龄工作委员办公室联合下发了《北京市社区养老服务驿站建设规划（2016年—2020年）》（京民发〔2017〕124号）（以下简称《规划》）。《规划》按照“广覆盖、贴需求、惠民众、可触及”的原则，从时间跨度和空间分布等方面对北京市社区养老服务驿站进行了统筹规划。

从时间跨度及城乡分布来看，北京市在2016～2020年，将建设社区养老服务驿站总数1000个，其中城市社区建设542个，农村地区建设458个。2016年建设150个，其中城市社区150个；2017年计划建设319个，其中城市社区177个，农村地区142个；2018年计划建设264个，其中城市社区124个，农村地区140个；2019年计划建设174个，其中城市社区70个，农村地区104个；2020年计划建设91个，其中城市社区21个，农村地区70个。其中城六区3年内完成社区养老服务驿站全覆盖，郊区4年实现全覆盖。

从空间分布来看，首都核心功能区，包括东城、西城2个区，计划建设69个；城市功能拓展区，包括朝阳、海淀、丰台、石景山4个区，计划建设310个，其中城市社区270个，农村社区40个；城市发展新区，包括房山、通州、顺义、大兴、昌平5个区，计划建设377个，其中城市社区158个，农村地区219个；生态涵养区，包括门头沟、平谷、怀柔、密云、延庆5个区，计划建设244个，其中城市社区45个，农村社区199个。

经过5年建设，到2020年，各区养老服务体系基础得到夯实，基本形成功能有别、层次分明的四级养老服务体系；社区养老服务驿站科学布局，实现城乡社区居家养老服务全覆盖；养老服务品牌化、连锁化运营可持续推进，形成一批养老服务知名品牌；政府养老服务职能有效发挥，养老服务市场充分发育，群众居家养老服务需求能够得到及时响应和有效满足。

三 社区养老服务驿站运营中存在的问题及对策建议

社区养老服务驿站作为一项民心工程、暖心工程，为北京市社区老年人实现居家养老奠定了坚实的基础。然而，作为一项新生事物，社区养老服务驿站在运行与发展的过程中，难免会出现设计初期空间布局不合理，运营商服务过程中不能满足社区老年人多样化需求且服务质量不高，过度依靠政府项目导致自身造血能力弱等问题，对这些问题进行深入探讨和剖析，将有助于社区养老服务驿站今后健康有序地发展。

（一）社区养老服务驿站在运营中存在的问题

1. 缺乏单体执照，发展制约大

完善合法的证照是企业运行与发展的前提。社区养老服务驿站采用的是政府提供无偿场地设施、企业和社会组织运营的合作模式，受场地性质的影响，企业和社会组织都无法申请营业执照，导致在实际运营中经常受到其他监管部门的执法的影响，制约着驿站的运行与发展。笔者在对社区养老服务驿站的调研中，一位养老驿站的服务人坦言，“虽然场地是由民政部门提供，但是驿站的运营还受到工商、食药监局、卫健委等部门的监管，不同监管部门的监管要求不同，我们经常处于不断的整改之中，这对于驿站的运营与发展影响很大”。

2. 运营成本高，利润空间小

作为民心工程与暖心工程，政府在场地、设备乃至政策等方面给予了运营社区养老服务驿站的企业和社会组织极大的支持，如无偿提供场地设施、税收减免、民用水电等等，这极大地减小了企业与社会组织的成本压力，为企业与社会组织的生存与发展解决了后顾之忧，从而让企业和社会组织能够为社区老年人提供适切高效的服务。然而，有研究指出，社区养老服务驿站在开展服务的过程中最大的难点不在于建设成本，而在于“运营成本”，尤其是人力成本上。的确，养老服务需要大量的人力，逐年上涨的人力成本给“微利”运营的企业与社会组织造成了很大的发展压力，不少涉老企业或社会组织因无力承担过大的人力成本要么惨淡经营，要么宣告退出。

此外，政府出台的一些优惠政策在实际执行过程中，也由于种种原因，运营社区养老服务驿站的企业和社会组织难以享受，比如涉老企业在水电煤气等方面的优惠，很多运营驿站的企业和社会组织无法享受，这无形中也加大了驿站运营方的经济压力。

3. 驿站空间设计不合理，容易造成资源浪费

社区养老服务驿站作为贴近社区、为社区居家老人提供生活照料、陪伴护理、心理支持、社会交流等的服务机构，应该遵循科学的指导和独特的适老化设计。一项关于养老驿站空间设计对老年人行为影响的研究指出，社区养老驿站在建设过程中缺少深入的研究和科学的指导，出现了功能的盲目设置，这造成了“一方面很多老年人日常需要的服务得不到满足；另一方面大部分养老驿站都存在许多功能房间及设施利用率很低的现象”。[①] 空间设计得不合理，不仅会造成有限资源的极大浪费，还可能会影响实际功能的发挥，进而影响到老年人的行为。笔者在实际调研中发现，一些驿站虽然在空间上设计了日间照料、心理慰藉等房间，也购置了相应的设施设备，但是驿站的负责人坦言，要么这些功能性设施空间不具备使用的条件，要么缺乏专业的工作人员，驿站运营以来，从未使用过。

4. 政府项目设计过于烦琐，机构数据录入任务繁重

在多次对社区养老服务驿站的实地探访中发现，数据录入消耗了驿站工作人员很大的精力。笔者负责北京青年政治学院老年服务与管理专业，不少学生在社区养老服务驿站实习与就业，学生表示，在实际工作中，他们很大一部分时间都在录数据，感觉他们不是驿站为老服务工作者，像是数据录入员。一位驿站的负责人表示，政府软件系统录入工作繁重，而且很多信息需

① 卜德清、黄越、梁鑫：《北京地区养老服务驿站空间设计研究》，《建筑学报》2018 年第 s1 期。

要社区老年人提供，不仅给驿站工作者造成很大的工作压力，也引发了社区老年人的诸多不满。

此外，政府项目在设计时也过于理想，忽略了现实困难，导致很多理想设计的项目在实际运行中并没有取得理想的效果。比如，2019 年开始，北京市民政局推出了“流量补贴”项目，其用意在于激发社区养老服务驿站为老服务的积极性与能动性，主动拓展社区老年人的需求项目，通过满足老年人现实生活中的刚性需求来运营补贴，从而改变驿站完全依靠政府项目生存的现状，即让社区养老驿站由被动依靠“输血”生存转变为能动“造血”的主体，但实际的操作并不简单。流量统计来自老年人刷老年卡上传的数据，而很多老年卡虽然有金融功能，但其内并没有资金，老年人首先得去银行开通金融功能并存入资金，才能在驿站进行刷卡消费，刷卡消费本身不符合当下老年人的消费习惯，这无形之中使驿站服务与老年消费产生隔阂，此其一；其二，驿站工作者上传数据的过程耗时较长。笔者在驿站工作者的指导下亲自体验了购买一份午餐的数据录入过程，一个熟练操作系统的工作者在安静的环境中平均录入一项服务信息需要 1 ~ 2 分钟，若在服务高峰期，工作者很难单独一个人一面提供服务，一面完成系统录入，只能先记录，待工作结束之后，再补录，进一步增加了工作者的工作强度。一位驿站的负责人无奈地对笔者说：“政府的流量补贴我们很难获得！为了获取补贴，我们只能另辟蹊径！”

5. 专业人才匮乏，且流动性大

“专业人才匮乏，且流动性大”是几乎所有涉老企业面临的共同问题，只要涉及养老的问题，人才就是一个绕不开的话题。养老服务的适切性很大程度上取决于服务人员的专业性。北京市 5 年将开设 1000 家养老驿站，而目前北京市专门培养为老服务专业人才的院校不足 5 所，每年招生人数不足 300 人，远远满足不了当下蓬勃发展的养老产业对专业人才的需求①，此外，社区养老服务驿站之所以出现提供服务与老年人需求之间的错位，一方面与

① 参见李红武《养老服务专业人才的培养与对策分析》，《老龄科学研究》2014 年第 7 期。

专业人才不足相关，另一方面与人员流动相关。为老服务不仅需要很强的专业技能，而且需要积淀良好的情感基础，而人员的频繁流动不仅不利于情感的建立，而且不利于服务项目的可持续发展。

（二）社区养老服务驿站发展的对策建议

社区养老服务驿站是“广覆盖、贴需求、惠民众、可触及”的社区养老服务的重要基础，其在运行与发展的过程中能否健康有序发展，不仅关乎北京市构建“三边四级”养老服务体系的完善，更关乎首都百姓的福祉。社区养老服务驿站的发展需要政府、企业与社会共同努力。

1. 政府层面：强化政策顶层设计，打通政策服务的“最后一公里”

（1）强化顶层设计，政策出台要统筹高效

近年来，我国为破解人口老龄化带来的挑战，不同部门出台了大量涉老的政策，但由于部门缺乏有效的沟通，政策之间出现了衔接不畅甚至矛盾的现象，导致企业与社会组织在执行政策的过程中无所适从。因此，政策出台要强化顶层设计，在政策出台之前，要充分听取并协调不同部门的关注点，这样，政策才具有指导意义。

（2）政策落实接地气，打通服务“最后一公里”

如同“社区养老服务驿站”的出台，是为了连接社区居家老年人服务的短板，打通为老服务的“最后一公里”，在支持“社区养老服务驿站”的政策落实方面，也应强调便捷性与实操性，打通政策服务的“最后一公里”，让运营驿站的企业与社会组织能够真正享受政策的优惠，如涉老企业民用水电的问题，而不是让企业与社会组织感受到有政策却得不到实惠的无奈与叹息。

（3）人才培养要加速，政策资金齐发力

养老产业发展，人才是关键。微观层面老年人直接服务的专业化、中观层面涉老机构的生存与发展，乃至宏观层面整个养老产业体系的构建都离不开专业化的人才队伍建设。尽管国家乃至地方政府出台的涉老政策里面都会提及人才队伍建设，但所占比重甚小，更鲜有落实。大量的研究显示，涉老企业用工荒、流动频繁，高校涉老专业招生难、就业意愿低，很大程度上与为老服务工作者的“三低一高”——薪酬待遇低、社会声望低、职业晋升通道低，劳动强度大的现状息息相关。

因此，国家和地方政府应该在政策和资金方面向人才培养方面倾斜，否则，大量现代化的机构、驿站建设出来，却没有足以留得住的专业为老服务工作者愿意从事为老服务与管理，很难促进整个养老行业的健康有序发展。在政策与资金支持方面，笔者认为应该从如下几个方面着手。

第一，政府应该出台相应的政策，对养老机构（含驿站）这一特殊领域的工作人员的工资提出高于平均收入工资的指导性意见；实际上，养老机构工作人员的频繁流动，很大程度上源自不同机构之间的薪酬待遇的不平衡。

第二，国家应该提供专项资金，对养老机构（含驿站）工作人员进行薪资补贴，以提升机构工作人员的收入水平。现有的政策中有对机构建设的专业政策，如民用水电、床位补贴等等，但在机构工作人员专项补贴方面还存在空缺。

第三，保障基层照护人员的技能培训时间，提升照护质量。由于基层照护人员工作时间长，劳动强度大，再加上机构在人才储备方面的不足及管理方面的问题，养老机构工作人员很少有时间和机会获得专业化的指导和接受继续教育。因此，政府应该搭建平台，提供专项培训资金，连接社会资源，如专业院校、培训机构等，为养老机构的工作人员在继续教育方面提供时间和资金的保障。

第四，借鉴免费师范生政策，鼓励高校开设涉老专业，对报考涉老专业的学生在上学与就业期间给予政策与资金方面的支持。

2. 企业层面：打铁还需自身硬，借力与造血并举

作为运营社区养老服务驿站的企业或社会组织，首先要提升自身的能力，以社区老年人的实际需求为出发点，借鉴国内外相关行业的成功经验，在为老服务中形成自己的服务品牌，总结并提炼自身的经营理念，从而实现由传统的依靠政府输血向自身造血的转变。造血的源泉在于对社区老年人真

实需求的深挖，在真实掌握老年人需求的基础上，结合自身优势，不断提升服务品质，形成优势品牌，打造行业服务标准，引领行业发展前沿，并以此不断拓宽相邻业务，最终在企业发展中立于不败之地。① 此外，企业或社会组织在发展初期，也要善于借力，借政府政策及项目之力，借相关行业经验之力，借社区志愿者之力来弥补自身不足，最终通过借力与造血，强化自身能力，锻铸自身品牌，赢得社会口碑。

总体而言，社区养老服务驿站是民生工程、暖心工程。北京市政府在完善“三边四级”养老服务体系的过程中，借助社区养老服务驿站的建设，引导社会力量参与养老服务体系的建设，盘活了社会资源，为居家养老和社区养老奠定了坚持的基础，也为破解养老难题提供了宝贵的实践经验。

参考文献

周佳佳、康越：《北京市养老驿站的政策演变及发展趋势分析》，《北京化工大学学报》（社会科学版）2019 年第 1 期。

王颀玥：《北京东城多举措推动社区养老服务驿站建设运营的实践探索》，《中国民政》2019 年第 4 期。

① 以北京航标水域健康管理有限公司为例：北京航标水域健康管理有限公司是一家致力于“水中康复”的企业，该公司在发展初期主要靠承接政府项目维持生存，但在发展的过程中，其负责人意识到单纯依靠政府项目很难实现可持续发展，于是主动出击，对国内外市场进行调研，通过“不倒翁”项目——对一些有康复需求的中高龄老年人进行“水中康复”，敏锐地捕捉到了“水中康复”的市场需求，于是引入了国际标准，成立了“水中康复”中国分会，创建了“水中康复”中国标准，不仅直接为有需求的服务对象提供服务，还进行“水中康复”师的培养与培训，形成了需求导向、行业引领、直接服务、人才培养的产业链，最终实现了由传统的“被动输血”向“主动造血”的华丽变身。

调　研　篇

Community Care Survey

B.11

北京市老旧小区老年人居住环境分析*

张航空**

摘　要： 本文利用北京大学在 2016 年对全市 16 个区的 330 个街道乡镇和 6851 个社区的普查数据以及 2015 年由首都经济贸易大学劳动经济学院在东城、朝阳和石景山组织实施的调查数据对北京市老旧小区和老旧小区老年人的居住环境进行分析。结果发现，全市老旧小区数量高达 4229 个，占全市小区数量的四分之一；老旧小区主要集中在西城、海淀、朝阳、东城和丰台 5 个区，比例超过八成；接近四成的老旧小区进行过室外环境无障碍改造，超过六成的老旧小区进行过老年人和残疾人家庭无障碍改造；与非老旧小区老年人相比，老旧小

* 本部分内容是北京市社科基金项目“北京市老旧小区老年人居住环境与适老化改造路径研究”（18SRC022）的阶段性成果。

** 张航空，博士，首都经济贸易大学劳动经济学院副教授，研究方向为社会老年学。

区老年人在小区环境、单元楼门口环境、客厅环境、卧室环境、居室其他地方环境等方面相对较差，在单元楼内环境、楼道环境、厨房环境、卫生间环境等方面差别不大。

关键词： 老旧小区　老年人　居住环境　北京

一　数据来源

本部分使用的数据有两个部分。

数据一是由北京大学在2016年9月22日0时对全市16个区的330个街道乡镇和6851个社区的普查，这一数字涵盖了截止到2016年10月22日北京市的全部街道乡镇。这次普查涉及以下5类对象：（1）北京市所有街道、乡、镇，以及所辖的所有社区（包括社区服务中心和社区服务站）；（2）北京市所有养老机构；（3）北京市所有医院（包括一、二、三级医院）、所有社区卫生服务中心、社区卫生服务站、残疾康复机构；（4）独立开展养老服务的社会组织和企业；（5）各级政府掌握的其他有意向开展养老服务的自有设施。根据所规定的5类对象，本次普查将设计9个普查问卷，分别为街道（乡镇）问卷、社区问卷、养老机构问卷、养老社会组织和企业问卷、医院问卷、社区卫生服务中心问卷、社区卫生服务站问卷、康复机构问卷和有意向开展养老服务设施问卷。本部分使用的是社区问卷，在这个问卷中询问了所有社区内各小区有关信息，这些信息包括本小区建成时间（年份）、小区的环境类型、是否进行过室外环境无障碍改造、是否进行过老年人和残疾人家庭无障碍改造。其为分析全市老旧小区的整体概况提供了数据基础。

数据二是2015年由首都经济贸易大学劳动经济学院在东城、朝阳和石景山组织实施的“北京老年消费行为研究”调查，本次调查内容包括：个人及配偶基本情况、家庭情况、住房与收入状况、健康、医疗和保健、消费与支出状况。住房与收入状况调查了老年人居住的小区内相关的设施、房屋的相关问题以及老年人对家庭内部各个部分适老化改造的需要。本次调查的样本数量为1000个，有效样本为880个。

二　全市老旧小区无障碍改造状况

（一）全市小区概况

北京大学在2016年对全市16个区的330个街道乡镇和6851个社区进行普查的过程中，专门设计了社区问卷，针对社区询问了本小区建成时间（年份）、小区的环境类型、是否进行过室外环境无障碍改造、是否进行过老年人和残疾人家庭无障碍改造。这里的小区包括胡同、自然村等。

根据北京市民政局提供的统计表，全市有6851个社区，但是，本次普查有些社区并未提交社区问卷，最后普查到6788个社区，未普查到的社区有63个。从北京市16个区拥有的社区数量来看，最少的是石景山的149个，接着是东城的183个，西城等12个区的社区数量为200～600个，海淀和大兴在600个以上，数量分别为640个和683个（见表1）。

从普查到的6788个社区包含的小区数量来看，只包括1个小区/自然村的社区高达4016个，比例接近六成，包括2个、3个、4个和5个小区/自然村的社区比例均不足一成，在6个及以上的比例超过1成。受到普查数据质量的影响，依然有405个社区没有填写本社区的小区/自然村的数量，占比为5.97%（见表2）。

表1　北京市各区社区中小区、自然村数量状况

	1	2	3	4	5	6+	缺失	合计
昌平	386	31	23	12	2	37	20	511
朝阳	165	60	61	57	47	119	15	524
大兴	466	46	26	16	7	11	111	683
东城	28	20	10	15	20	90	0	183

续表

	1	2	3	4	5	6 +	缺失	合计
房山	393	41	25	31	20	37	35	582
丰台	114	49	50	39	25	93	3	373
海淀	297	72	78	41	29	98	25	640
怀柔	188	32	19	17	9	27	26	318
门头沟	234	18	11	9	2	9	17	300
密云	247	33	37	30	18	31	19	415
平谷	225	14	5	6	2	14	40	306
石景山	79	18	27	10	4	11	0	149
顺义	416	24	21	11	7	27	29	535
通州	418	35	25	17	6	32	58	591
西城	31	22	18	21	22	145	0	259
延庆	329	38	19	12	8	6	7	419
合计	4016	553	455	344	228	787	405	6788

表 2　北京市社区中小区、自然村数量及其比例状况

	数量(个)	比例(%)
1	4016	59. 16
2	553	8. 15
3	455	6. 70
4	344	5. 07
5	228	3. 36
6 +	787	11. 59
缺失	405	5. 97
合计	6788	100. 00

（二）全市老旧小区概况分析

本文把老旧小区界定为：1990 年（含）以前建成入住的小区。本次普查把小区环境类型分为12种，分别是：（1）历史文化街区；（2）建于1990年（含）以前的老旧小区；（3）建于1990年以后的商品房小区；（4）建于1990年以后的保障房小区；（5）建于1990年以后的单位公房；（6）别墅区或高级住宅区；（7）正在进行改造的“城中村”或棚户区；（8）尚未进行改造的“城中村”或棚户区；（9）新近由农村社区转变过来的城市小区（村改居、村居合一）；（10）农村；（11）特殊区域（林场/矿区/校区等）；（12）其他类型。

从各个社区包含的小区环境类型来看，建于1990年（含）以前的老旧小区数量有4229个，占全部小区数量的25.94%。从各个类型小区的数量来看，农村社区、建于1990年（含）以前的老旧小区和建于1990年以后的商品房小区排名前三，其他类型的小区数量均在1300个以下，占全市小区数量的比例均在一成以下（见表3）。

表3　北京市各个社区内小区的环境类型

小区的环境类型	数量(个)	比例(%)
历史文化街区	240	1.47
建于1990年(含)以前的老旧小区	4229	25.94
建于1990年以后的商品房小区	2923	17.93
建于1990年以后的保障房小区	476	2.92
建于1990年以后的单位公房	1296	7.95
别墅区或高级住宅区	267	1.64
正在进行改造的“城中村”或棚户区	311	1.91
尚未进行改造的“城中村”或棚户区	447	2.74
新近由农村社区转变过来的城市小区(村改居、村居合一)	621	3.81
农村	4558	27.96
特殊区域(林场/矿区/校区等)	50	0.31
其他类型	885	5.43
合计	16303	100.00

老旧小区主要集中在西城、海淀、朝阳、东城和丰台 5 个区，比例超过 80%。从老旧小区的分布来看，西城区以 1032 个老旧小区排名全市第一，占比接近 25%；紧随其后的是海淀和朝阳，比例在 15% 以上；排名第四和第五的分别是东城和丰台，比例均在 10% 以上；其他区老旧小区比例均在 5% 以下，其中最少的是顺义和延庆，分别只有 16 个（见表 4）。

表 4　北京市各个社区内老旧小区分布情况

区域	数量(个)	比例(%)
昌平	150	3.55
朝阳	641	15.16
大兴	51	1.21
东城	557	13.17
房山	143	3.38
丰台	452	10.69
海淀	707	16.72
怀柔	38	0.90
门头沟	52	1.23
密云	53	1.25
平谷	29	0.69
石景山	127	3.00
顺义	16	0.38
通州	165	3.90
西城	1032	24.40
延庆	16	0.38
合计	4229	100.00

（三）全市老旧小区无障碍改造状况

本次普查对所有的小区询问了两个问题。其中的一个问题是“是否进行过室外环境无障碍改造”，另外一个问题是“是否进行过老年人和残疾人家庭无障碍改造”。虽然询问的两个问题是关于无障碍的，实际上从无障碍的概念界定和无障碍改造的实践来看，无障碍改造与老旧小区改造的内容在很大的程度上有重合。

接近40%的老旧小区进行过室外环境无障碍改造，超过60%的老旧小区进行过老年人和残疾人家庭无障碍改造。从全市的老旧小区进行无障碍改造的情况来看，老年人和残疾人家庭无障碍改造的比例相对较高，达到了60.59%；进行过室外环境无障碍改造的比例相对较低，只有39.37%。从上述两个数字来看，在老旧小区的无障碍改造依然有较大的空间（见表5）。

表5　北京市各个社区内老旧小区无障碍改造

区域	是		否		合计	
	数量(个)	比例(%)	数量(个)	比例(%)	数量(个)	比例(%)
是否进行过室外环境无障碍改造	1631	39.37	2512	60.63	4143	100.00
是否进行过老年人和残疾人家庭无障碍改造	2489	60.59	1619	39.41	4108	100.00

注：老旧小区一共有4229个，上面的表格中在询问无障碍改造的时候，有一定数量的小区出现数据缺失，所以，得到的数字均小于4229。

三　老旧小区老年人居住环境

2015年的调查数据针对全部的老年人的居住环境进行了调查，调查的内容涉及小区环境、单元楼门口、单元楼内、电梯、楼道、居室内外其他地方、客厅、卧室、卫生间、厨房等10个地方，具体的问题见表6。

表6　老年人居住环境问卷设计项目

位置	问题
1. 小区	(1)您住的小区里,健身娱乐等公共场所有便道吗 (2)您住的小区里,健身娱乐等公共场有座椅吗 (3)您住的小区里有公厕吗
2. 单元楼门口	(1)您住的单元楼门口有没有坡道 (2)您住的单元楼门口坡道陡吗 (3)您住的单元楼门口台阶影响您走路吗

续表

位置	问题
3. 单元楼里	(1)您住的单元楼里,楼梯扶手高吗 (2)您住的单元楼里有老人专用的低扶手吗 (3)您住的单元楼里,地面滑吗
4. 电梯	(1)您住的单元楼有没有电梯 (2)电梯里有没有扶手 (3)电梯有没有低位触控板
5. 楼道	(1)您住的楼的楼道里消火栓发生过碰伤老人事情吗 (2)您住的单元楼的楼道经常有杂物堆放吗
6. 客厅	(1)您是否感觉家里沙发和椅子太矮,坐起来吃力 (2)您是否感觉家里茶几是玻璃的,会造成危险 (3)您感觉家里的餐桌高吗
7. 卧室	(1)您是否感觉床太矮,起居不便 (2)您感觉家里的衣柜高吗
8. 厨房	(1)您感觉家里的灶台高吗 (2)您感觉家里的厨房吊柜高吗
9. 卫生间	(1)您家里的卫生间是滑动门吗 (2)您感觉家里的淋浴开关高吗
10. 居室其他地方	(1)您家里的地板是防滑的吗 (2)您目前房子的家具是有棱角的吗 (3)您是否感觉家里照明灯光不太舒服 (4)您用钥匙开门时是否经常找不到锁眼 (5)您感觉家里的门把手高吗

（一）老旧小区老年人小区环境

超过50%的老年人居住的小区里健身娱乐等公共场所有便道，老旧小区的老年人比例相对较低，不足40%，老旧小区老年人居住的小区没有便道的比例接近40%。具体来看，55.5%的老年人居住的小区里有健身娱乐等公共场所有便道，还有29.9%的小区里没有，14.6%的小区没有健身娱乐等公共场所。比较老旧小区与非老旧小区来看，老旧小区老年人居住的小区有便道的比例为37.5%，非老旧小区的比例远远高于这一数字，达到了63.8%；老旧小区老年人居住的小区没有便道的比例为39.6%，非老旧小区的比例相对更低，为25.3%。另外，老旧小区老年人选择其他的比例也较高，说明没有健身娱乐等公共场所的比例较高（见表7）。

表7 老年人居住的小区里健身娱乐等公共场所是否有便道

单位：%

	有	没有	其他	合计
老旧小区(N=280)	37.5	39.6	22.9	100.0
非老旧小区(N=600)	63.8	25.3	10.9	100.0
合计(N=880)	55.5	29.9	14.6	100.0

注：其他包括不适用、不知道以及缺失值。

接近60%的老年人居住的小区里健身娱乐等公共场所有座椅，老旧小区的比例更低，比例刚超过40%。具体来看：59.0%的老年人居住的小区里健身娱乐等公共场所有座椅，没有的比例为29.5%；老旧小区的老年人居住的小区里健身娱乐等公共场所有座椅的比例为42.1%，非老旧小区这一比例为66.8%；老旧小区的老年人居住的小区里健身娱乐等公共场所没有座椅的比例为39.3%，非老旧小区的比例更低，为25.0%。需要注意的是，老旧小区老年人选择其他的比例接近20%，而非老旧小区的比例只有8.2%，说明老旧小区没有健身娱乐等公共场所的座椅比例相对较高（见表8）。

表8 老年人居住的小区里健身娱乐等公共场所是否有座椅

单位：%

	有	没有	其他	合计
老旧小区(N=280)	42.1	39.3	18.6	100.0
非老旧小区(N=600)	66.8	25.0	8.2	100.0
合计(N=880)	59.0	29.5	11.5	100.0

注：其他包括不适用、不知道以及缺失值。

接近40%的老年人居住的小区里有公厕，超过50%的老年人居住的小区里没有公厕，老旧小区没有公厕的比例更高。38.0%的老年人居住的小区里有公厕，没有公厕的比例达到了55.6%。比较老旧小区和非老旧小区发现，老旧小区有公厕的比例更高，为47.1%，非老旧小区的比例为33.7%；老旧小区没有公厕的比例为45.7%，非老旧小区这一比例更高，达到了60.2%。老旧小区有公厕的比例更高，没有公厕的比例更低，原因在于一些老旧小区居民家中没有厕所，所以，需要建设大量的公厕。而非老旧小区居民家中有厕所的情况更为常见，所以，不需要那么多的公厕，公厕的数量相对较少。因此，不能因为老旧小区有公厕的比例更高就认为老旧小区居民的居住环境更好，恰恰相反，他们的居住环境相对较差（见表9）。

表9　老年人居住的小区里是否有公厕

单位：%

	有	没有	其他	合计
老旧小区(N=280)	47.1	45.7	7.2	100.0
非老旧小区(N=600)	33.7	60.2	6.1	100.0
合计(N=880)	38.0	55.6	6.4	100.0

注：其他包括不适用、不知道以及缺失值。

（二）老旧小区老年人单元楼门口环境

超过40%的老年人居住的单元楼门口没有坡道，老旧小区老年人居住的单元楼门口没有坡道的比例更高，超过60%。具体来看：老旧小区老年人居住的单元楼门口有坡道的比例只有23.2%，非老旧小区这一比例为63.3%；相应的，老旧小区老年人居住的单元楼门口没有坡道的比例高达64.3%，而非老旧小区这一比例只有33.0%（见表10）。

表 10　老年人居住的单元楼门口有没有坡道

单位：%

	有	没有	其他	合计
老旧小区(N=280)	23.2	64.3	12.5	100.0
非老旧小区(N=600)	63.3	33.0	3.7	100.0
合计(N=880)	50.6	43.0	6.4	100.0

注：其他包括不适用、不知道以及缺失值。

不足5%的老年人居住的单元楼门口坡道比较陡，老旧小区老年人受到影响的比例与非老旧小区老年人没有较大差异。具体来看，3.1%的老年人觉得单元楼门口的坡道比较陡，超过50%的老年人认为单元楼的坡道还行。比较老旧小区与非老旧小区的老年人居住的单元楼门口坡道，可以发现，两类老年人对于单元楼门口坡道陡不陡的评价比较一致，其认为居住的单元楼门口坡道较陡的比例分别为3.2%和3.0%，几乎没有差异；31.4%的老旧小区老年人认为居住的单元楼门口坡道陡度还行，而非老旧小区这一比例相对较高，为65.0%。另外，36.1%的老旧小区单元楼门口没有坡道，非老旧小区这一比例为20.2%（见表11）。

表 11　老年人居住的单元楼门口坡道陡不陡

单位：%

	陡	还行	没走过	没有坡道	其他	合计
老旧小区(N=280)	3.2	31.4	3.9	36.1	25.4	100.0
非老旧小区(N=600)	3.0	65.0	4.2	20.2	7.6	100.0
合计(N=880)	3.1	54.3	4.1	25.2	13.3	100.0

注：其他包括不适用、不知道以及缺失值。

接近10%的老年人居住的单元楼门口台阶影响了老年人走路，老旧小区老年人受到影响的比例更高，超过10%。具体来看，9.7%的老年人受到居住的单元楼门口台阶的影响，接近75%的老年人认为居住的单元楼门口台阶还行。比较老旧小区与非老旧小区的老年人居住的单元楼门口台阶是否影响了老年人走路，可以发现，老旧小区老年人受到影响的比例更高，为12.1%，非老旧小区老年人这一比例为8.5%；64.6%的老旧小区老年人认为居住的单元楼门口台阶还行，而非老旧小区这一比例相对较高，为78.8%（见表12）。

表12　老年人居住的单元楼门口台阶是否影响走路

单位：%

	影响	还行	没有台阶	其他	合计
老旧小区(N=280)	12.1	64.6	9.6	13.7	100.0
非老旧小区(N=600)	8.5	78.8	6.3	6.4	100.0
合计(N=880)	9.7	74.3	7.4	8.6	100.0

注：其他包括不适用、不知道以及缺失值。

（三）老旧小区老年人单元楼里环境

大部分老年人不觉得单元楼的楼梯扶手高，老旧小区老年人与非老旧小区老年人差别不大。从全部的老年人对于单元楼里楼梯扶手的评价来看，60.8%的老年人认为“还行”，认为“不高”的比例排名第二，比例不足10%，认为“高”和“没感觉”的比例均比较低，分别只有2.7%和4.9%。从老旧小区老年人的情况来看，认为“高”的比例只有3.6%，认为“还行”的比例超过60%，认为“不高”的比例超过10%，“没感觉”的比例不足2%，还有22.1%的老年人选择“其他”，其可能是居住在平房中的老年人（见表13）。

表13　老年人住的单元楼里楼梯扶手高吗

单位：%

	高	还行	没感觉	不高	其他	合计
老旧小区(N=280)	3.6	61.8	1.4	11.1	22.1	100.0
非老旧小区(N=600)	2.3	60.3	6.5	8.3	22.6	100.0
合计(N=880)	2.7	60.8	4.9	9.2	22.4	100.0

注：其他包括不适用、不知道以及缺失值。

超过30%的老年人居住的单元楼里有老人专用的低扶手，接近60%的老年人居住的单元楼里没有老人专用的低扶手，老旧小区的老年人和非老旧小区的老年人居住的单元楼里是否有专用的低扶手差异不大。其中，老旧小区老年人中有29.6%的老年人表示有专用的低扶手，非老旧小区这一比例为31.8%；老年人居住的单元楼里没有老年人专用的低扶手在老旧小区和非老旧小区中的比例也比较接近，老旧小区这一比例为55.4%，非老旧小区为58.7%（见表14）。

表14　老年人居住的单元楼里是否有老人专用的低扶手

单位：%

	有	没有	其他	合计
老旧小区(N=280)	29.6	55.4	15.0	100.0
非老旧小区(N=600)	31.8	58.7	9.5	100.0
合计(N=880)	31.1	57.6	11.3	100.0

注：其他包括不适用、不知道以及缺失值。

超过10%的老年人居住的单元楼里地面滑，老旧小区老年人居住的单元楼里地面滑的比例相对较低，不足10%。具体来看，11.2%的老年人认为单元楼地面“有点滑”，接近75%的老年人认为“还行”，8.2%的老年人“没感觉”。比较老旧小区和非老旧小区，老旧小区老年人认为地面“有点滑”的比例更低，只有6.8%，非老旧小区的比例为13.3%；认为“还行”的比例，依然是老旧小区的老年人比例更低，为69.3%，非老旧小区老年人这一比例为75.3%；认为“没感觉”的老旧小区老年人比例相对较高，超过10%，非老旧小区老年人比例只有7.2%。另外，依然有13.5%的老年人选择了其他，非老旧小区的老年人选择其他的比例只有4.2%，究其原因，这些老年人更多的是没有居住在单元楼里（见表15）。

表15　老年人居住的单元楼里地面滑吗

单位：%

	有点滑	还行	没感觉	其他	合计
老旧小区(N=280)	6.8	69.3	10.4	13.5	100.0
非老旧小区(N=600)	13.3	75.3	7.2	4.2	100.0
合计(N=880)	11.2	73.4	8.2	7.2	100.0

注：其他包括不适用、不知道以及缺失值。

（四）老旧小区老年人单元楼内电梯环境

接近40%的老年人居住的单元楼没有电梯，有电梯的比例超过50%，老旧小区没有电梯的比例更高，接近三分之二。具体来看：老旧小区老年人居住的单元楼有电梯的比例只有19.6%，接近20%，而非老旧小区这一比例接近70%；老旧小区老年人居住的单元楼没有电梯的比例达到66.4%，而非老旧小区这一比例只有27.5%（见表16）。

表16　老年人居住的单元楼有没有电梯

单位：%

	有	没有	其他	合计
老旧小区（N=280）	19.6	66.4	14.0	100.0
非老旧小区（N=600）	68.5	27.5	4.0	100.0
合计（N=880）	53.0	39.9	7.1	100.0

注：其他包括不适用、不知道以及缺失值。

老年人居住的楼房电梯中有扶手的比例不足20%，老旧小区老年人居住的楼房中有扶手的比例更低。具体来看：老旧小区的老年人居住的楼房里有扶手的比例只有3.6%，而非老旧小区这一比例为24.0%；老旧小区的老年人居住的楼房里没有扶手的比例为45.4%，非老旧小区这一比例比老旧小区还要高，为52.5%。这其中的原因在于老旧小区没有电梯的比例会更高，所以，选择其他的老年人，老旧小区的比例高达51.0%，非老旧小区只有23.5%（见表17）。

表17　老年人居住楼房电梯里有没有扶手

单位：%

	有	没有	其他	合计
老旧小区（N=280）	3.6	45.4	51.0	100.0
非老旧小区（N=600）	24.0	52.5	23.5	100.0
合计（N=880）	17.5	50.2	32.3	100.0

注：其他包括不适用、不知道以及缺失值。

老年人居住的楼房电梯中有低位触控板的比例不足10%，老旧小区的比例更低。具体来看，9.2%的老年人居住的楼房电梯中有低位触控板，老旧小区这一比例为6.4%，非老旧小区为10.5%，非老旧小区的比例稍高，但是，整体上比例均比较低（见表18）。需要注意的是，不管是老旧小区还是非老旧小区，其他的比例均比较高，原因在于有相当比例的老年人没有居住在楼房中或者居住的楼房中没有电梯，所以无法回答这个问题。

表18　老年人居住楼房电梯有没有低位触控板

单位：%

	有	没有	其他	合计
老旧小区（N=280）	6.4	40.7	52.9	100.0
非老旧小区（N=600）	10.5	58.5	31.0	100.0
合计（N=880）	9.2	52.8	38.0	100.0

注：其他包括不适用、不知道以及缺失值。

（五）老旧小区老年人居住的楼道环境

不足10%的老年人居住的楼房中发生过楼道里消火栓碰上老人的事情，老旧小区发生楼道里消火栓碰上老人的事情比例更低。不管是老旧小区还是非老旧小区，楼道里消火栓碰上老人的事情发生的比例均比较低，老旧小区比例为3.9%，非老旧小区比例为6.5%；从没有发生过消火栓碰上老人的事情的比例来看，老旧小区为62.9%，非老旧小区为75.5%（见表19）。从发生消火栓碰上老人的事情的比例来看，非老旧小区的比例更高，原因应该是非老旧小区消火栓更为常见。另外，不管是老旧小区的老年人还是非老旧小区的老年人选择其他的比例均比较高，原因是没有居住在楼房或者虽然居住在楼房，但是没有消火栓，所以，无法给出有或者没有的答案。

表19　老年人居住的楼房中是否发生过楼道里消火栓碰上老人的事情

单位：%

	有	没有	其他	合计
老旧小区（N＝280）	3.9	62.9	33.2	100.0
非老旧小区（N＝600）	6.5	75.5	18.0	100.0
合计（N＝880）	5.7	71.5	22.8	100.0

注：其他包括不适用、不知道以及缺失值。

接近50%的老年人居住的单元楼楼道里经常有杂物堆放，老旧小区和非老旧小区老年人单元楼楼道里经常有杂物堆放的比例基本持平。全部的老年人中，有45.8%的老年人反映居住的单元楼楼道里经常有杂物堆放。比较老旧小区和非老旧小区来看，楼道里经常有杂物堆放的比例差别不大，老旧小区比例为46.4%，非老旧小区比例为45.5%；从楼道里没有杂物堆放的比例来看，老旧小区的比例更低，只有41.8%，非老旧小区比例为50.0%。老旧小区的老年人居住的单元楼楼道里没有杂物堆放的比例更高，原因在于老旧小区老年人选择其他的比例达到了11.8%，应该是老旧小区老年人更多地居住在平房中（见表20）。

表20　老年人居住的单元楼楼道是否经常有杂物堆放

单位：%

	有	没有	其他	合计
老旧小区（N＝280）	46.4	41.8	11.8	100.0
非老旧小区（N＝600）	45.5	50.0	4.5	100.0
合计（N＝880）	45.8	47.4	6.8	100.0

注：其他包括不适用、不知道以及缺失值。

（六）老旧小区老年人居室的客厅环境

超过10%的老年人认为家里沙发和椅子太矮，老旧小区老年人的比例相对更高。具体来看，所有的老年人中，14.2%的老年人认为家里沙发和椅子太矮，81.2%的老年人不认为家里沙发和椅子太矮。从老旧小区老年人和非老旧小区老年人的回答来看，16.8%的老旧小区老年人认为家里沙发和椅子太矮，非老旧小区老年人比例稍低，为13.0%；75.0%的老旧小区老年人认为家里沙发和椅子不矮，非老旧小区这一比例明显偏高，达到了84.2%（见表21）。

表21　老年人是否感觉家里沙发和椅子太矮

单位：%

	是	不是	其他	合计
老旧小区(N=280)	16.8	75.0	8.2	100.0
非老旧小区(N=600)	13.0	84.2	2.8	100.0
合计(N=880)	14.2	81.2	4.6	100.0

注：其他包括不适用、不知道以及缺失值。

接近20%的老年人认为家里的玻璃茶几会造成危险，老旧小区老年人认为家里的玻璃茶几会造成危险的比例相对较低。18.1%的老年人认为家里的玻璃茶几会造成危险，老旧小区老年人这一比例为15.7%，非老旧小区这一比例为19.2%。老旧小区老年人认为家里的玻璃茶几不会造成危险的比例为51.8%，非老旧小区老年人这一比例为61.8%。比较而言，不管是认为家里的玻璃茶几会造成危险还是不会造成危险，老旧小区老年人这一比例均比较低，原因在于有相当比例的老年人选择了其他，这些老年人家中应该没有玻璃茶几。当然，非老旧小区老年人选择其他的比例也接近20%，这些老年人家中也可能没有玻璃茶几（见表22）。

表22　老年人是否感觉家里的玻璃茶几会造成危险

单位：%

	是	不是	其他	合计
老旧小区(N=280)	15.7	51.8	32.5	100.0
非老旧小区(N=600)	19.2	61.8	19.0	100.0
合计(N=880)	18.1	58.6	23.3	100.0

注：其他包括不适用、不知道以及缺失值。

绝大部分的老年人不觉得家里的餐桌高，老旧小区老年人觉得家里餐桌高的比例稍高。关于老年人是否觉得家里的餐桌高，95.2%的老年人觉得家里的餐桌高度还行，老旧小区老年人这一比例为93.6%，非老旧小区这一比例为96.0%。只有0.9%的老年人觉得家里的餐桌高，其中老旧小区老年人这一比例为1.1%，非老旧小区这一比例为0.8%（见表23）。

表23　老年人是否感觉家里的餐桌高

单位：%

	高	还行	其他	合计
老旧小区(N=280)	1.1	93.6	5.3	100.0
非老旧小区(N=600)	0.8	96.0	3.2	100.0
合计(N=880)	0.9	95.2	3.9	100.0

注：其他包括不适用、不知道以及缺失值。

（七）老旧小区老年人家庭的卧室环境

接近10%的老年人觉得家里的床太矮，老旧小区的老年人家中床太矮的比例相对较高。具体来看，大部分的老年人都不觉得自己家的床太矮，比例接近90%，只有9.0%的老年人觉得家里的床太矮，其中，老旧小区的老年人觉得家里的床太矮的比例为13.9%，非老旧小区的老年人比例相对较低，只有6.7%（见表24）。

表24　老年人是否感觉床太矮

单位：%

	是	不是	其他	合计
老旧小区(N=280)	13.9	82.1	4.0	100.0
非老旧小区(N=600)	6.7	90.3	3.0	100.0
合计(N=880)	9.0	87.7	3.3	100.0

注：其他包括不适用、不知道以及缺失值。

不足10%的老年人觉得家中的衣柜高，老旧小区的老年人觉得家中的衣柜相对较高，比例依然不足10%。具体来看，7.5%的老年人觉得家中的衣柜高，接近90%的老年人觉得家中的衣柜高度还行。比较老旧小区老年人与非老旧小区老年人对这一问题的看法，老旧小区老年人觉得家中衣柜高的比例相对较高，为9.6%，非老旧小区的比例相对较低，为6.5%。不管是老旧小区还是非老旧小区的老年人，觉得家中衣柜的高度还行的比例均比较高，分别为84.3%和90.7%（见表25）。

表25　老年人感觉家里的衣柜高吗

单位：%

	高	还行	其他	合计
老旧小区（N＝280）	9.6	84.3	6.1	100.0
非老旧小区（N＝600）	6.5	90.7	2.8	100.0
合计（N＝880）	7.5	88.6	3.9	100.0

注：其他包括不适用、不知道以及缺失值。

（八）老旧小区老年人家庭的厨房环境

不管是老旧小区还是非老旧小区的老年人，其认为家中灶台高度还行的比例均比较高，超过90%，认为高的比例不足10%。具体来看，认为灶台高度还行的比例总体上在90%以上，老旧小区老年人选择还行的比例为92.1%，非老旧小区为95.5%；认为灶台高的比例在老旧小区和非老旧小区老年人的选择中，比例均不高，分别为4.3%和2.0%（见表26）。

表26　老年人感觉家里灶台高吗

单位：%

	高	还行	其他	合计
老旧小区（N＝280）	4.3	92.1	3.6	100.0
非老旧小区（N＝600）	2.0	95.5	2.5	100.0
合计（N＝880）	2.7	94.4	2.9	100.0

注：其他包括不适用、不知道以及缺失值。

不足10%的老年人觉得家中的厨房吊柜高，老旧小区的老年人觉得家中的衣柜高的比例与非老旧小区一样。不管是老旧小区还是非老旧小区的老年人觉得家中厨房吊柜高的比例都是9.3%。觉得家中厨房吊柜还行的，老旧小区老年人的比例相对较低，为71.1%，非老旧小区的比例相对较高，为86.3%，二者的差距达到了15.2个百分点。在认为高的比例一样的情况下，认为还行的比例有这么大的差距，原因在于有接近20%的老旧小区老年人选择了其他，其应该是家中没有吊柜（见表27）。

表27 老年人感觉家里的厨房吊柜高吗

单位：%

	高	还行	其他	合计
老旧小区(N=280)	9.3	71.1	19.6	100.0
非老旧小区(N=600)	9.3	86.3	4.4	100.0
合计(N=880)	9.3	81.5	9.2	100.0

注：其他包括不适用、不知道以及缺失值。

（九）老旧小区老年人家庭的卫生间环境

不足20%的老年人家中卫生间是滑动门，老旧小区老年人家中卫生间是滑动门的比例相对较高，超过20%。从全部老年人的情况来看，只有18.4%的老年人家中卫生间是滑动门，76.6%的老年人家中卫生间不是滑动门。比较老旧小区老年人与非老旧小区老年人的卫生间可知，老旧小区老年人家中卫生间是滑动门的比例更高，为21.8%，非老旧小区老年人的比例相对较低，为16.8%（见表28）。

表28 老年人家里卫生间是不是滑动门

单位：%

	是	不是	其他	合计
老旧小区(N=280)	21.8	68.2	10.0	100.0
非老旧小区(N=600)	16.8	80.5	2.7	100.0
合计(N=880)	18.4	76.6	5.0	100.0

注：其他包括不适用、不知道以及缺失值。

不管是老旧小区还是非老旧小区的老年人，其认为家中淋浴开关高度还行的比例均比较高，在90%左右，认为高的比例不足10%。具体来看，认为家中淋浴开关高度还行的比例总体上在90%以上，老旧小区老年人选择还行的比例为88.9%，非老旧小区为93.8%；认为家中淋浴开关高的比例在老旧小区和非老旧小区老年人的选择中，比例均不高，分别为4.3%和3.8%（见表29）。

表29　老年人感觉家里的淋浴开关高吗

单位：%

	高	还行	其他	合计
老旧小区(N=280)	4.3	88.9	6.8	100.0
非老旧小区(N=600)	3.8	93.8	2.4	100.0
合计(N=880)	4.0	92.3	3.7	100.0

注：其他包括不适用、不知道以及缺失值。

（十）老旧小区老年人家庭居室其他地方环境

总体来看，超过60%的老年人室内地板是防滑的，老旧小区老年人地板防滑的比例相对较低，不足60%。具体来看，居住在老旧小区的老年人中56.8%的家中地板是防滑的，非老旧小区这一比例为67.0%；相应的，老旧小区老年人中38.2%的家中地板不是防滑的，非老旧小区这一比例相对较低，为30.3%。需要注意的是，虽然高达63.8%的老年人认为家中的地板是防滑的，实际情况可能夸大了，家中的地板防滑的比例应该没有数据反映得那么高（见表30）。

表30　老年人家里的地板是否防滑

单位：%

	是	不是	其他	合计
老旧小区(N=280)	56.8	38.2	5.0	100.0
非老旧小区(N=600)	67.0	30.3	2.7	100.0
合计(N=880)	63.8	32.8	3.4	100.0

注：其他包括不适用、不知道以及缺失值。

超过70%的老年人家中的家具是有棱角的，老旧小区居民家中的家具有棱角的比例更低，不足70%。具体来看，72.5%的老年人家中的家具是有棱角的，只有24.5%的家庭中的家具不是有棱角的。比较老旧小区和非老旧小区老年人家中的家具是否有棱角可知，老旧小区的比例相对更低，只有68.6%，非老旧小区的比例为74.3%；老旧小区老年人家中的家具没有棱角的比例为27.1%，非老旧小区这一比例为23.3%。虽然不管是老旧小区老年人还是非老旧小区老年人表示家中的家具没有棱角的比例在20%以上，事实上老年人家中的家具没有棱角的比例是非常低的（见表31）。

表31　老年人家中的家具是否有棱角

单位：%

	有	没有	其他	合计
老旧小区(N=280)	68.6	27.1	4.3	100.0
非老旧小区(N=600)	74.3	23.3	2.4	100.0
合计(N=880)	72.5	24.5	3.0	100.0

注：其他包括不适用、不知道以及缺失值。

超过10%的老年人觉得家里的照明灯光不太舒服，老旧小区老年人家里的照明灯光不太舒服的比例与非老旧小区差异不大。具体来看，10.7%的老年人家里的照明灯光不太舒服，老旧小区老年人这一比例为11.4%，非老旧小区老年人这一比例相对较低，为10.3%。这也就意味着大部分的老年人家中的照明灯光不会给老年人带来影响，比例达到了86.7%，老旧小区老年人这一比例为85.0%，非老旧小区这一比例为87.5%（见表32）。

表32　老年人是否感觉家里照明灯光不太舒服

单位：%

	是	不是	其他	合计
老旧小区(N=280)	11.4	85.0	3.6	100.0
非老旧小区(N=600)	10.3	87.5	2.2	100.0
合计(N=880)	10.7	86.7	2.6	100.0

注：其他包括不适用、不知道以及缺失值。

超过20%的老年人开门时经常找不到锁眼，老旧小区老年人开门时经常找不到锁眼的比例稍高。全部的老年人中，20.5%的老年人开门时经常找不到锁眼，76.7%的老年人开门时不会受到锁眼的影响。比较老旧小区老年人和非老旧小区老年人开门时经常找不到锁眼的情况，可发现差异不大，老旧小区老年人这一比例为21.4%，非老旧小区老年人这一比例稍低，为20.0%。相应的，开门时可以找到锁眼的老年人，老旧小区的老年人比例相对较低，为73.9%，非老旧小区的老年人比例为78.0%（见表33）。

表33　老年人开门时是否经常找不到锁眼

单位：%

	是	不是	其他	合计
老旧小区（N=280）	21.4	73.9	4.7	100.0
非老旧小区（N=600）	20.0	78.0	2.0	100.0
合计（N=880）	20.5	76.7	2.8	100.0

注：其他包括不适用、不知道以及缺失值。

不管是老旧小区还是非老旧小区的老年人认为家中门把手高度还行的比例均比较高，超过90%，认为高的比例不足10%。具体来看，认为门把手高度还行的比例总体上在90%以上，老旧小区老年人选择还行的比例为95.0%，非老旧小区为96.8%；认为门把手高的比例在老旧小区和非老旧小区老年人的选择中，比例均不高，分别为2.1%和1.2%（见表34）。

表34　老年人感觉家里门把手高吗

单位：%

	高	还行	其他	合计
老旧小区（N=280）	2.1	95.0	2.9	100.0
非老旧小区（N=600）	1.2	96.8	2.0	100.0
合计（N=880）	1.5	96.2	2.3	100.0

注：其他包括不适用、不知道以及缺失值。

四 结论

本部分利用了北京大学在2016年对全市16个区的330个街道乡镇和6851个社区的普查数据以及2015年由首都经济贸易大学劳动经济学院在东城、朝阳和石景山组织实施的“北京老年消费行为研究”调查数据。从数据分析来看，得出以下结论。

第一，全市老旧小区数量高达4229个，占全市小区数量的四分之一；老旧小区主要集中在西城、海淀、朝阳、东城和丰台5个区，比例超过80%。

第二，接近40%的老旧小区进行过室外环境无障碍改造，超过60%的老旧小区进行过老年人和残疾人家庭无障碍改造。

第三，在老旧小区老年人小区环境方面，老旧小区老年人居住的小区环境相对较差。其中，超过50%的老年人居住的小区里健身娱乐等公共场所有便道，老旧小区的老年人比例相对较低，不足40%，老旧小区老年人居住的小区没有便道的比例接近40%；接近60%的老年人居住的小区里健身娱乐等公共场所有座椅，老旧小区的比例更低，比例刚超过40%；接近40%的老年人居住的小区里有公厕，超过50%的老年人居住的小区里没有公厕，老旧小区有公厕的比例更高。

第四，在老旧小区老年人单元楼门口环境方面，老旧小区老年人居住环境相对较差。其中，超过40%的老年人居住的单元楼门口没有坡道，老旧小区老年人居住的单元楼门口没有坡道的比例更高，超过60%；不足5%的老年人居住的单元楼门口坡道比较陡，老旧小区老年人受到影响的比例与非老旧小区老年人没有差异；接近10%的老年人居住的单元楼门口台阶影响了老年人走路，老旧小区老年人受到影响的比例更高，超过10%。

第五，在老旧小区老年人单元楼内部环境方面，老旧小区老年人与非老旧小区老年人差别不大。其中，大部分老年人都不觉得单元楼的楼梯扶手高，老旧小区老年人与非老旧小区老年人差别不大；超过30%的老年人居住的单元楼里有老人专用的低扶手，接近 60% 的老年人居住的单元楼里没有老年人专用的低扶手，老旧小区的老年人和非老旧小区的老年人居住的单元楼里是否有专用的低扶手差异不大。

第六，在老旧小区老年人居住的楼道环境方面，老旧小区与非老旧小区差别不大。其中，不足 10% 的老年人居住的楼房中发生过楼道里消火栓碰上老人的事情，老旧小区发生楼道里消火栓碰上老人的事情比例更低；接近 50% 的老年人居住的单元楼楼道里经常有杂物堆放，老旧小区和非老旧小区老年人单元楼楼道里经常有杂物堆放的比例基本持平。

第七，在老旧小区老年人居室的客厅环境方面，老旧小区老年人的居住环境相对较差。其中，超过 10% 的老年人认为家里沙发和椅子太矮，老旧小区老年人的比例相对更高；接近 20% 的老年人认为家里的玻璃茶几会造成危险，老旧小区老年人认为家里的玻璃茶几会造成危险的比例相对较低；绝大部分的老年人不觉得家里的餐桌高，老旧小区老年人觉得家里餐桌高的比例稍高。

第八，在老旧小区老年人家庭的卧室环境方面，老旧小区老年人的居住环境相对较差。其中，接近 10% 的老年人觉得家里的床太矮，老旧小区的老年人家中床太矮的比例相对更高；不足 10% 的老年人觉得家中的衣柜高，老旧小区的老年人觉得家中的衣柜相对较高，比例依然不足 10%。

第九，在老旧小区老年人家庭的厨房环境方面，老旧小区老年人与非老旧小区老年人差别不大。其中，不管是老旧小区还是非老旧小区的老年人认为家中灶台高度还行的比例均比较高，超过 90%，认为高的比例不足 10%；不足 10% 的老年人觉得家中的厨房吊柜高，老旧小区的老年人觉得家中的衣柜高的比例与非老旧小区一样。

第十，在老旧小区老年人家庭的卫生间环境方面，老旧小区老年人的居住环境差别不大。其中，不足 20% 的老年人家中卫生间是滑动门，老旧小区老年人家中卫生间是滑动门的比例相对较高，超过 20%；不管是老旧小区还是非老旧小区的老年人，其认为家中淋浴开关高度还行的比例均比较高，在 90% 左右，认为高的比例不足 10%。

第十一，在老旧小区老年人家庭居室其他环境方面，老旧小区老年人的居住环境相对较差。其中，超过 60% 的老年人室内地板是防滑的，老旧小区老年人地板防滑的比例相对较低，不足 60%；超过 70% 的老年人家中的家具是有棱角的，老旧小区居民家中的家具有棱角的比例更低，不足 70%；超过 10% 的老年人觉得家里的照明灯光不太舒服，老旧小区老年人家里的照明灯不太舒服的比例与非老旧小区老年人差异不大；超过 20% 的老年人开门时经常找不到锁眼，老旧小区老年人开门时经常找不到锁眼的比例稍高；不管是老旧小区还是非老旧小区的老年人，其认为家中门把手高度还行的比例均比较高，超过 90%，认为高的比例不足 10%。

参考文献

成正：《厦门市老旧小区改造提升的主要做法和经验启示》，《厦门特区党校学报》2017 年第 4 期。

张文涛：《北京市老旧小区改造工程的进度管理研究》，中国科学院大学硕士学位论文，2017，第 3 页。

孙其昂、毕娟：《城市老旧小区的和谐社区构建——以南京市 X 小区为例》，《南京工业大学学报》（社会科学版）2010 年第 1 期。

梁传志、李超：《北京市老旧小区综合改造主要做法与思考》，《建设科技》2016 年第 9 期。

曲嘉瑶、伍小兰：《城市老年人居住满意度影响因素研究——以无锡和烟台两市为例》，《中共福建省委党校学报》2018 年第 4 期。

娄本辉：《西安老旧社区有机更新与可持续发展对策》，西北大学硕士学位论文，2011，第 16 页。

B.12
北京市副中心社区养老服务研究

袁　蕾*

摘　要： 除居家养老和机构养老之外，社区养老是新型的社会化养老模式，可为居家养老提供相应的支持及补充，是首都副中心养老服务体系的重要组成部分。社区养老服务驿站是社区养老的主要载体，北京市副中心正在大力发展驿站以满足老年人养老的物质和精神需求，实践中还存在社区养老设施不完备、养老工作机制不顺畅、养老服务队伍有待完善以及社会参与度不高等问题。北京市副中心亟须研究如何建设老年友好型国际和谐宜居之都，将老龄化社会对经济社会发展的需求及应对措施体现到副中心的各专门规划中去，不断建立健全社区居家养老服务体系。

关键词： 社区养老　北京市　副中心

建立城乡养老服务体系需要统筹考虑国情与民意，调研中发现居家养老是现阶段老年人最主要的养老方式，选择机构养老的仍属少数，而社区养老是依托于社区公共服务并实行标准化养老服务的新型社会化养老方式。其最显著的特征在于灵活地融合了机构养老和家庭养老两种养老方式的优势，即社区为老年人提供各种服务，如餐饮、医疗康复、心理疏导、日常服务等，进而实现集约高效利用社区资源将其配置到养老服务产业中的目标。社区养

* 袁蕾，北京市社会科学院城市问题研究所副研究员，研究方向为城市发展与城乡统筹。

老服务模式能够为老年人生活提供各种便利，同时，有利于保持与锻炼老年人的生活自理能力，减轻机构养老压力。社区养老模式的高效运行高度依赖于完备的社区养老服务设施，如托老所、老年学校、医疗服务站等，能够提升老年人物质与精神生活的质量。

一　北京市老龄化趋势与养老服务体系建设现状

在中国的特大城市中，北京市最先进入了老龄化社会。1990 年，全市 60 周岁及以上的老龄常住人口占全部常住人口的比重超过了 10%，这意味着北京市开始迈入老龄化社会。2017 年这一比重达到了 17%。从老龄人口的总量及老龄化速度这两项指标来看，北京市排在全国的前两位，面临严峻的老龄化压力。2012～2017 年，北京户籍老龄人口以年均 12 万的速度增加，占全部户籍人口的比重达到了 25%，到 2030 年这一比例将超过 30%，达到重度老龄化的程度，这一趋势将延续相当长的时间。

积极应对严峻的人口老龄化趋势，北京市出台了《北京市养老服务设施专项规划》。规划提出“9064”的养老方式，也就是 90% 的老年人采取居家养老模式，社区养老的比重大约为 6%，机构养老方式满足约 4% 的养老需求。“打造居家养老作为基础、社区养老作为依托、机构养老作为补充、社会保障作为支撑的养老服务体系。”① 通过体制创新构建并完善政府引导、社会参与的养老模式。截至 2017 年 6 月，北京市已成立 380 家一般养老机构，84 家养老照料中心建成并投入使用，63 家养老照料中心处于建设周期，未来一两年全部投入运营。社区养老服务方面，截至 2017 年底，全市共计 380 家社区养老驿站已经向社区老年人开放。可以说，北京市已经初步搭建了市、区、街乡以及村居相结合的四级养老服务管理架构。

---

① 《北京市社区养老服务驿站建设规划（2016～2020 年）》，国家养老网，http：//www.guojiayanglao.com/article/338/2017041634/1.html，2018 年 6 月 8 日。

二　北京市副中心社区养老服务现状及问题

北京市副中心通州区的老龄化程度略低于全市平均水平，2017 年，通州区常住人口有 150.8 万，其中 65 周岁及以上老人有 13.2 万，占 8.8%，低于全市平均的 17%。但按照联合国新的老龄化社会标准，即 65 岁老人占总人口的 7%，则副中心也迈入了老龄化社会。并且按照规划要求未来还将承接几十万的疏解人口，其老龄化趋势将长期趋同于全市平均水平。

至 2017 年 6 月，北京市副中心通州区已开创一家区属养老服务指导中心、三家街乡养老照料中心（其中一家处于在建状态）、普通养老机构二十家。截至 2017 年底，35 家社区（村）级养老服务驿站开通运营。其初步构建了“区、街乡、村居”相结合的三个层级、分工协作的养老服务体系。

2018 年，民政部与财政部共同发布第三批国家级居家和社区养老服务改革的试点名单，副中心成为北京市唯一的入选地区。作为试点，核心目的是发现居家和社区养老领域的主要问题和关键制约因素，进而推动居家及社区养老服务的制度变革，积累可持续的经验进行复制推广。

“社区养老服务驿站”作为老年人最近便的“管家”，是老百姓身边的服务平台。“社区养老服务驿站”这一新型养老模式借鉴了日本养老经验，以服务居家养老的老年人为目标，依托社区丰富的服务设施、服务内容与专业化的养老服务人员，为社区老人提供专业化、系统化的养老服务。“社区养老服务驿站”的选址建设必须体现便捷性，整合各种资源，给有需要的居家养老老年人群配置日间照料、助餐服务、健康指导、文化娱乐、呼叫、心理慰藉等服务。让老年人在小区内甚至足不出户就可以得到快速、便利并丰富的服务，更好地实现居家养老目的。“社区养老服务驿站”为居家养老提供基础设施和服务，在养老服务体系中作为基础组织串联起街道（乡镇）养老照料中心和众多的老年人家庭，是实现社区养老的关键载体和途径，是“市、区、街道（乡镇）、社区（村）”四级养老服务体系中的基石，切实满足了居家养老的老年人的精神与物质需求。一般来说，“社区养老服务驿站”提供六种基本服务，也就是餐饮、日间照料、呼叫、文化休闲、健康指导及心理辅导。一些有条件的社区还可以提供帮助老年人沐浴、出行以及就医、康复护理的延伸养老服务项目。民以食为天，助餐服务形式多样，老年人可以根据自身条件或喜好决定是集中用餐、分餐还是上门送餐。日间照料为独居或者有需求的老人配置生活照料服务。呼叫服务利用网络电话、可视终端及时了解并回应老人的需求。部分社区设置有医疗服务站，健康指导即依照有关规定引入医务人员，并向老人提供医疗及康复指导。休闲娱乐服务是指鼓励帮助老年人进行各种文化娱乐活动，提高其身体和心灵的健康水平。老年人容易孤独寂寞，心理辅导就是通过陪同聊天、沟通交流甚至专业心理咨询等方式服务于老年人的精神需求。社区养老服务驿站的日常运营由政府指导，运营商按照“低偿”的原则独立负责运转，政府部门向运营商无偿提供办公用房以及各项设施，根据社区条件差异，驿站硬件设施的来源也不尽相同。（1）社区尤其是新建社区的配套设施中按照规划大都有养老相关设施，可以直接用于创立“社区养老服务驿站”。（2）部分老旧小区没有配套建设养老服务设施，则通过购买、租赁住房等方式，建设“社区养老服务驿站”。（3）对于已经交由其他单位管理使用的社区养老服务设施，可以通过协商等方式收回并用于建设“社区养老服务驿站”。积极激发市场主体的能动性，加强政府的引导扶持，建立健全社区养老服务，回应老年人及其家属在居家养老过程中的各种诉求。居家及社区养老工作是北京市副中心养老服务体系建设的核心工作，以政策为引领，以需求为导向，政府一方面加大资金投入力度并推动养老服务的标准化，另一方面鼓励吸纳社会力量参与社区养老设施建设及运营，共同研究制定居家、社区养老的标准，试点建设智能化养老社区。不仅提供基础的家政、助餐等服务，还提供心灵交流、精神抚慰等服务。通过社会化、专业化以及信息化的快速发展，社区居家养老不仅满足了老人的居家养老服务需求，同时为力争“全国居家和社区养老服务改革试点地区”奠定了坚实的基础。目前，通州区居家养老服务工作已经成为年度为民办实事的项目之一，并由区老龄委负责成员单位的绩效考评；各个街乡通过实行项目管理责任制，优质高效并按时序地推动社区养老驿站的建设工作。该驿站为周边地区的老人、儿童以及残疾人提供服务，形成“15 分钟服务圈”，同时实现名称、功能、标识的“三个统一”。

但是调研中发现，副中心社区养老服务还存在诸多不足之处，主要表现在以下方面。（1）有必要进一步改善社区养老服务的工作机制。目前，亟须制定运行管理办法，统一指导管理各社区养老服务的工作，亟须建立高效的机制协调相关各部门之间的合作。很多乡镇、街道仍然沿袭以往老龄人口少、人口红利高时期的管理服务模式。通州区老龄工作办公室是建设副中心养老服务体系的主要政府机构，但工作人员不足，甚至少于编制数，使得综合协调、督促检查及参谋助手等部门职责无法充分落实。（2）社区养老服务设施有待进一步完备。一些社区存在诸如养老设施用房面积小、档次低、服务单一及功能不健全等问题，软硬件的不健全导致了老年人的低使用率。一些社区的医疗服务站布局不合理、服务能力欠缺，老人就医不便，难以满足老人日常就医的需求。一些社区养老驿站缺乏对老年人使用空间的隐私的保护，个性化服务供给不足，养老服务设备老化，养老设施面积较小，未充分利用功能空间等问题，影响了驿站的服务能力。（3）亟须加强养老服务队伍建设。目前副中心的养老服务人员以“40、50”下岗失业人员为主，专业的养老服务培训尚不到位。因工资待遇相对较低、工作强度大（担负老年人服务办理、管理、监督、巡视、信息录入等职责），同时受社会对养老服务人员偏见的影响，养老服务队伍数量不足、稳定性差、素质有待提高。（4）市场主体参与社区养老服务的积极性不高。社区养老服务驿站的运营原则是“低偿”，因此北京市副中心现有的养老服务企业从企业利润率的角度出发，缺乏为老年人提供低偿服务的积极性，养老服务的产业化程度仍然不高，服务范围较小，服务水平不高，规模化、专业化、连锁化程度较低，缺乏服务品质好、市场美誉度高的品牌化服务商，无法满足副中心的市场需求。

三　提升北京市副中心养老服务水平的相关建议

在规划和建设的过程中，北京市副中心就需要积极应对未来人口老龄化的问题，通过进一步研究国际一流的老年友好和谐宜居环境，尽快完善相应的设计规范、清单及导则。

“着力打造国际一流的和谐宜居之都示范区”是北京市副中心的发展目标之一，其控制性详细规划提出到2035年副中心应承接四五十万来自城区的人口。副中心人口的结构与空间分布必然要匹配其定位与城市功能。基于副中心未来的人口年龄结构，示范区应该是“老年友好型和谐宜居之都”示范区。目前城市副中心为了打造国际一流和谐宜居之都，在《北京城市副中心控制性详细规划（街区层面（2016～2035年)》（简称《控规》）编制中充分考虑“宜居”因素，无论理念及目标抑或具体的标准与指标体系均领先于目前的规划与建筑技术规范，具有全球视野，对接国际标准，同时展现了中国的历史文化建筑特色和高端定位。比如，《控规》对宜居的具体建设目标无论是“低碳高效的绿色城市”“蓝绿交织的森林城市”还是“自然生态的海绵城市”或“智能融合的智慧城市”① 都有相应的规范和标准以保证落实，这都对现行的规划、建筑设计技术规范提出了更高要求。目前我国在适老宜居环境建设方面取得了技术进步，适老化的改造有了相应的技术规范及标准，尤其是针对公共建筑的室内外改造方面。副中心需要在不同的空间尺度下，探索各种城市空间的规划建设如何适应老年化社会的要求，包括公共交通、绿化以及河湖水系等公共、半公共空间的各个层次的环境，并制定相关构成要素、清单、标准以及规范等。北京市对养老服务体系的要求是构建“三边四级”养老服务体系，每一个区建设一个养老指导中心，每个街道设一个养老照料中心，在社区设立养老驿站，以社区养老驿站为依托将养老服务功能延伸到户。北京市计划至2020年，建设运营逾千家社区养老驿站。《控规》要求“坚持宜居便利、均衡发展，建立市民中心—组团中心—家园中心—便民服务点的公共服务体系，构建5—15—30分钟生活圈”，体现了副中心建设的高标准、超前性和特殊性，要求提高养老服务体系标

① 《北京城市副中心控制性详细规划（街区层面）（2016～2035年)》，首都之窗网站，http：//www.beijing.gov.cn/zhengce/wenjian/192/33/50/438650/1573462/index.html，2019年1月7日。

准，对现有养老服务工作机制进行改革创新。统筹考虑北京市副中心社区养老服务设施的规划、建设和后期管理工作，在规划设计阶段和建设阶段就充分考虑运营与治理中可能面临的需求，将问题消灭在最初阶段。

因此，建议副中心按照中央关于社区养老服务改革试点的要求，结合全区实际、注重突出特色，首先进一步完善社区养老服务体系的建设包括制定切实高效的政策，其次加强服务设施和服务队伍的建设、引入社会资本及组织从而共同推进社区居家养老的专业化水平，增强信息化服务水平、丰富养老服务内容，真正落实社区养老驿站与居家养老的融合发展，打造国内一流的养老服务示范区。

参考文献

朱勇、庞涛：《中国智能养老产业发展报告（2015）》，社会科学文献出版社，2015，第 20 ~ 25 页。

陈睿玲：《养老企业供给社区居家养老服务研究》，《经济研究导刊》2018 年第 34 期。

朱佩芳、徐凯威、黄力君：《上海市某社区居家养老者卫生服务需求与利用现况分析》，《医学与社会》2019 年第 1 期。

周驰、翁嘉、章宝丹：《日本医养结合养老模式及其对我国的启示》，《医学与哲学》2018 年第 23 期。

龚娜、董潘敏、刘芬：《“互联网 +”时代下智慧养老的创新发展》，《经济研究导刊》2018 年第 6 期。

B.13
“双重差距”
——上海市养老服务供求错配现状研究

祝 琳*

摘 要： 构建合理和谐的养老服务体系是当前老年社会服务的一个核心实践。然而在实际实施过程中，养老服务的主观意愿和有效需求以及有效需求和实际供给之间存在“双重差距”。本文以上海市养老服务的“双重差距”为切入点，深入分析城区和乡镇的“双重差距”情况及区域性差异。同时对上海市现行的老年照护统一需求评估体系进行考察，并纳入养老服务体系“产业性”“互联网+”等新兴话题，从政府、机构、个人等多元角度探讨供求错配问题，为建立合理的养老服务供给系统，实现区域性供给结构均衡提供政策建议。

关键词： 养老服务 双重差距 供求错配

一 引言

上海市作为全国最早进入老龄化社会的地区，其老年人口依然呈现持续上涨的趋势。上海市民政局发布的《2016 年上海市老年人口和老龄事业监测统计调查制度》数据显示，截至 2016 年 12 月 31 日，上海全市户籍人口

* 祝琳，上海大学社会学系硕士研究生。

为1449.98万人，其中60周岁及以上老年人口有457.79万人，占总人口的31.6%，比2015年增加了21.84万人。[①] 同时，2016年是上海市老龄事业快速发展的一年。为深入学习和贯彻习近平总书记关于老龄工作的重要指示和系列讲话精神，上海市加强了对老龄工作的相关政策创制，修改颁布了《上海市老年人权益保障条例》，编制出台了《上海市老龄事业发展“十三五”规划》。在养老服务方面，上海在全市范围内共计建设养老机构702家，提供床位132800张（其中2016年新增9100张），比2015年增加5.4%；在养老机构中，全市共有564家机构与医疗机构达成签约合作，占养老机构总数的80.3%，另有244家机构在内部设立了专业的医疗部门。[②] 与此同时，社区综合为老服务中心、社区养老服务队等社会组织也在逐年增加。总体来看，上海市基本形成了以传统居家养老方式为主，以机构养老和社区养老服务为辅的养老服务系统。

然而，笔者走访了静安区、黄浦区、普陀区、浦东新区、奉贤区五大区域，共计十家居委、两家综合为老服务中心、两家日间照护中心以及上海市科技助老服务中心后发现，就实际情况而言，上海市的养老服务业仍处于发展期，养老服务的主观意愿和有效需求以及有效需求和实际供给之间存在“双重差距”，区域性差距和供求错配问题依然存在。[③] 本文将以“双重差距”为切入点，深入分析上海市养老服务“双重差距”情况及城镇和乡镇的区域性差异，同时对上海市现行的老年照护统一需求评估体系进行考察，并纳入养老服务体系“产业性”“互联网+”等新兴话题，从政府、机构、个人等多元角度分析和探讨供求错配问题，为建立合理的养老服务供给系统，实现区域性供给结构均衡提供政策建议。

① 参见《2016年上海市老年人口和老龄事业监测统计发布》，上海养老网，http://wx.shanghaiyanglao.com/Detail/index/id/11929?from=groupmessage，2017年3月27日。

② 参见《2016年上海市老年人口和老龄事业监测统计发布》，上海养老网，http://wx.shanghaiyanglao.com/Detail/index/id/11929?from=groupmessage，2017年3月27日。

③ 此次调研是2017年上海大学暑期社会实践调研活动之一，笔者与团队成员对上述村/居委老年活动负责人以及各机构工作人员进行了访谈。同时，在各村、居委的协助下，笔者随机抽取800位60岁及以上老人进行问卷调查。所有问卷均由笔者及笔者所在团队负责发放和回收，并对问卷填答做现场指导。最终收回纸质问卷500份，其中有效问卷数为391份。

二　养老服务的“双重差距”

（一）主观意愿与有效需求的不一致

养老服务的主观意愿和有效需求是两个差别很大的概念。主观意愿，顾名思义，是指个人对事物的看法或评价而产生的主观性思维。养老服务的主观意愿决定了老年人对养老方式的选择。而有效需求（Effective Demand）则是一个经济学的概念。凯恩斯将有效需求分为消费需求和投资需求两部分，“雇主们决定雇用之劳工数 N，乃定于二者之和（D），即可以预期于社会之消费量 D1，以及可以预期于社会之新投资量 D2。D 即以上所称有效需求”①。基于此，本文将养老服务的有效需求亦划分为老年人具有消费意愿且能够承担该项服务的消费量和养老服务供给方的投资量两个部分。

上海市政府在 2014 年的 4 月便出台了《关于加快发展养老服务业推进社会养老服务体系建设的实施意见》，然而，时至今日，虽然“我国养老服务业快速发展”“中年人开始走出‘养儿防老’的圈子”等说法屡见报端，但实际调研发现，老一代人仍趋向居家养老，其参与、享受养老服务的热情仍旧不高。

笔者对“您愿意选择哪种方式养老”一题进行了整理统计，其结果如图 1 所示。在受访的 391 位老人中，选择居家养老的人数为 221 人，占总数的 57%，选择居家养老加社区日托这种新型养老模式的人数为 99 人，只占总数的 25%，仅有 13% 的老年人愿意选择去敬老院、老人照护中心等专业养老机构养老，且仍有 5% 的老年人表示不清楚自己未来会选择哪种养老方式或没有思考过相关问题。究其原因，一方面，受传统观念的影响，一些老人认为赡养父母是子代承担家庭责任的重要组成内容。这一点在居住于浦东新区和奉贤区农村的老年人身上表现得尤为明显。在他们看来，“养儿防老”或是“养女防老”均是“天经地义的事情”。

① 约翰·梅纳德·凯恩斯：《就业、利息和货币通论》，商务印书馆，1987，第 20 页。

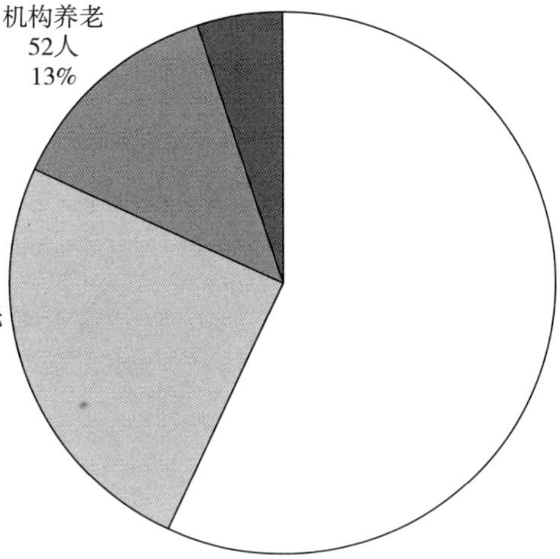

图1　养老方式选择（N = 391）

“年轻的时候，我辛辛苦苦把儿子拉扯大，老了，让他们照顾我，是应该的，不过分吧。”（访谈资料，20170630 – SHRF）。

同时，受信息接收条件的限制，相当一部分郊区的老年人对社区养老概念理解不足，对机构养老存在误解。

“把爹妈撇到养老院里厢，说明子女不孝顺，是要被人家在背后戳脊梁骨的。”（访谈资料，20170630 – SHNMT）

“我听人家说的，电视上都报道过的，养老院里面的人都不把老年人当人看的，反正也没人管，经常虐待啊什么的，就是花钱找罪受，那种地方白让我去我也不去！”（访谈资料，20170707 – SHWGRZ）

在部分老人的印象中，养老机构等同于“老年监狱”，因此，即便日后生活难以自理，他们也不愿意选择入住养老机构。

另一方面，随着生活条件的改善，以及养老金、退休金的逐步提高，很多老年人表示自己完全可以照顾自己，不需要任何养老服务。如图 2 所示，对于“请问您现在的生活主要有谁照顾?”一题，55%的老年人选择了“自己”，22%的老年人选择由其配偶照料，仅有 2%的老年人选择由政府、社区或集体照料。

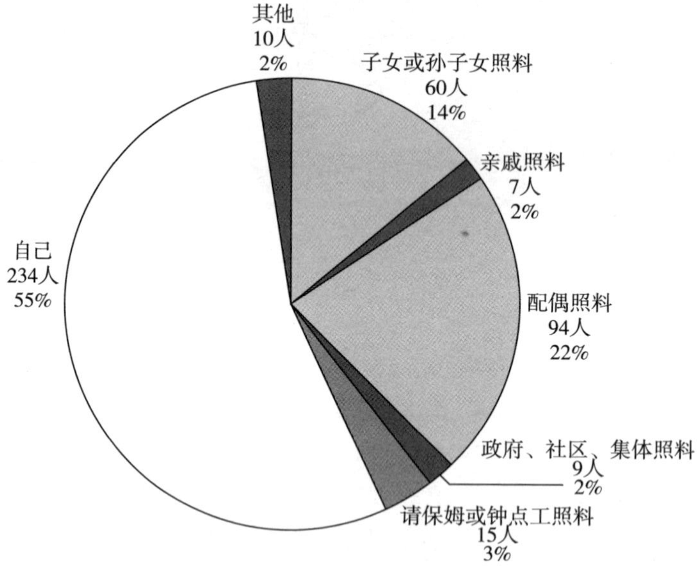

图 2　老年人日常生活主要照料者

同时，在养老服务供给方的投资量方面，上海市坚持以市政府实事项目为着力点，不断扩大对养老服务的供给。以此次调查的黄浦区为例，2017 年，黄浦区公共财政预算安排 41953 万元为该区养老事业提供财政支撑。其中，预算安排 5263 万元用于综合为老服务，7575 万元用于加大机构养老服务支出。[①] 而在全市范围内，截至 2016 年末，共计新增长照护之家 50 个、老年人日间服务中心 81 个。[②] 然而，面对社区和综合为老服务中心提供的众多养老服务内容，超过 85%的老人表示暂不需要。他们认为这些项目的

① 参见《黄浦区加大财政专项投入促养老服务事业发展》，上海财政网，http：//www. czj. sh. gov. cn/zys_ 8908/xwzx_ 8909/qxdt/hp/201705/t20170508_ 175340. shtml，2017 年 5 月 8 日。

② 参见《2016 年上海市老龄事业发展报告》，2017 年 3 月 6 日。

内容虽然很好，但是自己不属于被服务对象的范畴。

> “我们还年轻，这些事情自己做就可以了。实在不行，子女多多少少也会帮着做一些……这些东西是给90岁以上的老年人用的，我们还用不着。”（访谈资料，20170706－SHDTY）

同时受传统消费观念束缚，老年人对购买养老服务，尤其是上门做家务、助浴等内容比较抵触，参与率和需求量均比较低（见图3）。

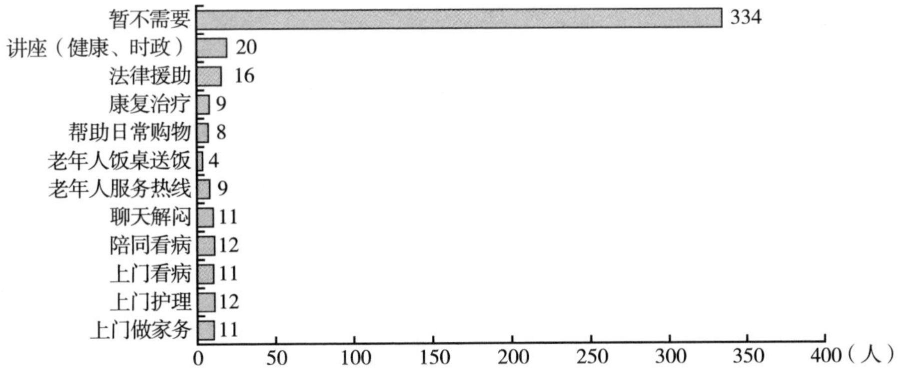

图3　社区各项养老服务的需求情况

综上所述，现阶段上海市老年人养老服务的有效需求存在偏差，老年人的消费需求与养老服务供给方的投资量不匹配。同时，老年人养老服务的主观意愿仍偏向于居家养老，即由子女照顾的家庭养老模式或自我养老模式。而一个合理的养老服务体系不仅应当满足现实的有效需求，同时应解决主观意愿无法转化为有效需求的问题。

（二）有效需求与实际供给的错配

中国养老服务存在明显的供求失衡基本已成为各方共识，对于养老服务供求问题的探讨亦是学界的研究热点。既有文献对养老服务供求错配的解释基本可以总结如下。

有学者指出，当前中国老龄化速度远远超过发达国家，并且受计划生育政策、劳动力由农村迁往城市等的影响，“421家庭”“空巢老人”等情况不断增加，这直接导致了中国对老年护理服务的需求，尤其是居家养老护理服务（包括医疗卫生服务、日常照护、心灵和精神慰藉等）的需求急剧增加。而面对过快的老龄化速度，政府反应不及，购买养老服务的经费投入少、缺乏制度化的预算安排等导致了养老服务供给严重不足，形成供求错配[①]。从政策背景和政府财政支持为切入点来看待当前的养老服务问题，显然对于一些欠发达省份和地区更有解释力，但从前文可以看出，这与上海市的实际情况存在差异。也有部分学者认为，政府不是唯一的供给主体，政府、社会和个人共同参与的多元供给模式已经形成，供求错配产生的原因是多方的。一方面，高龄老年人身体机能的弱化以及高血压、糖尿病等慢性疾病的困扰，使得老年人医疗费用的支出不断增长，部分老年人的退休金甚至难以维持生活所需，而养老服务的价格直接影响了老年人对养老方式的选择，刚性需求大而购买力不足导致供求错配[②]；另一方面，民办养老机构规模不一，服务质量参差不齐，并且囿于产业整体发展，养老护工的工资水平和整体服务素质较低，缺乏康复员、营养师、心理咨询师、社会工作者等专业化人才，远不能满足当前服务需求（汪钰，2015；于雯雯，2016）。

与此同时，中国现行养老服务的供求失衡不仅体现在总量上，在城乡和地区之间也存在供求错配[③]。这种供求错配在上海市表现得较为明显，即城区和郊县养老资源供给不均。以笔者走访的其中两家综合为老服务中心为例。AZH中心位于静安区，处于城区相对繁华的地段，其主要服务对象是所处街道的所有60周岁及以上居民（不设置户籍门槛）。综合为老服务中心RF位于浦东新区某镇，并以镇为单位，仅为户籍为本镇居民的老人提供

---

① 张艳芳：《促进养老服务供求均衡的政府购买养老服务政策研究》，《西北人口》2016年第1期，第87~93页。

② 席群、陆新华、夏雨：《地区机构养老服务供需分析研究－－以南通市为例》，《价格理论与实践》2015年第11期，第132~134页。

③ 谢志强：《社会治理视角下我国养老服务存在的十大结构性问题》，《人民论坛》2014年第36期，第41~42页。

免费服务。两家中心均以政府购买服务的形式外包入驻，且在中心的占地面积、基础设施、人员配备、服务项目等内容上基本一致。然而通过实地走访以及与机构相关负责人的对话，笔者了解到，两家机构在实际运营过程中呈现截然相反的结果，具体表现如下。（1）AZH 中心所在城区养老资源需求大，但因供给不足而拥挤。例如，AZH 中心所在街道购置了老年人使用的高科技康复器材，老年人只需要在中心服务台登记，便可通过预约排队的方式免费使用这些器材。但现实情况是，很多老年人并不清楚这一项规定，以为是付费项目或部分注册会员的特权项目，同时由于器材数量有限，且对单个老年人的单次使用时长没有明确限制，很多老年人都预约不上，享受这部分服务的老年人仍是少数。（2）RF 中心所在郊区养老资源需求量相对较小，但因供给过剩而浪费。RF 综合为老服务中心在设计之初，预计可同时容纳 300 位老年人。除了日间照护的基本设施外，中心还建设了老年图书室、电脑操作室、舞蹈排练厅、老年 KTV 等学习娱乐设施，并为所有老年人免费提供下午茶。然而中心建成一年有余，高峰使用量不到 30 人，日常服务老年人的数量也仅维持在个位数。与之相对，不论是城区还是乡镇，老年人对基本医疗服务的渴求和养老床位的缺口均比较大，然而现行的养老服务体系没有很好地解决这一难题，很多符合入住的老年人均处于轮候状态。

三　其他方面

（一）需求评估体系待完善

通过调研，笔者了解到上海市已经逐步建立起以街道办事处、镇（乡）政府为枢纽的社区居家养老服务体系。由街道办事处和镇（乡）政府牵头，负责整合社区相关服务资源，发展社区养老服务，并扶持和培育各类社会服务机构开展专业的社区老年人照护服务，组织指导下属居（村）委会和老年团体、老年组织等为辖区老年人提供服务。同时，上海市逐步建立了与之相配套的养老服务需求评估体系和服务设施建设考核体系。上海市老龄工作委员会办公室2017年发布的《2016年上海市老龄事业发展报告书》内容显示，截至2016年11月底，上海市各区均依照市政府的统一要求，全面推进老年照护统一需求评估体系建设。徐汇区、青浦区、崇明区等区依据实际情况出台了相关评估工作实施方案，并于下半年完成统一需求评估员培训工作，基本组建完成第三方专业评估机构。浦东新区、长宁区、静安区等表1显示的各区则已在此基础上推进开展具体评估工作。

表1 上海市各区评估体系实行情况

所在区	申请人数	完成评估人数	服务落实人数
浦东新区②	2966(人)	1795(人)	1647(人)
长宁区	730(人)	/	335(人)
静安区	157(人)	132(人)	80(人)
虹口区	645(人)	582(人)	456(人)
杨浦区	893(人)	616(人)	/
闵行区	502(人)	452(人)	255(人)
宝山区	544(人次)	502(人次)	351(人次)
金山区	/	4813(人)	/
嘉定区	约1000(人次)	约800(人次)	/
松江区	850(人)	781(人)	/
奉贤区	82(人)	19(人)	/

资料来源：《2016年上海市老龄事业发展报告书》，上海，数据截止时间为2016年11月底。

但是，正如上述“双重差距”问题的存在一样，现行的评估与考核体系仍然是不完善的，具体表现为机械刻板、灵活性差、评估效率低。自2013年开始，上海市政府组织开展老年照护统一需求评估试点工作，以街道作为总的信息中心，老年人向社区事务所提出评估需求并报名登记，由街

① 浦东新区申请的2966人中，完成身体评估者有1795人，完成经济评估者有2086人，1647位申请人已实现服务落地，其中居家养老服务者有728人，机构养老服务者有814人。

道对接第三方评估机构进行评估。评估工作以老年人的身体健康状况为标准将老年人进行分级，具体可分为6级。以上海市推行的高龄老年人医疗护理计划为例，医务工作人员将根据老年人所在等级进行上门服务。其中，评估等级在2级的老年人每周可享受3小时服务，3~4级老年人每周可享受5小时服务，而5~6级的老年人每周则可享受7小时的上门服务。笔者走访的两家日间照护中心均主要接受2~4级老人[①]，而综合为老服务中心则对等级没有要求。评估过程由人工上门进行实时录入，并由软件系统自动生成评估结果。由于评估需要了解老人的全方位信息，因此评估内容十分细化，这导致很多老人由于评估时间过长而倍感压力。并且由于部分问题涉及个人隐私，老人对陌生的评估人员有所顾忌，这在影响真实情况反馈的同时降低了评估的效率。同时，正如前文所述，养老评估系统存在灵活性差的问题。例如，某位受访的老人曾经患有癫痫等急性病症，近年来未曾发病，生活基本可以自理，但由于病症等级过高，该老人被系统评估为5级（需要住院看护）。老人对此表示无奈。

> 当时听居委会的人跟我讲，我可以去那个日间照料中心的，我想想觉得那个地方挺好的，就让我儿子帮我申请了，结果，等了半天，让我去养老院里面待，我肯定不喜欢的呀，我又不是手脚动不了，瞎闹！（访谈资料，20170715－SHFX）。

与之相对，另一位行动不便的独居老年人，则因为身无大病，几次评估都无法达到相应的等级而未能如愿进入养老院养老。

（二）“互联网＋养老”及养老服务产业化待发展

“互联网＋养老”主要是指以智能设备为基础设施，以老年人服务需求

① 2级以下老年基本可以自理；3级老人需要使用轮椅，失志失能；4级及以上老人一般由养老院等全托型机构接收。

信息为要素，由线下服务圈提供服务支撑的三大块共同构成的闭合式供给与需求链。[①] 老年人通过使用专业的智能设备将自身的服务需求信息反馈给线上服务平台，平台通过对信息的收集和分析处理，将相应的老年服务需求反馈和分配给对应的线下养老服务机构，并由线下机构为老年人提供具体服务。上海市于2017年3月召开了“互联网+养老产业”专家研讨会，会议指出，将以虹口区作为第一批试点地区，建立覆盖全区的民政养老大数据应用管理平台，细分市场以满足老年人个性化服务需求。[②] 然而，“互联网+养老”模式的实现以及数据平台的建立必须依赖智能设备这一基础设施，而即便是在上海，智能终端设备在老年人口中的普及程度也不高。一方面，受技术专利保护的影响，智能设备的价格居高不下，老年人的经济条件有限难以承担；另一方面，老年人接受新事物的能力相对较低，智能设备作为“新生事物”始终难以真正进入老年人的日常生活。以智能手机为例，笔者调查的391位老年人中，仅有35.55%（139人）的老年人正在使用智能手机，从未接触过智能手机的老年人为188人，占总数的48.08%。并且76.98%的老年人表示从未在网上注册过老年社区。而笔者访问的上海科技助老服务中心的相关工作人员也表示，即便开发了简单易操作的智能设备，并且由政府或部分企业提供相关补贴或免费使用权，大部分老年人依然无法适应对智能设备的使用，大量生产出来的智能设备长期处于闲置状态。

与此同时，笔者通过调研发现，上海市目前的各类型养老服务中心服务内容存在同质化，商业价值仍待开发。上海市民政局制定的《上海市社区养老服务管理办法》明确指出，社区养老服务设施主要包括社区托养服务设施、综合为老服务设施和社区支持类服务设施，并针对不同类型养老服务

---

① 于潇、孙悦：《“互联网+养老”：新时期养老服务模式创新发展研究》，《人口学刊》2017年第1期。

② 参见《上海市召开“互联网+养老产业”专家研讨会》，城乡中国，http：//cxzg. china. com. cn/news/2554_ 2017_ 03/show -2554 -34538 -1. html? from = timeline&isappinstalled = 0，2017年3月23日。

设施提出了不同的建设要求和服务要求。[①] 然而，如前文所讲，当前老年人养老服务观念不足，接受并使用社区养老服务的人数和频数低，且需求集中在生活照顾和基本医疗方面。因此，各类型养老服务中心为了吸引老年人入驻，以及加强对养老服务的宣传推广，普遍采取了养老服务体验、免费提供茶点、提供广场舞场地等手段，服务内容同质化高，缺乏机构特色，且与居委会开展的老年活动和工作内容存在重叠。同时，由于采取政府购买服务的形式，且公开、透明的招投标式的竞争性购买尚未实现[②]，部分养老服务组织/机构因缺乏竞争压力而丧失对服务质量和服务内容创新的追求。

四　对策及建议

综上所述，目前上海市政府已基本建立起比较健全的养老服务体系，且现阶段仍然偏向普惠制。而从笔者问卷调查的数据和访谈内容来看，居委会提供的老年服务基本可以满足当下老年人的生活要求，老年人的养老主观意愿无法转化为对养老服务的现实需求。同时供求错配问题和城乡区域性差距仍然存在，“互联网 + 养老”模式的实现和养老服务的产业化发展仍留待解决。针对上述问题，笔者提出以下建议。

第一，加大养老服务的宣传力度，提高养老服务的刚性需求。

当前大部分老年人主要通过电视、收音机以及社区宣传了解政府的相关养老政策。政府应扩大养老方式的宣传力度，鼓励社区利用讲座、老年课堂等多样化方式宣传养老服务政策并提高老年人对新鲜事物的接受能力，以提高智能设备和网上老年社区的使用率，加快实现“互联网 + 养老”模式的形成。

第二，采用网格式手段分配城乡养老资源。

① 参见《市政府办公厅关于转发市民政局制定的〈上海市社区养老服务管理办法〉的通知》，网上政务大厅，http://www.shanghai.gov.cn/nw2/nw2314/nw2319/nw12344/u26aw52270.html，2017 年 5 月 5 日。

② 李春、王千：《政府购买养老服务过程中的第三方评估制度探讨》，《中国行政管理》2014 年第 12 期。

城乡老年人养老服务观念差异的主观因素，以及城乡老年人接收养老服务信息渠道的差异、距离亦是城乡养老供需差异产生的重要原因。城区多元化的交通方式虽方便了老人的出行，但同时造成综合为老服务中心服务量过于集中，资源使用拥挤的问题。而农村地区由于交通不便，距离因素对老人的出行影响较大，老人大多选择在家或就近的居委老年活动室进行活动，造成为老服务中心的资源利用不足。因此，养老资源适合网格式分布，城区需要加大规模和加强养老资源的网格式扩散，缓解养老资源供不应求的压力。而郊区应在缩小规模的前提下进行网格式扩散，强调养老资源的便利性，提升养老资源的利用率。

第三，提高现行评估体系的灵活性，实现养老服务资源的优化配置。

目前已经建立的评估体系主要以计算机系统评估为主，以需求评估员为辅。但无论是采用计算机系统进行客观评估还是由工作人员进行主观测评，均力求评估情况的真实性和评估结果的公平、公正，以期有针对性地实现养老服务资源的优化配置。鉴于目前系统评估过于机械化，缺乏灵活性，且评估效率较低。笔者建议采取线上评估与线下评估相结合的方式进行评估。在当前互联网普及且视频通话效率逐步提高的时代，可以优先采取线上自评，让老年人在亲人或社区工作人员的协助下将基本信息进行线上录入。一方面，面对熟悉的人群，可以避免老人因信任问题对个人隐私的隐瞒，更易于让老年人反映自身真实情况；另一方面，可以充分利用评估资源，优先评估等级高、需求急的老年人。此外，当前高等级养老服务资源，尤其是养老院资源匮乏，床位缺口大，而低等级养老服务资源过剩，例如基本日间照护服务设施供大于求。因此应当结合当前资源利用情况，适当放宽对低等级养老服务需求者入驻养老服务中心的限制。

第四，规范政府购买养老服务的流程，建立公开透明的招投标式竞争性购买方式，增强养老服务产业的竞争性，以促使第三方服务机构注重提升自身的服务质量，打造养老服务品牌意识，形成良好的产业竞争环境。同时，鼓励第三方服务机构采取多元化战略，开发符合老人需求的高附加值服务。在当前硬件设施和基本养老服务标准化的养老产业，各第三服务机构如果想提高公司的营收能力，必须采取多元化战略，在提供基本养老服务产品的同时开发各种高附加值的衍生服务，比如针对服务需求评级低、身体相对健康的老人提供旅游服务、旅居服务；针对服务需求评级高、尚无法入驻养老院得到相应服务的老人，提供护理床出租服务、实时体征监测服务等。

参考文献

李春、王千：《政府购买养老服务过程中的第三方评估制度探讨》，《中国行政管理》2014 年第 12 期。

李国梁：《城乡居民养老观念比较研究》，《四川理工学院学报》（社会科学版）2017 年第 3 期。

潘屹、隋玉杰、陈社英：《建立中国特色的社区综合养老社会服务体系》，《人口与社会》2017 年第 2 期。

石晶：《多元化的养老模式为何重要——基于供求关系的视角》，《国家治理》2014 年第 21 期。

汪钰：《居家养老服务供需失衡现状即其原因研究——基于保定市 F 社区的调查》，International Conference on Social Science and Education（ICSSE 2015），London，UK，2015 年 6 月 27 日。

吴丹洁：《农村中年居民养老观念对养老方式影响因素研究》，《科学决策》2017 年第 2 期。

席群、陆新华、夏雨：《地区机构养老服务供需分析研究——以南通市为例》，《价格理论与实践》2015 年第 11 期。

谢志强：《社会治理视角下我国养老服务存在的十大结构性问题》，《人民论坛》2014 年第 36 期。

于潇、孙悦：《"互联网 + 养老"：新时期养老服务模式创新发展研究》，《人口学刊》2017 年第 1 期。

于雯雯：《哈尔滨市养老机构服务供需探究》，《经济研究导刊》2016 年第 10 期。

张艳芳：《促进养老服务供求均衡的政府购买养老服务政策研究》，《西北人口》2016 年第 1 期。

朱安新、高熔：《"养儿防老"还是"养女防老"？——中国老年人主观意愿分析》，《妇女研究论丛》2016 年第 4 期。

约翰·梅纳德·凯恩斯：《就业、利息和货币通论》，商务印书馆，1987，第 20 页。

B.14

我国社区居家养老服务的供给、需求和利用分析

——以有照料需求的高龄老人为例

丁志宏　曲嘉瑶*

摘　要： 我国有照料需求的高龄老人比例高，各省份之间差异大。有照料需求的高龄老人对大部分养老服务项目显示了知晓率高、需求率高、利用率低、利用效率差、有效需求得不到满足的特点。群体上，女性、丧偶、受教育程度低、经济条件差的高龄老人是养老服务需求的强势群体和利用的弱势群体。农村有照顾需求的高龄老人在绝大部分养老服务项目的知晓率、利用率、利用差上都低于城镇，而需求率和需求差则高于城镇。东、中、西部以及东北地区有照料需求的高龄老人在养老服务项目的知晓率、利用率、需求率、利用差、需求差上都存在较大差异，西部、中部地区的社区居家养老服务亟待加强。以此为依据，本文提出了精准的建议，以便更好地提升社区居家养老服务水平。

关键词： 社区居家养老服务　有照顾需求的高龄老人　供给　需求　利用

---

* 丁志宏，中央财经大学社会与心理学院副教授、博士；研究方向为社会老年学、老年照料。曲嘉瑶，中国老龄科学研究中心副研究员、博士；研究方向为老龄公共政策、老年宜居环境。

在基本公共服务均等化日益成为政府和社会关注点的当下，社区居家养老服务已经成为基本公共服务体系的重要组成部分。那么，对照料更有需求的高龄老人，他们面临的社区居家养老服务供给如何？他们对社区居家养老服务的利用如何？他们的需求是否得到了有效满足？其间存在哪些问题？该如何解决？这些问题都需要人们认真思考。已有研究发现，对于整体有照料需求的老人而言，养老服务总体上呈现服务需求大于服务供给、服务供给大于服务利用的特征。各项养老服务的供给、需求、利用结构存在明显的年龄、婚姻、受教育程度、经济状况、地区差异。除城乡和地域差异外，还有学者发现存在职业间差异。但是，这些研究对象都是整体老年人，没有具体考察最需要照料的高龄老年人对服务的需求、利用和供给情况。为此，本文以有照料需求的高龄老人为对象，分析他们在社区居家养老服务需求、利用、供给方面是否存在群体、地区和城乡间的显著差异。

一　研究设计

（一）分析框架

本文对有照料需求高龄老年人的养老服务进行分析，考察他们在各项养老服务供给、利用、需求等方面的差异，和以往研究不同：第一，考察对象上，针对有照料需求的高龄老年人；第二，分析内容上，不仅考察各项养老服务供给、利用、需求在总体和地区间的差异，还考察它们在群体间的差异（见图1）。

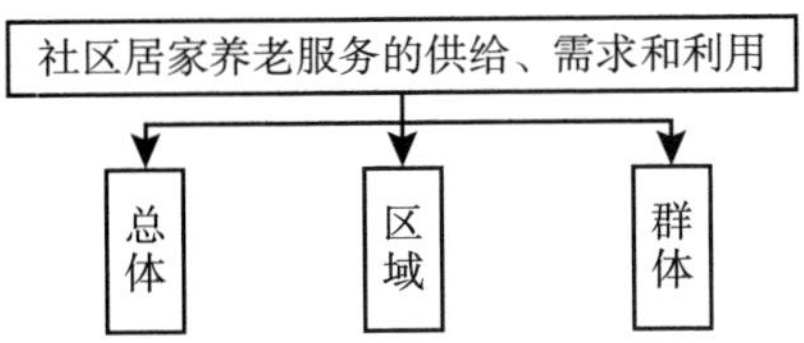

图1　本文分析框架

“第四次中国城乡老年人生活状况抽样调查”调查了九项社区居家养老服务。这不仅基本上包括了有照料需求的高龄老年人对各项服务的需求，还有利于在人群和地区间进行完整对比。

操作化方面，本文从知晓率、利用率、需求率三方面分析有照料需求的高龄老年人在各项养老服务方面存在的差异，以了解社区居家养老服务供需和利用情况。此外，笔者使用利用差和需求差两个指标来测量各项服务需求、供给与利用间的关系。各项服务供给的比例减去利用的比例即利用差，差值越大，表明该服务的利用效率越低。各项服务的需求比例减去供给比例即需求差，差值越大，表明服务需求越没有得到有效满足。

（二）数据来源

本文使用数据为“第四次中国城乡老年人生活状况抽样调查”问卷的原始数据。调查时点为2015年8月1日0时，调查对象是60周岁及以上的中国公民，调查范围是全国31个省、自治区、直辖市（港澳台地区除外）和新疆生产建设兵团。调查采用“分层、多阶段PPS、最后阶段等概率”抽样设计，所得样本近似自加权样本，具有全国代表性。调查发放22.368万份问卷，有效样本为22.017万份，样本有效率为98.4%。

调查问卷设计了九项社区居家养老服务，分别调查了每项服务的知晓、需求和利用情况。本文利用“您现在的日常生活需要别人照料护理吗?”，挑出有照料需求的80周岁及以上高龄老年人11841人作为分析样本。

二 分析结果

（一）养老服务供给、利用和需求的总体情况

1. 有照料需求的高龄老年人状况

总体看，我国有照料需求的高龄老年人比例比较高。分析显示，我国有照料需求的高龄老年人为11841人，占所有有照料需求老人的37%（其中，60~69周岁的占29.3%，70~79周岁的占33.7%），占所有高龄老年人的38.8%。说明随着寿命的延长，老年人生活不能自理的比例在提高。

各省份有照料需求的高龄老年人比例存在显著差异。分析显示，总体上，甘肃、宁夏两省（区）的高龄老年人中，有照料需求的比例最高，超过60%，其次是山西、新疆、云南、内蒙古，占比为50%～54%，再次是湖南、海南、上海、湖北、贵州、四川、天津、河南、河北、黑龙江、北京、吉林、西藏、陕西等省份，高龄老年人中有需要照顾的占比为40%～49%，而辽宁的比例最低，仅为10.4%。在城镇地区，辽宁的高龄老人中有照料需求的比例最低，不到8%，云南、甘肃、宁夏三省（区）的比例较高，超过50%，大部分省份的占比为40%～47%，包括海南、湖北、上海、贵州、四川、湖南、黑龙江、河南、河北、北京、吉林、天津、内蒙古、新疆、陕西、山西等省（直辖市、区）。在农村地区，浙江和辽宁两省有照料需求高龄老年人的比例比较低，均在18%以下，而内蒙古、甘肃、北京、新疆等省（直辖市、区）的占比较高，超过60%，尤其是新疆，接近70%，占比较高的还有黑龙江、云南、山西、西藏、陕西、宁夏等省（区），也超过了50%（见图2）。

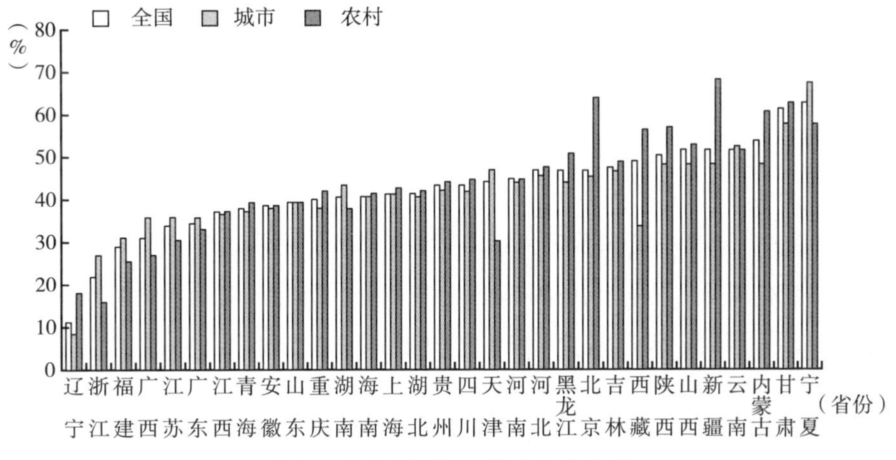

图2　各省需要照料的老年人比例

具体而言，有照料需求的高龄老年人在人口社会经济特征上存在显著差异。性别上，有照料需求的女性高龄老年人占比较高，比男性高龄老年人高24.2个百分点。高龄老年人的受教育程度越高，有照料需求的比例越低，如文盲高龄老人有照料需求的比例分别是小学和初中以上高龄老年人的2.2倍和4.3倍。经济状况方面，经济宽裕的高龄老年人有照料需求的比例最低，不到13%，经济够用高龄老年人的照料需求最高，超过了50%。农村高龄老年人有照料需求的比例低于城镇9.8个百分点。东部地区高龄老年人有照料需求的比例最高，接近40%，东部、中部和西部地区有照料需求的高龄老年人比例明显高于东北地区。婚姻方面，丧偶高龄老年人的照料需求最高，接近70%，其次是有配偶的高龄老年人，在30%左右，而未婚和离婚高龄老年人有照料需求的比例很低，不到1%（见表1）。

表1　需要照料的高龄老年人特征

		样本量(人)	比例(%)			样本量(人)	比例(%)
城乡	城镇	6506	54.9	地区	东部	4468	37.7
	农村	5335	45.1		中部	3251	27.5
性别	男	4492	37.9		西部	3105	26.2
	女	7349	62.1		东北	567	4.8
教育	文盲	6973	58.9	婚姻	有配偶	3577	30.2
	小学	3209	27.1		丧偶	7997	67.5
	初中以上	1620	13.7		离婚	38	0.3
经济	宽裕	1431	12.1		未婚	89	0.8
	够用	6088	51.4				
	困难	4224	35.7				

2. 各类社区养老服务项目在供给、利用和需求上的总体情况

从知晓率来看，需要照料的高龄老年人对上门看病的知晓率最高，上门做家务、日间照料、健康教育的知晓率也比较高。分析显示，有照料需求的高龄老年人知道上门看病的近30%，知道上门做家务、日间照料、健康教育的比例在13%左右，而知道助浴服务和老年辅具用品租赁的接近5%。

从利用率来看，除上门看病之外，其他服务项目的利用率都比较低。分析显示，需要照料的高龄老人对上门看病的利用率在20%左右，对其他社区养老服务项目的利用率都没有超过5%，尤其是助浴服务和老年辅具用品租赁的比例都不到2%。

从需求率来看，需要照料的高龄老人对上门看病的需求最高，康复护理、日间照料和上门做家务的需求率也比较高，其他服务项目的需求率很低。分析显示，需要照料的高龄老人对上门看病的需求比例超过50%，对康复护理、日间照料和上门做家务的需求在20%左右，除老年辅具用品租赁外，对其他各项养老服务的需求比例为10%～17%。高龄老人行动不方便，因而对居家医疗健康类和生活服务类的服务需求比例比较高。

从利用差看，助浴服务和老年辅具用品租赁的利用效率较低，助餐服务、日间照料、上门看病、上门做家务和健康教育的利用效率较高。分析显示，助浴服务和老年辅具用品租赁的利用差在4%以下，而日间照料、上门看病、上门做家务和健康教育的利用差在8%以上。

从需求差看，上门看病的需求差最高，其次是康复护理，而老年辅具用品租赁和健康教育的需求差非常低。分析显示，上门看病的需求差超过24%，康复护理的需求差也为11.5%，说明对于需要照料的高龄老年人而言，这两项服务的需求最没有得到满足。而老年辅具用品租赁的需求差不到3%，值得注意的是，健康教育的需求差为负，也就是说该项服务项目存在供给大于需求的情况（见表2）。

表2　各类社区养老服务项目的供需情况

单位：%

服务项目	知晓率	利用率	服务需求	利用差	需求差
助餐服务	9.7	1.9	16.2	7.8	6.5
助浴服务	4.5	1.3	12.8	3.2	8.3
上门做家务	13.4	5.0	21.2	8.4	7.8
上门看病	29.3	20.9	53.5	8.4	24.2
日间照料	12.7	3.6	21.0	9.1	8.3
康复护理	8.4	1.6	19.9	6.8	11.5
老年辅具用品租赁	4.9	1.0	7.0	3.9	2.1
健康教育	12.5	4.5	10.0	8.0	-2.5
心理咨询*	9.9	3.6	14.3	6.3	4.4

注：心理咨询代表心理咨询/聊天解闷，下同。

（二）社区养老服务供给、利用和需求的群体差异

1. 社区养老服务供给、利用和需求的性别差异

知晓率方面，有照料需求的男性高龄老人在多个方面的知晓率上高于女性高龄老人，但性别间大体差异不大。分析显示，有照料需求的男性高龄老人在上门看病、助餐服务、康复护理、健康教育、心理咨询方面的服务知晓率较高，分别比女性高龄老人高4.9、2.3、0.1、2.9、1个百分点，而有照料需求的女性高龄老人在助浴服务、上门做家务、日间照料、辅具租赁服务方面分别高于男性高龄老人1.3、0.9、0.5、0.6个百分点。可以看到，性别之间知晓率差距最大的是上门看病服务，最小的是康复护理服务。

利用率方面，有照料需求的男性高龄老人在多个方面都高于女性高龄老人，但差异整体上也不大。分析显示，有照料需求的男性高龄老人在上门看病、助餐服务、日间照料、辅具租赁和健康教育上的利用率分别比女性高龄老人高1.7、0.3、0.8、0.1、1.1个百分点，而有照料需求的女性高龄老人只是在助浴服务、上门做家务、心理咨询等方面比男性高龄老人高0.7、0.3、0.3个百分点，其中，上门看病的利用率差距最大，而康复护理的差距最小。

服务需求方面，有照料需求的女性高龄老人在多个方面高于男性，但差异不大。分析显示，有照料需求的女性高龄老人在助浴服务、上门看病等六项服务方面比男性高龄老人需求率高，而有照料需求的男性高龄老人只是在上门做家务和健康教育方面分别比女性高0.1、1.3个百分点。性别之间需求差距最大的是助浴服务，最小的是心理咨询。

利用差方面，有照料需求的男性高龄老人在多个方面的利用差高于女性高龄老人，但差异较小。分析显示，有照料需求的男性高龄老人在上门看病、助餐服务、康复护理、健康教育、心理咨询等方面分别比女性高龄老人高3.2、2.0、0.1、1.8、1.3个百分点，而有照料需求的女性高龄老人在助浴服务、上门做家务、日间照料和辅具租赁方面分别高于男性高龄老人0.6、0.6、1.3、0.7个百分点，其中，利用差在上门看病方面差距最大，在康复护理方面差距最小。

需求差方面，除上门做家务外，有照料需求的女性高龄老人在绝大部分服务上都高于男性高龄老人。分析显示，有照料需求的女性高龄老人在上门看病、助餐服务、助浴服务、日间照料、康复护理、辅具租赁、健康教育、心理咨询八项服务方面分别比男性高龄老人高 6.9、2.8、1.0、0.9、0.8、0.2、1.6、1.0 个百分点，有照料需求的男性高龄老人只是在上门做家务方面比女性高龄老人高 1 个百分点。我们看到，上门看病服务方面的需求差差距最大，说明有照料需求的女性高龄老人对于该项服务的需求最没有得到满足。而康复护理的需求差最小。

表 3　分性别有照料需求高龄老人各类养老服务项目的供需情况

单位：%

服务项目	知晓率		利用率		服务需求		利用差		需求差	
	男性	女性	男性	女性	男性	女性	男性	女性	男性	女性
助餐服务	11.1	8.8	2.1	1.8	15.9	16.4	9.0	7.0	4.8	7.6
助浴服务	3.7	5.0	0.9	1.6	11.4	13.7	2.8	3.4	7.7	8.7
上门做家务	12.8	13.7	4.8	5.1	21.3	21.2	8.0	8.6	8.5	7.5
上门看病	32.3	27.4	21.9	20.2	52.3	54.3	10.4	7.2	20.0	26.9
日间照料	12.4	12.9	4.1	3.3	20.2	21.6	8.3	9.6	7.8	8.7
康复护理	8.5	8.4	1.6	1.6	19.5	20.2	6.9	6.8	11.0	11.8
辅具租赁	4.5	5.1	1.1	1.0	6.5	7.3	3.4	4.1	2.0	2.2
健康教育	14.3	11.4	5.2	4.1	10.8	9.5	9.1	7.3	-3.5	-1.9
心理咨询	10.5	9.5	3.4	3.7	14.3	14.3	7.1	5.8	3.8	4.8

2. 社区养老服务供给、利用和需求的婚姻差异

知晓率上，有照料需求的已婚高龄老人对所有服务的知晓情况都好于丧偶老人，但二者差异不大。分析显示，有照料需求的已婚高龄老人在健康教育、助餐服务、上门做家务、助浴服务、上门看病、日间照料、康复护理、辅具租赁、心理咨询方面分别比丧偶高龄老人高 4.8、4.1、4.0、1.4、0.4、0.2、0.9、1.8、1.5 个百分点，其中，健康教育的知晓率差距最大，而日间照料的差距最小。

利用率上，有照料需求的已婚高龄老人在绝大部分养老项目上都高于丧偶高龄老人，但二者差异不大。分析显示，有照料需求的已婚高龄老人对健康教育等六项服务的利用率比丧偶高龄老人高。而有照料需求的丧偶高龄老人在上门看病、康复护理、心理咨询服务方面分别比已婚高龄老人高 4.7、0.6、1.6 个百分点。其中，上门看病的利用率差距最大，日间照料差距最小。

服务需求上，有照料需求的已婚高龄老人在大部分项目上都超过了丧偶高龄老人，但二者差别不大。分析显示，有照料需求的已婚高龄老人在上门做家务、助餐服务、康复护理、辅具租赁、健康教育方面分别比丧偶高龄老人高 4.3、1.4、2.4、0.2、0.8 个百分点。而有照料需求的丧偶高龄老人在助浴服务、上门看病、日间照料、心理咨询方面比已婚高龄老人高 1.5、2.6、1.6、2.2 个百分点。其中，上门做家务的需求率差距最大，辅具租赁的差异最小。

利用差方面，有照料需求的已婚高龄老人在绝大部分项目上都超过丧偶高龄老人，但它们之间的差异不大。分析显示，有照料需求的已婚高龄老人在上门看病等八项服务的利用差上明显高于丧偶高龄老人，另外，已婚、丧偶高龄老人在日间照料的利用差上没有差异。

需求差方面，有照料需求的丧偶高龄老人在绝大部分项目上都高于已婚高龄老人，差异并不大。分析显示，有照料需求的丧偶高龄老人在健康教育、心理咨询、助餐服务、助浴服务、上门看病、日间照料、辅具租赁方面分别比已婚高龄老人高 4.0、3.7、2.7、2.9、3.0、1.8、1.6 个百分点，而有照料需求的已婚高龄老人只是在上门做家务、康复护理两方面比丧偶高龄老人高 0.3、1.5 个百分点。其中，健康教育的需求差差距最大，上门做家务差距最小。

表 4　分婚姻状况有照料需求高龄老人各类养老服务项目的供需情况

单位：%

服务项目	知晓率		利用率		服务需求		利用差		需求差	
	已婚*	丧偶	已婚	丧偶	已婚	丧偶	已婚	丧偶	已婚	丧偶
助餐服务	12.4	8.3	2.5	1.5	17.1	15.7	9.9	6.8	4.7	7.4
助浴服务	5.4	4.0	1.8	1.0	11.8	13.3	3.6	3.0	6.4	9.3
上门做家务	16.0	12.0	5.9	4.4	24.2	19.9	10.1	7.6	8.2	7.9

续表

服务项目	知晓率		利用率		服务需求		利用差		需求差	
	已婚*	丧偶	已婚	丧偶	已婚	丧偶	已婚	丧偶	已婚	丧偶
上门看病	29.5	29.1	17.8	22.5	51.8	54.4	11.7	6.6	22.3	25.3
日间照料	12.7	12.5	3.6	3.4	19.9	21.5	9.1	9.1	7.2	9.0
康复护理	8.9	8.0	1.0	1.6	21.5	19.1	7.9	6.4	12.6	11.1
辅具租赁	6.1	4.3	1.3	0.9	7.1	6.9	4.8	3.4	1.0	2.6
健康教育	15.6	10.8	6.1	3.5	10.6	9.8	9.5	7.3	-5.0	-1.0
心理咨询	10.8	9.3	2.3	3.9	12.8	15.0	8.5	5.4	2.0	5.7

注：因为未婚和离婚需要照料的高龄老人很少，本文只分析了已婚和丧偶的需要照料的高龄老人。

3. 社区养老服务供给、利用和需求的受教育程度差异

知晓率方面，总体来看，随着受教育程度的提高，有照料需求的高龄老人对各项服务的知晓率越来越高。分析显示，有照料需求的文盲高龄老人对各项服务的知晓率都是最低的，如日间照料，有照料需求的初中以上的高龄老人的知晓率分别比文盲和小学的高龄老人高 15.8 和 13.1 个百分点。但受教育程度在初中以上的高龄老人，除上门看病外（小学高龄老人的知晓率比初中以上高龄老人知晓率高 1.9 个百分点），各项服务的知晓率都是最高的，如心理咨询，有照料需求的初中以上高龄老人的知晓率为 20.1%，分别比文盲和小学高龄老人的知晓率高 13.4 和 8.8 个百分点。

利用率方面，总体上受教育程度越高的高龄老人对各项服务的利用率越高。分析显示，有照料需求的初中以上高龄老人在助餐服务、助浴服务、上门做家务、日间照料、辅具租赁、健康教育等方面利用率最高，如对于上门做家务，初中以上高龄老人的利用率为 11.1%，分别比文盲和小学的高龄老人高 7.7 和 6.5 个百分点。有照料需求的文盲高龄老人在上门做家务、日间照料、辅具租赁、健康教育等方面的利用率都是最低的，如辅具租赁，初中以上高龄老人利用率为 1.7%，分别比文盲和小学高龄老人高 1.1 和 0.2 个百分点。同时，有照料需求的文盲和小学的高龄老人在上门看病和康复护理的利用率上都高于初中以上的高龄老人，如上门看病，初中以上的高龄老

人分别比文盲和小学的高龄老人低 10.8 和 10.9 个百分点。

需求方面，上门做家务上，需求率随着受教育程度的提升而提升，健康教育上，小学高龄老人的需求是最高的，在助餐服务上，初中以上高龄老人的需求是最高的，文盲与小学高龄老人需求一样，在其他社区养老服务项目上，随着受教育程度的提升，有照料需求的高龄老人的需求越来越低。分析显示，有照料需求的初中以上高龄老人对助浴服务、上门看病、日间照料、康复护理、辅具租赁、心理咨询六项服务的需求比例最小，如上门看病，初中以上高龄老人需求为 39.6%，分别比文盲和小学高龄老人低 17.6 和 12.9 个百分点。但是，在上门做家务上，有照料需求的初中以上高龄老人的需求为 30.4%，分别比文盲和小学高龄老人高 11 和 9.8 个百分点。另外，健康教育上，有照料需求的小学高龄老人的需求为 10.4%，分别比文盲和初中以上高龄老人高 0.5 和 0.6 个百分点。

表 5　分教育程度有照料需求高龄老人各类养老服务项目的供需情况

单位：%

服务项目	知晓率			利用率			服务需求		
	文盲	小学	初中以上	文盲	小学	初中以上	文盲	小学	初中以上
助餐服务	6.0	9.6	24.6	1.6	1.2	4.4	15.6	15.6	20.2
助浴服务	3.4	4.2	9.7	1.3	0.6	2.8	13.4	12.2	11.9
上门做家务	10.1	12.0	29.0	3.4	4.6	11.1	19.4	20.6	30.4
上门看病	27.4	32.5	30.6	22.5	22.6	11.7	57.2	52.5	39.6
日间照料	9.7	12.4	25.5	2.3	4.5	6.2	21.6	20.8	19.1
康复护理	6.1	7.6	19.3	1.2	2.5	1.1	20.6	19.4	18.0
辅具租赁	3.4	5.4	10.2	0.6	1.5	1.7	7.4	6.6	5.9
健康教育	8.1	14.4	26.5	3.0	6.5	6.7	9.9	10.4	9.8
心理咨询	6.7	11.3	20.1	3.0	4.6	3.9	14.6	14.4	13.0

利用差方面，随着受教育程度的提高，有照料需求的高龄老人对各项服务的利用差也越来越高，文盲和小学的高龄老人的利用差均在 10% 以下，而初中以上高龄老人的需求差绝大部分均在 16% 以上。分析显示，有照料需求的文盲和小学高龄老人利用差最大的分别为日间照料和上门看病，分别

为7.4%和9.9%，但是，有照料需求的初中以上高龄老人最大利用差为助餐服务，为20.2%，另外，有照料需求的初中以上高龄老人各项服务的利用差都最大，如上门看病，初中以上高龄老人利用差为18.9%，分别比文盲和小学高龄老人高14和9个百分点。

需求差方面，随着受教育程度的提升，有照料需求的高龄老人对各项服务的需求差在逐渐减小。文盲老人的需求差均为正值，需求满足性差，而初中以上高龄老人需求差大部分为负值，需求满足过剩。分析显示，有照料需求的文盲高龄老人中，需求最没有得到满足的是上门看病，接近30%，另外，日间照料、康复护理、助浴服务也都在10%以上（含10%）。对于有照料需求的初中以上的高龄老人，除助浴服务、上门做家务和上门看病没有得到有效满足外，其他的均为供给过度，特别是健康教育，供给比需求高16.7%。另外，受教育程度越高，有照料需求的高龄老年人的需求满足越高，如日间照料，初中以上高龄老人分别比文盲和小学高龄老人高18.3和14.8个百分点。

表6　分教育程度有照料需求高龄老人各类养老服务项目的供需情况

单位：%

服务项目	利用差			需求差		
	文盲	小学	初中以上	文盲	小学	初中以上
助餐服务	4.4	8.4	20.2	9.6	6.0	-4.4
助浴服务	2.1	3.6	6.9	10.0	8.0	2.2
上门做家务	6.7	7.4	17.9	9.3	8.6	1.4
上门看病	4.9	9.9	18.9	29.8	20.0	9.0
日间照料	7.4	7.9	19.3	11.9	8.4	-6.4
康复护理	4.9	5.1	18.2	14.5	11.8	-1.3
辅具租赁	2.8	3.9	8.5	4.0	1.2	-4.3
健康教育	5.1	7.9	19.8	1.8	-4.0	-16.7
心理咨询	3.7	6.7	16.2	7.9	3.1	-7.1

4. 社区养老服务供给、利用和需求的经济状况差异

知晓率方面，总体趋势是自评经济状况越好的高龄老人对各项养老服务

的知晓率越高。分析显示，有照料需求的经济状况宽裕的高龄老人，除辅具租赁和助浴服务的知晓率在8%以下外，其他各项服务的知晓率都是最高的，并且都在13%以上，尤其是上门看病、上门做家务、日间照料和健康教育，均在20%以上。而有照料需求的经济状况贫困的高龄老人，除了上门看病的知晓率接近30%外，其他各项服务的知晓率均在8%以下。另外，受教育程度越低的高龄老人对助餐服务、助浴服务等八项服务项目的知晓率越低，如助餐服务，经济状况贫困的高龄老人分别比经济状况宽裕和够用的高龄老人低12.9和7.2个百分点。

利用率方面，绝大部分服务上，有照料需求的经济条件好的高龄老人利用率最高，经济条件贫困的高龄老人利用率最低。分析显示，有照料需求的宽裕高龄老人各项养老服务的利用率均在1.9%以上（含1.9%），其中，上门看病、上门做家务、健康教育都在7%以上，而贫困高龄老人利用率除上门看病之外，其他服务利用率均在4%以下，尤其是助餐服务、助浴服务和辅具租赁的利用率均在1%以下。另外，在助餐服务、助浴服务、上门做家务、日间照料、康复护理、辅具租赁、健康教育方面，经济条件宽裕的高龄老人利用率最高，经济条件贫困的高龄老人利用率最低，如上门做家务方面，经济困难的高龄老人分别比宽裕和够用的高龄老人低5.2和2.4个百分点。再有，在上门看病上，经济困难高龄老人的利用率最高，分别比宽裕和够用高龄老人高6.6和5.6个百分点。此外，心理咨询方面，经济够用的高龄老人利用率最高，为4.9%，分别比宽裕和贫困高龄老人高1.7和2.9个百分点。

服务需求方面，除上门做家务外，有照料需求的经济困难高龄老人对各项服务的需求都是最高的，经济条件宽裕的高龄老人对各项养老服务项目的需求都是最低的。分析显示，有照料需求的经济困难高龄老人在多项服务方面的需求都是最高的，其中上门看病的需求最高，超过60%，而上门做家务、日间照料和康复护理的需求也在22%以上，对于经济宽裕高龄老人来讲，除上门做家务的需求分别比经济贫困和够用的高龄老人高0.3和2.2个百分点外，其他各项服务需求都是最低的，其中，助浴服务、辅具租赁和健康教育的需求均在10%以下，最高需求上门看病也只是在40.3%。另外，在助浴服务、上门看病、日间照料、康复护理等方面的服务需求随着经济条件的恶化而增高，如康复护理，经济贫困的高龄老人需求分别比宽裕和够用高龄老人高8.3和5.4个百分点（见表7）。

表7 分经济状况有照料需求高龄老人各类养老服务项目的供需情况

单位：%

服务项目	知晓率			利用率			服务需求		
	宽裕	够用	困难	宽裕	够用	困难	宽裕	够用	困难
助餐服务	17.2	11.5	4.3	3.8	2.3	0.7	15.6	15.5	17.6
助浴服务	7.1	4.8	3.2	3.2	1.2	0.7	9.9	12.0	15.2
上门做家务	24.4	14.7	7.3	8.2	5.4	3.0	22.5	20.3	22.2
上门看病	32.9	28.7	28.8	18.1	19.1	24.7	40.3	51.4	61.5
日间照料	21.3	13.8	7.8	4.5	3.8	2.7	18.1	19.4	24.5
康复护理	13.8	9.5	5.1	1.9	1.7	1.2	15.5	18.4	23.8
辅具租赁	6.5	5.7	3.2	1.9	1.4	0.2	5.4	5.9	9.0
健康教育	21.4	13.9	7.5	7.7	4.7	3.2	9.3	9.5	11.1
心理咨询	13.8	12.1	5.6	3.2	4.9	2.0	12.8	13.5	16.2

从利用差看，随着经济状况的恶化，利用差在逐渐减小。有照料需求的经济宽裕高龄老人在所有项目上都是最大的，相反，经济困难高龄老人在各项目上的利用差都是最小的。分析显示，有照料需求的经济宽裕的高龄老人中，各项老年服务的利用差都是最高的，除助浴服务和辅具租赁的利用差在5%以下外，其他各项服务利用差都在10%以上，尤其是上门做家务、上门看病和日间照料，利用差都超过了14%。但对有照料需求的经济困难高龄老人来讲，各项服务利用差均是最低的，均在6%以下，尤其是助浴服务还不到3%。随着经济状况的恶化，高龄老人利用差越来越小，如日间照料，经济困难高龄老人利用差分别比经济宽裕和够用的高龄老人低11.7和4.9个百分点。

从需求差看，随着经济条件改善，有照料需求的高龄老人在各项服务中的需求差逐渐降低，特别是经济宽裕高龄老人在绝大部分服务中需求差为负数，而经济困难高龄老人的各项服务需求差均为正值。分析显示，有照料需求的经济条件困难高龄老人在各项服务中的需求差都是最大的，除辅具租赁和健康教育的需求差在6%以下外，其他各项服务的需求差均在10%以上，尤其是上门看病的需求差超过30%，其次是康复护理、日间照料、上门做家务，需求差在14%以上。对有照料需求的经济宽裕高龄老人来讲，其在助餐服务、上门做家务、日间照料、辅具租赁、健康教育、心理咨询等方面不仅最小，还都是负数，说明这些方面的服务存在供大于求的情况。另外，随着经济条件的恶化，有照料需求的高龄老人的需求差均在不断上升，如康复护理，经济状况困难的高龄老人的需求差为18.7%，分别比经济宽裕和够用的高龄老人高17和9.8个百分点（见表8）。

表8　分经济状况有照料需求高龄老人各类养老服务项目的供需情况

单位：%

服务项目	利用差			需求差		
	宽裕	够用	困难	宽裕	够用	困难
助餐服务	13.4	9.2	3.6	-1.6	4.0	13.3
助浴服务	3.9	3.6	2.5	2.8	7.2	12.0
上门做家务	16.2	9.3	4.3	-1.9	5.6	14.9
上门看病	14.8	9.6	4.1	7.4	22.7	32.7
日间照料	16.8	10.0	5.1	-3.2	5.6	16.7
康复护理	11.9	7.8	3.9	1.7	8.9	18.7
辅具租赁	4.6	4.3	3.0	-1.1	0.2	5.8
健康教育	13.7	9.2	4.3	-12.1	-4.4	3.6
心理咨询	10.6	7.2	3.6	-1.0	1.4	10.6

（三）社区养老服务供给、利用和需求的地区差异

1. 社区养老服务供给、利用和需求的城乡差异

知晓率方面，除上门看病外，城镇高龄老人在绝大部分社区养老服务项目上高于农村，二者差异较大。分析显示，城镇高龄老人对上门看病的知晓率比农村高龄老人低10.5个百分点，其他各项社区养老服务均是城镇高龄老人知晓率都高于农村高龄老人，如城镇高龄老人在助餐服务、助浴服务、上

门做家务、日间照料、康复护理、辅具租赁、健康教育、心理咨询方面分别比农村高龄老人高 12.3、3.4、14.4、10.1、8.8、6.3、11.9、7.7 个百分点，其中，上门做家务城乡之间的距离最大，而助浴服务城乡之间的差距最小。

利用率方面，城镇绝大部分的社区养老服务高于农村，但二者差异不大。分析显示，在上门看病和心理咨询方面，农村高龄老人分别比城镇老人高 18.5 和 1 个百分点，而在其余七项服务上，城镇高龄老人的利用率均高于农村高龄老人。

服务需求方面，农村高龄老人在绝大部分社区养老服务需求上都高于城镇高龄老人，除上门看病外，二者差异比较小。分析显示，助餐服务、上门做家务方面，农村高龄老人分别比城镇高龄老人低 1.6 和 3.9 个百分点，而在其余七项服务上，农村高龄老人的需求率均高于城镇高龄老人。

利用差方面，城镇各项社区养老服务利用差明显高于农村，且差异较大。分析显示，城镇在助餐服务、助浴服务、上门做家务、上门看病、日间照料、康复护理、辅具租赁、健康教育、心理咨询等方面分别比农村高 10.4、2.5、10.2、8、9、8.6、4.8、11.2、8.7 个百分点。城镇的助餐服务、上门做家务、健康教育、上门看病、日间照料、康复护理、心理咨询的利用差都在 10% 以上。这说明相对于农村，城镇高龄老人各项养老服务的利用效率比较低。

需求差方面，农村各项社区养老服务的需求差均高于城镇，且差异较大。分析显示，城镇社区养老服务中，辅具租赁、健康教育和心理咨询的需求差为负值，说明这几项的供给超过高龄老人需求。在农村，上门看病的需求差超过了 30%，并且，除了辅具租赁和健康教育的需求差在 7% 以下外，其他服务的需求也都超过了 10%，说明这些方面的需求满足程度非常低。在城镇，需求差比较大的是上门看病，接近 20%，其他方面的需求差都在 7% 以下。此外，在所有的服务项目上，城镇的需求差都低于农村，如健康教育，城市高龄老人的需求差比农村高龄老人高 14.7 个百分点，说明农村高龄老年人养老服务的需求满足程度尚有很大的改善空间（见表 9）。

表9　分城乡有照料需求高龄老人各类养老服务项目的供需情况

单位：%

服务项目	知晓率		利用率		服务需求		利用差		需求差	
	城镇	农村	城镇	农村	城镇	农村	城镇	农村	城镇	农村
助餐服务	15.1	2.8	2.7	0.8	16.9	15.3	12.4	2.0	1.8	12.5
助浴服务	6.0	2.6	1.7	0.8	12.4	13.4	4.3	1.8	6.4	10.8
上门做家务	19.7	5.3	6.7	2.5	23.0	19.1	13.0	2.8	3.3	13.8
上门看病	24.7	35.2	12.9	31.4	43.8	65.4	11.8	3.8	19.1	30.2
日间照料	17.2	7.1	4.0	2.9	19.3	23.2	13.2	4.2	2.1	16.1
康复护理	12.3	3.5	1.7	1.5	18.0	22.2	10.6	2.0	5.7	18.7
辅具租赁	7.7	1.4	1.7	0.2	6.2	7.9	6.0	1.2	-1.5	6.5
健康教育	17.8	5.9	4.8	4.1	8.8	11.6	13.0	1.8	-9.0	5.7
心理咨询	13.3	5.6	3.2	4.2	12.9	16.0	10.1	1.4	-0.4	10.4

2. 社区养老服务供给、利用和需求的区域差异

知晓率方面，东部和东北地区的高龄老人对各项社区养老服务的知晓率较高，中西部地区高龄老人对各项社区养老服务的知晓率较低。分析显示，在东部地区，除上门看病不是最高外，其他各项社区养老服务的知晓率都是最高的，并且，除助浴服务和辅具租赁的知晓率在7%以下（含7%）外，其他各项社区养老服务的知晓率均在11%以上，如上门做家务，东部地区高龄老人的知晓率为19.9%，分别比中部、西部和东北地区高龄老人高11.7、9.2、8.8个百分点。此外，东北地区高龄老人的知晓率也比较高，并且，除了助餐服务、助浴服务、辅具租赁和心理咨询的知晓率在8%以下外，其他各项社区养老服务项目的知晓率均在10%以上，如在东北地区，除了心理咨询高龄老人的知晓率最低外，其他均超过中部或西部地区，如日间照料，东北地区高龄老人的知晓率为13.0%，比东部地区高龄老人低2.9个百分点，但是，比中部和西部地区高龄老人高2.6和1.4个百分点。再有，在中部地区，除了上门看病的知晓率最高外，高龄老人对助餐服务、上门做家务、日间照料、健康教育的知晓率都是最低的，同样，西部地区，高龄老人对助浴服务、上门看病、康复护理、辅具租赁的知晓率都是最低的。更为重要的是，所有的养老服务项目中，中部地区有六项、西部地区有五项

的知晓率在10%以下。如中部的助餐服务，分别比东部、西部和东北地区低了10.8、3.5和3.2个百分点。

利用率方面，除上门看病之外，各项社区养老服务项目的利用率普遍不高，其中，东部地区和中部地区高龄老人对各项社区养老服务利用率较高，西部和东北部地区的高龄老人对社区养老服务利用率较低。分析显示，在东部地区，除上门看病、辅具租赁和心理咨询的利用率较低之外，其他各项社区养老服务的利用率都是最高的，如上门做家务，东部地区高龄老人的利用率为7.6%，分别比中部、西部和东北地区的高龄老人高4.6、3.3、5.2个百分点。在中部地区，上门看病和辅具租赁的利用率都是最高的。在西部地区，在有数据统计结果的情况下，助餐服务、助浴服务、日间照料、康复护理等服务的利用率都是最低的，如康复护理，分别比东部、中部地区低2.1、2个百分点。同样，在东北地区，有数据显示的服务中，除上门看病外，各项社区养老项目的利用率都是最低的，如上门做家务，东北地区高龄老人的利用率为2.4%，分别比东部、中部、西部地区高龄老人利用率低5.2、0.6、1.9个百分点。

服务需求方面，上门看病的需求在各地区都比较高，超过50%，另外，中部和西部地区高龄老人的需求比较高，而东部和东北地区高龄老人的需求比较低。分析显示，在中部地区，助浴服务、日间照料、康复护理等服务需求最高，如日间照料，中部地区高龄老人的需求为23.7%，分别比东部、西部和东北地区高2.6、5.1、5.6个百分点。在西部地区，上门看病、健康教育、心理咨询等服务需求都是最高的，只有助浴服务和上门看病的需求是最低的。如心理咨询，西部地区高龄老人的需求为15.7%，分别比东部、中部和东北地区高2.4、1.3、6个百分点。在东部地区，助餐服务和上门做家务的需求都是最高的，只有上门看病的需求是最低的，如助餐服务，东北地区高龄老人的需求是18.6%，分别比中部、西部和东北地区高龄老人的需求高2.2、5、6.4个百分点。在东北地区，除辅具租赁的需求最高外，日间照料、康复护理、健康教育和心理咨询的需求都是最低的，如健康教育，东北地区的需求为7.8%，分别比东部、中部和西部地区低0.7、3.3、3.8个百分点（见表10）。

表 10　分区域有照料需求高龄老人各类养老服务项目的供需情况

单位：%

服务项目	知晓率				利用率				服务需求			
	东部	中部	西部	东北	东部	中部	西部	东北	东部	中部	西部	东北
助餐服务	15.3	4.5	8.0	7.7	3.0	1.7	1.3	—	18.6	16.4	13.6	12.2
助浴服务	6.6	3.9	2.8	3.3	2.1	1.3	0.7	—	13.4	14.5	11.1	11.5
上门做家务	19.9	8.2	10.7	11.1	7.6	3.0	4.3	2.4	24.7	20.7	17.8	18.9
上门看病	30.0	35.8	23.2	24.7	20.4	27.2	16.7	16.7	50.0	55.2	56.5	50.3
日间照料	15.9	10.4	11.6	13.0	4.7	4.6	2.3	—	21.1	23.7	18.6	18.1
康复护理	12.0	6.1	5.3	10.9	2.4	2.3	0.3	—	19.1	22.3	19.2	16.2
辅具租赁	7.0	4.5	2.5	5.5	1.4	2.0	—	—	6.3	8.1	6.6	8.7
健康教育	14.8	9.5	14.1	11.2	5.6	4.6	4.3	1.2	8.5	11.0	11.6	7.8
心理咨询	11.2	10.0	9.7	7.8	3.5	5.3	3.0	1.2	13.3	14.4	15.7	9.7

利用差方面，东部和东北部地区高龄老人的服务利用差整体较高，尤其是东部地区更是如此，而中西部地区服务利用差整体较低。分析显示，在东部地区，除了日间照料、康复护理和健康教育的利用差较低一点之外，其他各项服务的利用差都是最大的，如助餐服务，东部地区的利用差是 12.3%，分别比中部、西部和东北地区高 9.5、5.6、4.6 个百分点。在东北地区，日间照料、康复护理、健康教育的利用差均是最高的，其他各项服务的利用差也比较高。如日间照料，东北地区的利用差为 13%，分别比东部、中部和西部高 1.8、7.2、3.7 个百分点。而在中部地区，助餐服务、上门做家务、日间照料、康复护理、健康教育和心理咨询服务的利用差都是最低的，如心理咨询，中部地区高龄老人的利用差为 4.7%，分别比东部、西部和东北地区低了 3、2、1.9 个百分点，同样，在西部地区，助浴服务、上门看病、辅具租赁的利用差也是最低的，如上门看病，西部地区高龄老人的利用差为 6.5%，分别比东部、中部和东北地区低了 3.1、2.1、1.5 个百分点。

需求差方面，上门看病的需求差普遍较高，超过 19%，具体来看，中西部地区需求差较高，东部和东北部地区需求差较低，值得注意的是，东部和东北部地区还有些服务项目存在供大于求的现象。分析显示，在中部地区，除上门看病、辅具租赁和心理咨询的需求差较低之外，其他各项服务的需求差都是最高的，如助餐服务，中部地区高龄老人的需求差为11.9%，分别比东部、西部和东北地区高8.6、6.3、7.4个百分点。在西部地区，上门看病、辅具租赁和心理咨询的需求差都是最高的，其他不少服务项目的需求差也比较高，如心理咨询，西部地区的需求差为6%，分别比东部、中部和东北地区高3.9、1.6、4.1个百分点。而在东部地区，我们看到，助餐服务、助浴服务、上门做家务、辅具租赁、健康教育的需求差最小。如助浴服务，东部地区的需求差为6.8%，分别比中部、西部和东北地区低了3.8、1.5、1.4个百分点。同样，在东北地区，日间照料、康复护理和心理咨询的需求差也是最低的，如日间照料，东北地区的需求差为5.1%，分别比东部、中部和西部地区低了0.1、8.2、1.9个百分点（见表11）。

表11　分区域有照料需求高龄老人各类养老服务项目的供需情况

单位：%

服务项目	利用差				需求差			
	东部	中部	西部	东北	东部	中部	西部	东北
助餐服务	12.3	2.8	6.7	7.7	3.3	11.9	5.6	4.5
助浴服务	4.5	2.6	2.1	3.3	6.8	10.6	8.3	8.2
上门做家务	12.3	5.2	6.4	8.7	4.8	12.5	7.1	7.8
上门看病	9.6	8.6	6.5	8.0	20.0	19.4	33.3	25.6
日间照料	11.2	5.8	9.3	13.0	5.2	13.3	7.0	5.1
康复护理	9.6	3.8	5.0	10.9	7.1	16.2	13.9	5.3
辅具租赁	5.6	2.5	2.5	5.5	-0.7	3.6	4.1	3.2
健康教育	9.2	4.9	9.8	10.0	-6.3	1.5	-2.5	-3.4
心理咨询	7.7	4.7	6.7	6.6	2.1	4.4	6.0	1.9

三　结论和建议

通过分析，我们看到，我国有照料需求的高龄老人比例较高，占全部高龄老人的38.8%，各省有照料需求的高龄老人比例差异大，照料需求占比高的省份绝大部分在西部地区，这些省份经济条件差，养老服务供给难度大。另外，需要照料的高龄老人对大部分社区养老服务项目的知晓率、利用率和需求率均存在明显的差异，显示了知晓率高、需求率高、利用率低、利用效率差、有效需求得不到满足的特点。具体而言，有需要照料高龄老人对上门看病、上门做家务、日间照料、健康教育的知晓率较高，对上门看病、康复护理、日间照料和上门做家务的需求率也比较高，但在实际利用中，除上门看病较高外，其他服务项目的利用比例都比较低。利用差上，上门看病、上门做家务、日间照料和健康教育的利用效率较低，需求差上，上门看病和康复护理没有得到有效满足。

社区居家养老服务项目存在需求率高但有效需求得不到满足，以及利用效率低的矛盾，可能是供给和需求的错位、服务价格或服务质量问题造成的。对此，政府、社会、组织在大力发展社区居家养老服务，满足高龄老人照顾需求方面要着力开展以下工作。第一，在探索建立长期照护保险制度的过程中，优化高龄有照料需求老年人的服务流程。各地在设计长期照护制度时，应充分考虑有照料需求高龄老年人的身体状况与需求的迫切性，简化各项照护服务的需求评估流程，优化服务内容和管理标准，提高需要照料高龄老年人的社区居家养老服务的可及性，大力发展高龄老人急需的社区居家养老服务项目。如需求率较高的上门看病、康复护理、日间照料和上门做家务。第二，与各省份的高龄津贴制度相结合，在服务质量和服务价格上做到高龄老人满意和可接受。在服务质量上，近年来，越来越多养老服务实行政府购买，基层政府要加强对服务供给的监督，包括对服务组织准入的筛选、过程的监督和结果的评价，对服务质量和服务态度不好的供应商采取退出甚至惩戒措施。同时，对于服务价格，在市场化的基础上，实行部分政府补贴制度，让有照顾需求的高龄老人得到可接受、质量好的服务。第三，大力发展志愿者服务和互助服务，完善社区服务网络。政府、市场、社会和社区都是养老服务供给的主体。对于家庭照料资源薄弱、经济困难、无力购买社会服务的老年群体，应充分发挥街道、社区工作者以及社区志愿者在与老年人的沟通与照料方面的积极作用，同时，开展互助养老，鼓励健康老年人服务有照料需求的高龄老年人。第四，大力打造“互联网+养老服务”，加强智慧养老，提高精准服务，减少资源浪费。应通过养老服务供需平台，统筹供需资源，让有照料需求的高龄老人及其子女能够详细了解服务的类型、质量、价格、距离、时间等，实现服务供给和需求的有效对接。

群体上，有照料需求的男性、已婚、受教育程度较高、经济条件较好的高龄老年人在大部分养老服务项目中的知晓率及利用率上都高于女性、丧偶、受教育程度低、经济条件差的高龄老人，后者是弱势高龄老人，他们对社区居家养老服务的需求更旺盛，需求却得不到有效满足。与此同时，那些男性、已婚、受教育程度较高、经济条件较好的强势高龄老年人对服务的利用效率比较低，存在不同程度的浪费现象。因此，基层组织政府和社会要加大对女性、丧偶、受教育程度低、经济条件差的有照顾需求的高龄老人服务力度。要多走访这些弱势的高龄老人，了解他们的切实需求；对于免费提供的养老服务项目，要力求让这些弱势群体详细了解，对于需要从市场上购买的服务项目，要对这些高龄老人进行价格补贴，让弱势群体的需求得到有效满足。

与城镇相比，农村有照顾需求的高龄老人对绝大部分社区养老服务项目的知晓率、利用率、利用差明显更低，但需求率和需求差较高。地区对比上，东部和东北地区有照料需求的高龄老人对各项社区养老服务的知晓率高于中西部地区高龄老人，但是，东部和东北地区有照料需求的高龄老人对各项社区养老服务的需求低于中西部地区高龄老人，中西部地区高龄老人的需求没有得到有效满足。另外，东部和中部地区高龄老人对各项社区养老服务的利用率高于西部和东北部地区的高龄老人，东部和东北部地区高龄老人的各项社区养老服务利用差高于中西部地区的高龄老人。因此，从地区层面看，农村和中西部地区的社区养老服务建设需要加强。我们知道，中西部地区是中青年人口主要流出地，老年家庭照料资源缺乏，中西部地区需要照料的高龄老年人家庭对社区居家养老服务的需求更加迫切，所以，加快发展中西部地区尤其是农村地区的社区居家养老服务应是当前中西部地区养老体系建设的重要任务，为此，政府在加大财政投入的同时，要鼓励社会资本参与养老服务体系建设。具体而言，农村、中部地区要大力发展日间照料、康复护理、助浴服务等项目，农村、西部地区要大力发展上门看病及心理咨询服务。

参考文献

Department of Economic and Social Affairs (UN), World Population Ageing (2009), United Nations, New York, 2010, http://www.un.org/esa/population/.

常修泽：《中国现阶段基本公共服务均等化研究》，《中共天津市委党校学报》2007年第2期。

丁志宏、曲嘉瑶：《我国社区居家养老服务均等化研究——基于有照料需求老人的分析》，《人口学刊》2019年第2期。

杜鹏、武超：《中国老年人的生活自理能力状况与变化》，《人口研究》2006年第1期。

郭小聪、代凯：《国内近五年基本公共服务均等化研究：综述与评估》，《中国人民大学学报》2013年第1期。

柳玉芝：《高龄女性老人的现状和我们的责任》，《人口与经济》2000年第6期。

曲嘉瑶、杜鹏：《中国城镇老年人的居住意愿对空巢居住的影响》，《人口与发展》2014年第2期。

屈群苹、许佃兵：《养老服务均等化：基于阿玛蒂亚·森可行能力的理性审视》，《南京社会科学》2018年第2期。

许琪：《扶上马再送一程：父母的帮助及其对子女赡养行为的影响》，《社会》2017年第2期。

曾毅：《中国人口老龄化的“二高三大”特征及对策探讨》，《人口与经济》2001年第5期。

B.15

城乡融合背景下赤水市养老服务体系存在问题及对策研究

——兼论对北京的启示

穆松林*

摘　要：　人口老龄化问题是新时代需要应对的现实问题之一。赤水市作为中国的长寿之乡和旅游城市，养老服务体系建设至关重要。目前赤水市60周岁以上老龄人口占比为17.7%，呈现“一快二化三多”的特征；子女供养、劳动收入和退休金是老年人口的主要经济来源；在此基础上，文章指出赤水市养老服务体系建设存在三个层面的问题并提出相关的对策建议，希望能够对北京养老服务体系建设提供一定启示与案例借鉴。

关键词：　城乡融合　养老服务体系　问题与对策

目前来看，中国老龄化速度与经济发展速度并不协调，存在错位现象，即前者的增速快于后者。根据《中国老年健康研究报告（2018）》中相关专家测算，中国快速老龄化将对经济发展产生较大影响，造成经济年均潜在增长率降低约1.7%。目前中国城乡地区的养老设施得到不断完善，然而在种种条件限制下，仍然存在养老设施建设滞后、模式不合理、布局不完善等问题。为满足城乡社区对养老设施的多层次、多样化需求，积极应对日益严峻

* 穆松林，博士，北京市社会科学院城市所副研究员。

的人口老龄化发展趋势，本文以旅游城市赤水为例，对社区养老服务问题及对策进行思考和探索，以期为北京乃至其他区域提供案例经验和实践启示。

一　赤水市人口与养老服务设施现状

"十三五"以来，为贯彻落实省份加快发展养老服务业的政策和意见，赤水市加快以"居家为主、社区为依托、机构为支撑、规模适当、覆盖城乡"的社会养老服务体系的建立，对13个农村敬老院和福利院进行了升级改造，滨西社区老年人日间照料中心建成并投入使用，红岭社区老年人日间照料中心建成也即将投入使用，城区中心敬老院、老年养护楼内部装修即将完工并投入使用。截至2018年底，建成并投入使用的公办养老机构有14个、床位有1473张，正在建设的养老机构有3个、床位有450张；赤水市有民办公助养老机构7个，现有床位504张；相比而言，机构养老床位较多，有2427张，平均每千位老人达到44张；入住机构的老人有1182人，城乡特困人员集中供养878人；入住社会养老机构者有304人。另外，截至2018年底，建有社区老人日间照料中心的社区有3个，建有居家服务养老驿站的社区有5个，建有农村幸福院的有50个，总床位达到560张。24个养老机构中，纯福利养老机构有15个、民办公助养老机构有2个、公建民营养老机构有1个、医养结合养老机构有6个。赤水市60周岁以上老人基本情况见表1，养老机构基本情况见表2。

表1　赤水市60岁以上老人基本情况

序号	年龄段	人数(人)	占老人总数百分比(%)
1	60~69岁	35108	62.50
2	70~79岁	15065	26.80
3	80~89岁	5379	9.60
4	90~99岁	588	1.04
5	100岁及以上	34	0.06
合计		56174	100

表 2　赤水市养老机构基本情况

养老机构名称	性质（公. 私）	占地规模（平方米）	床位规模（张）	每人收费（元）	投入资金（元）	入住老人个数	工作人员个数
赤水市温馨家园托养院	私	2120	80	1500	38.8	43	11
赤水市夕阳红公寓	私	400	34	1500	24.8	16	7
赤水正康护理院	私	1100	90	1650	23.1	63	30
赤水市社会福利院	公	4000	100	1400	800	43	10
大同镇敬老院	公	6670	100	0	330.4	31	5
葫市镇敬老院	公	6670	75	0	224.4	30	4
复兴镇敬老院	公	6670	120	0	355.4	19	4
元厚镇敬老院	公	3335	100	0	328.4	23	7
长期镇敬老院	公	6670	120	0	306.4	58	6
两河口镇敬老院	公	667	120	0	376.6	14	2
官渡镇敬老院	公	6670	100	0	363.7	38	6
长沙镇敬老院	公	6670	120	0	360	23	4
旺隆镇敬老院	公	6670	100	0	215	37	5
丙安镇敬老院	公	126	100	0	303	11	2
宝源乡敬老院	公	6670	100	0	382.4	12	2
石堡乡敬老院	公	3335	100	0	290	16	3
白云乡敬老院	公	6670	100	0	271.8	42	5

二　基本情况分析

（一）人口结构分析

根据统计数据，截至 2017 年底，赤水市总人口达 31.7 万人，其中 60 周岁及以上老年人有 56174 人，占人口总数的 17.7%，老龄化程度较高。

赤水市60周岁以上老年人口呈现“一快二化三多”的特征：60周岁以上人口增长快、高龄化和空巢化现象明显，70周岁已统计数为21066人，占老年人口数量的37.5%，80周岁及以上老年人统计数为6001人，占老年人口数量的10.7%。由于外出务工人员多，农村“留守老人”达6179人，城区“空巢老人”有562人，分别占老年人口的11%和1%；三多是贫困老人、失能、半失能老人多。赤水市“三无”老人有336人、“五保”老人有964人、贫困老人有10898人，三类人员共占老年人的21.7%。失能老人有2809多人，半失能老人有2135多人，分别约占老年人的5%和3.8%。另外，城乡老龄化程度区域性失衡，约有2/3的老年人生活在乡村。

（二）经济来源分析

采用现场询问、访谈、问卷调查等方式得到的结果表明赤水市老年人口的主要经济来源集中在三个方面：子女供养、劳动收入或退休金。三个方面又表现为两种差异。第一种差异是来源随年龄的差异，60～65周岁的人群的主要经济来源是劳动收入和退休金；65～70周岁的老年人经济上主要靠子女赡养或者亲属帮扶。第二种差异是城镇和乡村的区别，退休金是城镇老人的主要经济来源，并且水平相对较高；农村老人的经济来源主要是劳动收入和子女赡养，且相对较低。

（三）身体状况分析

通过问卷调查，认为身体健康程度很好的占样本总数的3.8%，认为较好的占样本总数的25.3%，认为一般的占样本总数的56.3%，认为较差的占样本总数的12.5%，认为很差的占样本总数的2.1%。从生活自理程度上看，约88%的人群生活能够自理，9.8%的人群需要帮助，2.2%的人群需要请护工或家人照顾。

（四）供养方式分析

在赤水市，大部分以家庭养老为主，190人在民办养老机构，比例较小，仅占0.3%，另有400人在公办养老机构（福利院和各乡镇敬老院）集中供养，仅占老年人口的0.7%。但随着人口结构和家庭规模的变化，“四二一”型家庭结构越来越多，家庭养老的压力也越来越大。随着城乡之间人口流动的日益增强，家庭空巢化也越来越明显，空巢家庭的老人养老问题也日益凸显。

三　存在的问题

（一）养老服务供需矛盾突出

居家养老的老年人大都需要社会服务，比如医疗护理、家政服务等，目前社区养老的投入方式、服务内容、运行模式和管理办法都在探索中，造成社会服务严重滞后于养老需求。

（二）养老服务机构功能单一，覆盖面窄

目前赤水市现有的14家养老院对申请入住老人设定了进入门槛，即必须是日常生活能够自理的“五保”老人，而存在实际困难的老年人，如留守老人、贫困老人、失能和半失能等社会老人因不满足条件，而无法进入。目前由政府主导的养老院，配套功能相对单一，与社会上医护养老相结合的健康养老服务机构的多功能相差甚远，针对高收入人群的养老需要也无法满足。同时，失能老人如果没有社会服务机构的帮扶，会给家庭带来经济和精力方面的沉重负担。

（三）养老服务机构自我保障力差

公办养老服务机构相对标准较低，受资金影响，配套设施也不完善，服务和管理人员专业技能不足，而失能老人和条件较好人群对医疗设施要求较高，导致无法或不愿入住，造成了公办养老机构的闲置。

四　对策建议

（一）统筹规划建设养老公共服务设施

1. 统筹建设养老服务设施

城镇养老照料中心，应以“功能完备、方便实用”为导向，以步行时间20分钟为半径，以体现综合服务为目的，规划建设居家养老照料中心。针对农村社区要达到70%以上建成居家养老服务站（点）。对于新建和已建小区，要以每百户20平方米的标准建设养老服务设施，并且统筹养老服务设施与社区服务中心（站、点）的功能，做到互为补充。

新建和已建小区的养老服务设施要达到每百户20平方米的标准，社区养老服务设施要与社区服务中心（站、点）进行功能衔接。

2. 建立居家养老支持机制

在科学评估经济收入和身体状况的前提下，对居家养老实现按需服务，让家庭、社会、政府三方共同形成合力。政府要体现托底功能，针对经济困难的失能老人提供救助和帮扶。

3. 大力发展居家养老服务组织

大力扶持社会力量兴办居家养老服务机构，为居家老人提供多样化的服务需求，同时引入社会组织和家政、物业等企业提供养老服务，并由政府对养老服务组织进行业务指导和人员培训。

（二）培植社会力量成为养老服务业主体

1. 改革公办养老机构体制机制

公办养老机构要目标明确，突出托底功能，重点为失能、失智、失独、经济困难的人群提供养老服务。同时，要建立科学的准入评估制度和公开轮候制度。

2. 创新养老机构发展运营模式

养老机构要体现“护养型为重点、助养型为辅助、居养型为补充”的特点，公建民营的养老机构要具备社会化、专业化、连锁化特征，也要兼顾公益性和托底保障功能。

3. 扶持社会力量参与养老服务

政府要鼓励社会力量参与养老服务，可以采用政府补贴鼓励、购买服务引导、评估认证支持等多种方式。针对社会组织参与的养老服务项目，政府要优先纳入购买范围。

4. 大力发展养老服务产业

以康养产业园、健康养生养老旅游综合体等新兴业态为主题，打造健康养老服务中心，发展健康养老服务产业，发挥赤水市生态优势和旅游城市的特色。

（三）切实加强农村养老服务

以资源集约利用为原则，要优先利用已有的设施提升社区居家养老服务照料中心（站、点）功能，比如可以在现有乡镇敬老院的基础上建设养老服务中心，根据不同目标人群和养老服务需求，建设村级老年公寓、幸福院和配套服务设施。针对土地问题，可以把部分集体土地、山林等作为养老项目用地。积极鼓励并支持民间资本参与农村养老服务。

（四）推进医疗卫生与养老服务融合发展

1. 推进医养融合发展

大力鼓励医疗机构和养老结构联手，合力兴办养老机构，鼓励有条件的基层医疗卫生服务机构，开设老年医疗病床，促进医养融合。

2. 创新社区医养融合

大力推进医养服务社区化，针对特定老人建立家庭病房和健康档案，利用信息化开展远程医疗服务工作，鼓励全科医生和家庭医生上门服务和定期巡诊服务。

（五）提高养老服务信息化水平

智慧养老模式需要构建大数据信息平台，发挥“互联网+”的技术优势，建立养老服务数据库和公共服务信息平台，有效对接社会服务供给和老年人服务需求，推进养老机构数字化建设。

（六）促进文体旅游与健康养老融合发展

1. 推动旅游养老融合发展

依托赤水市旅游城市的优势，引导旅游服务综合体和康养休闲基地与养老机构合作，提供健康养老、中医养生旅游等康养旅游产品和服务。赤水市应大力塑造“中国长寿之乡、国家康养示范基地、国家生态文明示范区”生态康养品牌，促进“旅游+中医药+体育+养生+养老”，促进文体旅游与健康养老融合发展。

2. 拓展体育健身养老产业

依托贵州建设山地公园省，发挥赤水自然山水的优势，打造老年人体育服务综合体，建设老年人运动休闲带，促进体育和养老产业融合，满足群众的体育建设需求。

3. 塑造养生美食品牌

积极开展赤水市“三品一标”认定工作，对获得驰名商标、名牌产品等称号的企业，给予政策扶持。适时开展“赤水市十大健康养生食品”等评选认定活动，除已颇具名气的石斛、桐桐笋、赤水豆花、腊肉、乌骨鸡、虫茶外，重点将大同的长街宴、两河口的白水鱼、旺隆的苕粉、元厚的龙眼等品牌打响。

4. 推动旅游和健康养老养生融合发展

变以往单纯的以观赏为主的旅游为体验式旅游，多要素融合，延长旅游链条，提升旅游附加值，建设旅游目的地。（1）以旺隆、复兴、长期为核心，以中药养生为功能，打造“石斛之都”品牌，建设药材养生养老文化综合体，打造中药养生养老旅游目的地。（2）以葫市、两河口、宝源、长期、长沙为核心，以避暑养生养老为功能，打造避暑养生养老旅游目的地。(3) 以葫市、赤水河谷为重点，以运动养生养老为主题，持续举办自行车赛、马拉松赛、龙舟赛，将三片良区打造成养生养老运动基地。(4) 鼓励复兴镇张家湾片区农家乐提质提效，建设养生养老餐厅，打造一批星级农业庄园。(5) 以天岛湖、月亮湖、天鹅堡、玫瑰小镇为核心，以露营为功能，配套建设自驾游营地和房车营地。

5. 打响“中国长寿之乡”品牌，推动养老地产、养生地产、旅游地产融合发展

依托赤水“寿乡”品牌的影响力和知名度，适度发展高端旅游地产、养老地产、养生地产，为成渝都市及全国各地建设第二养生养老居所。重点把天岛湖、月亮湖、天鹅堡打造成康体疗养圣地、养老养生天堂。

五 对北京的启示

（一）优先保障养老服务设施建设用地

在土地利用总体规划和年度用地规划中要充分考虑养老服务设施建设需求，预留养老服务设施建设用地指标。在城市总体规划和控制性详细规划中，要以不低于人均0.1平方米的标准，规划设计养老服务设施。对社会力量建设的非营利性养老机构要一视同仁，享受相关的土地正常使用，并可以依法使用国有划拨土地或农村集体所有地建设养老服务机构。

（二）加大财政投入和金融支持

政府要通过加大财政投入，积极引导鼓励社会投身于养老产业发展，优化资金使用方式，从建设到运营两手都要抓两手都要硬。相关金融机构要针对养老服务业的信贷和金融需求，一方面创新金融产品，另一方面提供优质服务，对民办养老服务机构提供多种方式的融资支持，比如对产权清晰、诚信度高的机构，可以通过改进信贷担保方式、优惠利率等方式给予支持。

（三）推进京津冀资源整合

在京津冀协同发展战略指引下，在大区域内进行资源整合，优化配置，建立资源共享和利益协调机制，出台京津冀养老服务业协同发展规划，完善相关的法律法规，制定三地互为支撑的养老政策体系，促进区域养老服务资源的有效配置。

参考文献

国家卫生计生委、国家发展改革委、教育部：《关于印发“十三五”健康老龄化规划的通知》，http：//www.nhfpc.gov.cn/jtfzs/jslgf/201703/63ce9714ca164840be76b362856a6c5f.shtml，2017年3月17日。

国务院：《国务院关于印发国家人口发展规划（2016~2030年）的通知》（国发〔2016〕87号）。

B.16

社区健康文化的时代特性、琼案观察和基本路径*

袁廿一　张东献　刘学军**

摘　要： 在中国特色社会主义新时代尤其是面对人口加速老龄化挑战、大力实施健康中国战略、积极推进健康城市健康乡村建设的背景下，本文尝试探讨涵盖全生命周期的社区健康文化的基本内涵、重要地位、主要特性，继而梳理提炼海南省尤其是三个典型市县社区健康文化的实践经验及相关问题，力争提出当前发展社区健康文化的实施路径。

关键词： 社区健康文化　老龄化　健康城市健康乡村　海南

一　新时代发展社区健康文化势在必行

（一）厘清新时代社区健康文化的基本内涵

作为文化的重要组成部分和健康素养的基本构成要素，社区健康文化着眼于健康，落脚于文化，生发于社区。通过文献梳理，不难发现文化具有丰

* 国家社会科学基金项目：新时代“健康优先”的逻辑与治理（18CGL001）。

** 袁廿一，博士，海南师范大学中国特色自由贸易港研究中心特聘研究员、海南省健康城市健康乡村促进会理事长，主要从事健康治理研究；张东献，博士，海南医学院管理学院教授、海南省健康城市健康乡村促进会会长，主要从事卫生事业研究；刘学军，海南省爱国卫生运动委员会办公室主任，主要从事行政管理研究。

富的内涵，并且时至今日健康命题已经超越了医学范畴，而日益凸显人文内涵和文化属性。遵循“文化即人化”的哲学本质，古往今来在人类历史发展进程中所创造的所有物质财富与精神财富皆可视为文化。加之目前国内外普遍认可生物—心理—社会医学模式下的健康含义，即生理、心理、社会适应乃至道德等多层面的完好状态。因此，社区健康文化实际上指向一切作用于社区空间范围内的，有利于维持和促进人的生理、心理、道德、社会适应等多层面完好状态，囊括了与健康相关的价值理念、知识技能、产品功能、服务方式、行为规范、组织制度等各个层面的内容，并且其核心要义在于推动精神层面的健康意识、将健康理念转化为个人实际生产生活中所展现的健康素养水平和健康行为规范。

在新时代健康中国之健康城市健康乡村建设中，发展健康文化已经与营造健康环境、构建健康社会、优化健康服务、培育健康人群等重点任务相提并论，对此《关于开展健康城市健康村镇建设的指导意见》（全爱卫发〔2016〕5号）和全国爱卫会公布的《全国健康城市评价指标体系（2018版）》都提供了具体的实践指向。中国特色社会主义进入新时代后，健康文化的内涵更加丰富、外延更加多元，所以当前对于社区健康文化的进一步研究无疑具有一定的理论需求和重要的社会意义。不过，健康文化仍是个颇具中国特色的新兴概念，尽管我国自身拥有历史悠久、独具特色的传统养生文化，但是在目前国际上的通行话语体系中并不存在与健康文化完全对应的名词，综合来看中国当前所谓的“健康文化”与西方国家的健康教育和健康促进有异曲同工之妙。所以，在此有必要特别指出的是，本文所谓的“健康文化”是以大卫生、大健康的理念为重要遵循的，并非纯粹意识形态领域中所特别指向于反对黄赌毒、弘扬真善美的“健康文化”。

（二）社区健康文化是全生命周期健康老龄化的重要载体

中国具有悠久的健康文化传统，在漫长的社会实践中形成了一套涵盖饮食起居、精神修养、健身运动等多方面，注重阴阳平衡、积极促进健康、富有民族特色、体系较为完善的养生理论和方法，并对中华民族的血脉传承、健康维护和文化弘扬做出了重要贡献。进入中国特色社会主义新时代后，随着人民健康需求的日益增长，健康文化在积淀传统底色的同时愈发体现了鲜明的时代色彩，并且健康文化的核心层、外延层、附加层等各个层面都显得更加立体而丰满。以通篇闪烁着健康文化光辉的《"健康中国2030"规划纲要》为例。放眼2030年乃至2050年的宏伟蓝图，作为今后相当长一段时期推进健康中国建设的行动纲领，《"健康中国2030"规划纲要》所倡导的"以提高人民健康水平为核心"的工作理念，所彰显的"共建共享、全民健康"这一健康中国建设战略主题，以及所提出的"健康优先、改革创新、科学发展、公平公正"四大主要遵循原则，可视为健康文化的核心层；所提出的"普及健康生活、优化健康服务、完善健康保障、建设健康环境、发展健康产业"五大重点抓手，可视为健康文化的外延层；所强调的"健全支撑与保障""强化组织实施"，则可视为健康文化的附加层。因此，《"健康中国2030"规划纲要》的全面实施过程实际上就可以视为健康文化各个层面同步推进的过程，健康文化自然也就成为建设健康中国的重要基石。作为健康中国的微观基础之一，健康社区的建设自然不能忽视，社区健康文化的发展亦愈发重要。

遵循人力资本的经典理论，发展社区健康文化乃优化养老服务供给端的重要举措。从全生命周期的视角来看，生命个体在老年时期的健康资本存量乃是前期不同生命阶段包括中年时期、青少年时期、婴幼儿时期健康资本投资的结果呈现，而健康资本投资的渠道涉及营养、安全、医疗、生活方式、工作环境等，不过无论哪种健康投资的渠道都与健康文化息息相关。当然，长期以来我国居民在不同生命阶段的生活经历都与不同类别的社区密切相关，社区文化直接渗透个人的观念和认知，更在很大程度上影响到居民的健康素养水平。

本文所强调的现代医学模式下生理、心理、道德、社会适应等多层面完好状态的健康内涵，以及文化的丰富内涵和广袤外延，还有下文将阐述的新时代社区健康文化在品格方面兼具理论性和实践性、在内容方面兼具继承性和时代性、在形式方面兼具多样性和针对性、在载体方面兼具丰富性和创新性、在成效方面兼具普遍性和科学性等主要特性，都注定了今后健康文化要成为各类健康人群的重要素养。考虑到建设健康中国最终目的是实现全生命周期、全人群的健康，而全生命周期毕竟按照生命历程又可划分为婴幼儿、青少年、中年、老年等不同人生阶段，全人群亦可按照区域、性别、文化、收入等因素划分为具有不同特征的群体，且不同异质性的群体的健康文化素养水平又有所差异甚至区别悬殊，因此，社区健康文化的具体实施路径要因地制宜、精准施策，社区健康文化的发展任重而道远。

二　把握好新时代社区健康文化的时代特性

（一）品格方面兼具理论性和实践性

众所周知，现代医学模式下的健康内涵乃生理、心理、社会适应多层面的完好状态，文化具有丰富内涵和广袤外延，这就注定了社区健康文化这个中国特色的政策与实践的推进实属系统工程，亟须结合文化学、传播学、社会学、健康人口学、健康管理学等多学科进行理论探究，并观照地方特色案例思考具体实施路径。接下来于政策层面和实践领域全面推进健康文化的大发展大繁荣的任务要求，使得基于多学科视角，并结合地方典型个案，尽快厘清社区健康文化的科学内涵、发展机理和治理路径这项研究工作显得越发迫切。

（二）内容方面兼具继承性和时代性

由于人的自觉能动性，在人化自然和自然化人的过程当中，凡是人类社区健康活动所涉及的领域和所加工的对象，都可以说是社区健康文化的范畴。在悠久历史与丰富现实的交相辉映下，社区健康文化的内容既表现了对历史文化的一脉相承，又展现了鲜明的时代色彩。例如，现代医学所倡导的健康生活方式指南，包括戒烟限酒、合理膳食、适量运动、心理平衡等准则，就与中国传统的中医“治未病”的理念不谋而合，由此我们便可以预见博大精深的中医文化在新时代必将焕发勃勃生机。

（三）形式方面兼具多样性和针对性

如果说抽象意义上的观念、思想等作为核心层的文化内容是统领社区健康文化的灵魂，那么文化传播渠道、诉求方式等外延层的文化形式则是展现社区健康文化的肉体。伴随着信息技术工具的日益进步以及受众人群的差异化细分，社区健康文化的表现形式日趋丰富多样而又不失针对性。由于婴幼儿、青少年、中年、老年等生命历程不同阶段的明显差异，以及不同群体的性别、文化、收入等人口特征的区别，处于不同生命阶段和具有不同特征的人群对于健康知识的理解、对于传播渠道的偏爱必然有所差异，例如老年人可能对于报纸、电视等传统媒介健康信息的感性攻势更易接受，而年轻知识分子则更钟情于互联网、手机端微信等新兴媒介的深度健康解读，因此以需求为导向，当前社区健康文化呈现感性诉求与理性诉求方式兼具，传统媒介与新兴媒介传播并举的状况。

（四）载体方面兼具丰富性和创新性

除了内容和形式上颇具特性外，社区健康文化在所依托的载体方面同样非常丰富，并且能够伴随价值创新与工具创新与时俱进。社区健康文化的理念和知识可以通过各种健康产品及健康服务等载体展现，产生“润物细无声”的效果。譬如，不少健康理念和知识可以通过社区公益广告和曲艺尤其是儿歌、地方戏曲等群众喜闻乐见的形式传播，大大丰富了社区健康文化的载体。依托各种主题宣传日以及年轻人流行的新兴网络节日，宣传推广社区健康文化同样是一种载体的丰富与创新。另外，核心层的健康文化与外延层的社区健康文化赖以生存并得以延续所依附的制度、组织及机构等附加层的社区健康文化可视为支撑社区健康文化的骨骼，譬如推进社区健康文化相关工作所依附的各方主体、制度保障、政策法规等。这同样成为社区健康文化的载体，并且下一步创新的空间也非常广阔。

（五）成效方面兼具普遍性和科学性

社区健康文化既然有内容层面的继承性和时代性、形式层面的多样性和针对性、载体层面的丰富性和创新性等多阶段、多维度的保障，尤其是“健康优先、科学发展”的遵循原则和“全民参与、共建共享”的运作机制，自然而然就决定了成效方面的普遍性和科学性。在近年来健康文化的支持政策及时出台，以及健康中国尤其是健康城市健康乡村的建设工作迈上新起点、将健康文化作为一级指标纳入健康城市健康乡村建设评价体系进行考核的背景下，我们也乐观地看到不少地方正积极发展社区健康文化，通过卫生健康的正确理念和知识的广泛传播以及受众的有效接受，辅以组织体制机制的保障，朝着全周期地维护和促进人的生理、心理、社会适应等多层面完好状态的目标积极前进。

三　海南社区健康文化实践的个案分析

（一）海南富有健康文化的优良基因

作为祖国第二大宝岛和全国改革开放的生动缩影，海南在推进健康文化建设方面亦做出了可资借鉴的实践。基于历史和现实的视角来看，海南自古积淀形成的独特生态环境、优越地理区位和热带（亚热带）资源优势，为发展健康文化提供了得天独厚的条件，海南岛可谓被造化赋予了健康文化的优良基因。

依山傍海的地理条件孕育了海南居民偏爱原味食品的文化记忆，更加注重营养平衡；与北方深厚的酒文化不同，海南居民并没有劝酒、酗酒的社会氛围；独立的地理单元、丰裕的生态资源、简单的生活方式，造就了海南居民在一定程度上与世无争、自得其乐的佛系心态；在亲近自然、融入自然的日常生产生活过程中，海南居民亦形成了热爱运动、休闲健身的良好习惯——所以从健康生活方式的四大基石来看，海南居民表现俱佳。富有健康文化的优良基因，加之相对优越的生态优势和比较健康的生活方式，使海南人均寿命高于全国平均水平，“百岁老人”的比重居高不下，更涌现了不少“长寿之乡”“健康小镇”。

（二）海南发展社区健康文化的积极探索

近年来，海南省充分激发全社会共建共享健康海南，在发展社区健康文化的实践中也迈出了坚实步伐。海南省文体厅主动将社区健康文化融入文体事业，海南日报、海南电视台等媒体积极宣传健康理念知识、广泛报道社区健康文化活动，海南省疾控中心和健康宣传教育中心多措并举为发展社区健康文化、促进健康素养保驾护航。尤其是，在扎实开展卫生创建工作的基础上，海南省爱卫会（办）就下一步省域健康“细胞”工程建设展开了基线调查，为全省社区健康文化的大发展大繁荣奠定了良好基础，更涌现了海口市、琼海市、陵水县等一批社区健康文化建设的先进典型。

1. 海口市的先行之路

社区健康文化工作起步早、地位高。海口市早在 1995 年就被 WHO 和原国家卫生部选为中国健康城市试点城市，所以社区健康文化工作的启动在全省乃至全国都居于先行地位，直至如今仍具有弘扬健康文化的优良传统。近年来，海口市对社区健康文化工作高度重视，成立了以主管副市长为组长，宣传、卫计、文体、教育各部门以及各区政府等 32 家成员单位负责人为成员的工作领导小组，形成了发展社区健康文化的跨部门工作合力。

将社区健康文化融入各项工作。长期以来，海口市始终把建设社区健康文化工作渗透到城市规划、建设、治理和经济社会其他领域的实际工作。例如，先后在万绿园、滨江路、西海岸等地建设健康步道近 300 公里；搭建覆盖医疗、媒体、学校、机关、企业、镇街、社区（村委会）、窗口单位、农贸市场和公共场所 11 类领域，5500 多家单位的健康教育工作网络；通过海口电视台等传统媒体以及网络、微信等新媒体开展社区健康文化宣传；等等。

在城市品牌塑造中提升市民健康素养。海口市将发展社区健康文化与打造城市品牌深度融合，坚持走群众路线，通过广大市民讲卫生、讲文明、树新风，形成了“人人参与、人人健康”的全民共建共享局面，先后荣获“全国卫生城市”“中国历史文化名城”“全国城市环境综合整治优秀城市”“中国人居环境奖”“国家创新试点城市”等，推动实现了社区健康文化与城市品牌的联动培育。2015 年，海口公民健康素养水平达 15.04%，比国家阶段目标水平高出 50%。

2. 琼海市的试点实践

建立完善社区健康文化工作机制。成立琼海市健康城市建设工作领导小组办公室健康文化专项组，由市文体局牵头，小组成员由文明办、卫生计生委、教育、民政、规划、城管、团委、广电、科协等单位组成，统筹推进社区健康文化，并积累了一定经验。

持续开展社区健康文化专项行动。围绕“和谐我生活，健康琼海人”，深入开展“三减三健”、健康宣传、健康“细胞”等专项行动。截至 2017 年底，已建成山叶、文坡两个健康社区和 20 多个健康机关、健康餐厅、健康学校，并在城区各单位、社区（村委会）、广场、公园等地设立健康教育宣传栏 180 多个。

探索创新社区健康文化的表现载体。主动将社区健康文化融入城市品牌创建、科普宣传和民俗作品中，例如，以创建全国文明城市和巩固国家卫生城市为契机，积极推进在城区兴工路打造具有琼海特色的健康文化街；分别在琼海广播电视台、琼海通讯开通《健康快车》《健康专栏》栏目，将卫生健康常识、健康生活方式、防治传染病和慢性病的健康知识向广大群众广泛传播和普及；积极创作表现社区健康文化的作品，市琼剧团在原基础上复排《双姻缘》《烽火情缘》《穷人布施》等优秀剧目，融入健康文化元素，以传统琼剧形式传播健康理念和知识；等等。

3. 陵水县的积极探索

不断夯实社区健康文化的政治保障。陵水县积极探索社区健康文化，委托具有资质的第三方专业机构编制了《陵水黎族自治县健康城市建设规划（2018～2020 年）》，聚焦社区健康文化主题，主动打破社区健康文化的基础设施、产品服务所受到的行政空间限制，积极推动实现了海南省国际旅游岛先行试验区与陵水县社区健康文化资源的有效整合。

持续加大社区健康文化财政投入力度。陵水县依托强有力的财政支持和体制保障，新建和改建了陵水城市广场、陵水体育中心、中华龙舟赛场等一批文化基础设施，极大提升了城市健康文化硬件设施品质，扭转了全县长期以来没有大型公共文体场所的落后局面，较好地推动了社区健康文化的深入开展。

积极打造社区特色健康文化品牌。陵水县结合本县健康文化需求强劲、外来“候鸟”人群日趋增多等特点，持续深入开展陵水城市巡展、黎苗“三月三”、文化下乡、光坡圣女果采摘骑行、候鸟“陵河之韵”文艺健身等一批精品社区文化活动品牌。协同发展陵水优势体育项目和少数民族运动项目，齐头推进全民健身事业与体育产业，全民健身的社会氛围日渐浓厚。

（三）海南发展社区健康文化的制约因素

一是认识不足。目前，海南发展社区健康文化所涉及的各方主体对健康文化的认识仍然有限，更有甚者竟然把健康中国健康海南健康城市健康乡村背景下的健康文化简单等同于反对黄赌毒、弘扬真善美的纯粹意识形态领域的“健康文化”。总体而言，海南各级各方面对社区健康文化内涵的认知仍有待廓清，对社区健康文化的重要性认识有待加强，对发展社区健康文化的实施路径的掌握有待提升。

二是机制不顺。社区健康文化工作直接涉及党委政府多个部门的工作，目前来看至少主要涉及爱卫、宣传、文体、教育、体育、财政、环保、社保、就业等关乎人民生命安全和身心健康的各个领域。遵循工作逻辑和国际经验，发展社区健康文化必然离不开跨部门合作。但截至目前，海南全省各级政府尚没有专门负责社区健康文化建设的牵头部门和专职人员，这就造成发展社区健康文化的统筹安排和协同管理有所欠缺的不良局面。

三是能力不强。当前，海南发展社区健康文化存在严重的能力不强的短板，并且能力欠缺是社区健康文化工作各相关主体普遍存在的问题。海南发展历程中长期面临人力资源存量比较短缺和人力资本投资相对不足的挑战，导致当前各市县开展社区健康文化工作的治理能力捉襟见肘，既存在政府领导不足、部门协作力度欠缺的突出短板，又存在社会力量薄弱、专业研究和服务机构缺乏的发展掣肘，更存在专业技术人员短缺、一线工作者本领恐慌、群众文化素质整体偏低、社会参与度不够等突出问题。

四是保障不力。社区健康文化的发展繁荣离不开相应政策、经费等配套条件的有力保障，然而当前海南尚缺乏社区健康文化发展方面的强有力的支持政策，开展社区健康文化工作所需要的相应人才、经费等要素支撑条件也没有匹配到位。所以海南下一步若高效地发展社区健康文化，尤其需要加强对政策、经费、人才等支持要素的保障。

四　新时代发展社区健康文化的基本路径

（一）统筹谋划，大力加强社区健康文化建设的组织领导

新时期全面发展社区健康文化涉及爱卫、宣传、文体、教育、体育、财政、环保、社保、就业等关乎人民生命安全和身心健康的各个领域，需要进一步加强机构建设，建立健全科学的体制机制和顶层设计，形成跨部门合作的组织体系和运行机制，强化机构、政策、人才、经费等要素保障，真正推动实现健康融入万策，从而形成多主体、全方位发展社区健康文化的有效合力。

各地应尽快强化社区健康文化建设的领导机构，加强统筹谋划，定期召开专题会议，指导各级各部门发展社区健康文化，并形成信息及时反馈、问题及时研究、工作不断推进的工作机制。每年下发专项工作方案，明确各职能部门和各级政府工作职责和具体工作目标及任务，并定期进行长效化、常态化督导考核。

（二）夯实阵地，切实发挥社区健康文化传播的重要作用

随着信息传递技术的进步和自媒体的普及，当前形形色色的所谓“健康文化”参差不齐、泥沙俱下，给广大受众造成了极大的困扰甚至严重的损失。应把握社区健康文化传播规律，加强传播策划，及时改变现在的杂乱、低效现状，切实提高社区健康文化传播的权威性和公信力，尽快抢占社区健康文化的主阵地。

鉴于不同年龄阶段和不同文化程度的人群对于健康知识的理解、传播渠道的偏爱有所差异，所以在进一步巩固拓展报刊、户外、广播、电视等传统意义上的传播阵地的同时，要积极开发利用好微信、云健康服务 App、智慧医疗网、可穿戴设备、电子健康档案等新兴健康传播媒介，切实提升社区群众健康素养水平。

（三）分类指导，努力适应社区健康文化服务的多样需求

坚持以现实问题为导向，推进社区健康文化针对性地渗透到城市规划、产业发展、道路交通、社会保障等各项公共政策的制定和实施过程并给予分类指导、保障落实。立足于社区健康文化的需求侧，运用医学、生物、社会、人文信息等相关大数据，细分把握全人群全生命周期内部的差异性，实施靶向性健康定位，创新健康传播形式。

及时在重点人群重点领域组织开展社区健康文化建设，并树立先进典型，发挥示范带动作用，推动实现社区健康文化全覆盖。大力建设健康学校示范点，通过“健康从娃娃抓起”“安全急救进校园”“春蕾活动”等营造健康校园文化，使青少年群体培养良好的行为习惯。有序推进健康乡村建设，通过开展“农村素养提升”项目，提高农村人口卫生健康意识和防病能力。积极打造健康社区，通过深入社区开展健康巡讲、组建社区慢病自我管理小组等方式，切实提高老年群体防治慢性病及传染病的素养水平。

（四）激励精品，着力提升共享社区健康文化的实际效果

实施健康文化产业的支持政策，积极打造社区健康文化的精品力作。秉持继承优良传统、引领时代风范、匠心加工制作的原则，努力催生社区健康文化的新产品、新服务，形成更多群众喜闻乐见的社区健康文化作品，力争打造出一系列品种丰富、结构合理的社区健康文化精品。继续传承地方健康文化的优良基因，充分依托天然的生态环境资源禀赋，将健康元素融入传统的书籍、报刊、歌舞、小品、地方戏曲等文化载体以及流行的影视作品、公益广告、短视频、快播等新型平台，积极打造健康文化主题公园、健康文化体验馆等地方特色场所，努力形成凸显健康、绿色、环保、安全等主题特色的社区健康文化系列精品。

站在中华民族精神需求和文化传承的高度，围绕"和谐我生活 · 健康中国人"，大力弘扬社区健康文化。以社区文化精品和社区文化项目有效引导社区居民形成健康的行为方式，全面提升社区居民健康素养水平，并将这种健康素养水平提升的成果以文化形式固化和延续，实现全社会健康文化与全民健康素养水平相互促进的良性循环。

参考文献

习近平：《决胜全面建成小康社会，夺取新时代中国特色社会主义伟大胜利——在中国共产党第十九次全国代表大会上的报告》，《人民日报》2017 年 10 月 28 日，第 1 版。

《全国爱卫会关于印发〈关于开展健康城市健康村镇建设的指导意见〉的通知》，http：//www. nhfpc. gov. cn/jkj/s5898/201608/3a61d95e1f8d49ffbb12202eb4833647. shtml，2018 年 9 月 21 日。

《全国爱卫会关于印发全国健康城市评价指标体系（2018 版）的通知》，http：//www. nhfpc. gov. cn/jkj/s5899/201804/fd8c6a7ef3bd41aa9c24e978f5c12db4. shtml，2018 年 9 月 10 日。

B.17

“候鸟人”社区养老模式探索

——以广西巴马坡月村为例*

张　慧**

摘　要： 本文从广西巴马坡月村“候鸟人”社区旅居式养老的特殊现象出发，阐释老年人选择此种社区养老方式的动机及现实状况，探索其养老模式存在的意义及带来的问题，并预测该类养老模式可能在未来中国养老模式中的发展。

关键词： “候鸟人”　旅居养老　巴马现象

一　研究背景

我国正在进入老龄化社会，未来将会有越来越多的老年人面临养老问题，而传统的家庭养老模式正受到越来越大的冲击，已经不适宜当前中国的发展，异地养老、旅游养老等全新养老理念和养老方式也应运而生，养老方式日益多元化。① 目前，一种新的迁移式养老模式——“候鸟式”异地养老——正成为中国很多老年人的选择。“候鸟式”异地养老是指短期或长期选择更舒适的气候和环境，季节性前往异地休闲养老的一种新型养

* 国家社科基金一般项目“西南地区逆城镇化的移民动力及风险的社会学研究”(17BSH027)。

** 张慧，中国人民大学博士，云南农业大学讲师，研究方向为社会学。

① 刘新静、黄筱焯：《世界老年旅游的新形势与新理念》，《中国商贸》2009 年第 21 期。

老模式。[①] 这种新型的迁移式的社区互助型养老方式在我国现阶段老龄化程度日益加深、健康需求日渐增多、养老方式亟待创新的情况下具有一定的理论和现实意义。

广西壮族自治区巴马县是目前被国内外认可，且世界唯一长寿人口持续增长的长寿之乡。据巴马旅游部门统计，到2018年10月游客总量已达到559万人次，其中每年来休闲度假的养生人（候鸟人）达10多万人次[②]，在这些养生候鸟人群中，还有2万人左右，长期居住在甲篆乡沿盘阳河流域的狭长地带上，这里因为拥有优质水源、较高地磁等几大养生招牌，被称为“康养”乐土。从原来寥寥几人发展到现在近10万人的规模，并且很多人是从城市迁移到这个农村进行短期或长期居住，选择一种完全不同于城市模式的“候鸟型”社区养老模式。这一群体更愿意被人们称为“新巴马人”。本研究调查的对象为陆续迁移至巴马当地，且生活2年及2年以上的人群（每年在巴马当地的生活时间不少于6个月）。本研究调查的地点位于广西壮族自治区巴马县甲篆乡的坡月村，该村原有村民60来户，常住人口200来人，但随着越来越多“候鸟人”的涌入，坡月的大多数村民已经搬离了本村，并将房屋出租给“候鸟人”。目前，坡月的外来养生人群主要聚集在两个区域，一个是百么屯，另一个即坡月村，两处各占50%左右。这两处聚居地的外来人口在淡季时约有两万人，旺季时能达到十几万人，且大多数为城市人口，他们在坡月村的聚集形成了一种新的现象——村落中的城市人，坡月已然变成了一个“村中城”。

二　巴马“候鸟人”养老模式的调查

就目前来说，全国各地都很难找到像巴马这样，既能保有原来的生活和

① 李雨潼、曾毅：《“候鸟式”异地养老人口生活现状研究——以海南省调查为例》，《人口学刊》2018年第40期。

② 莫离：《旅居微生活：从微观数据看广西巴马养生、养老产业发展》，腾讯网，https：//new.qq.com/omn/20190123/20190123A1D52E.html，2019年1月23日。

文化方式，又能体验迥异于自身文化空间和健康生活方式的地方。归结起来，来巴马养老的人群有以下特征：第一，多数为60岁以上的退休老年人；第二，迁移具有“候鸟”性质，即一年之中选择一段时间过来，持续好几年的时间；第三，看重本地的生态环境，以养生、养病为目的的养老模式。调查组进驻村落，主要从老年人选择迁移动机、本地“候鸟式”生活、给当地社会带来的影响几个方面进行了调研。

（一）自主性选择迁移的动机

巴马的“候鸟人”养老这种方式不同于海南、北海的“候鸟”人群，具有很强的养生和健康的需求，对该地的生态环境依赖性较强，是出于一种主动自愿的性质而选择的养老模式。并且人群并不如前者那般有一定的经济基础，有富裕的，也有贫困的。

1. 生态环境的主动性性选择

绝大多数的外来养生人群认为优质的生态环境是巴马享有“长寿之乡”美誉的基础，他们主要看重以下几个方面。第一，水，这里的水没有污染，普遍含锰、锌、硒等微量元素，长期饮用对人体有好处。第二，负氧离子含量。在巴马，空气的负离子含量很高，在坡月百魔洞一带，每立方厘米空气中的负氧离子竟有2万到5万个。负氧离子被称为“空气中的维生素和长寿素”，对改善肺功能、调节神经系统，促进新陈代谢和改善心肌功能有一定的作用。第三，地磁高。地球的一般地区地磁约为0.25高斯，而巴马百魔洞的地磁高达0.58高斯，是一般地区的两倍多。第四，富含硒的食物。这里的食物富含硒元素，对心血管疾病和癌症有很好的辅助治疗作用。通过对巴马地区的“候鸟人”的调查，我们发现，候鸟老人对自然舒适物、人造舒适物、社会舒适物和市场舒适物都有不同程度的追求。

2. 经济理性的取舍

巴马当地的物价较为便宜，来自北方的老人大多认为这里过冬不用像北方那样要出供暖费，而且房租便宜，物价并不高，可以以很便宜的价格买到新鲜的蔬菜和水果，尽管大量候鸟人过来炒高了物价，但相比老家的生活，这个物价是相对较低的，是可以接受的。

3. 抱团养老的新提法

“候鸟式”异地养老因为对住所灵活的重新选择得以与亲友毗邻而居，形成了亲密的人际关系先于社区存在的社区亲友互助养老方式。[①] 这种新型的社区互助养老方式的特点在于因为共同的对身体健康的需求，其同在异乡彼此关心、照顾，分享一些养生的心得。就坡月而言，其更像一个自然形成的养老院，来这里的很多老年人或是老两口一起，或是亲戚朋友几人一起相约过来，他们来了以后因为共同对健康的需求，能很快找到志同道合的朋友，而且不多久便能融入其中，被大家接纳。这种以健康需求为主导的人际关系使其彼此间的互动、互相照顾和帮助的意愿很强烈，相互之间情感、时间、体力，甚至是经济上的互相补充都是天然存在的，无须外力的鼓励和引导[②]，这种互相照顾比通常意义上的社区互助养老要全面和细致且有意义得多。

（二）“候鸟人”养老生活的现状调查

许多“候鸟人”在当地的生活网络是在一个新的场域中自己构建起来的，从居住方式上看，具有一定的时间性和空间性，从人口的类型上看主要以养病和养生为主。

1. 居住时间具有季节性和间断性

这里的“候鸟人”来自全国各地，其中以北方的居多，多数是来过冬的，每年十月左右来，第二年四月左右回去。所以巴马冬天到开春的这段时间人会比较多；夏天水体变得浑浊，天气变热，人们就又回去老家生活。这样的生活方式有一定的“候鸟迁徙”式的特征。在调查组所调查的人群中，来的时间较长的有 10 来年，短的也有 2 年以上。但是，随着身体的适应以

① 李雨潼、曾毅：《“候鸟式”异地养老人口生活现状研究——以海南省调查为例》，《人口学刊》2018 年第 40 期。

② 李雨潼、曾毅：《“候鸟式”异地养老人口生活现状研究——以海南省调查为例》，《人口学刊》2018 年第 40 期。

及对生活环境的需求，有更多的人愿意选择在此长住。

> 随着定居时间的逐渐变长，一些“候鸟人”逐渐变成了巴马人，但他们更愿意将自己界定为“新巴马人”。巴马“蓝色纽带”公益组织的负责人崔学东①，一位与癌症抗争了近八年的斗士。他始终坚信，是“巴马”赋予了他第二次生命，因此，早在2012年初，他毅然决定举家迁居巴马，计划长期定居下来，他常说：我已不是“候鸟人”了，而是“新巴马人”。

2. 迁移的人群类型

“巴马现象”② 开始产生的时候绝大部分是个体人，且针对的人群大部分是中老年人以及身体欠健康的特殊群体。最初吸引人的是巴马神奇的自然因素和长寿文化，但最终促使人们达成旅居意愿的还是这里已经形成了一定规模的生活模式和文化氛围。选择迁徙过来的人群主要包括以下几类。

第一，癌症病患者。这类人群在这里不在少数，但不会自己说出来，有些是被医生断定进入3个月生命倒计时的人，活过1年的比比皆是。所以有些人认为来这里是续命的。多位久居2年以上的“候鸟人”证实，许多人初来乍到，会谎称自己糖尿病、高血压，其实，这里肿瘤患者比例在70%以上。③ 据“蓝色纽带”组织发起人崔学东会长介绍，看上去稍微年纪轻点的八成是癌症患者，或者到了夏天不离开的也就是这类人群。所以坡月村又被称为“癌症村”。崔学东会长得肝癌10年了，大手术做了3次，但是见到他本人的时候，很难将他和这种病症联系在一起，他很健壮也很有活力，他说来这里10年后，身体得到慢慢改善，离也离不开，干脆就不走了，在

① 崔学东，男，54岁，来自吉林长白山，来这里已经8年。

② 巴马现象，百度百科，https://baike.baidu.com/item/%E5%B7%B4%E9%A9%AC%E7%8E%B0%E8%B1%A1/9268882?fr=aladdin，2019年2月5日。

③ 巴马现象，百度百科，https://baike.baidu.com/item/%E5%B7%B4%E9%A9%AC%E7%8E%B0%E8%B1%A1/9268882?fr=aladdin，2019年2月5日。

这里创立了“蓝色纽带”公益组织，专门帮助那些来此地需要帮助的人群。很多癌症患者在这里找到了志同道合的同伴，受益于这里的自然环境，大家共同坚持和守望，也有部分人获得了新生。

第二，慢性病患者。这类人群主要是些三高患者、糖尿病患者、哮喘病人、脑梗心梗患者。患病要长期吃药，但有些人来这里后就基本减药或者是停药了，笔者调查了一位来自安徽合肥的老阿姨，她们说自己有高血压，来这里后就基本停药了，原来背上长了三颗“黑斑”，慢慢也消失了，他老伴来这里减肥减了10多公斤，身体更加利落了，于是他们每年都来这里待半年，调养好身体又回老家。一位来自北京的阿姨[①]说自己老公得了湿疹，怎么治也治不好，前年来这里后天天用这里的水洗澡，没过几个月湿疹奇迹般好了，但是中途有事回老家，又复发了，于是又来，持续在这里待了2年，一直就没有复发，他们准备再巩固一下然后就回老家。在这里会听到各种神奇的故事……来自江西做早餐小生意的杨阿姨说[②]：“我和老公来了以后，身体恢复得还可以。在这里比在家里好多了，不然我们也不会来这里。我们以后就打算在这里一直待下去不回去了”。“只要老伴身体好，我就一直在这里待下去。我们有退休工资，在这里随便做点小生意，赚点收入。我经常在百魔洞门口跳舞，我有两个舞伴，一个是肺气肿，一个是癌症，住在这里好好的，他们不会回去，也不能回去，这里对于他们恢复健康非常的好。”来自上海的李阿姨[③]说：“我们是从上海电视台的一个叫作‘神奇的巴马’的节目里知道这里的。我家老头2015年的时候来了，感觉很好，2016年我们就一起来了。但是这个地方不是治病的地方，是养病的地方。我为什么不敢走？因为有高血压，一回去就反弹。要是原来在上海，水果一点都不敢吃，来这第5个月我的血糖降下去了，后来一点点地把药也给停了。我们得出来的结论就是你不能走，一离开就反弹了。”以上案例笔者不清楚其中的真假，但都还原了访谈者本人的话。

---

① 李阿姨，女，60来岁，来自北京，来这里已经2年了。

② 杨阿姨，女，60来岁，来自江西，来这里已经2年了。

③ 李阿姨夫妇，65岁，上海退休工人。

第三，度假养生人群。随着人们生活水平的提升，对环境质量的要求越来越高，于是会有不少老年人选择每年过来“将身体调理一下”，顺带养老，认识一些朋友，自己也不孤独。他们把这叫作“巴马疗法”，吸收这里的水、地磁、空气，身体就会特别舒服。有些人在这里租住长达10年，甚至有的人买了房子，按照他们的话说就是这样的病已经不能回到原来生活的城市，在这里还能“续命”。来自南昌的刘大叔[①] 2006年的时候就过来了，他会免费教本地人武术，每年冬天都来，他觉得自己是来这里充电的。他说：“我们也是属于亚健康，只是说你的病还没有爆发出来。就比如说汽车走了这么多年，磨损了，也需要保养啊，充电也是必要的，你电瓶肯定电量不足。我就抱着这个态度来了，我每年会来一趟，也会全国到处跑。”

三 “候鸟人”社区养老生活的特征

老年迁移人群具有“候鸟式”的特征，归结起来就是追求简单、生态、自在的生活，尤其是生了病在这里得到康复的老年人更是如此。其主要表现为以下几个方面。

（一）为了身体健康

来巴马的养生群体的追求不再是金钱物质方面的东西，而是身体。用老人们的话来说就是“以前拼命工作为赚钱，现在来坡月为赚命”。为了身体能健康，他们天天忙着锻炼身体。每天一早就能看见不少人在忙于健身，每天早上7点或者更早起床，出门打拳、跳广场舞，或者是唱歌，然后去爬山，或者买菜做中午饭，小睡午觉后就来“百魔洞”门口的亭子里散步、聊天，顺带进行“磁疗”或者吸收负氧离子，或者进行各种球类运动，到了傍晚又回家做饭，晚上继续出来跳广场舞、打麻将或者进行足疗和按摩服

① 刘大叔，男，60岁，来自南昌，自己做建材生意。

务，周末的时候又到巴马县城周边去钓鱼、旅游。总之，用他们的话来说就是不让自己歇着，一定要积极运动，搞好身体。有些人愿意天天花钱花时间进“百魔洞”进行磁疗、呼吸负氧离子，有些人强迫自己每天走两万步，还有的把认识朋友唠嗑当成一大爱好，这样他们就不觉得孤独寂寞。

（二）回归淳朴的品质生活

在白日里，随处可见拖着旅行箱往来的外地人。集市上，人们摩肩接踵体验壮乡特色赶集。可是，一到晚上，一切都迅速归于寂静，这就是巴马候鸟人特有的生活习惯，戒了烟、不熬夜、早睡早起。

见惯了大城市的喧嚣，很多人怀着一颗初心来到此地，他们想寻找的往往是回归淳朴生活的乐趣，于是带着一些好奇和感慨学习当地人的一些生活和饮食习惯。在这里，许多人吃五谷杂粮、鸡蛋和蔬菜，大家把“粗茶淡饭”看成一种享受，他们每天乐此不疲地买菜、做饭，谈论菜的品质和价格，尽管这里的各种设施和医疗条件比较落后，但这一点都不影响“候鸟人”生活的激情。

调查组发现，多数“候鸟人”在此处会更珍视生命，懂得看破、放下。看破原有的一些欲望和执着，因为一来可能是岁数大了，很多事情经历过，看得开，想得开；二来有些人得了重病，来这里环境变了，心态也放宽了，戒除了原来不良的生活习惯比如抽烟、喝酒、熬夜，转而接受积极的生活模式，学习巴马生活，给自己做减法。不论谁在这里都是平等的，大家都有一个目标：放下欲望，重获新生。

来自东北的王阿姨[①]在小街上开了一家饺子店，她说喜欢清静的生活，喜欢小山沟，晚上这条街也是挺热闹的。在这能吃到绿色的菜，买点茼蒿，回家猪肉买了一上锅，好吃啊！陈立群[②]来自湖南娄底，2012 年被查出得了癌症，手术后来这里生活，以前作为一名财务总监，她的应酬也比较多。到

---

① 王阿姨，女，60 多岁，来自辽宁，来这里已经 3 年。

② 陈立群，蓝色纽带会员，56 岁，来自湖南娄底，来巴马已经 6 年。

了巴马后，除了散步，就是唱歌、跳舞，她整个人，都处在快乐中！没有烦恼与压力。

（三）互相影响积极乐观的心态

应该说，来这里的不少人，多多少少都有这样那样的病，但来了后很多人的身体恢复得很好，这大概也是受到了一种良好、积极的心态的感染。走在坡月的街道上随时能感受到老人们这种良好的心态。相互之间见面乐呵呵地打声招呼问候一下，谁有事情积极主动去帮一下忙。和医院或者传统的养老院比起来，这里多了更多的乐趣和笑声，这里更多了一些人文关怀。多数人来此地也都经历了这样的一些过程：刚来的时候，什么都见不惯，对各种条件不满，生病后痛苦和绝望，但是一段时间后会被这里的气氛感染，人变得更加积极乐观，因为他看到一些和自己身体状况一样的人，有的甚至比自己的情况更差，都这样开心，那还有什么看不开的呢？于是心态慢慢变了，不再钻牛角尖，而是主动去融入这里的环境，并且彼此之间不断相互鼓励，相互学习治疗和养身方法。而正是因为这样的心态，身体才恢复得更快。据课题组调查的人群来看，在这里待的时间越久的人，心态就越好，想事情越能想明白，也更受到大家的尊重和欢迎。

成都老哥①说：“我五年之内犯了三回脑梗，如果在外面的话，可能早就不在了，我原来台阶都上不了，是被人抬来这里的。现在我恢复得很好，但我不想离开这个地方，离开这里估计我就活不成了，人生的价值是什么？人病到一定程度就看开了。”来自扬州的老爷爷②，86 岁，来这里 10 年，脸上总是挂着乐呵呵的笑容，他说，“来了以后我对当前生活非常满意，最满意的就是环境好，没有工业污染。没有不满意的，对事物不满意是自己造成的，我第一个满足就是我们老两口都活到 80 岁以上了，这是最大的满足，知足者常乐！第二，夫妻关系和家庭关系都处得好”。

---

① 成都老哥，男，50 来岁，来这里已经 8 年，并且买了房子，常年定居。

② 老爷爷，男，86 岁，来自扬州，来此地已经 10 年。

（四）“村中城”中的社会组织

“候鸟人”在村落中生活，和农村人群不一样的地方就在于他们看问题的视角是不一样的，表面上遵从农村人的生活法则，但在实际中他们也不断在某些软环境方面按照城市的标准改造坡月村。我们这里把这种现象叫作“村中城”效应。[①] 他们不会种田，但有工资收入；他们没有农家院子，但住各种宾馆和养老公寓；他们会把城市的广场舞在这里推广，而在这个典型的壮族村落，有关壮族的民族文化却很难看到。“候鸟人”会成立各种社会组织，来帮助解决各自的一些需求；他们会较快地融入当地，友好地和本地村民相处，同时不断取舍各自的群类，比如老乡群、兴趣群、信仰群、跳舞唱歌群等等，在村落中融入现代城市的元素，助推城市文化在村落里的发展，从而成为一个“村中城”，外表是农村，内在的却是城市人和城市的生活方式。这里就像一个小城市，大家相互之间的相处是比较融洽的。

在当地发起了“蓝色纽带”公益组织的会长崔学东[②]说：“我们这个社区组织中没有攀比，权力、名利的东西在我们这里没有用处，你多大的官多有钱，都跟我们没有关系。在这里大家恢复了人性最基本的东西，大家真的是快乐。原来所拥有的民风以及我们蓝色纽带这样的组织，这样思维意识的组织和公共意识的组织，给大家注入了一股新的力量。”

四　“候鸟人”带来的社会影响

首先，“候鸟人”模式能够直接带动当地旅游业和养老产业的发展，为当地贫困县的发展带来一定的经济效应。例如，当地火爆的“养生”房地产，各种老年养生机构的出现，“百魔屯”的水也成了一个深受大众追捧的品牌，包括当地的有机水果和蔬菜。另外，“新巴马人”在当地社会公益组

① 杨小柳：《“村中城”：一种乡村都市化类型的研究》，《思想战线》2017 年第 3 期。

② 崔学东，男，54 岁，来自吉林长白山，来这里已经 8 年。

织的带领下经常深入偏远农村做公益，例如“蓝色纽带”创始人崔学东初来巴马时，就经常帮助一些初来乍到的候鸟人，久而久之，身边逐渐汇集了一群有正义感的爱心人士，他和他的团队不忘初心，始终把“帮扶与救助”作为“蓝色纽带”永恒的主题。他们组织会员一起去探望贫困家庭的孩子，给孩子们送去温暖和帮助。其中不乏身患重症来巴马养生，却还坚持每年资助贫困学生的爱心人士，也有从微薄的退休工资中节省开支，无私奉献的老人。而“候鸟人”之间以及和当地村民之间地域文化、民族文化、养身文化不断融合、碰撞，增强了这里文化的交融与繁荣。

但是，外来人口的增多所带来的负面影响也是存在的。首先，原本生态的环境已大不如前。很多人说，这里的水质没有原来那么好了，附近餐馆和宾馆多了以后不断向河中排污，在附近的河道中还能看见不少绿藻和垃圾。当地村民黄妈贤在此生活了 50 年，她回忆，以前的盘阳河水非常清澈，村民们都在河边取水做饭或洗衣。但现在河水呈翡翠绿色，还飘着淡淡的腥味，已经大不如前了。[①] 另外，噪声污染大了，跳舞的、唱歌的总是把声音提得高高的，干扰了周围的宁静，也打扰了他人的生活。

其次，商业化行为带来的乱搭乱建现象普遍。以前的坡月村是一个山水秀美的壮族村落，一片田园山水风光，但现在的坡月村到处是高楼，显得与周边的农耕文明格格不入。[②] 像这样的民间行为，政府是没有办法管理和规划的，只能任其发展。

再次，基础设施不堪重负。一是交通基础设施跟不上不断增多的外来人口，这是很多旅客反映的一个重要的问题，主要有两个方面。第一，道路狭窄、路况差。这里本来是一个偏僻的小村落，道路虽狭窄，但满足本村人的出行需要仍绰绰有余。然而随着外来人口的大量涌入，其对交通设施的压力也越来越大，尤其是旺季，较差的路况以及车辆的乱停乱放造成的交通堵塞

---

① 《广西巴马村民不喝河水：谁知“候鸟人”的病传不传染》，凤凰咨询，http：//news. ifeng. com/society/2/detail_ 2013_ 12/08/31894445_ 0. shtml，2013 年 12 月 10 日。

② 巴马现象，百度百科，https：//baike. baidu. com/item/% E5% B7% B4% E9% A9% AC% E7% 8E% B0% E8% B1% A1/9268882？ fr = aladdin，2019 年 2 月 5 日。

和安全隐患不容忽视。二是医疗机构较少、设备较简陋，这也是让很多患病者一直无法忍受的地方。

最后，“巴马现象”的神奇化与“标签化”。巴马这个地方的生态环境对一些病症有辅助治疗作用，但很多人迷信这里的功效，并把它宣传得神乎其神，似乎现代医学治不好的病，来到这里不用医治就能见好。其于是得到大家认可的同时，将这里迷信化和神圣话，这也导致了很多人不愿意接受医院治疗，最后耽误了黄金治疗期。也有的卖了家里的房屋过来，结果一段时间后又发现不适宜，给自己造成了极大的损失。但有一大部分身体没有毛病，过来这里短期旅游的人，会“敬而远之”，一听到这个村里都住着各种疾病的人，尤其是癌症患者，本能地不愿意多待，匆匆离开，生怕自己也会染上疾病。

因此，政府应该出台政策，保护环境，严禁破坏河流，严禁将污水排入河道，严禁砍伐树木。另外做好规划，整治违规搭建的房屋，合理布局旅游区、交通区和生活区；有度地接待“候鸟人”居住生活。而本地人也不能因为眼前的利益而丢掉未来的可持续发展。

五 “候鸟人”逆城镇化养老模式的思考及展望

我国的养老模式正在由以往单一的家庭养老模式逐渐向以家庭养老为主，机构养老、社区养老、候鸟养老、异地养老、互动养老等多种模式相结合，在一定程度上实现主动养老的趋势，也能在某种程度上解决大城市的环境危机、精神危机和社会养老危机，为一些地区解决相关问题提供了一些借鉴。“候鸟人”代表了部分老年人群对现实生活的超越，寻找更多对身体更好、更回归初心生活的探索。

“候鸟式”的老人社区养老模式不受“空间”的限制，老年人自己选择养老的地方，并选择抱团养老，这种社区养老具有一定的自主性即自己组建、自己发展、自我监督、自娱自乐的性质，这种在巴马的生活，由于对身体健康的需求，更能够体现一些正能量的东西。该种模式是适合于未来养老的模式，也适合于老年人对身心健康发展的需求。不止巴马这一案例，海南三亚，云南大理、版纳、腾冲也已经或正在被大量的"候鸟人"涌入。

未来的跨省养老和跨国养老将成为一种趋势。尤其是中国的西南地区，其由于良好的生态环境能够吸引"候鸟人"大军的涌入并给当地带来经济效应，为以后发展养老产业提供一些新的思路和广阔的发展空间。因此，作为管理部门应该看到养老产业发展的前景，未来应该配备更多的基础设施，即"自然环境 + 旅游资源 + 人文特色 + 生活住宅 + 核心配套 + 目的地式的文化主题体验"① 的旅居或者定居式的养老模式，并提早布局，有序推进，以避免出现后续的一些问题。不仅仅消费它，而且要把它保护起来，发挥其更大的价值。

① 《旅居：以旅为魂、以居为心》，搜狐网，http：//www.sohu.com/a/272203777_671121，2018 年 10 月 30 日。

实　务　篇

Community Care Practice

B.18
独子空巢家庭母亲精神生活的改善与充实

李　宁*

摘　要： 进入空巢家庭改变女性的不仅有家庭结构、家庭关系，还有自我的观念。受传统社会文化的影响，独子空巢家庭孩子离家后母亲的适应难度会更大一些。女性的后半生不能因为孩子离家、退休，就没有了目标，就放弃自我的成长。如何度过退休后初入的空巢期，改善与充实精神生活，不仅需要空巢妈妈个体，而且需要社区、社会给予重视。当前的城市社区能够给人带来不少的喜悦与兴奋感。社区工作者应该充分重视空巢妈妈这一群体，动员她们从家中走出：从参加社交活动到寻找内心充实，从被动加入到主动投入身心，从照顾

* 李宁，北京人口与社会发展研究中心研究员，北京市人口研究所副教授。

好自己身心到关爱大家，成为社区参与的重要生力军。这对中老年女性心理健康及维护家庭和谐、社会稳定均具有积极意义。

关键词： 空巢家庭女性　精神生活　社区

一　多数人易面临精神空虚问题

本文中的空巢家庭母亲是指80年代响应国家的独生子女政策，生育一个孩子，年过（近）半百，临近（已经）退休，与子女不同住的城市女性。

作为本文研究对象，其受社会政治经济、社会文化移入等多方面的影响，在不断适应社会变化之时，又进入了空巢阶段。这些空巢妈妈不少人成长在“文革”阶段；到孩子离家时临近退休或已退休，正在或已度过更年期阶段（中性）。由于她们是经历中国社会巨变的一代人，在与孩子的关系上，空巢妈妈体现了既现代又传统的两面性。作为积极响应独生子女政策的城市职业妈妈，她们普遍重视孩子教育，重视情感交流，讲求沟通质量，非常关注孩子的发展前景。平日多把精力时间都放在孩子身上，在照看独生孩子方面往往会比男性投入更多的感情和精力，对孩子寄予很多的期望。在重视孩子教育的同时，很多人依旧受中国传统意识影响，生活工作二点一线；个人与家庭合二为一；对孩子具有情感、精神依赖，普遍疏忽自我发展管理。所以当孩子离家时，骤然的家庭关系变化使不少空巢妈妈产生强烈的孤独感和寂寞感；若再加上退休，心理承受能力较弱的女性可能一时无法适应空巢生活，容易出现一系列心理障碍，反映在以下三个方面。

就个体而言，由于受传统观念影响，一般家庭以父母与子女间的关系为核心，子女离巢会显著影响父母的情感体验。通常女性又要比男性承受更大的精神压力，容易出现心理学上的“戒断现象”：包括空巢初期迫切的“情感饥渴”，精神易感空虚等问题。处理不好容易用一些不恰当的方式排解压力，例如酗酒、加入邪教、赌博等，这会对个人带来精神上的折磨和经济上的压力。

就家庭来说，50岁左右的妈妈还可能同时遭遇“更年期综合征”，夫妻关系重塑，以及养老等一系列问题。“更年期综合征”使女性在绝经前后容易出现一系列身心问题，给她们带来亚健康或引发周边人际关系紧张等影响。另有研究表明：近20年来，老年离婚率不断高升[①]，这与孩子离家引起家庭结构改变，与家庭的另一重要成员丈夫之间的关系变化的处理不当有一定关联。同时空巢妈妈还多担负双方父母的养老责任，她们是“上有老，下有小”的夹心一代，除了付出体力、经济与健康支出外，还可能要承受家庭中的一老一小所带来的心理压力。

就社会而言，自2003年“中国大妈”一词出现以来，中国乃至国际社会对“中国大妈”的解释及其传播已被严重“妖魔”化；公共场合中老年女性的社会出现会被当作：从众多独立少、随性多克制少；运动多、读书少；私人占有多、参与公益少；等。这些使空巢女性处于多方面的问题叠加，整体处在一个精神生活稀缺、社会环境不友好的特殊时期。

依据第六次人口普查数据，我国60岁及以上的人口大约达到1.78亿，占总人口的13.26%[②]；至2011年，城市老年空巢家庭所占比例为49.7%。[③] 另有数据显示，我国独生子女家庭数量巨大且呈不断增长的趋势，2000年超过1亿，2006年为1.3亿，我国空巢家庭呈现进入早、延续长、比例高的特点。研究预测到21世纪三四十年代，城市有近60%~70%的父母不与已婚子女同住。[④] 预计到2030年，空巢老人家庭数量比例

① 高颖怡：《城市中年空巢女性心理健康影响因素研究》，《科教文汇》（中旬刊）2015年第7期。

② 王晓易：《中国60岁以上老年人口近1.78亿　占总比达13.26%》，中国广播网，http://news.163.com/11/0816/16/7BJEQ8S300014JB5.html，2011年8月16日。

③ 苏红等：《空巢老人心理健康状况及影响因素的研究进展》，《护士进修杂志》2015年第3期。

④ 熊汉富：《独生子女家庭老人精神赡养问题与对策》，《郑州航空工业管理学院学报》2008年第12期。

将达到90%。[①]

21世纪，全球最重要的人口趋势之一是人口老龄化，1999年是中国老龄社会的开端，2009年中国政府就开展了人口老龄化研究。根据研究，到2050年，中国将成为世界上老年人口最多的，也是老龄化速度最快的国家。[②] 由于在人口老龄化进程中，女性人口的寿命会高于男性人口，女性人口规模要超过男性[③]，老年人口将呈现显著女性化特点。我国第六次人口普查数据显示，在2010年，65岁及以上的老年妇女占老年人口的51.9%，而80岁及以上高龄老年人口中女性所占比例就高达58.2%，老年人口的女性化程度在未来的数十年间会进一步提高。[④] 显然，随着我国老龄化速度的不断加快，"老年人口女性化"现象越加凸显，空巢妈妈精神慰藉越将成为一个现实的社会问题。

随着家庭结构向核心家庭的转变、传统孝文化的弱化，初入空巢，妈妈们如何调整好孩子离家后的精神状态，充实个体精神生活？如何保持自我的不断成长？如何在离开熟悉多年的工作环境后选择好退休生活，为安度晚年、保持身心健康、提高生活质量奠定良好基础？调整充实空巢妈妈的精神生活，不仅涉及女性个体，而且需要家庭、社区、社会给予高度的重视。由于空巢妈妈群体的庞大，在精神方面需求的特殊性，加强对她们的精神慰藉、心理健康等研究，对中老年女性身心健康，维护家庭和谐、社会稳定均具有理论与实践的积极意义。

二　影响精神生活的环境分析

按照影响老年人心理健康的人格、社会支持、应对方式、经济收入水

① 王晓慧：《2030年空巢老人家庭比例或达90%老龄化城乡倒置，农村养老问题何去何从?》，《华夏时报》2018年12月10日。

② 金晓霞：《城市空巢家庭研究现状》，《学理论》2013年第5期。

③ 姜向群、杨菊华：《中国女性老年人口的现状及问题分析》，《人口学刊》2009年第2期。

④ 贾云竹：《从"三个平等"看新时期我国老年妇女问题》，《中国妇运》2014年第10期。

平、文化教育程度等诸多因素[①]分析，本文关注的空巢妈妈，依据马斯洛需求理论，她们多刚进入空巢，多数人身体健康，经济状况良好，与长期空巢老人相比，对精神生活方面的需求相对更多。[②] 再加上引发空巢妈妈初期精神健康的问题主要是孩子离家导致家庭内外关系的改变而起，故关注空巢妈妈精神生活，需要分析影响她们精神生活的周边环境问题。笔者认为它主要来自两个方面。一是孩子离家后的家庭结构关系的改变；它涉及的是空巢妈妈的自我认知与调整。二是能否及时获得社会支持；它解决的是如何填补空白的情感生活以及获得精神慰藉的渠道。

（一）家庭内部的情感空白：情感资源稀缺，角色边界不清

1. 家庭结构关系改变,传统孝文化在进一步地弱化

在家庭生命周期理论中，空巢一般被认为是最后一个阶段。基于多方原因，当前人们的人际交往，特别是精神交流与传统社会相比相对稀缺，所以独子空巢家庭老人对孩子的精神赡养方面会更加渴求和迫切。基于女性是家庭情感的供应者也是依赖者的特点，一些女性对情感的需求要高于男性。[③] 在家庭结构日益向核心家庭不断转变的同时，传统孝文化又在进一步地弱化。城市独生子工作生活存在压力大、时间少、交通成本大等主客观具体因素，他们的精神赡养难度也在持续加大，造成空巢妈妈们身边没有子女，没有天伦之乐，对孩子都抱有一定回报的期待，在不断的期盼中难免会产生孤独、焦虑、郁闷、沮丧等负面情绪。

2. 家庭成员互动问题

孩子离家，不仅改变的是家庭结构，而且改变了家庭关系。受传统文化男权思想的延续和影响，空巢妈妈多数人多年在社会工作与家庭劳动矛盾冲

① 李安彬等：《空巢家庭老年人的心理问题与社会支持》，《海南师范大学学报》（社会科学版）2007 年第 6 期。

② 方菲：《影响家庭养老精神慰藉的因素分析》，《社会》2001 年第 5 期。影响家庭养老精神慰藉的因素有自身的健康状况、经济状况、家庭的结构与关系、社会传统文化与评价等。

③ 林国荣等：《社区老年人认知功能调查分析》，《社区医学杂志》2006 年第 1 期。

突中守护家庭，她们在孩子、丈夫、老人和家庭事务中一直把自己排在最后，甚至把爱情都排在婚姻家庭的后面，导致她们在独子离家后对原来熟悉的家庭有了很大的陌生感，家庭生活失去目标，甚至失去了自己一部分的体验挥之不去。

一是丧失主要互动对象带来的精神空虚：在中国传统的家庭关系中，妈妈的情感需求主要体现在对子女关怀的需求和建立朋辈群体的需求上。[①] 相对而言，空巢妈妈对家庭关系与结构敏感。现代城市核心家庭受到居住距离和一个孩子的影响，作为掌上明珠和唯一的精神支柱，家庭空巢妈妈对子女会有更多的思念与牵挂。由于一些空巢妈妈习惯于每周与子女交流，孩子一旦离家，缺失了交流，会让妈妈们很不适应，容易陷入心理上的不平衡与精神上的苦痛。同时父母一般拥有一定的家庭权威，家庭纵向关系牢固，而伴随着空巢老人从劳动者的角色中逐渐退出，在家庭中的经济地位下降，家庭中的话语权与决策权也逐渐转交到子女手中。处在交流中的被动与弱势等变化都会影响空巢妈妈的自我认知程度，使她们变得自卑和消沉。其如果一时无法适应这个变化，将接受“老而无用”的自我认知（或者自负）。[②]

二是与孩子关系的边界不清。数据显示：80、90 后夫妻离婚的重要原因之一是父母干涉，父母成为“第三者”。20 世纪 70 年代末始，计划生育政策造就了总数超过 1 亿人的“独生子女”。[③] 由于独生子通常都是家庭的唯一，是爸妈的重点保护对象，孩子的婚姻被父母赋予了很高的期待与要求，格外的关注同时带来过多的介入，它不仅成为 80 后离婚的重要原因之一；而且孩子婚姻纠纷、夫妻离异等易引发空巢妈妈的更多感情问题，让她

① 李安彬等：《空巢家庭老年人的心理问题与社会支持》，《海南师范大学学报》（社会科学版）2007 年第 6 期。

② 李明夏：《空巢老人精神慰藉的小组工作介入研究——以南京市 J 社区为例》，南京师范大学硕士学位论文，2018，第 15～16 页。

③ 陈薇、马海燕：《80 后成离婚潮主力　知识层次越高离婚率越高》，《中国新闻周刊》2015 年 6 月 16 日。

们的精神生活雪上加霜。[①]

三是夫妻关系的重构：空巢家庭出现必然会改变夫妻关系。以孩子为中心的三人家庭成为仅为夫妻的二人世界，从前疏远的夫妻关系变成家庭日常的彼此关系，夫妻的日常生活成为家庭生活的主题，夫妻关系的重构要建立在良好互动的基础上。值得注意的是，重构空巢家庭关系的同时，要避免出现一是空巢妈妈因儿女的离开，把自己的大部分感情放在配偶身上，过分依赖配偶，给丈夫造成一定的压力；二是极端自我及夫妻多方面的缘故，使其过上各自顾各自、家庭变旅馆的现象发生。

（二）家庭外部的精神孤独：与单位资源逐渐脱离、与社区关联缺失断裂

空巢妈妈的家庭外部环境也在发生改变。很多空巢妈妈，特别是城市企事业单位的女性，在原社会组织中具有一定的地位，或有一定的工作关系和社交圈子。而在退休之后，离开了组织的资源和交际氛围，个人的交往模式也发生了相应的改变。由于退休或濒临退休，其与正式组织的联系逐渐减少。若再加上在社会、职场上又没能形成太多较好的人际关系网络，她们在“双重空巢”后无法与人进行更多联络，容易陷入单一的生活中，并显得茫然和无措。

空巢妈妈普遍的失落感除自身因素以外，也来自周围环境的不甚友好。这极大地影响了空巢妈妈进入社区参与活动。按照社区理论，老年照料体系由四个环节组成：个人、亲属、社区和组织。若老年人遭遇问题，没法从容应对，需要家庭、社会、政府共同付出努力，给予他们精神生活照顾，设法协助她们面对老龄化。[②] 理论研究表明，城市老年人精神健康社区社会支持因素涉及老年社区保障政策；社区基础设施建设；家庭赡养抚养功能；专业

---

① 风青杨：《中国离婚率越来越高的三大原因》，凤凰网，http：//wemedia. ifeng. com/7590769/wemedia. shtml，2017 年 1 月 24 日。

② 周清等：《人口老化与空巢家庭挑战和谐中国》，《学习月刊》2005 年第 6 期。

化社会工作服务[①]等内容。目前在城市社区中，一些基础服务还未健全，给老人提供服务还有不少问题，例如缺乏有吸引力的组织，社区心理服务的建制尚不完备，居委会少有心理咨询服务、精神慰藉资源稀缺，社区活动单一，邻里关系淡薄，等[②]，造成在社区中很多空巢妈妈脱离了工作岗位而又没有及时参加其他类似组织活动，无法获得跟以前一样的人际交往和相互尊重；缺乏相应的互动场合体现自身的价值，在遭遇家庭情感失落后又无法在社区中得到有效及时补偿，会再一次地倍感失落或老而无用。

心理学进入中国较晚，在社区心理咨询服务、精神慰藉资源稀缺的同时，一些人对心理健康教育的认识还存在于浅显的层面，习惯性地将心理健康问题和精神疾病画上等号。其面对外界给予的心理健康教育指导和活动会存在心理的抵触情绪，不愿打开心扉，拒绝参加心理健康活动。空巢妈妈受内外环境制约，缺乏多渠道的引导和情绪的宣泄，易累积负能量，导致个别人在公共场合进行非理性情绪的宣泄，甚至出现违背公德的行为。再加上一些媒体对“大妈”的妖魔化：“盲目投资的大妈”、“跳广场舞的大妈”和“素质低下的大妈”、“带脸基尼的大妈”等，直接造成了我国中老年女性的污名现象[③]，给后续更多的空巢妈妈参与投入社区活动带来一些不必要的顾虑和消极影响。

三　精神生活的改善与充实

精神生活是人的主观性的求知、体验和审美活动，是意识、理性、意志、情感等精神因素活动的过程，也是满足人的精神需要的过程。重视精神生活对人的生活品质提升有重要的影响，包括人的知、情、意的完善，兴

① 赵紫薇：《城市老年人精神健康的社区社会支持建构——基于 C 市的实证研究》，吉林大学硕士学位论文，2018，第 34 页。

② 张凡丽、金红梅：《农村丧偶老年女性精神慰藉缺失现状及社会工作介入研究》，《统计与管理》2016 年第 7 期。

③ 兰悦：《浅析网络传播时代女性群体污名化现象》，《新闻研究导刊》2017 年第 9 期。

趣、修养、能力的提升等人的个性发展，以及人们在生活中获得愉悦、感受熏陶、丰富情感等方面的体验。[①] 受现代教育的空巢妈妈，她们中的很多人不再拘于家庭，自由游走在工作和家庭之间，这种变化的结果是提高了女性的自主性和独立性。就空巢妈妈而言，孩子离家、面临退休、倍感孤独之时，是她们比以往任何时候拥有最多属于自己的时间的时候，也是她们可以聚焦关注个人未来生活的一个时机。因此如何面对未来生活，丰富充实精神生活，保持身心健康，是她们面临的问题和需要的选择，为此，笔者提出以下思考和建议。

（一）自我及其调整家庭关系

1. 自我调适：多渠道学习，强壮内心

现代女性具有“自尊、自信、自立、自强的”精神，“四自”精神让越来越多的女性认识到应该过“自己的生活”，寻找自己想要的生活方式。毕竟人生最后二十几年的活法，是决定人的一生是否活得精彩的关键所在。[②] 进入空巢阶段，人依旧是要保持自己的成长。依据埃里克森（Erikson）的自我发展理论，人的老年会经历身体老化、角色转变、自我超越的发展困境，处理不当会带来老年人负面的感受，例如远离成就感、价值感和幸福感。

空巢阶段，女性要克服老年人性弱点，就需要学习。学习对女性生命具有新的意义。学习有助于空巢妈妈树立积极老龄化的观念。学习内容既涉及老年人保障人身权利，也包括身体知识与心理，使她们正确认识生理障碍和心理障碍。学习有多种形式：获取性学习、成长性学习、表达性学习、工具性学习等，学习的内容也不只是简单地获得技能、知识等。学习要开展自我激励，保证有效性。有效评价自己参与社会活动的结果也是一个重要的学习实践方法。[③] 根据自己的兴趣选择参加政治活动或经济活动或公益活动，

① 陈新夏：《精神生活与人的发展》，《中共中央党校学报》2018 年第 1 期。

② 〔日〕渡边淳一：《熟年革命》，吴四海译，文汇出版社，2008，第 3 页。

③ 任彦媛：《自我导向学习：积极老龄化的有效途径》，《中国成人教育》2018 年第 8 期。

确定参与任务和参与内容；充分发挥自己的优势，努力融入社会集体团队，体会“乐学”过程。因此伴随着学习，空巢妈妈将经历的是对个人认知的不断深入过程：接受自我，放下自卑与偏见，增强自信；自我控制，善结人缘，开放自我，解决人际交往与孤独失落；逐步跨越进入老年所易生的固执、停滞、封闭等自我认知障碍；实现逐渐提升自我认知能力的目的。

空巢妈妈还要保证自己拥有通畅的学习渠道，合理利用家庭或社区的环境，发现自己的学习需求、学习策略和学习能力；经常去周边固定的书店、图书馆寻找相关资料等；从读书中找到朋友和乐趣，并与书本为伴，用学习伴随余生，向书本要答案，不断寻找生活的美好与意义。

2. 重塑自我：珍惜把控时间

人生最后十年或二十年的活法很关键，日常闲暇安排成为多数空巢妈妈面临的一个新挑战和新问题——如何面对被剥夺的女性时间的回归。空巢妈妈无论是否退休，都会思考如何处理孩子离家后大量的剩余时间。与以往相比，职业女性在工作家庭之间几乎没有属于自己的时间，而进入空巢初期，空巢妈妈会感觉几乎是从一个贫瘠的时间沙漠进入了一个广阔的时间海洋。沉陷还是发现新的自己，与以后的时间把握有十分重要的关系。重视时间管理，就是重视生命，就是善待家庭生命周期中最后也是最好的光阴。

时间管理对女性影响深远，一可以高效简洁；二可以从容优雅；三可以让自己沉浸于个人的喜乐。管理好自己的时间，需要做到以下几点。一是了解现代休闲目的，力争主动。休闲分为主动与被动的休闲：主动休闲是指去尽力发现寻找自己喜欢的适应的活动，通过活动的过程及其结果实现放松释压、审美怡情或锻炼长寿的目的。二是以金钱换时间，减少家务。合理安排好家务，尽力将洗衣做饭等外包。第三代抚养不要大包大揽，而要力所能及。三是高效率使用时间，所谓“选择重于努力”。要培养广泛的兴趣，多做有益于身心健康的活动，充实精神生活。有精力、有条件的还可以去创业、去做老年志愿者。善待家人，精致生活。认清与子女的关系，减少对子女的依赖程度，与子女好好相处、互相尊重。

3. 增补感情：强化夫妻关系

要建立和维护“我们俩”的意识，尽快适应空巢家庭的新变化。很多夫妻年轻无孩时期女性往往这么排序家庭成员：父母、丈夫；进入中年阶段的排序会调整为孩子、父母、丈夫。而进入空巢家庭，就是“我们俩”相依为命。因此夫妻要高度重视夫妻关系在家庭中的地位，明确夫妻是相互影响的整体，个人都要用心维护婚姻。重夫妻关系，增补感情，比照过去更多付出情感精力与增加夫妻共同活动，在原有感情基础上，不断发现对方的新的成长点，增补夫妻之间的感情。用重视培养夫妻情感替代对孩子的情感寄托。据美国的一项调查，夫妻在各年龄段的婚姻中最好的方面是伙伴关系，并且伴随年龄的增长，伙伴关系变得越来越重要。[①]

不断发现新的投入点：婚姻存在并不意味着良好关系的存在。空巢妈妈要经济上独立，让自己生活有闲暇；给彼此社交空间，拥有一个人独处生活的能力，学会在某些时间里试图停留在婚前一人的状态，保持单人全面生活的能力，等。日常生活中无论什么年龄段的夫妻关系都是靠日常不断欣赏、重视交流等养分去滋润的。许多人有这样的错误观念，认为只要找对了人就能永远幸福。婚姻一旦出现了问题，就会埋怨找错了人。要么放弃努力，在失败挫折中了度余生，要么再找一个“合适的人”，造成夫妻离异。

增补夫妻之间的感情还包括调整改变个人活动方式，增加以夫妻为单位的共同活动。有观点认为，孩子离家后的空巢期，让夫妻有了更多的交往空间，进入了家庭生命周期的“第二新婚期”。[②] 进入空巢期，夫妻需要共同开展和进行各项活动，进行生活设计，充分利用各种生活资源，以丰富家庭生活。像夫妻拥有的经济生活资源包括生活时间、生活空间、人际关系、各种能力等资源[③]都可以成为生活设计的依据和活动的内容。不少研究者发现，夫妻共同参与多种活动有助于增加婚姻满意度；而独自活动会使婚姻满

---

① 〔美〕大卫·亚普：《婚姻下半场——中老年夫妇面临的八个挑战》，赵灿华译，团结出版社，2010，第73页。

② 〔日〕望月嵩：《家庭关系学》，牛黎涛译，中国大百科全书出版社，2002，第58页。

③ 〔日〕望月嵩：《结婚与家庭》，牛黎涛译，中国大百科全书出版社，2002，第74页。

意度下降。另外，休闲生活能够帮助妻子缓解繁重的家务劳动所带来的压力，能使婚姻关系的质量得以改善和提高。①

（二）社区引导动员与自我参与

党的十八大以来，中共中央十分重视女性群体。习近平总书记强调，做好家庭工作，发挥妇女在社会生活和家庭生活中的独特作用。开展富有女性特色的建功立业活动，最大限度调动妇女积极性、主动性、创造性。②

第二届世界老龄大会时，世界卫生组织在2002年曾提出“积极老龄化”的建议，“积极老龄化”是指老年人的健康、参与和保障的机会尽可能发挥最大效益的过程，从而达到生活质量提高的目的。对老人的现实意义就是让老年人过上快乐、有尊严和有意义的生活。③ 其中“社会参与”被视作一项重要的衡量指标。

当代城市社区研究与发展实践中，中国老龄化背后实际上是老年女性人口的快速增长。社区是女性生活的重要场所，社区女性一方面是城市社区的主要资源使用者和社区服务的享用者，另一方面是社区管理者和主要的服务者，加强对空巢女性特别是刚进入空巢阶段的妈妈的重视和引导应成为城市社区管理与服务的一个内容。④ 故妇联各级组织，尤其是社区、居委会的工作应该充分重视空巢妈妈这一群体，开展对她们的引导动员工作，调动她们参与社区的积极性、关注点、创造性，让她们从家中走出；实现从参加社交活动到寻找内心充实，从被动加入到主动投入身心，从照顾好自己身心到关爱大家的目的。同时空巢妈妈需要积极参与社区活动，总体来说，社区在组织动员空巢妈妈参与社区方面，要担当主动一方。

1. 创新公益项目，实现女性发展

由于来自子女、配偶等的非正式支持系统很难全面符合空巢妈妈对精

---

① 郭霞、李建明、孙怀民：《婚姻质量的研究现状》，《中国健康心理学杂志》2008年第7期。
② 闫萍：《组织动员妇女走在时代前列建功立业》，《光明日报》2018年12月21日，第4版。
③ 欧阳忠明：《老年人为何而学》，《终身教育研究》2018年第6期。
④ 焦若水：《社会性别视角下的社区治理》，《探索》2017年第1期。

神生活的需求[①]，正式社会支持在丰富空巢妈妈的精神生活方面中应该扮演更为重要的角色。据预测，从2010年至2050年，我们国家的孤寡老年女性会从原来的790多万增加到近4000万，而志愿者中女性有80%以上的人参与社会的公益活动[②]，女性所占比例非常高。为此社区应强化服务功能，整合更多社区资源，加强“硬件”设施，制定一套逐步完善的社会公益服务方案，加大对政策、资金、人力的支持力度，设计开展多种社会公益活动，促进空巢妈妈投身社区公益服务，增加社区队伍的建设力量。

伴随着我国社区的迅猛发展，空巢妈妈回归社区，一定能在其中找到自我发展的目标，从而实现自我的不断成长。成长与成功不是一回事，成长是符合自身价值观，满足自己的人生目标，可贯穿人的一生。不断的身心成长会令人开心、满足。故无论什么人在什么时候都不能因为没有人生的追求而丢失了自己，更不能因为孩子离家、退休，没有了单位标准，没有了具体工作目标，放弃自我的成长，任凭自由的放纵和懈怠。相反社区能够给人带来组织创新活动的喜悦与兴奋感，甚至成就感。有研究表明，当今居家社区养老服务和女性的生存和发展有十分紧密的联系。[③] 因此研究挖掘发展女性与社区的联系，能够让社区为女性提供一个自我成长发展的平台，成为她们成才创业的一个基地，给离开职场的空巢妈妈一个自我施展的机会。当前社区公益创业项目是一个新生事物，帮助女性开展各种创新创业项目，特别是利用好社区的网络平台给予女性重点支持，形成老年创新创业的氛围，弥补当前社区公益项目发展不足状况，应成为今后社区推广落实积极老龄化理念的一项具体工作。

据北京相关统计数据表明，北京社区居委会（村委会）委员女性占据

① 李安彬等：《空巢家庭老年人的心理问题与社会支持》，《海南师范大学学报》（社会科学版）2007年第6期。

② 王小波、谭琳：《社会发展中的社区与女性》，《山西师大学报》（社会科学版）2007年第6期。

③ 周全德：《略论居家社区养老服务中的女性参与》，《山东女子学院学报》2018年第1期。

48.68%；北京社区居委会（村委会）主任女性占据43.58%[①]，女性成为开展社区工作的重要力量。自2006年开始，北京市政府开始实施居家养老的“9064”方案，90%的人在家中完成养老。形势的发展为空巢妈妈参与社区活动提供了广阔的平台，同时为她们提供了许多创业的机会。

相对而言，女性比较了解女性，女性帮助女性最有力量。故社区居委会的女主任及女性社区工作者们更要重新认识这一群体。通过社区教育、培训，创造良好创业氛围，提供辅导员义工志愿者、社会监督、组织参与、终身学习、自我组织等的平台；积极听取她们在组织活动、创新发展方面的意见或建议，协助创办扶幼、家务、孵化社区心理关怀、自我照料、自我发展等多个社区公益创新创业项目，使空巢妈妈与社区共成长、同发展，实现彼此的双赢。

2. 开展多种活动，营造精神寄托家园

研究显示，精神慰藉有人格尊重、成就安心、情感慰藉三个维度[②]，人的精神慰藉离开人际交流很难实现。按照社会学的“镜像”理论，人在交往中发现、调整和形成自我。老年阶段，同样需要在环境中逐步进行对自我方面的新的认知。有相关研究表明，对于城市中年空巢女性群体来讲，她们的社会团体的归属感与她们的心理健康水平呈正相关。良好的团体归属感包括认同社区活动，满意彼此交往关系，轻松愉快地主动参与自己感兴趣的团体与活动，等。因此拥有交往平台，让空巢妈妈在社区活动中去寻找适合自己的交往机会，发现与自己成长经历相近之人，建立密切人际关系，不仅会使她们拥有归属感、认同感和依赖感；而且能帮助她们维护自我概念与人格的不断发展。

在开展社区活动方面，我们可以直接学习一些西方国家的成功做法。例如在英国，政府出资为老年人建立具有综合功能的社区活动中心，为老年人提供娱乐社交场所，对于行动不便的老人派专车接送，这些都有效地解决了

① 中华人民共和国民政部：《中国民政统计年鉴—2017》，《中国统计》2017年第9期。
② 穆光宗：《老龄人口的精神赡养问题》，《中国人民大学学报》2004年第4期。

孤独老人无法摆脱孤独寂寞的苦恼。在美国，为丰富老年人的精神生活，其建立专门的“退休社区”，有的甚至将退休社区搬进大学，让老年人与年轻的校友交流、聊天、看球赛、听歌，从而让老年人轻松度过每一天。在韩国，其对独居老人的精神慰藉是在社区安排“生活指导员”定期电话问候、走访，了解老人的生活及心理状况并提供服务，由政府买单。①

社区是城市空巢妈妈晚年生活的聚集地，是他们精神寄托的第二家园。② 按照联合国积极老龄化的三方面行动建议即健康、参与、保障，社区应该发挥它在帮助空巢妈妈走出家庭参与社会、经济、文化、精神和公益事务等方面发挥重要作用，为空巢妈妈搭建一个实现人际交流和自我发展的平台，健全关爱空巢女性的长效机制和社区精神关爱支持网。为此需要做到如下几点。①调查建档。在调查研究基础上，建立对空巢妈妈的管理档案，同时随时调整并及时解决她们的问题。②多样丰富的活动吸引。社区定期开设样式众多的知识讲座类活动，组织开展丰富活动吸引她们走出家门。③重视群团组织建设，多渠道鼓励帮助空巢妈妈成立社团组织，自行组织开展所需要的活动，强化社会融入。④加强教育宣传。社区一方面加强空巢妈妈自我独立等内容的教育；另一方面重视赡养知识的普及教育、法律宣传，为空巢家庭创造良好的社区舆论交流平台。⑤加大投入，加强社区心理建设。可以在有条件的地方设置心理咨询师等岗位，为空巢妈妈们提供及时有效的心理咨询及其心理服务等。

3. 自我主动调整，积极参与社区

伴随社会的发展，社区对人们生活的影响也越来越大，人们的生活与社区的联系也不断加大。但是依旧有部分居民对参与社区活动的认识存有误区；再加上大城市出现的居民“心理超载”导致的道德感和社会联系的减弱，一些社区居民之间的沟通与交流减少，邻里之间的关系越来越冷淡，居民之间的信任感越来越低，这种情况会导致人们遇到困难和问题的时候，会

① 谭英花：《中国城市独居老人精神慰藉缺失》，《中国老年学杂志》2015 年第 3 期。

② 谭英花：《中国城市独居老人精神慰藉缺失》，《中国老年学杂志》2015 年第 3 期。

向家里人或者朋友求助，而不是去向外、向社区寻求帮助。[①] 相关西方学者研究显示，空巢家人的人际交往与社会支持有密切联系。随着年龄的增长，空巢老人的社会交往时间缩减，交往圈也不断缩小，此时她们的情感和角色意识开始发生变化。受城市交通堵塞影响，交通时间的高成本会加剧这一问题。有调查显示，近四成的空巢女性老年人口感到紧张、害怕。[②] 因此对于空巢妈妈来说，她们角色改变的同时，人际关系与社会支持网络也会发生变化，但容易集中于负面的变化。有西方学者指出，“对付孤独的方法就是活动”。[③] 邻舍网络、邻舍互助是融入社区的好办法。故空巢妈妈应及时调整对社区的认知，全面了解社区资源、社区情况，积极地参与社区组织的各种活动；通过参与社区活动，减少寂寞孤独，丰富完善晚年的精神生活，保持身心健康。

① 刘苇宜：《城市社会心理学视野下社区心理学与社区心理服务》，《智能城市》2018 年第 9 期。

② 张航空：《空巢女性老年人口社会支持研究》，华东师范大学硕士学位论文，2008。

③ 侯玉波：《社会心理学》，北京大学出版社，2018，第 301 页。

B.19

社区老年人心理支持研究

黄南玲　冯 刚*

摘　要： 社区养老是社会养老的普遍趋势，有效把握老年人心理需求是提升社区养老质量的重要保障。本文聚焦当前社区老年人主要面临孤寂、困惑、焦虑和不安等心理问题，从养老环境的变化角度分析了我国老年人心理问题产生的原因。在此基础上，本文提出了社区老年人心理健康关怀的主要内容，包括树立全生命期的生活目标、适应自助养老模式、培养兴趣、建立与子女的和谐关系及培养科学的死亡观和临终关怀服务。此外，本文建议通过建立老年心理关怀的社会服务体系，完善老年心理健康救助机制，开设多种形式的社区老年学苑等途径，实现社区老年人心理支持服务的目标。

关键词： 社区养老　老年人　心理健康　心理支持

一　引言

目前，我国正处于人口老龄化加速时期。从 1999 年进入人口老龄化社会以来，我国 60 岁以上的人口于 2015 年就已逾 2.22 亿人，60 岁以上人口

* 黄南玲，北京先导咨询有限公司负责人，资深心理咨询师，主要咨询方向为老年心理问题、婚姻与家庭发展与教育等；冯刚，北京市社会科学院研究员，主要研究方向为城市管理、社区治理等。

所占总人口的比重达 16. 15%；预计到 2025 年，60 岁以上人口将会突破 3 亿人，中国也将成为超老年型国家。人口老龄化将成为未来社会的突出现象。养老问题已成为我国社会各方普遍关注的问题，老人的心理问题也逐渐成为影响养老生活的隐性问题。

面对老龄化程度日益加深的社会现实，我们在关注老年人生活照料和身体健康的同时，要进一步关注老人的心理和精神健康问题，充分认识老年人生活的阶段性特点和面临的心理问题，分析老年人心理变化规律，研究和探索适合我国时代特点的老年心理关怀方式和支持体系，以促进养老服务体系的不断完善。

二 当前社区老年人面临的主要心理问题

老年是人生重要而特殊的一个阶段，既是一个人的身体逐渐衰老和生活模式发生较大变化的阶段，也是一个容易陷入心理困境和不良精神状态的阶段。许多人在老年阶段不同程度存在以下心理问题。

（一）不同程度存在孤独和寂寞感

1. 儿女独立生活后带来的寂寞感

儿女成家立业离开原生家庭，改变了老人原有的生活方式，加之老年人退休后社会交往和家庭交流的逐渐减少，使其在职业和情感上失去了依托。此时如果没有新的生活方式和精神依托，会加重老人的孤独感和寂寞感。据我国老龄办的推测，到 2020 年，空巢老人将达到 1. 18 亿。另一项调查数据显示，我国空巢老人出现心理问题的比例高达 60%，其中需要接受治疗的占 10% 到 20%。相关研究证明，老年人孤独寂寞感如果没有得到及时缓解及消除，后续发展为老年群体性抑郁症、焦虑症甚至老年痴呆的可能性将大大增加。

2. 老年丧偶带来孤独感

丧偶是老人孤独感增加的重要因素，也是老年生活必然面临的问题。老人由于年龄大，对亲人离世的情感打击的承受力差，也没有工作和事业可以转移分散情感伤痛，更难于改变几十年风雨相伴的生活习惯，一定程度上会产生持续而深刻的孤独感。

3. 老年再婚面临的挫折感和孤独感

据上海老年学会一份针对 429 个单身老人再婚问题的问卷调查显示，90% 的单身老年人渴望再婚，由此反映了丧偶老人普遍具有寂寞感。但是，再婚老人也普遍面临再婚生活的不协调问题以及不适应新生活模式的挫折感。据调查，老年再婚的成功率不足 5% 。老年人离婚呈上升趋势，再婚老人离婚案件占所有老年离婚案件的 90% 。

（二）不同程度存在失落感和困惑感

1. 离开职业生涯带来失落感和无价值感

绝大多数老人退休后基本上结束了职业生涯，从几十年的工作状态转为在家赋闲状态，不再有职业带来的存在感，也没有事业成就带来的价值感，面临新的心理适应过程。一些老人主动承担了照顾孙辈的事务，但他们的育儿观念常常与子女们的观念相冲突，老一辈的育儿经验不为新一代所认同，让老人们感到失落和没有价值。

2. 长期脱离社会带来的落后感和疏离感

一些老人在长期居家生活中生活热情减退，社会交往减少，学习新知识的动力减弱，对新事物新信息知晓率降低，观念逐步落后，知识逐步老化，与外界交往中观念和知识差异越来越明显，使他们越来越不愿参与社会交往。同时，其对子女一代的思想观念和生活方式不能理解，与子女们的共同话题越来越少，孩子们回来看望时常常无话可说，或者话不投机，逐渐与子女之间产生疏离感。

3. 与家政服务员关系的不融洽带来困惑感

保姆照料日常生活是越来越多空巢老人的养老生活模式。然而由于老人与家政服务员来自不同的生活环境，观念意识差异大，加之目前的家政服务员缺乏应有的职业培训，老人与保姆之间在工作职责履行和生活习惯相容等方面面临许多新问题。应当说，许多老人不适应保姆作为陌生人进入家庭生活，更多老人不具备合理管理保姆的能力。有的老人将保姆视为熟人而在工作和生活中无原则迁就退让，从而损害了自身的权益；有的老人则将保姆视为打工者而过分挑剔要求，导致与保姆的对立，进而影响其对老人的生活照料。与保姆和谐相处和找保姆难，成为老人面临的一个困惑。

（三）不同程度存在焦虑和不安全感

1. 身体退化及病痛折磨带来无望感和绝望感

随着老年人身体各个器官的不断退化，老年人不可避免地出现认知障碍、记忆衰退以及心智钝化等现象，这些不可逆转、不可康复、日益加重的身体现象，一些老人在情感上很难接受，形成日益沉重的心理负担；离世前较长一段时间身体衰弱，生活无法自理，依赖子女和其他亲人的全天候照顾，增加了老人的拖累感；长期老年慢性病带给老人无尽的痛苦和折磨，如果久治不愈，会使一些老人感觉无望，失去生活信心，甚至走向极端。

2. 养老费偏低增加了老年生活的不安全感

当前在职职工工资增长幅度较大，工资总体水平较高，与此相比，退休老人在原有较低养老金的基础上增长缓慢，部分老人养老金水平接近低收入家庭标准，老年人收入水平反差较大。此外，物价水平上涨速度远远超过原来基数很低的养老金上涨速度，降低了老年人的可支配收入。老年人需要个人支付的医疗和照料费用越来越大，对收入低的老人来说，养老金不足以支撑晚年生活。养老资金水平偏低问题成为老年人面临的一个现实问题，加重了他们的危机感和不安全感。

三　原因分析

笔者认为当前，我国经济快速发展带来相应的社会变迁，引起社会结构和社会文化观念的巨大变化，对养老环境带来极大影响，是现代老人心理问题较大的主要原因。

（一）依靠子女养老的传统模式不断式微

1. 独生子女无力承担父母养老责任

中国传统的养老模式是以家庭为单位的子女养老，“母慈子孝、儿孙满堂、安度晚年”是中国人理想的生活状态，即通常所说的“养儿防老”。这是与我国长期农耕社会形态相适应的养老观念和养老模式。1979 年到 2015 年在中国实施的独生子女政策，产生了“4 +2 +1”的家庭结构，形成了独生子的小家庭需要照料 4 个老人的状况。一方面，子女们既要忙于竞争更激烈的事业，也要抚养孩子，照顾 4 个老人对他们来说比上一代负担更重。另一方面，这一代独生子女受关爱呵护过度，缺乏吃苦负重的经历，远没有上一代人的使命感。很难想象他们能够有为年老多病父母照料的责任和担当。上述因素对于老人的心理健康会在一定程度上带来影响。

2. 子女异地生活工作难以陪伴照料父母

中国历来有“父母在，不远游”的传统，加之农耕社会的就业空间比较固化，社会流动性不强，子女大多在父母身边就业和生活，可以同时照顾年老的父母。随着中国经济社会的发展，社会流动性加快，年轻一代大多远离父母，选择去繁华的大城市读书、就业和生活。一些老人到子女身边居住，帮助照料孙子，获得老年照顾的回报，但多数老人难以长久居住。一是两代人生活观念和习惯的差异，容易导致父母与小夫妻之间关系紧张，产生矛盾，而绝大多数家庭不具备在子女所在城市为老人独立购房的能力；二是老人在子女身边没有熟人圈子，缺乏归属感，多数人最终会回到家乡独自生活。

3. 失独老人面临无人养老送终的苦痛

原卫生部发布的《2010 年中国卫生统计年鉴》显示，中国失独家庭数已经突破 100 万个，并以每年 7.6 万个的速度增长。由此可见，失独老人养老形势趋向严峻。失独老人的子女去世时，大多数失独老人已经过了合适的生育年龄。从经济上说，过去抚养孩子付出的成本及其未来预期收益（养老）由于独生子女死亡而无法收回，加重了养老的经济压力。同时，失独带来的悲伤和无人送终的苦痛更是老年人生活的心理折磨。

（二）父母和子女之间正在形成养老观念的代际差异

当前，我国经济发展和社会变迁对家庭生活模式带来巨大冲击。传统的以子女养老为主的家庭养老模式正在向社会养老和老人自助养老模式转变。在养老模式和价值观的历史转变中，年轻一代是价值观变化的引领者，但大多数老人对这一历史转变还缺乏充分的思想准备，在实践中导致父母和子女、社会和家庭之间认知的差异，由此导致老人的心理困惑和茫然。

1. 年轻一代对依靠子女养老观念的认同度在降低

当前，独生子女与上一辈有不同的生活价值观。他们许多人都进入大学学习，还有不少人出国学习，视野更开阔，与此同时受到西方文化的冲击与影响。需要说明的是，西方社会父母和子女之间彼此关系独立，作为西方社会信条的《圣经》要求儿女“尊重”父母，但不要求子女有赡养老人的义务，西方社会老人更崇尚“独立性存在”而不愿成为“依附性存在”。因而，西方国家的养老模式主要是养老院养老或居家自助养老，而不是依靠子女。可以说，西方社会养老模式和养老观念对中国传统养老观念带来巨大冲击，极大地影响了年轻一代的价值观。加之“扰民的广场舞大妈”“马路摔倒讹人的大爷”“高铁霸座的大妈”等现象经媒体不断放大，加重了老人的负面形象，导致社会尊老敬老传统的式微，弱化了年轻一代对家庭养老传统的道德认同。

2. 老人对依靠子女养老向社会化养老转变的客观现实还不适应

可以说，当前大多数进入老龄阶段的老人可能是中国传统的“养儿防老”观念的最后一代传承者，他们曾经为父母养老送终，同时为孩子甚至孙子无私奉献。老人们愿意为子孙付出自己不多的养老金，甚至秉承父母去世后给儿女留下房产继承的传统观念，而从未考虑用理财方式将自己的房屋财产用来改善自己的老年生活品质。在老人的观念中，为子女奉献一切，可以换来自己年老体衰时的家人照料，换来临终时的子女陪伴。所以，对于子女无力承担父母养老责任的现实，老人们无法适应；对于子女不愿意承担为父母养老责任的观念，老人们更加感到委屈和失望。因此有人说，这一代老人是孝敬父母的最后一代，也是被子女抛弃的第一代。此话有点夸张，但也揭示了时代变迁下这一代老人的“僵化”与无奈。

（三）关于老年心理健康关怀的社会化支持尚待加强

1. 养老服务对老年人的心理关怀不足

近年来，国家对养老事业支持力度加大，社会各方也积极投入养老事业，各类康养项目、老年照料项目、医养结合项目大量涌现，养老设施水平有较大提高。但是，对养老需求的认知与发达国家还有一定差距。国外不仅重视养老硬件设施的完善，更注重养老软件环境优化。所有设施和服务都非常注重老人的心理感受，还提供了心理咨询、死亡教育和临终关怀等心理服务。相比之下，我国的养老项目主要在生活照料、老年康复、失能护理等方面，对老年的关心多为节日慰问困难老人等传统做法，老年心理慰藉大多还停留在项目设想阶段，针对老人心理关怀的服务项目较少，难以满足老年人的心理需求。

2. 对老年人心理问题的深入研究不足

相比青少年和其他年龄段人群的心理研究，社会对老年心理问题的关注和研究相对较少。老年人曾经为这个社会创造过巨大的价值，如今他们结束职业生涯，离开工作舞台，依然是社会的一个重要群体。但是，讨论有关老年心理的话题频度较低，老年人被视为边缘化人群。对老年心理问题的学术研究不足，研究成果少，不能为老年人心理疏导提供理论支持，也不能为社区老年人心理慰藉提供指导和帮助。

3. 缺乏针对老年人特殊心理问题的直面引导

老年人作为一个特殊年龄阶段的人群，有许多独有的典型的心理问题需要解决，但是目前开展的一些心理疏导基本缺少专业心理工作者的参与，无论从内容还是形式，对老年人群心理帮助针对性不强。比如，对老年人面临的死亡问题缺乏直面教育引导。死亡是人生一个重要阶段，也是每个人必须面对的问题。国外通过宗教的生命起源和轮回等学说帮助老人能够坦然面对死亡，心理机构帮助家人处理哀伤。而中国的风俗则忌讳谈论死亡话题，我国的死亡教育几乎是空白的。大多数老人对死亡有一种恐惧心理。社会急需死亡教育，老人急需心理帮助，直面死亡，从容离世。

此外，帮助老人建立对生命的信心，鼓励老人与疾病和衰老进行抗争，放下家长权威与儿女平等相处等，都是目前老年人心理关怀需要强化的内容。

四　解决老年心理健康问题的重要性和紧迫性

（一）老年心理健康问题关系社会公平公正

我国曾经实施的独生子女政策给眼下大多数老年人带来如何养老的巨大困扰。当年他们响应政府号召“一个孩子好，国家来养老”，遵守“只生一个孩子”的政策，把自己的未来交给国家，为国家的计划生育政策做出了巨大贡献，如今老了，很多人没有子女在身边照顾，给他们的老年生活带来无依靠感和不安全感。作为社会弱势群体，老人们的生活诉求和呼声很难引起关注。如果社会不关心老人的心理状况并做出补偿，对他们是一种极大的不公平。所以，养老问题和老年心理问题需要公共政策来体现，需要国家给予关怀。

（二）老年心理健康问题关系社会民生

当前，中国经济和社会制度正在发生巨大变化，大城市就业空间广大，社会流动性加快，家庭规模变小，子女的养老主体责任弱化，传统的“养儿防老”模式正在式微。在社会流动大背景下，子女异地就业生活，反映了社会化生产资源的优化配置，也反映了劳动力价值的最大化。根据公共服务原则，就业劳动力资源配置等问题由市场来调节，养老等社会民生事务则由社会承担。传统的家庭养老模式正在向社会化养老模式转变。当前，社会化养老主体还不完全明确，社会化养老体系建设还处于起步阶段，从而导致社会化养老责任的弱化，给老人带来担心、焦虑和不安，直接影响老年人的生活品质和生命质量。因此，需要从社会民生工作的战略高度认识养老关怀和老年心理关怀的重要性和紧迫性。

（三）老年心理健康问题关系家庭社会和谐

帮助老人解决心理问题可以缓解父母和子女的隔阂和紧张关系，提高老人的生活质量。老年心理问题表现的空虚寂寞和孤独无聊，会在父母和子女之间产生隔阂和冷漠；老人的无助感、焦虑感和困惑感，会通过情绪发泄、情感冲突等剧烈方式表现，会导致父母子女之间关系越来越紧张；一些老人长期经受病痛折磨和对子女不孝所引发的无望感甚至绝望厌世情绪，给子女和家人带来巨大的精神压力。这在一定程度上会影响子女的正常工作生活，影响家庭的合谐稳定。迫切需要社会给予深切的关怀与救助。

（四）老年心理健康问题关系公共服务资源的有效使用

针对老人开展有效的心理疏导，提高老人和子女对治病与生命质量的认知水平，可以减少过度的医疗救治，节约不必要的老年治病费用。比如，西方社会普遍认为，高龄者临终时期食欲会逐渐减退直至没有，是一个自然规律。此时使用经肠道营养或点滴等人工补充营养的方式为高龄者延续生命，是在人为地干涉人的自然衰竭进程，也违反了许多老人临终时不愿再增加痛苦而希望安乐死的愿望，是对老人的虐待，实际上是一种侵犯人权与伦理的行为。

（五）国外老年人心理健康关怀的启示与借鉴

社会化养老是世界发展的趋势。世界各国早就普及了社会养老观念，建立了比较完备的社会养老体系，其中一个明显的特点是，所有养老服务注重老年人的心理感受和情感需求，注重提供心理关怀。发达国家的老年照料和精神关怀模式对我们有很大的借鉴作用。

1. 英国社区老年人照料的人性化关怀模式

英国社区养老精神关怀的主要内容，一是提供了心理支持、心理疾病治理和护理、养生之道传授等服务；二是政府规定为老年人提供视力、听力、精神等方面的特殊服务；三是帮助社区改善生活环境，调动周边的各类资源对社区养老给予支持和关怀；四是政府出资兴办具有综合服务功能的社区活动中心，为老年人提供一个娱乐、社交的场所；五是鼓励老年人参加各类合适的志愿者组织，增加老年人的存在感和价值感，目前英国约有20%的老年人参加各类志愿者组织。可以通过构建完整的社区老年照料体系、更加人性化的多主体多层次的老年服务体系，提高老年人的生活质量。

2. 美国老年人的医养“综合护理项目”

美国比较有代表性的医养结合项目“综合护理项目”（Program of All-Inclusive Care，PACE），不仅仅为会员老人提供全面的医疗、健康管理和生活服务，还最大限度地保持以及恢复参加者的功能状态，包括物理治疗、娱乐治疗、心理治疗，以保持老年人的认知能力，减少抑郁症发生等。PACE还会为老年人的家庭成员提供帮助，包括照护培训、临时看护、心理咨询等，帮助家属摆脱长期照顾老人的抑郁以及获得适当的休息。

综上所述，儿童时代的发展问题父母可以帮助解决，中青年时代出现的心理问题大多可以靠自己去解决，而老年这个特殊时期出现的心理问题主要还需要子女和社会帮助解决。当前，我国正处于经济社会发展的转型期，也处于社会政策、公共政策的过渡期以及社会传统和文化观念的转变期，更处于老年心理问题的高发期。中国老年心理健康问题已经到了无法回避、需要高度重视的时刻。社会各界和老人子女都有关心照顾老人的责任，应该作为共同的责任主体承担起照顾老人心理健康的重任，建立起一个符合中国实际的老年心理健康关怀体系。

五　老年心理健康关怀的主要内容

老年心理包括身体的感知觉、记忆力、情绪、习惯及人际交往等方面。

老年心理健康体现在以下方面：（1）有充分的安全感，包括经济安全、环境安全、人身安全等；（2）能积极享受生活的美好，也能很快化解现实生活中的困难；（3）与亲戚朋友和社会保持正常接触，适度参与社会活动；（4）有自己的兴趣爱好和学习热情；（5）心态平和，对人对事的情绪反应适度。现阶段提升老年心理健康水平的主要方向是，转变老年人传统养老观念以适应现代社会发展，提升老年人自助养老能力，学会借助社会资源培养自助养老和互助养老习惯，提升老年生活品质；改善老年人的心理状态，使其更快更好地适应老年生活，最终达到提高老年生活品质的目标。

（一）帮助老人建立老年发展计划

1. 帮助老年人树立全生命期的生活目标

根据老年生活阶段特点，帮助老人制定晚年生活规划，包括进入老年初期、中期以及晚期的生活规划；帮助老年人根据自己的健康状况把握老年不同阶段的身体变化规律，制定自己的健康计划；帮助老年人制定学习计划及进入晚年的人生发展模式，在人生转折时期树立新的生活目标，找到新的生活方向，顺利完成从职业到退休、从单位到家庭的转变，尽快适应新的生活模式。

2. 建立社区老人关怀数据信息系统

为老人建立社区生活“关心档案”。记录退休老人生活、家庭、健康及心理等方面的情况，生活中遇到的困难以及诉求满足情况，以便了解老人的需求，在老人面临困难时及时给予关心支持，帮助老人克服困难，树立生活的信心。

（二）帮助老年人适应自助养老的生活模式

1. 帮助老年人树立社会养老和自助养老观念

重新认识父母子女的关系，科学客观地认识父母和子女生活责任的边界，认识生活、康复、养老等个人生活服务社会化供给的大趋势，自觉主动地担负起自己的养老责任，成为自主、通达的新一代老人。通过老年生活自理知识传播、老人之间经验交流等多种形式，培养和提高老人生活自理能力；组织老人参加各类身体锻炼活动，促进身体健康；传授各类老年养生知识，延缓认知功能减退，全面提高心理健康水平。

2. 鼓励老人尝试多种互助养老形式

鼓励和倡导亲戚、老朋友、老同学、老熟人一起购房或租房养老，利用熟人社会资源解决老年生活的照料问题，也有利于解决老人的归属感和孤独寂寞问题。相约共同经历、兴趣相投、情感相通的熟人互助养老，可以满足老人自尊、自乐、自助等需要。

3. 帮助老人提高财务管理能力

提供适合老人的理财知识，为老年生活的财务安排“出谋划策”，帮助老人合理安排退休金和积蓄，合理利用自己的房产等财产为提高老年生活品质服务，增强老人自助养老的财务基础。

（三）帮助老年人培养兴趣爱好，增加生活的方向和乐趣

北京中医药大学副教授曲黎敏说：“快乐主经脉通畅，快乐的人比不快乐的人长寿5～7年，自己要寻找快乐。”这个快乐来自兴趣爱好。可以从以下几个方面帮助老人找到新的精神寄托和生活乐趣。

1. 根据老年人的年龄和兴趣爱好组织不同的活动项目

可以根据老人年龄特点，按照60～72岁、73～85岁以及86岁以上三个年龄阶段，分组开展兴趣活动；也可以根据不同年龄段老人在感知觉、性格、情绪、能力各方面的差别，开展相应的活动项目；还可以根据老年人的不同年龄阶段、不同收入层次、不同健康级别，尊重每个老人的个性特点，培养老人各种有益的兴趣爱好，帮助每个老人老有所乐。

2. 鼓励老人自主开展兴趣爱好活动

以有兴趣专长的老人为主体，引导老人自主开展兴趣小组活动。有的老人喜欢旅游，有的老人喜欢收藏，有的老人喜欢唱歌跳舞，有的喜欢书法棋牌。要充分发挥多数老人希望有存在感的特点，调动老人的积极性和主动性，根据老人的意愿，自主开展各类兴趣爱好活动。

3. 为老年人提供读书学习交流的场所

可以根据老年人喜欢安静、交流的特点，建立社区阅览室，为喜欢读书的老人提供阅读的场所；也可以建立社区低收费茶室，为喜欢喝茶聊天的老人提供看报聊天交往的场所。国外城镇街区的咖啡屋是老人们聚会的场所，老人们喜欢在那里看报、聊天，交流近期发生的事情，从而体现一种慢生活的场景。

（四）帮助老人与子女、保姆建立和谐相处的关系

1. 帮助老人处理好与子女的钱财关系

引导老人正确认识自己的资金和孩子的钱财的不同性质和用途，客观认识父母与子女各自财产的边界，既不将养老金无条件、无原则地为子女奉献，也不能不顾子女的经济状况要求子女“孝顺”，增加子女的经济负担，平添失望和怨言；科学地做好养老资金计划，为自己留下充足的养老资金，使老年生活有更多的安全感；对子女物质生活与自己生活的不同有一个开明达观的认识。

2. 帮助老人处理照顾子孙与被子女照顾的关系

良好的亲子关系可以把老人可贵的社会经验、生活经验传给孩子，让老人得到价值感、存在感；也可以让孩子在孝敬老人的过程中得到老人的鼓励、提醒，懂得包容，得到成长，让子女感受到“家有一老、如有一宝”。老年人可以量力而行为子孙分担生活负担，也可以从子女那里得到关爱和照料，但要“孝敬有方，付出有度”，既不过度为子孙奉献余热，也不无限依赖子女，让自己成为明理、慈爱的父母。老人和子女之间应该是相互体谅和相互尊重的关系，在日常生活中既各自安排好个人的小家庭生活，又从彼此相处中感受到温暖、扶助，建立起良好的亲子关系。

3. 帮助老年人正确处理与保姆的关系

正确处理与保姆的关系，对没有管理经验的老年人是一个全新的课题。老年人与保姆既有不同年龄的价值观差异，也有不同生活环境带来的生活习惯、观念意识的差异。鼓励老年人多与保姆进行情感交流，换位思考，懂得调整自己的情绪，懂得保护自己的权益；帮助老年人学会对保姆宽严有度地

进行管理，既不过分迁就，也不过分要求，与保姆建立起既有工作职责要求，又有情感关怀的陪伴照料关系。

（五）建立科学的死亡观和临终关怀体系

1. 帮助老年人客观看待死亡问题

国外的死亡教育从小开始，主要通过宗教信仰来解决，这方面我国主流文化几乎是空白的。死亡对于绝大多数老人而言是一个让人恐惧的生命终点，也是影响许多老年人生活质量的心理负担。因此，需要帮助老人树立科学的死亡观，使其认识到死亡只是生命的一个环节，是生命另外一种形式的存在，从而使其能够从容地面对生老病死。

2. 建立临终关怀体系，让老人有尊严地走完生命最后的历程

目前，临终关怀在社区几乎是空白的，不利于帮助老人圆满地离开人世。需要建立临终关怀体系，在救治临终老人身体疾病的同时，对老人进行沟通与精神安慰，对老人家属开展心理疏导和抚慰。帮助一个人有尊严地离世，得到死前的安宁。

六　老年心理健康关怀的实现路径

如前所述，我国老年心理问题是多种情况所致，既有老年阶段生活方式变化和身心状态变化的一般原因，也有我国社会转型期经济、社会、民生、文化等诸多方面的特殊原因，还有老龄化社会快速到来我们的养老体系建设滞后的原因。因此，解决老年人心理健康问题是一个复杂的系统工程。需要从以下层面来进行。

（一）建立老年心理关怀的社会服务体系

1. 完善自助养老的社会服务体系

在有条件的社区建立专业的老年人护工队伍，照顾社区需要帮助的老年人。或者帮助老年人有效管理、督促保姆的工作，减轻老年人的心理负担。

2. 明确社区老年人心理关怀的责任主体

强化对老年人心理健康关怀的社会共识，以社区作为老年心理关怀的载体，将老年心理健康关怀作为社区养老服务的一项内容；将老年心理健康关怀纳入年度社区为民服务和养老服务工作考核的一项内容；明确社区管理人员与老年人的联系，明确为老年人排忧解难和心理疏导的各级别责任人。

（二）建立老年心理健康的专业支持体系

1. 重视开展老年心理健康问题的科学研究

通过设立老年心理健康研究课题等方式，促进老年心理相关问题的研究；定期开展老年心理问题的研讨会，促进学术研究成果的交流和推广应用；明确老年心理研究在老年问题研究范围中占一定比例。

2. 建立社区老年人心理健康评价体系

制定符合中国社会实际的老年人心理健康指标体系，包括心理状态、观念意识、态度倾向等；建立老年人心理健康标准体系；建立老年人心理健康评价体系。

3. 建立老年心理健康专家志愿者队伍

可以在社会工作者联合会等公益组织体系下设立老年心理健康专家委员会，鼓励热心服务老年的心理专家参加。

（三）普及老年心理健康知识

1. 在老年人关注的媒体节目中增加老年心理健康知识

目前电视和广播电台中已有一些主要面向老年人的节目，比如北京电视台的“养生堂”节目邀请北京各大医院的专家给老年人群体讲各类疾病的防治及饮食健康常识，很受老年人的喜欢。可以在这类节目中增加老年心理健康知识节目，使老年人在节目互动参与中愉快地接受心理健康知识。

2. 在社区宣传橱窗中增加老年心理健康知识介绍

社区宣传橱窗是老年人阅读量大的宣传载体。可以印制形式趣味生动、内容丰富多样的老年心理健康知识。教导老人如何面对感知觉、记忆力、认知能力的下降，如何规划自己的晚年生活，如何调节睡眠，如何培养兴趣、走出家门、扩大交往，怎样与子女沟通，与保姆沟通，等等，改变老人传统的认知观念，学会享受现代老人应有的高品质高自尊生活。

3. 通过新媒体向年青一代传播老年健康关爱知识

通过年轻一代偏好的新媒体，采用年轻人接受的话语方式，传播老年心理健康关爱知识，帮助年轻一代了解老年人的心理，加深对父母一辈老人观念、行为的理解，转变观念，学会和老人沟通，增加对老人生活照料和心理健康的关注，形成善待老人的良好社会风尚。

（四）建立多种形式的社区老年学苑

1. 老年学苑的课程内容设计

通过开设心理讲座等形式，提高老年人的自立、自理和交往能力；通过小组讨论等方式帮助老人解决一般心理问题；开设音乐、美术、摄影、养生、营养、中医、理财，居室美化、计算机等兴趣课程，培养老年人生活兴趣，提高生活品质；还可以开设学习微信、手机等电子产品的新功能课程，教老年人学习操作数字化电视机及智能家庭用品，了解新事物，增加和孩子沟通的共同话题，学会站在孩子角度想问题。

2. 老年人学苑的教学方式

老年人学苑的教学要适应老年人记忆力差、学新知识慢但学习时间多的特点，用他们的学习节奏来授课，授课方式以座谈式、互动式为主，以学出兴趣学出乐趣为目标，不以掌握知识为目标。

3. 老年人学苑的组织方式

课程可以由社区老年人根据社区的师资力量来设计，自己招生，自己经营管理，为经济上有困难的老年人或愿热心做奉献的老年人提供一个实现自我价值的平台；让老年人在身心愉悦中丰富兴趣爱好，使其成为老年人的学习平台和交往平台。帮助老年人“活到老学到老”，提高老年生命价值和生活品质。

（五）在社区开展老年心理健康服务活动

1. 开展社区心理健康咨询服务

组织心理志愿者进社区开展老年人心理咨询服务，解答老年人的心理问题，对有心理障碍的老年人进行心理疏导，形成定时定点服务的惯例，使社区老年人找到可以求助和倾诉的机会；提供老年人家庭心理咨询服务，引导社会为有心理障碍的老年人家庭提供非营利性质的家庭咨询服务，帮助老年人与子女更好地相处。

2. 为养老服务人员提供心理知识培训

聘请专业心理工作者为家政、社工、养老驿站、志愿者等为老年人服务的人员提供老年人心理知识培训，提高养老服务人员的心理专业水平。逐步建立将心理知识作为所有养老服务工作者的必修课的人事制度。

3. 建立社区老年人心理救助机制

一是建立困难老年人特殊时期例行性心理疏导制度。针对孤寡、生活困难的特定老年人群进行定向心理服务，建立社区孤寡老年人心理档案，定时走访，在老年人遇到丧偶、新保姆试用、重大疾病以及较大财务损失等重大生活事件时，安排相关人员给予及时帮助和心理疏导。二是借鉴国家法律援助机制的经验，对有心理障碍但生活困难的老年人开展公益性质的一对一心理救助。另外，可在社区内定期开展老年人活动或者社团活动，给老年人接触年轻人的机会，为老年人生活注入活力，为老年人情感交流创造条件。

（六）培育“老年心理健康”消费市场

目前，具有一定收入水平的中青年已经在付费接受心理咨询服务，但大多数老年人对“心理消费”接受度很低，还没有形成对心理健康和精神需求的付费消费意识，没有认识到心理咨询和心理健康对身体健康、生活品质乃至降低死亡风险带来的巨大价值。同时，老年心理健康关怀的持续有效推进，需要通过一定的市场化来形成动力机制。因此，需要逐步培育和发展老年心理健康服务市场。各级政府可出台相关政策，鼓励社会资金进入老年心理服务行业，为老年心理健康专业服务机构创造条件。政府可以考虑设立专项经费，给予社区老年人心理服务一定补助，推动老年人心理服务市场的发展。

总之，当代老年人心理问题不是老年人一个人的事，不是自己能独立解决的事。老年人的心理健康问题需要子女、政府、社会各界的积极参与才能有效解决。我们需要建立一个行之有效的社区老年人心理支持系统，帮助每个老年人拥有幸福、快乐、高品质的老年生活。

B.20 专业社会工作介入城市社区居家养老服务的途径及效能研究

——以北京市大兴区天宫院街道海子角社区服务项目为例

晁 霞　黄华贞　康 健*

摘　要： 该研究依托北京市大兴区天宫院街道海子角社区居家养老服务项目，遵循“助人自助”专业理念对该社区老年人的居家养老服务进行介入，主要做法包括：建立联席会议制度促使专业社会工作机构和服务更好地切入既有社区服务供给网络，形成协作性“三社联动”机制；坚持需要为本的服务理念，基于居家养老服务需要调查数据开展个案、小组和社区工作等多层面、多形式的专业化介入服务；从老年人赋权的角度出发，积极培育老年人社会组织，提升老年人社会资本，形成老老互助局面。该研究还运用定性和定量相结合的项目评估方式对介入效能进行了评估，结果显示该项目专业化社会工作介入服务取得明显成效。

关键词： 专业社会工作　城市社区　居家养老服务　干预服务　效能评估

---

* 晁霞，北京建筑大学文法学院社工系副教授、北京亲民社会工作事务所主任；黄华贞，北京建筑大学文法学院社会工作系讲师、中级社会工作师、北京亲民社会工作事务所专业督导；康健，北京建筑大学学工部讲师，副部长，北京亲民社会工作事务所专业督导。

一 研究问题的提出

居家养老服务是特定社会经济条件下形成的基于满足老年人养老需要的一种由服务理念、服务主体、服务内容和服务机制构成的养老服务模式，即围绕老年人居家养老需要，通过特定服务机制将服务内容传递给老年人。那么，专业社会工作作为一种服务路径及方式，介入城市社区居家养老服务必然面临两个重要问题：一是专业社会工作的专业价值如何体现，即这种介入的独特性和有效性的彰显；二是专业社会工作介入作为一种新的服务路径供给如何与既有居家养老服务体系或城市社区治理体系有效契合，即专业社会工作介入的制度环境及其与这种制度环境的关系。关于专业社会工作介入的独特性和有效性，当前专业社会工作介入居家养老服务已经逐渐从理论论述转向实践探索，不少社会工作专业研究者和实践者围绕居家养老服务介入开展了相应研究。但是目前关于专业社会工作介入实践的研究，一方面多将专业社会工作的基本工作方法应用到服务领域，未能阐释采取这些基本工作方法的理论因素，致使研究偏向经验描述，缺乏研究性；另一方面未对介入实践的效能加以分析从而未能证明专业社会工作的有效性。如何达成与既有服务主体的合作和协作，成为专业社会工作介入居家养老服务的又一需要应对的重要问题。正是基于此，本研究才得以开展。

二 研究思路和研究过程

一方面基于专业社会工作介入的独特性和有效性的考量；另一方面针对专业社会工作介入如何与既有的服务主体达成合作和协作，有效切入居家养老服务或城市社区治理体系，本研究借助北京亲民社会工作事务所承接的北京市民政局的《“三社联动”——弘美夕阳居家养老服务》

项目[①]，采用量化研究方法与质性研究方法相结合的方式分别在介入前期、介入后期开展调查研究，结合项目介入实施情况对专业社会工作介入社区居家养老的途径及效能进行分析。

研究过程包括社区需求调查、项目介入实施和项目总结评估三个阶段。社区需求调查阶段，项目围绕社区老年人养老需求、老年人社区社会组织发展需求、老年人社区工作者发展需求分别编制“海子角东里社区居家养老需求及社会支持现状调查问卷”“海子角东里老年人社区社会组织发展现状调查问卷”“海子角东里社区工作者工作现状调查问卷”，分别对60岁以上社区老年人、社区社会组织和社区工作者进行问卷调查，并根据调查结果对社区老年人现状及需求状况进行整理与分类，对本地区社会组织类型、规模、服务内容、运行过程及存在问题进行分析形成社会组织档案，对社区工作者工作状态及需求进行分析，为社区养老服务工作的组织建设计划提供基础资料。在项目介入实施阶段，项目在社区配备1名专业社工，并根据项目服务需求招募社会工作专业志愿者形成居家养老服务专业人才力量。项目实施伊始即建立“三社联动”联席会议制度，开展社区社会组织培育及能力建设，开展社区工作者、社区志愿者培训，开展居家老人专业社工服务。项目介入实施阶段累计实施能力建设培训讲座5次，针对每个社区社会组织个性化社工服务（个案工作，小组工作坊，帮助社区社会组织制定章程、探索组织愿景、制定社区社会组织战略规划以及相关管理制度，培育社区社会组织领袖，帮助设计、策划活动方案），在项目总结评估阶段，根据项目实施情况，通过社区留言榜、评估问卷调查、评估访谈对社区老年人对专业社会工作介入居家养老服务的效能进行回询。

① 北京市民政局从2015年开始，通过政府购买社会组织服务的方式在北京各区推广“三社联动”的社会治理创新模式。“三社联动”以政府购买服务牵头、以社区为平台、以社会组织为载体、以社会工作为骨干、以满足居民需求为导向，建立社区、社会组织和社工事务所“三社联动”机制，发挥各方优势，有效联动，通过社会组织引入外部资源和社会力量，通过社工提供专业化服务，把矛盾化解在社区的新型社会治理模式、社会服务供给方式和全新社会动员机制中。

三　居家养老服务需要与现有服务供给状况

（一）老年人居家养老服务需要

海子角东里社区隶属于大兴区天宫院街道，面积0.663平方公里，共有1083户，人口有3083人，其中老年人有480人，占总人口的15.57%，属于老龄化比较严重的地区。社区地处城乡接合部，市区搬迁户不到三分之一，农村拆迁上楼户占绝大部分。项目对社区480位60岁以上的老年人进行了问卷调查，共发放问卷480份，回收423份，其中有效问卷为400份，有效率为94.6%。

调查结果显示，海子角社区老年人男女性别各占43.3%和56.7%，“60~70岁”、“71~80岁”、“81~90岁”和“91岁以上”年龄组各占51.25%、39%、9%和0.75%。在此，我们主要从健康及医疗需求、日常生活需求、精神和文化生活需求等方面来进行分析。

老年人健康及医疗需求。社区老年人88.8%完全可以自理，但还存在11.2%的老年人只能部分自理和完全不能自理。老年人的照料多由配偶（52.30%）、子女或孙子女（34.50%）或自己（8.5%）提供，仍有少部分老年人由亲戚、社区集体（2.4%）照料。社区老年人中73.75%患有慢性疾病，多为高血压、心脏病、糖尿病。老年人在选择需要的医疗护理服务时勾选“定期上门检查身体”模式最多（30%），其次为“提供健康知识讲座”（22.50%）和“根据需求提供特定药品”（20.30%）。而目前老人多以离开社区就诊为主，但由于年纪较大、行动不便等，越来越期望能够就近得到优质的医疗服务供给，有老年人在接受访谈时表示，“现在人们对于自己的身体健康也都是越来越重视，但我现在看病都是自己去，毕竟女儿女婿工作这么忙，我就觉得一点小事儿也不用太麻烦他们，但是现在挂号啊什么的，你们年轻人都会用手机挂个号啊什么的，但是我就不会，还得在那儿排队啊没真够麻烦的。反正是挺费劲的”。也有老人表示

“也没什么（需要），就多弄点儿讲座，健康的那种也行，让老人们锻炼锻炼身体”。

老年人日常生活需求。老年人就餐服务的需求，选择“在小区内提供新鲜蔬菜直供服务”的老年人最多，占33.6%；其次为“开办专供老年人吃饭的老年餐桌”，占27.30%，“就餐服务”、“代买蔬菜”和“到家里帮忙做饭”分别占15.50%、13.30%、10.30%，以解决老年人腿脚不便，不利于做饭的情况；关于老年人个人卫生服务需求，可能老年人会考虑到隐私以及安全问题，对于题目的选项整体选择率均不高，即使是选择人数最多的“上门理发”服务，所占比例也不过12.50%，上门洗衣、上门擦身助浴、集中洗衣和外出助浴分别占9.30%、4.30%、4.00%和1.30%；关于老年人家政服务需求，“管道疏通”“维修水电设施”“家居清洁”“家电维修”服务需求率分别为30.30%、29%、16.50%、16%，而“陪同日常购物”和“代请保姆”较低，仅为3%和4.8%；关于老年人日间照料服务需求，“老年人休息场所”占31%，“老年人电话热线”和“其他”两项选择相对平均但均在30%以上，可见老年人对社区日间照料服务有较大需要。

老年人精神和文化生活需求。老年人参加文体活动意愿，选择“看书读报”“以上都不感兴趣”“跳舞或保健操”“其他”（包括口琴、旅游、乒乓球、锻炼）选项分别为24%、23.5%、22.3%，相对呈现个别化和多样化；老年人参加兴趣班意愿，对“棋牌兴趣班”“电脑兴趣班”最为感兴趣，分别占29.30%、27.30%，但也有28.80%的老年人对所列举的兴趣班均不感兴趣；关于老年人对于文化生活服务的需要，“开展集体活动”“陪同外出旅游”“老年人法律咨询服务”分别为41.3%、24.5%和24.5%，但也有26.30%对所列项目“均不感兴趣”；老年人心理咨询服务需要，呈现了解度不够、信任度不高，选择走进心理咨询室的可能性多为“不太可能”（36.1%）“完全不可能”（58.3%）。老年人渴望社区在精神文化建设方面做出改善，例如对于室内（外）活动室需求率高达75.6%，22.8%的老人希望增加活动种类。

（二）现有居家养老服务的供给状况

调查发现，现有满足老年人居家养老服务需要主要通过政府机制（街道办事处、社区居委会体系）、市场机制和社会机制（如自发性社会组织）等来实现。相对而言，研究社区社会组织社会化程度较低，而市场机制受到利润驱动不愿承接某些利润较低的老年人服务项目，老年人受到传统观念和经济水平的限制有偿消费的能力较低，调查数据也显示老年人接受收费服务的意愿不足，“只愿意接受免费服务”“愿意接受免费或者低费服务”“不管是否收费都不愿意”和“看服务内容再定”各占31.80%、32.80%、13.30%和22.30%。因此，我们对现有居家养老服务的供给论述集中在政府主导推动的居家养老服务。

政府方面，大兴区民政局、天宫院街道办事处和海子角东里社区高度重视居家养老服务，积极探索并实施了助聊、助餐、助医、助乐、助洁、助急的“5+N”养老服务模式和“志愿者银行”等工作机制，取得一定成效但存在服务效果不尽如人意的问题。调查显示，老年人对老年餐桌服务选择“没有听说过”“听说过但没去过”“去吃过，但不满意”各占35.00%、56.00%、8.00%，仅有1.00%的老年人选择“去吃过，还会继续去”，而表示不满意原因在于价位过高，不适合；老年人对健康小屋服务选择“没有听说过”、“听说过但没去过”、“使用过，觉得很方便”和“使用过，但不满意”各占32.00%、38.50%、23.50%和6.00%，相较于其他服务满意度较高，而不满意的主要原因是老年人表示健康小屋服务好但辅助材料不充足；老年人对陪同聊天服务选择“没有听说过”、“听说过但没使用过”、“使用过，但不满意”和“使用过，觉得很方便”各占73.80%、24.30%、1.00%和1.00%，在各项服务中知晓和使用比例较低；老年人对外出助浴服务选择“没有听说过”、“听说过但没使用过”、“使用过，但不满意”和“使用过，觉得很方便”各占85.50%、14.00%、0.50%和0，在各项服务中知晓比例最低；老年人对文化娱乐服务选择“没有听说过”、“听说过但没使用过”、“使用过，但不满意”和“使用过，觉得很方便”各占

42.60%、38.80%、1.50%和17.1%；老年人对提供的助急服务选择“没有听说过”、“听说过但没使用过”、“使用过，但不满意”和“使用过，觉得很方便”各占66.10%、27.00%、0.50%和6.40%。

上述政府养老服务福利不能有效满足社区居民需求的主要原因，一是缺乏足够的专业团队而不能准确把握所在社区老人真实需求，不能充分利用和协调社区内外资源以及社区社会组织组织化程度低下等问题；二是统一的服务标准和相应的监督机制还处于缺位状态。

四 专业社会工作服务的介入层面和重点

（一）生态模式的社区居家养老服务联动机制

我们认为，如何达成与既有服务主体的合作和协作是专业社会工作介入居家养老服务需要应对的首要问题，那么如何与街道办事处和社区居委会达成合作和协作便成为非常现实的具体问题。“三社联动”虽然提供了制度路径，但是尚需要专业社会工作介入服务时提出切实可行的做法。而生态模式能够帮助我们看到涉及居家养老服务各种微观主体之间的复杂互动关系，而建立相应的制度规则促成互惠合作关系。

项目组以“弘美夕阳居家养老服务项目”、“三社联动”领导办公室、“三社联动领导小组”为组织架构依托，通过制定联席会议制度和联动机制，保障了专业社会工作介入居家养老服务顺利实施。具体来讲，由街道办事处、社区居民委员会和亲民社会工作事务所共同协商制定了《北京天宫院地区“三社联动”工作联席会议制度》、《北京天宫院地区“三社联动”试点项目信息联通制度》以及《北京天宫院地区“三社联动”试点项目服务联办制度》，确定了不同层级主体之间的职责分工、会议召开频次及内容等，通过协商、协同和合作共同做好社区居家养老服务工作。

通过构建联席会议制度，社会工作专业机构、街道办事处、社区居民委员会和社区社会组织扮演相应角色，发挥特定功能。具体来讲，由社会工作专业机构提供专业介入服务，孵化社区社会组织，制定专业服务指导标准，推进专业人才队伍和志愿者服务队伍建设；街道办事处、社区居委会通过联席会议制度能够充分了解专业社会工作介入社区居家养老服务的主要工作思路和介入过程，能够更好地发挥政府的支持和监督职能，充分体现政府的主导、支持和关怀作用。与此同时，社区居委会也能够从烦琐的直接服务中获得一定喘息，协助专业社会工作者走访居民，调查老年人养老需求，与老年人、社区社会组织建立很好的专业关系。当然，较为孱弱的社区社会组织也在社会工作专业机构的专门培育和社区自我服务的积极参与中获得了一定发展。其宗旨在于为老年人提供有效的社区居家养老服务，最终促使社区老年人的居家养老生活更加丰富多彩，生活质量得到提高。

（二）需要为本的社会工作介入服务实践

根据社区老年人不同的居家养老需求，研究将老年人居家养老服务需要分为一般需求和特殊需求两个层次，为社区老年人提供分层次服务，针对一般需求，老年人围绕日常生活照料、文化娱乐、社区参与等方面提供服务，针对有特殊需求的老年人，运用社会工作专业个案工作方法、社会工作小组工作方法为其提供个别化服务。

为具有一般需求的老年人提供的居家养老服务主要包括生活照料服务、文体娱乐服务等。生活照料服务方面：根据海子角东里社区 60 岁以上老年人居家养老需求调查结果，专业社会工作着重协调海子角东里社区周边商圈资源提供助餐、助洁、助医、助聊等服务；编制《海子角东里社区居家养老服务手册》，注明社区居家养老服务的相关信息，方便老人及时查阅；编制《海子角东里老年健康知识手册》，注明养老的相关健康知识，方便老人学习，改变不良生活方式，增强体质，延年益寿。文化娱乐服务方面：举办海子角东里社区棋牌大赛以及社区老年人重阳节赏秋活动，由海子角东里社区 5 个社区社会组织的成员、4 名社区工作者、15 名项目服务志愿者、1 名随队医生带领 80 余位老年人前往大兴区北京野生动物园开展“重阳节赏秋”活动并将事先制作的宣传折页分发给游园市民进行环境保护倡议宣传。

针对有特殊需求的老年人，运用个案工作、小组工作等社区工作方法介入为其提供包含生活照料、精神慰藉、健康养生等的居家养老服务。生活照料服务方面，协调社区资源为社区失能、半失能老年人提供照顾服务。心理健康服务方面，由专业社会工作者分析老年人遇到的问题，为其制定详尽的个案工作计划并负责实施，帮助老年人转变不合理信念，重新认识自我，更好地适应老年生活，或者解决实际问题。例如，以失独、空巢老年人为服务对象，在遵循保密原则的基础上，老年人将自己人生中的重要事件说给志愿者，志愿者将其整理成回忆录后，在活动结束时，赠送给老年人留作纪念。社会交往方面，成立老年人开放性小组，通过社会工作者与小组成员进行面对面的互动过程，运用群体动力，改善老年人的态度、行为和应对社会环境的能力。例如，根据需求调查结果，与老年人志愿者、社区居委会工作人员交流沟通后，将海子角东里社区的老年人分成三个小组，分别开展以“手工制作”“健康养生”“生活技巧”为主题的小组工作活动。每个小组 10 人左右，每次由一名社工及两名志愿者组织开展，每次活动时间在 1 个小时左右，活动次数为 8 次。小组内老年人通过自我学习，除了学习新技能丰富业余生活之外，还可以扩大社会交往圈子。

此外，专业社会工作介入还考虑到后续社区工作者和居家养老服务人员的能力培养层面，即根据社区工作者工作状况调查，对社区工作者开展社会工作专业知识讲座，包括“社会工作基本原理”“社会工作价值观”“个案社会工作治疗模式”“社会工作者幸福感提高”“社会工作者沟通理论”“老年人服务专题”及心理减压、心理沟通、社区工作者心理减压工作坊等。社工专业知识的培训，使社区工作者对社会工作“助人自助”专业理念认识得更加深刻，开始运用社会工作专业价值观看待问题和解决问题，尝试从优势视角看待社区老年人，转变了服务观念，为社区建设和管理带来了新的活力和自信。社区工作者心理减压工作坊，减轻了社区工作者的心理压力，提高了社区工作者的幸福指数。

（三）赋权取向的老人社区社会组织培育

居家养老服务还要充分重视积极老龄化的价值理念，充分调动老年人自身对居家养老服务的积极性，挖掘老年人社区社会组织的潜在功能。有研究者对居家养老社会工作服务输送进行深入研究，指出服务的有效输送受到老年人“单位制惯习”阻碍，而赋权取向的社会工作介入可以改变老年人接受服务滞后观念和被动行为。依循赋权理论取向充分肯定老年人价值，促使老年人积极参与社区服务，培育老年人社区社会组织，对发展老年人社会支持网络、提升社会资本、增进社会价值感都具有非常重要的影响。

根据研究设计，项目组也针对老年人社区社会组织参与状况进行了问卷调查，共发放问卷55份，收回有效问卷50份，回收率达90%。调查结果显示，老年人参与社区社会组织多以女性为主要构成（76%），年龄层面多以61～70岁低龄老年人为主（50%）。老年人参与社区社会组织的目的分别为“为社区建设贡献自己的力量”（26%）、“出于个人爱好”（24%）、“增加与他人交流”（21%）、“帮助别人，体现自己的价值”（17%）、“锻炼自身能力”（12%），可见老年人愿意参与社会组织既是自身兴趣爱好使然，更由老年人参与社区发挥社会价值所驱动，将两者有效结合更能促进老年人参与社区社会组织。与此同时，项目组针对老年人参与社区志愿服务意愿、类型等也进行了重点调查。参与类型意愿方面，老年人愿意参与老年人陪伴服务类（26%）、社区孩子讲故事类（12%）、环境保护志愿服务类（36%）、尊老孝亲宣讲服务类（8%）、居民调解矛盾类（6%）、残疾人服务类（4%）、其他服务类（如文艺）（8%）。社区志愿服务意愿类型呈现多样化且老年人参与意愿较强。但参与者认为当前社区志愿服务组织面临发展的困难，主要原因是“政府不够重视”（22%）、“社区里不够重视”（8%）、“经费不足”（40%）、“居民参与度不高”（20%）、“专业人才缺乏”（10%）。对被调查者访谈进一步得知，当前社会组织大多数有社区支持，但是社区支持的力度由于有限，所以在组织发展中有时会遇到困难，组织参与者对于组织运行的解决能力并不是很高，有必要对于组织成员能力进行提升。

根据海子角东里社区特点及其社区社会组织发展现状，项目着力通过系列活动方案来培育社区社会组织。根据老年人兴趣意愿分别培育“夕阳红助乐小组”“红袖标志愿者协会”“海子角东里艺术团”“海子角东里乒乓球协会”“海子角东里社区老年人棋牌协会”，并针对每个社区社会组织个性化社工服务，包括具体相关课程（如老年运动健康、老年人穿衣搭配、乒乓球训练技巧等）、小组工作坊，帮助各社区社会组织制定组织章程，探索组织愿景，制定社区社会组织战略规划以及相关管理制度，培育社区社会组织领袖，协助设计策划活动方案。

以退休老年人为例。身心俱疲、社会支持减少等因素对老年人的身心发展都非常不利。如访谈中有社区老人提及“我们现在就是退休了，也没什么事情可做。你们现在还没法体会，就你工作了好几十年，然后一退休，就总觉得，心里空荡荡的，没得干！提不起劲来。你们组织的这个活动啊，至少是说让我们都有个念想，就像这下礼拜咱们该干吗干吗了，就又有事干了。我觉得这就挺好。因为你想总在单位工作，人就形成一种定式了，突然一闲下来，真不行。就得找点事干”。由项目组社工通过培育相关社区社会组织，实现退休老年人的赋权增能，带动、促进社区老年人参加社区志愿服务活动，在帮助别人的过程中获得个人的价值。参与社区治理，能够发挥出老年人丰富的阅历、经验、知识、技能以及对社会和工作的强烈责任感和使命感，充分实现老有所为。

五　专业社会工作介入居家养老服务的效能评估

项目实施后期，通过问卷调查方式对服务项目从专业服务满意率、受益情况以及再次参与服务意愿等要素进行了效能评估。课题组共计发放问卷247份，收回有效问卷212份，问卷有效率为85.83%。参与评价的老年居民中，60～69岁、70～79岁和80岁以上的老年人各占76%、

21%和3%。

从专业服务的满意率方面来看，接受服务的社区老年人对专业服务的整体满意率较高，“非常满意”为75%、“满意”为24%，两项合计高达99%，而“一般”仅占1%，没有一人勾选“不满意”和“非常不满意”。对老年人回访也可以看到老年人对专业服务的满意度较高，“这个形式挺新颖的，我以前没参加过这样的活动，之前说叫我参加，我也不知道是什么活动。现在参加完以后觉得挺好玩儿的。有人组织是不太一样”。也有老年人表示“不错，他们这个真的是挺专业的，也帮我们弄了个志愿者服务的队伍，最后大家还一起出去，还有在社区里服务，他们的服务真的是挺到位的”。需要指出的是，这种不一样和专业性是指专业介入方案中的专业性体现，诸如适合老年人身心特点的小组活动。

从专业服务的受益情况来看，首先，被调查的老年人表示从专业服务活动中均有较大收获，“很有收获”和“有收获”各占95%和5%。其次，社区老年人在参与专业服务（小组活动）后自认为在以下各方面发生了改变，“结交新朋友，扩大朋友圈”（94%）、“学习新知识，获取新技能”（88%）、“充实生活，将其变得丰富多彩”（90%）、“沟通交流能力”（73%）。确实，社区老年人在未参加小组活动等专业社会工作服务之前多数时间都是空闲在家，以观看电视、楼下打牌打发时间，生活比较单调，交际网络较为狭小，而项目实施过程中组织的小组活动既扩大了参与项目活动的老年人人际交往网络，使其能够结识更多社区同伴，同时增进了社区老年人的表达诉求和沟通能力。

从专业服务活动的再次参与意愿来看，参与调查的老年人均表示“一定会”再次参加专业社会工作者组织的活动，很多老年人表达了希望多参加类似活动组织的意愿；有老年人表示，“健康的讲座，我们觉得挺好的，像我们老年人就是一些慢性疾病，请的专家啊，还给我们指导指导怎么运动。上回不是带着我们去玩儿嘛，我们老伴也想去，但是条件不怎么允许。下回有机会的时候再去”。

六　总结

本研究依托北京市大兴区天宫院街道海子角社区居家养老服务项目，在进行系列需要评估的基础上展开专业社会工作介入，主要做法包括：建立联席会议制度促使专业社会工作机构和服务更好地切入既有社区服务供给网络，形成协作性“三社联动”机制；坚持需要为本的服务理念，基于居家养老服务需要调查数据开展个案、小组和社区工作等多层面、多形式的专业化介入服务；从老年人赋权的角度出发，积极培育老年人社会组织，提升老年人社会资本，形成老老互助局面。研究运用定性和定量相结合的项目评估方式对介入效能进行评估，结果显示该项目专业化社会工作介入服务取得明显成效。但是研究还存在一定不足，一是评估设计还缺乏针对性，有待进一步改进；二是研究依托的政府购买项目具有一定服务周期，专业社会工作介入完，后续无法以政府购买服务方式跟进服务效能评估。

机构案例篇

Institutional Cases

B.21
社区长期照护服务体系的构建之“普亲模式”

张启峰*

摘　要： 我国正面临老龄化日益加快的趋势，同时经济社会飞速发展，使我国家庭结构产生重大变化。少子化和家庭结构小型化使得传统家庭养老的压力骤增，已经难以满足老年人的养老需求。养老服务不同于其他一般服务，老年人需求的多样化和多层次化也对养老服务提出了更高的要求，而长期照护是可行的应对方式。从国际经验来看，世界上率先进入人口老龄化的发达国家和地区均经历了长期照护递送模式的结构性变

* 张启峰，普亲老龄产业发展研究院副院长，CGSC 专指委委员，北京市养老服务行业建设指导委员会专家库成员。2011 年进入养老行业，先后从事政策及行业研究、战略规划等工作；主持或参与了多个城市养老课题研究及政策咨询，并发表了一系列有影响的长期照护服务体系相关文章。

化，从发展大型养老机构向小型化、专业化的社区型机构转变，强调以社区为主的长期照护服务覆盖，尽可能让失能、失智老年人在习惯居住的社区和家庭中度过晚年。这样既符合老人得到家属的陪伴的需求，又能使其获得优质专业的服务。毫无疑问，这种“机构社区化”的理念非常值得我国借鉴，也更符合老年人传统观念。普亲率先在国内对这种理念进行本土化实践，以社区型长期照护机构为主体，开展体系化布局和连锁化运营，形成专业、高效的社区长期照护服务体系。

关键词： 长期照护服务　社区与居家养老　连锁复制

一　引言

（一）长期照护的兴起与定义

在20世纪下半叶逐渐形成了长期照护服务体系，促成因素主要有两个：一是地区人口结构发生变化，老年人口占比提高；二是慢性病患者数量急剧增加。另外，还有社会发展的因素，也就是劳动人口大规模流动提速，少子化现象普遍，等。

长期照护（Long-term care，LTC）最初发源于西方发达国家，在引入国内时被译做“长期照顾”一词，见于2000年世界卫生组织《建立老年人长期照顾政策的国际共识》：长期照顾是由非正式提供照顾者（家庭、朋友和/或邻居）和专业人员（卫生、社会和其他）开展的活动系统，以确保缺乏自理能力的人能根据个人的优先选择保持最高可能的生活质量，并享有最大可能的独立、自主、参与、个人充实和人类尊严。长期照护服务的对象包括有慢性病和认知障碍的老年人，急性病恢复期和需长期康复的患者，重症疾病和肿瘤晚期患者，疾病或者其他原因使其长期卧床不起，生活不能自理，处于失能或半失能状态，需要长期护理和康复服务的患者。

由于国内对 Long-term care 的理解角度不同，其中文译名也长期存在争议，没有统一。但无论是从字面含义还是专业内涵看，对 Long-term care 进行的精准译解以“长期照护”为佳。因此，2016 年世界卫生组织发布的《关于老龄化与健康的全球报告》和《中国老龄化与健康国家评估报告》的中文版已经将 Long-term Care 改译成“长期照护”。

（二）我国失能失智老人状况及需求

根据全国老龄办发布的 2015 年·“第四次中国城乡老年人生活状况调查”的统计结果，我国失能失智老年人约为 4063 万人，占老年人口的 18.3%。其中，仅完全失能的老年人（指瘫痪在床，需 24 小时专业照护）和部分失能老年人（指缺乏日常基本生活能力，需辅助吃饭、洗澡、室内活动等）就有 1100 万人左右，约占老年人口总数的 5%。从不同年龄段失能率来看，75～84 岁者的失能率为 65～74 岁者的近三倍，75 岁以上者失能率跳增，85 岁以上者近半数可能失智，而且最终走向完全失能。随着我国人口老龄化、高龄化的日趋严重，失能失智老年人口规模将不断扩大，对于长期照护服务的需求不仅巨大且持续存在。

当前，我国的社会保障水平还处在初级阶段，各项政策与制度设计还不完善，尤其对于失能失智老人的照护处于探索试点阶段。如何应对中国日益严重的老龄化所带来的照料需求的剧增是当今中国面临的重要民生挑战。

（三）社区养老的概念与发展逻辑

社区养老，是指以家庭为核心，以社区为依托，以老年人日间照料、生活护理、家政服务和精神慰藉为主要内容，以上门服务和社区日托为主要形式，并引入养老机构专业化服务方式的居家养老服务体系。

社区是最靠近家庭、最能为家庭提供帮助，又能形成独立服务体系的社会基本单元。所以，在相当一部分国家和地区，社区成了长期照护服务体系的基本单元。在我国，逐步进入老年状态的这一代人历经改革开放的大潮，经济实力与教育水平整体提高，同时受中国传统文化熏陶，家庭文化观念根深蒂固，这一切让他们难以离开熟悉的环境去养老。伴随医疗科技的日新月异，便携式家用护理设备的普及降低了照护对象对于专业照护场地的限制。在此背景之下，社区居家照护日益成为长期照护供给端不可忽视的组成部分。

长期照护服务作为一种服务形式，决定服务质量和效率的核心在于服务递送模式，既要考虑被照护者的需要，又要保证照护资源被高效利用。世界上率先进入人口老龄化的发达国家和地区如北欧、日本等均经历了长照服务递送模式的结构性变化，从传统的医院及护理院服务模式向专业化、小型化的社区型机构服务转变，此举有利于扩大长照服务范围，让社区失能失智老年人在家养老成为可能。

这种“在地老化”模式无可争议更符合我国的现实国情，“家门口的照护”不仅更人性化，而且更高效化，更符合传统观念。

基于对现实国情下长期照护制度体系的趋势把握以及长期照护服务的深刻认知，湖南普亲老龄产业发展有限公司（以下简称“普亲”）作为国内失能失智长期照护服务领域的先行者，率先在国内对这种理念进行本土化实践，第一个开展以社区型机构为主体的长期照护服务体系建设与运营模式的探索与实践，并形成了适合我国国情、可持续发展的社区长期照护服务体系解决方案。

二　普亲社区长期照护服务体系

（一）普亲社区长期照护服务体系的分类

在我国，长期照护服务还不是一个独立的政策概念，与养老服务、医疗护理服务通常混合在一起，根据国内外长期照护服务体系的分类与服务递送方式的不同，普亲社区长期照护服务体系（简称“普亲模式”）可以归类为机构照护服务供给模式。

（二）普亲模式的内涵

普亲模式总结起来就是以中心机构为依托，以社区机构为主体，以居家上门覆盖周边社区，打造辐射周边五公里的社区长期照护服务圈，实现以较小的资源投入获取最大照护效益。普亲体系的构建模式见图1。

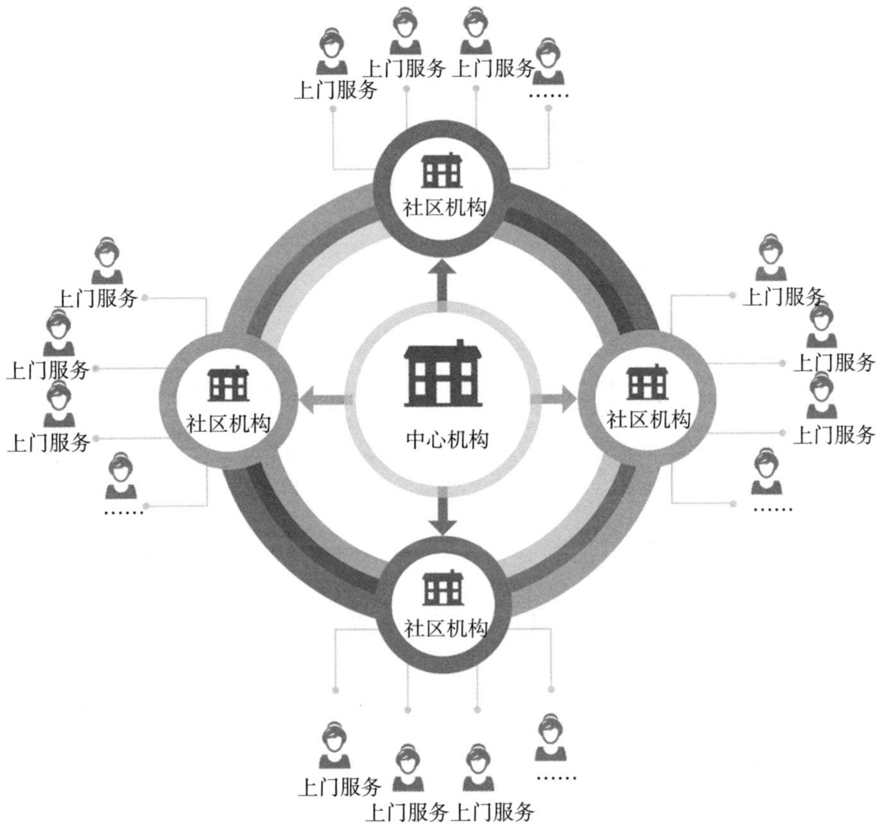

图1　普亲体系构建模式

普亲模式根据不同类别机构定位与服务职能，分为中心机构与社区机构（见表1）。

中心机构：整个服务体系的运行枢纽和指挥平台，发挥统筹、协调、组织、指导作用，承担区域养老资源整合调配、养老信息综合平台、养老服务人才培训、养老服务示范引导、长期照护服务提供等方面重要职能，以达到降低体系整体运作成本、提高资源利用率的目的。

社区机构：整个服务体系的服务基础和居家社区养老服务延伸的基层载体，是老年人身边服务、床边服务的直接提供者。打造社区居家长期照护平台，承担协调各类公益慈善组织、志愿者和群众性自治组织等外部资源的职能，共同组成居家养老服务联合体。

表1　普亲机构功能

类型	范围	职能	床位数	对象	服务
中心机构	全城	为社区机构提供管理、资源调配、后勤服务、培训等支持	200~400张床位	失能、失智	全托
社区机构	周边社区(15分钟内步行或乘坐交通工具可到达)	社区居家长期照护平台，为居家照护提供支持	50~100张床位	失能、失智、术后康复	全托、短托、日托
居家	社区机构辐射范围	扩大照护对象覆盖以及服务转介		失能、失智、术后康复、高龄	生活照料、康复护理及其他服务

（三）普亲模式的特点

普亲模式的主要特点是“嵌入式”、“护理型”、“专业化”、“智能化”、“标准化”和“医养融合”。其主要做法如下。

一是采取“社区嵌入式”建设。主要以老龄化程度较高、地理位置较好、交通便利的社区为主体，整合社区养老服务资源。在实施层面，主要选取社区闲置公共物业或租赁物业作为标的，根据机构服务功能和面积大小，分为“标准型”和“综合型”设施，“标准型”面积在1000平方米左右，主要针对日常由子女照料需护理的失能、失智老人和住院治疗后需进行康复护理的老年人提供长短期照料，以减轻家庭压力。“综合型”面积在1500平方米左右，集失能、失智老人的长短期照料服务和健康老人的文体教育、休闲娱乐、关爱互助等服务内容于一体，可以辐射带动周边居家养老和日间照料服务。

二是聚焦失能、失智人群。所有社区机构均主要面向失能、失智老人，通过公司标准化的技术培训实现对服务质量的严格把控。同时通过在城区进行网络化布局，实现在社区多点布置，互相联动，有利于降低建设成本、运营成本，因此大众化的收费水平也较易为城市普通家庭所接受。

三是打造专业的全人照护模式。长期照护是人照顾人的服务，涵盖生活照料、康复护理、精神慰藉乃至一部分的医疗护理，普亲机构均配置包括医生、护士，还有营养师、康复师、心理咨询师、专业社工等在内的多学科专业照护团队，为长者制定个性化照护方案。团队的人力资源配置有些固定在一个机构，有些则在机构之间流动。

四是依托智能化科技养老。运用移动互联网和物联网等信息化技术研发居家养老智能终端，通过智能化养老科技手段，实现社区机构、居家老人、子女三方的实时互动和养老服务资源的有效调配。普亲以老年智能手表作为智能终端，实时监测居家老人各项生理数据并发送到后台，同时通过手机 App 让子女同步掌握。老人可以通过智能手表的通话功能呼叫社区机构提供专业护理服务，子女也可通过 App 为老人进行服务定制和紧急救援。同时，通过后台开放端口，与社会各类医疗和养老服务资源进行对接，从而构建了内涵丰富、反应迅速的居家养老服务保障网络。

五是通过标准化建设实现连锁化复制。从机构选址建设、设施设备配置、运营团队组建培养、护理服务流程、评估标准等方面形成一系列标准化管理体系，实现了机构的快速复制和服务管理的统一。

六是整合医疗资源实现“医养融合”。通过搭建三级医疗保障体系，为老年人提供完善的医疗健康保障。第一级，机构内派驻执业医师为老年人建立健康档案，动态评估老年人状况；第二级，机构内设医务室或与社区卫生服务中心合作为老人提供基本医疗服务；第三级，紧密对接周边二、三级医院，打通“绿色就医通道”。

（四）普亲模式的发展现状

1. 社区长期照护服务体系落地多个省市

目前，普亲在长沙市区分区布局了五家老年照护机构和一家护理院，初步建立了覆盖城区、深入社区的专业养老机构服务网络。每家机构通过提供长短期照护服务和居家照护支持，能够覆盖周边数十个社区不同长期照护对象的服务需求。除长沙区域，普亲长期照护服务体系已陆续在海南、山西、山东、福建、江苏、浙江、北京等省份落地，运营及筹建的机构达到30余家，床位数近6000张。

2. 评估技术研发与应用有序开展

失能、失智老年人数量、分布、能力等级是规划布局社区长期照护服务设施的重要依据，为此，普亲着力加强评估技术的研发与应用。普亲研究院与中南大学湘雅医学院研发的《湖南省老年人能力筛查评估标准》已成为省级地方标准，搭建起一套精准高效、实用性强、成本低廉、使用范围广的老年人能力筛查评估体系。

同时，双方合作开展“老年人长期照护需求评估标准”研发，针对失能、失智老年人进行照护需求评估，通过后台数据分析自动生成评估对象的照护等级和服务内容，为实施分级照护、匹配照护资源、评估照护效果提供支撑。

3. 携手台湾长期照护专业力量完善社区长期照护服务体系

普亲一直积极引进国际先进长期照护技术，寻求与国际组织机构合作，与台湾长期照护协会和台湾技职教育协会等建立了全面合作关系，为普亲植入领先的长期照护理念和技术，促进优化完善社区长期照护技术体系，以及提高长期照护服务技能、高素质照护人力资源培训等技术支持服务，助推普亲社区长期照护系统化、专业化的进一步升级。

4. 探索社区机构覆盖居家照护的有效模式

普亲在机构各落地地区开展常态化“3+2”居家照护支持计划，整合体系内各社区机构及周边社区的照护资源，通过能力评估为周边社区符合条件的失能、失智老年人提供3天免费喘息服务以及向家属提供2次免费居家照护培训，旨在促进非专业照护者技术的全面提升。此外，社区机构派出专业照护人员为周边社区提供辐射服务，还尝试探索社区层面的互助养老等新兴模式。

（五）普亲模式的经验与做法

1. 筛查摸底：指导设施合理规划布局

普亲根据《湖南省老年人能力筛查评估》开发了一个具备自主知识产权的老年人能力筛查评估信息平台，通过对地区高效率、低成本数据的采集分析，精准把握地区养老服务需求，可为不同层级决策者、行业参与者提供数据支持。目前，此套评估标准及数据系统已在湖南郴州等多地进行了大面积实施，信度与效度良好，正成为政府有关养老政策决策的有力手段。

2. 平台搭建：打造小规模、多机能的社区居家长期照护平台

秉承“机构社区化”的理念，普亲以社区型长期照护机构为主体，打造社区居家照护平台：一是扎根社区，采取自主运营、公建民营、委托管理等多种方式拓展社区机构，采取低成本投资、多点布置策略形成“社会—社区—居家”的养老服务传递枢纽；二是服务对象精准聚焦失能、失智老年人，除了日常需护理的失能、失智老年人还有住院治疗后的康复护理对象；三是经营可持续，社区型机构床位规模小，单体投资可控，以“中档设施，小型适用”的标准对机构进行适老化改造，不盲目追求装修和设施设备配置的高端化，此举可降低前期投入和运营风险，同时降低收费价格，打下可持续运营的基础。

3. 专业照护：依托专业团队，保障服务质量

每个机构均配置了由执业医生、康复师、营养师、心理咨询师、护士、护理员、社工等组成的多学科照护团队，并整合机构周边的医疗资源（提供日常巡诊、慢病管理、健康查体、建立健康档案、设立就医“绿色通道”等），为失能、失智老年人提供融“养护康医”于一体的长期照护服务。通过驻点与巡点方式严格执行从能力评估—确定照护等级—制定照护计划—照护计划实施—照护质量评估的服务流程，确保服务质量。

长者入住伊始，普亲即会为其建立完整的健康档案，实施健康评估，通过全面的老年人能力评估详细了解每位入住长者的生活习惯、健康状况、生

活经历、饮食口味、自主活动能力等情况，为每位长者量身定制个人护理计划，满足其个性化需求。照护计划制定后，长者将由专业的康复师、营养师、护士、护工提供24小时日常生活照料规范化、流程化服务，护理员对长者每天要进行包含口腔清洁、翻身、洗澡、擦身、如厕等20多个护理内容，每30分钟要为长者进行一项服务，全方位的生活照料保证长者享受愉悦舒适的晚年生活。

同时，普亲机构里的康复师会根据长者的身体状况、兴趣爱好量身定制康复类训练活动以及提供康复支持。普亲还搭建了“三级医疗保障体系”。首先，机构内的执业医师会定期对长者进行健康检查，时刻关注老人身体状况，提前发现健康问题，防患于未然；其次，普亲与社区卫生服务中心合作，为老人提供基本的医疗服务；三是机构与周边二、三级医院建立了“医养联盟”合作关系，设立了就医“绿色通道”。

在饮食方面，普亲严格执行食品卫生标准，配置专业营养师精心制定营养食谱，根据季节时令变化更换菜色品种，特别是对糖尿病人群、高血压高血脂人群、高尿酸（痛风）人群、吞咽障碍（鼻饲）人群制定个性化营养食谱方案。通过这一系列融“养护康医”于一体的长期照护服务流程，普亲确保每一位长者入住机构的生活品质与如家般的舒适感。

4. 队伍建设：多措并举筹备专业人才队伍

在人才来源上，普亲采用多种方式引进专业服务人才，尤其将团队培养着力点放在校企合作上。普亲与北京劳动保障职业技术学院、长沙民政职业技术学院等国内多家高职院校建立了校企人才培养体系。其通过“团队式培养”方式，定向培养养老机构管理人才：根据单体机构岗位配置标准，将学生以团队形式组建、分工及定向培养，整体进入机构实习，毕业后整体进入新机构开展业务。

在人才培养上，普亲在总部建立了普亲学院，同时在湖南、山东、福建、江苏、北京、海南等地开设多个教学点及实训基地。学院以长期照护理念为核心，引入国内外顶级师资力量，创新养老人才培养模式，注重多学科合作的团队建设，建立起合理、规范、系统、科学的学科体系，培养适合当前国情与市场需求的各类专业技术及管理人才。

5. 连锁运营：致力于提升标准化与信息化水平

普亲的标准化建设基于“顾客满意、员工成长、企业发展”的理念设计。经过多年探索，普亲在设施选址、机构建设、运营管理、服务质量、风险防范、床位营销等方面通过实践不断提炼总结，其运营管理标准化体系不断更新迭代。目前标准化体系已升级到4.0版，一共有701个标准化文件，主要分为长者照护、行政管理和后勤支撑三个部分，包括了制度、规范、流程、标准和业务表单等形式。长者照护部分是体系的核心，分为护理、安全与医养康乐三块，其中护理模块最为关键，占比超过了标准化文件的50%。

与标准化建设息息相关和相辅相成的是品质管理。普亲搭建了“运营总部—地方管理部—养护机构”三级品质管理架构，通过项目监控和指标监控相结合的方式，运用PDCA和专案管理的方式来推进照护质量持续改进。

为提升连锁运营管理水平，普亲还不断加快信息化管理平台建设，与国内知名养老信息化公司合作开发的“普亲·云住养”运营管理系统，包含收入管理、老人信息、评估管理、膳食管理等功能，实现运营总部与各个机构之间信息实时共享，管理效率极大提高。针对夜班管理痛点，采用了电子巡更系统，确保护理员对护理区域进行全覆盖巡更，按时进行翻身护理及检视。

三　普亲社区长期照护的发展规划

（一）进一步完善区域长期照护服务体系构建

根据区域内失能、失智老年人口数量及发展趋势，进一步完善各落地区域内的社区设施规划布局建设，在已经落地的17个城市增加密度，加快社区长期照护服务机构的拓点，构建全区域覆盖的社区长期照护服务体系，形成更加完善的失能、失智长者服务保障网。

（二）进一步开展评估技术及信息系统研发与应用

完善老年人能力评估标准、开展“老年人长期照护需求评估标准”和“长期照护机构服务质量评估标准”研发，建立基于大数据分析的评估信息系统，通过在各落地开展试点，形成从“筛查、照护等级评定、照护服务设计、照护服务跟踪及质量评估”的完整的长期照护评估体系解决方案，并在部分省份进行应用，推动部分标准上升为行业标准。

（三）完善标准化研发体系和运营管理系统迭代，不断提升管理效率

为了支撑全国连锁化运营管理，普亲在现有4.0版本的连锁运营的标准化体系基础上继续完善精进，保障服务质量稳步提高，同时不断对运营管理系统进行迭代开发和升级，提高机构的连锁运营效益。

（四）开展“社区照护者计划”，创新服务方式

为了缓解失能、失智老人需求增大与养老机构护理人员对外辐射范围窄的矛盾，普亲将实施“社区照护者计划”。通过募集空闲的社会劳动力，进行专业化的长期照护培训，将他们培养成专业的社区照护者，将社会化、专业化的生活照料、医疗康复、精神慰藉、心理疏导等专业服务推送成电子服务工单，让社区照护者提供居家上门服务。“社区照护者计划”不仅可以盘活社区内空闲的人力资源，还可以为整个社区甚至周边地区居家老人提供更多优质、专业的居家养老服务。

（五）战略性发展康复辅具器具业务

康复辅具器具是发展长期照护的技术基础。普亲与中国康复辅具器具协会、国内康复辅具龙头企业“常州市钱璟康复股份有限公司”达成合作意

向，计划在普亲长期照护服务体系落地城市同步设立康复辅具适配体验中心，为机构和居家照护提供康复辅具技术和服务支持。

参考文献

世界卫生组织：《关于老龄化与健康的全球报告》，2015。
全国老龄办：《第四次中国城乡老年人生活状况调查》，2015。

B.22

打造社区居家养老综合服务，打通社区居家养老微循环

——以北京市石景山区乐龄老年社会工作服务中心为例

王艳蕊*

摘　要： 乐龄老年社会工作服务中心13年来坚持“让每一位老人在家中享受乐龄年华”的美好愿景，不忘初心，循序渐进，由小到大，逐渐成长为有一定知名度的社区养老机构。该中心以精准服务、专业培训、开展多元化品牌活动促进社区融合和推进标准化建设的运行机制，工作中坚持以需求为导向，以老人为中心；坚持将正式照护和非正式照护融合在一起；坚持将服务对象定位为中低收入的老人；坚持最适合的就是最好的服务理念服务社区老人，其成效可圈可点。该中心在此基础上，分析了组织自身内部和外部政策的挑战，提出了有效的应对措施，并提出了发展的未来愿景。

关键词： 社区居家养老　乐龄老年社会工作服务中心　微循环

本文以北京市石景山区乐龄老年社会工作服务中心（简称“乐龄”）13

* 王艳蕊，中国政法大学法学学士，北京市养老服务行业建设指导委员会专家，2006年底创办社区为老服务机构“乐龄”，是中国最早探索社区养老服务模式的先行者之一；多次担任中国民政部养老标准专业委员会标准评审专家；北京市三八红旗手，连续多年获得北京市“孝星”称号，全国孝亲敬老之星；第二十六届“北京市五四青年奖章”获得者。

年发展过程为案例，通过梳理一家以推动中国社区养老为使命的民间组织的发展脉络，给中国社区居家养老的发展以启发，期待更有效地推进中国的社区居家养老发展，从而真正为中国有需求的社区居家老人提供有效的服务。

一

（一）组织概况

北京市石景山区乐龄老年社会工作服务中心成立于2006年，前身为乐龄合作社，是一家针对中国老龄化问题，致力于推动中国社区居家养老服务发展的民间公益组织。

乐龄多年摸索符合中国特色的社区为老服务模式，推出一套整合公益、政府等各方社会资源有效解决社区老年群体养老问题的综合方案，其中包括三个项目：专业照护服务、社区老人互助平台与困境老人支持。乐龄通过特有模式将三个独立项目有机结合，建立社区积极养老生态圈，打造社区居家养老微循环，从而实现“让每一位老人在家中享受乐龄年华”的美好愿景。

经过十余年的不辍耕耘，目前乐龄旗下已成立乐龄老年社会工作服务中心、乐龄养老服务中心等机构，运营管理九家社区级养老服务驿站与一家街道级养老照料中心，初步形成了模式清晰、可复制的社区为老服务连锁品牌。这种实践，一方面使得乐龄多次参与国家、地方层面的政策制定，提供切实可行的参考方案，另一方面为众多其他省份希望践行社区居家养老的机构提供了运营咨询服务与指导意见，是社区居家养老服务领域的牵头人与引领者。

（二）组织缘起及发展历程

在机构发起之初，当创办人王艳蕊女士提出要做一家面向社区老人的公益组织时，很多人不理解，在当时有一些养老院提供托老服务，而除此之外，面向老人提供服务的组织基本空白，在这样的背景下，2006年底，在北京市石景山区的西部，王艳蕊女士出资创办乐龄合作社，希望在社区面向居家老人开展服务，通过推广社区养老的模式，弥补家庭养老和机构养老的不足，让老人在家中、在社区中享受快乐的晚年生活。

进入社区：2006 年底王艳蕊开始筹建乐龄。作为草根 NGO 的乐龄合作社开始与之前有过接触的社区联络，最后选择了北京市石景山区的一个社区，这个试点社区属于中低收入群体比较集中的社区，进入试点社区开始工作，开展社区需求的调研，通过调研，首先选择两个项目即志愿者扶助老人和手工援助项目开展。在志愿者扶助服务过程中首先招募青年志愿者对困境老人结对帮扶，但由于青年志愿者的流动性，后来被迫暂停。同时发现一些老年妇女有经济困境，就组织老年妇女开展手工小组通过义卖得到一定收入再返还给老人。

服务转型：2007 年青年志愿者助老的不可持续性导致项目暂停，在深度与社区老人沟通的基础上将此项目转型为社区老人互助小组，由社区老年群体开展互助支持，最终发展成了社区老人互助平台，持续到 2019 年已经发展了 70 多支老年志愿队伍，开展社区老人互助支持服务。此后致力于老年援助和帮助，促进老年人的再次社会化，主要开展了老年妇女援助和社区老人互助两大项目。在此过程中，乐龄根据老人的特点，为他们提供实际的、最迫切需要的帮助，其行动力和实干精神也逐渐得到一些基金会的信任，成功申请城市社区参与治理资源平台和福特基金会社区创新计划，正式启动社区居家养老支持平台项目。

探讨可持续性：传统的慈善模式是否真正满足老人的需求？如何真正实现可持续的发展？乐龄在服务过程中看到大量高龄、失能老人有照护的需求，但是这个仅仅靠志愿者不可能做到，需要专业人员来开展。2009 年，参加了国内由几家基金会和英国大使馆文化处共同举办的首期社会企业家技能培训并获得组委会特别奖，开始启动专业上门服务工作。当时招聘的是全职护理人员，以本地下岗 4050 人为主。这绝对是亏本的，服务人员的服务费根本不够工资。居家服务的现实情况就是老年人的购买力非常低。经常有老人说，我就买这一个小时的服务，而且都集中在三点到四点，这是很难提供的。当时我们的失败点是没有体现出专业化，服务价格跟市场小时工一样。所以当时没有走下去，也是我们的一个探索。

服务二度转型：2011 年乐龄创办人先后几次前往日本学习养老服务，2011 年 4 月在北京开展尝试启动以失能、失智老人服务为核心的日间照料中心，但由于受政策影响，和国外环境不同，日间照料的付费意愿不足，2013 年 3 月在社区老人的强烈需求下，启动短期托管服务，第一家服务站点 7 张床位很快住满，站点收支趋于平衡。2013 年底启动第二家，2014 年 3 月启动第三家，乐龄开始复制推广之路。2015 年在乐龄和几家同行业组织试点的基础上，北京市推出了社区养老驿站的政策，大规模推进社区养老驿站建设。乐龄目前也启动了九家社区养老驿站。

二　乐龄社区养老模式的经验

（一）乐龄模式运行机制

乐龄整合公益、政府等各方社会资源，在社区内打造积极助老生态圈，其中包括三个项目：专业照护服务、社区老人互助平台与困境老人支持。第一，在政策红利支持下，乐龄以公建民营形式在社区内建立小规模多功能式社区养老服务驿站，向社区老年人提供如老年餐桌、日间照料、康复支持、上门照护、失能全托等专业照护服务，减轻子女照顾负担，缓解老年人认知症状，提高老年人晚年生活质量。第二，乐龄以养老驿站为社区服务根据地，链接社区内活跃老人，以“自助—互助—他助”的理念，鼓励老年人走出家门，不仅协助建立老年兴趣小组，打造老年志愿讲堂，以使社区更多居民参与活动，进一步推出社区“微行动，益家园”助老积分项目，使社区老人形成帮扶小组，为特困老人提供探访、理发、陪伴、打扫卫生等力所能及的服务，从而形成社区互助，构建社区内部的支持网络。第三，乐龄通过将社区互助、志愿讲堂等活动进行“积分制”管理，鼓励老年互助小组将积分兑换成困境老年人的专业照护、心理慰藉服务，同时对积分兑换服务的老年人、小组进行物质、精神奖励，以提升老年人的参与度。

乐龄不断探索完善了“三位一体”社区居家养老服务模式：以活跃老化为特色，以专业照顾为核心，以对特殊贫困老人提供援助为补充。乐龄的愿景：让每一位老人在家中享受乐龄年华。乐龄运营模式见图 1。

图 1　乐龄运营模式

1. 精准服务

乐龄的社区居家养老综合服务方案旨在精准服务 60 岁以上的老年群体，由于不同年龄段的老年人群生理需求与精神需求有所不同，乐龄将“自助—互助—他助”的理念贯穿于服务的三个层次。

（1）对于 60 ~ 75 岁的低龄活跃老人，乐龄通过诸如“微行动，益家园”项目，鼓励他们参与社区老年互助活动、志愿讲堂活动以及老年再就业项目，以丰富的活动安排，一方面使老人发挥余热，在将技能、阅历见识传承的过程中，增进社交，促进老年人心理的自信建设，积极面对老年时光，另一方面通过与驿站的多频交流，使其提高慢性病防范意识，识别推销诈骗手段，主动预防，从而提高晚年生活质量。因此，乐龄对于该年龄段的人群，以引导“自助”管理身体健康、预防疾病为基准，以引领“互助”高龄老人等有需求的邻里居民为核心，以重建互帮互助“胡同式”社区居民邻里关怀的机制，让社区楼宇里每一个家庭的灯光都有温度。

目前，乐龄已将互助式项目从一个社区推广到五十四个社区；从一个街道扩展到七个街道；从一个区县扩展到多个区县。在原有的基础上，2018年复制推广老年小组发展到目前共计72支，核心老年志愿者有近770人，非核心志愿者有3000多人，收益老年群体有上万人次。

（2）对于75～80岁的中龄老人，乐龄通过进一步细分老年人身体情况，提供相应程度的“介护”服务。“介护”服务的理念体现在乐龄协助老年人能够维持自理行为，防止服务人员过度护理，从而延缓老年人身体机能退化程度。如对于初期帕金森症老人，尽管手臂出现颤抖症状，在其依旧可通过辅助餐具自行进食的前提下，乐龄服务者仅会密切关注老人进食情况，必要时提供相应协助，而非提供完全喂食服务。因为老年人在此过程中，不仅是进食这一单一动作，而是手、眼、脑的多重配合，依靠自行进食，能够相应维持老人各机能互相协作的能力，从而延缓机能进一步退化与帕金森症的加剧。因此，乐龄对于该年龄段人群，以引导老年人“自助”各项生理需求为基准，以必要时提供“他助”服务为支持，同时对于该年龄段的活跃老人，继续开展“互助”式活动。

（3）针对80岁以上、已出现失能失智的高龄老人，乐龄通过提供失能全托、上门服务、助餐助洁等，为老年群体提供专业照护服务。在老人晚年时期，尤其对于长期卧床或患有糖尿病等症状的老年群体，尤其需要特别护理，以免出现压疮等失误处理，其不仅会降低老人生活质量，严重时会危及老人生命。对于提供照护服务的老人子女或雇佣的保姆群体来讲，他们不仅面临较大的长期照护身心压力，也因缺少必要护理知识，而难以提供相对周全的照顾。乐龄通过社区驿站为老年人提供失能全托等专业服务的过程，一方面缓解了子女的照护压力，另一方面，由于驿站深处社区内部，家人可持续提供亲情关怀、乐龄服务者提供专业照顾的双重保障能够使老人安度晚年时光。因此，乐龄对于该年龄段的老人及其家属，提供必要的“他助”服务。

央视《夕阳红》栏目曾在一档为《民政主官话养老》的特别节目中报道过，乐龄八角南路驿站在2016年3月入住了一位百岁奶奶。由于住在未配备电梯设备的老旧楼房，这位常年卧床的奶奶已多年未曾下过楼。老人膝下有儿女二人，其中儿子已经离世，女儿也已是70多岁高龄，老人此前与其女儿同住。家人将其送至乐龄社区驿站，在护理员的专业照顾下，两个月后，这位奶奶已经能起身坐立半个小时，其家人也十分感动。目前这位奶奶已经能坐立将近4个小时，天气好的时候，驿站护理员用轮椅将其推行至附近社区公园晒太阳，其身体与精神状况都有所提高。而70多岁的女儿，每日下午都遛弯来驿站看望百岁母亲。在缓解了照顾母亲的压力后，她也有额外的时间与精力更好地照顾自己的身体。当然，在乐龄为老服务的十余年中，类似百岁奶奶这样的案例不计其数，截至2018年9月，乐龄已为近15个社区内上千位失能老人提供了专业化护理服务。

2. 专业培训

当前社区居家养老在国家政策大力支持下发展迅速，但同时在发展的过程中面临人才、专业化的困境。

首先，为打破业内招聘困境，乐龄旨在打造护理岗培训生—驿站站长—区域型驿站管理者的护理职业发展体系，以清晰的职业发展路径、完整的培训发展、具备一定竞争力的薪酬福利，招募年轻化护理管理团队，建立社区居家养老领域的“黄埔军校”，为进一步规模化发展打造持续稳定的基础。

除年轻化护理管理团队外，乐龄连续三年联合民政部职业鉴定技能指导中心开展养老护理员初级理论及实操培训课程。在公益资源的协助下，乐龄得以为进城中年务工人员提供免费护理技能培训，为基础护理团队提供有效保障。

其次，在培训技能与理念的选择上，乐龄也始终向这行最前线看齐。2017年中旬，乐龄开展首期《中日社区养老驿站实体运营访学班》，带领业内社区养老多家机构负责人进一步学习国际领先养老服务模式。在此基础上，乐龄在当年下旬，通过与日方专家的多次沟通，开发完善出既能结合国际经验又与国内本土结合的有针对性的社区养老驿站运营管理的培训课程，继而开展首期《社区养老驿站管理实务培训班》，邀请日方专家赴乐龄向多省份的养老机构负责人、社会组织代表与驿站管理人进行深度培训。此次培训班的开展，不仅加强了中日双方的学习交流，也提高了诸多机构管理人开展养老驿站运营管理方面的各项能力。

除关注专业护理培训外，乐龄为提高青年志愿者与老人双方的满意度，从而促进为老服务、志愿服务事业的发展，开发出青年志愿者助老服务培训工作坊，主要包括老年装备体验、助老服务技巧。工作坊以体验式培训为特色，真正让青年志愿者们在培训中能够理解年老后的状态和具体服务的技巧。参与此项目的是来自北方工业大学、北京劳动管理保障职业学院、中国青年政治学院、中央财经大学等十多所院校的大学生和优胜教育、道富银行的企业员工们。

3. 促进社区融合，开展多元化品牌活动

“乐享银龄老少携手走重阳”徒步活动源于几年前乐龄携老年志愿者参与的一次香港街马活动，从 2016 年起我们启动了专门针对老年人的徒步活动。该活动以老少两代人为主要对象，通过设计适合老年群体参与、倡导绿色出行的健走形式，鼓励老年人参与群体活动，加强隔代关系，促进两代人沟通交流，发扬互助，传播自信、乐观的生活态度。为了让更多的社区老人受益，几年来我们持续开展该徒步活动并扩大规模，链接了更多的社会资源，提升了品牌的影响力。

4. 标准化建设

乐龄通过在实践工作中的不断摸索，已在各方资源的协助下，初步形成了模式清晰、可复制的社区为老服务连锁品牌。我们结合实践总结经验，完成了《员工手册规章制度》《组织机构岗位职责》《驿站开发流程》《站长工作手册》《护理手册》等标准化文件的编制，并启用钉钉机构管理平台实现各项管理环节的无纸化审批流程，为进一步规模化发展打造了高效运营的基础。

（二）运行的社会效益及经验

1. 运行的社会效益

目前，乐龄运营管理9家社区养老服务驿站与1家街道级养老照料中心。2018年，乐龄为118位老人提供了短期托管服务，全年老年餐达到42679人次，上门服务140人，共计为社区养老服务驿站周边老人提供了1141小时的上门服务，巡视走访老人550人，直接服务了1341位老人。

2018年机构总收入约为641万元，其中自主服务收入占比34%，相比前三年有较大提高。

行业支持方面，乐龄通过入选南都公益基金会“好公益产品”，为甘肃、内蒙古、安徽等多省份公益机构普及社区居家养老综合解决方案与服务模式，并陆续为有发展需求的机构提供咨询支持，以协助地方社区居家养老行业发展。

多方影响下，乐龄在近些年不断提升社会影响力，众多一线媒体也相继报道乐龄的为老服务，其中包括中央电视台、北京电视台、中央人民广播电台等。年度报道可达20次以上。

2. 乐龄运行的经验

（1）以需求为导向，以老人为中心。我们在成立日间照料中心的时候就认为早上九点开门、下午五点关门能不能调整为早七点到晚上七点。老人股骨头骨折是老人经常出现比例比较大的情况，出院后特别需要短期入住服务，这个时候机构能开短期托管服务吗？失能失智老人的需求是刚需服务，能否针对刚需开展服务？成立的十多年来我们不断以需求为导向、以老人为中心调整我们的服务模式，不断改进完善，真正形成了现有的服务模型。

（2）将正式照护和非正式照护融合在一起。社区服务不能将老人看成孤单的个体，每一个老人肯定有家人、朋友、照顾者、居委会，要把所有的资源整合到一起，在社区打造一个综合支持的体系，真正给这些老人以支持。

（3）服务对象为中低收入的老人，服务的是普通老百姓。我们做的是普惠式的社区养老服务，中端客户以个人购买为主，低端客户服务通过社会募款、政府购买等实现。

（4）不是最先进的是最好的，最适合的就是最好的，即国际与本土经验的结合。乐龄在服务过程中也引入日本等国家的相关经验，但是还是要结合本土进行改良，很多东西在国外再好，引入到国内也必须本土化。有时候拔苗助长，这个机构就死掉了。一定要找到最合适的服务和模式，最适合这个地区的才能让这个机构生存下去、发展下去。

三 组织面临的挑战及应对

（一）自身内部的挑战

乐龄自 2006 年发起创立，经历了 13 年的发展，从最开始的 1 个全职、几位志愿者发展到今天将近 80 名全职人员，其中一线护理员占比 37%，特别是 2016 年之后机构快速发展，团队也在快速扩展，我们发现传统的部门制不能适应当前快速发展的规模了，出现人员流动、服务质量下滑的情况。2017 年底到 2018 年，我们决定开启组织转型变革。为了适应机构规模化的快速发展，2018 年乐龄开始组织架构转型，包括组织执行团队架构转型、启用绩效考评、加强质量管控。

乐龄转型前组织的架构见图 2。

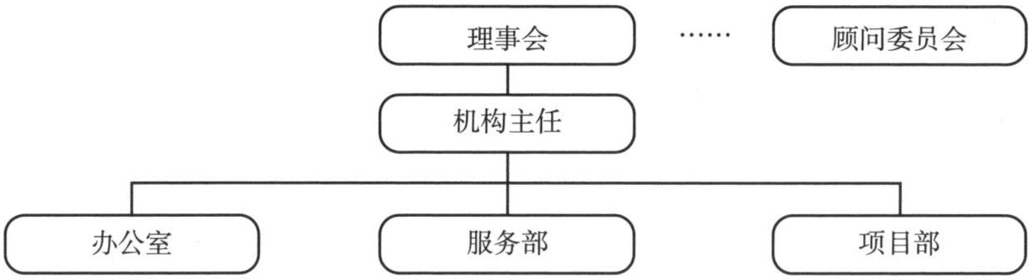

图 2　乐龄转型前组织架构

乐龄转型后的组织机构为前、中、后台，模型见图 3。

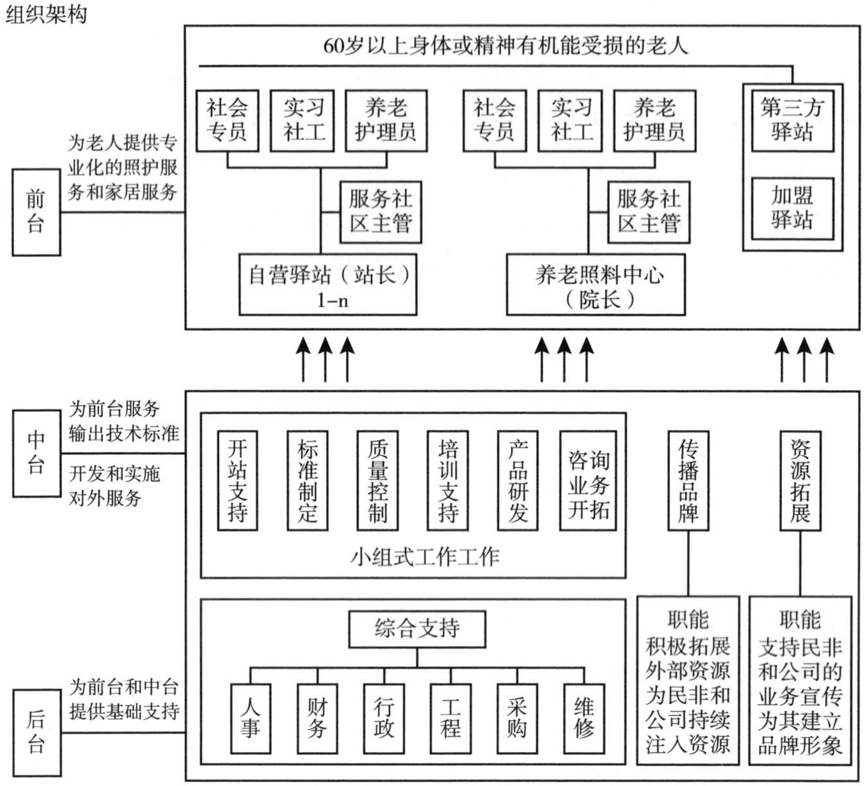

图 3　乐龄转型后的组织架构

组织变革，能够帮助组织适应快速发展的现状，同时为未来规模化发展打好基础。

（二）外部政策的挑战

在乐龄发展的过程中，乐龄其实更像通过实践推进政策的落地，由于很多社区养老政策落地还不完善，我们基本是在先行先试的阶段，通过实践去推动政策的落地。但现实中我们也看到政策对我们运营的影响是非常巨大的，2017 年我们有部分服务驿站运营基本平衡、略有盈余，2018 年由于政策的调整，对床位数量的限制反倒会导致我们站点的亏损，在这个时候需要继续勇于尝试，同时要加大与政府的沟通力度，从而推进政策的合理性。

四　未来愿景

乐龄在十多年的探索过程中结合自身体会，发现一路走来确实很艰难，但是恰恰是围绕机构愿景使命，不忘初心，才能真正实现机构的可持续发展。乐龄也在开启社会企业的转型，我们发现要想实现规模化的发展，仅仅靠传统慈善模式是很难的，需要引入商业模式，才能实现我们的愿景，让中国大地上的每一位老人在家中享受乐龄年华！乐龄也不断发挥自身特长，整合各方资源，探索可持续发展之路（见图4）。

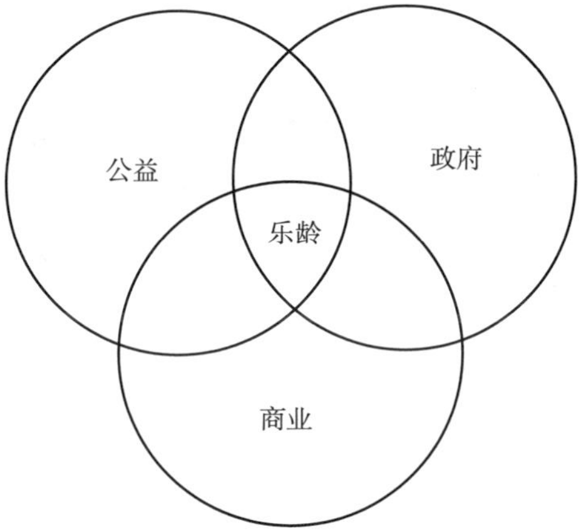

图4　机构愿景

随着服务人群的规模不断扩大，乐龄不断提升“三位一体”的社区居家养老服务水平，引入专业人才，加强专业培训，同时配合新技术和硬件的引入，提升养老项目的信息化水平，升级养老服务模式，实现小规模、多功能的养老产业链布局，使更多的老年人在家中、社区中就能享受乐龄年华。

B.23
“夕阳再晨”青年助老志愿服务实践与公益理论思考

罗 旭　张佳鑫　何绍森　隋明哲　王 育*

摘　要： 本文以夕阳再晨科技助老项目为案例进行分析与研究，从而探讨在当前形势下的社会公益理论。夕阳再晨是以“让老年人过上高品质的生活”为愿景的社会组织，带动高校青年志愿者服务社区老年人，以“信息化科技助老”弥平数字鸿沟，缓解老年人的孤独落寞感。本文通过实际服务案例以及结合相应的理论思考与研究，主要讨论以下三个问题并得出相应结论。(1) 夕阳再晨社区科技助老服务立足于老年人需求，主要服务内容随着时代发展不断改变与调整。随着互联网时代到移动互联网时代的技术进步，老年人需求不断转变，服务内容也必须随之更新。(2) 夕阳再晨的服务模式基于社区老年人的需求，通过多形式、多内容的服务模式，建立起

* 罗旭，北京邮电大学经济管理学院研究生，北京市海淀区文明志愿者协会理事，“夕阳再晨”公益组织联合发起人，中共北京市社工服务机构第三联合党委专职副书记兼纪检委员，福布斯 30U30 社会领域上榜者，中国青年志愿者代表，首都五星级志愿者，北京市孝星，西城青年之星，北京市海淀区十大明星志愿者，主要研究领域为社会创业以及企业战略管理；张佳鑫，博士，北京邮电大学信息与通信工程学院讲师，北京市“夕阳再晨”社会工作服务中心主任，社会工作师，中国志愿服务联合会常务理事，中国青年志愿者协会理论研究委员会副秘书长，中国老年学和老年医学委员会委员，主要进行卫星通信、大数据与智慧城市、志愿服务、社会治理、青年成长、养老服务等方面的研究；何绍森，中国地质大学（北京）硕士研究生，北京市“夕阳再晨”社会工作服务中心副主任，主要研究方向为青年志愿服务、社区营造、社区发现等；隋明哲，中国地质大学（北京）硕士研究生，“夕阳再晨”公益中心主管，海淀区十大明星志愿者，感动海淀文明人物，首都 5 个 100 最美志愿者，开发“夕阳再晨”《服务队工作手册》《讲师指导手册》《活动实操手册》《科技助老讲义集 100 讲》等标准化材料；王育，北京城市学院副教授，主要研究领域为公共管理及 NGO 组织管理、城市科学等。

标准化的服务体系，具有扎实的推广基础和可复制性。(3) 夕阳再晨将社区助老志愿服务与社区营造、社会治理有机结合，并有效动员和培育老年群体反哺社会，继续服务其他社区老年人，打造出治理创新的新模式。基于上述成果，本文对未来助老志愿服务的发展及其与养老产业的结合做出了相应展望，并对行业发展提出了期望，希望助老志愿服务能够与养老产业合理融合，深度合作，共同促进，全面提升中国社区老年人的生活质量。

关键词： 夕阳再晨　公益服务　志愿服务　制度化

夕阳再晨作为青年社区助老志愿服务的品牌项目，由北京邮电大学 5G 专业在读博士生张佳鑫于 2011 年发起，目的是帮助老年人解决融入信息化社会困难的问题，给老年人带来科技提供的生活便捷，体验信息科技带来的温暖，以科技助老为切入口，满足老年人口对于新鲜事物学习的需求与渴望，实现社区养老服务的精细化与人性化。夕阳再晨整合多方资源，包括政府、企业、高校等，运用其完善的教学体系、项目管理手册、服务队工作实操手册等系列标准化材料与高校合作，在高校中开展科技助老志愿服务项目，为社区老年人开展专业的科技助老服务，为社区养老的志愿服务模式探索迈出了实践性的步伐，同时对其发展模式以及其中内涵的探讨可以有更深入的研究。

一　科技助老志愿服务丰富老年精神生活

夕阳再晨科技助老志愿服务项目经过多年的努力呈现了科技助老志愿服务 1.0、2.0 和 3.0 的显著演进。本部分对三个阶段的科技助老服务模式进行探讨，探究青年志愿者进入社区助老服务的主要服务内容与时代发展对助老服务的新需求以及社区助老志愿服务的演进情况，探讨夕阳再晨助老志愿服务项目的社会效益以及对社会治理具有的积极意义。

（一）科技助老志愿服务1.0时代——电脑教学（2011～2014年）

夕阳再晨从2011年发起，以社区科技大讲堂和一对一教学相结合的方式来指导社区老年人学习电脑、手机等电子科技产品的基本使用方法，由大学生志愿者带着电脑走进社区，让老年人学会电脑上网的技能。在科技助老志愿服务的1.0时代，夕阳再晨教会老年人使用简单的网络交流工具，拉近老年人与亲人之间沟通的距离；同时以网络为平台，组织社区服务活动，把一家三代人的小家庭变成主要由老年人和青少年组成的大家庭，增进社区老年人与家人以及志愿者之间的感情与联系，以此来增强青少年对社会的寄托与联系，同时增强老年人的社会参与感，释放他们的创造力和活力。

2011年夕阳再晨开展的科技助老服务与活动主要集中于电脑的教学与使用，也是在当时互联网时代背景下老年人最贴切的痛点与需求。不会使用电脑，信息获取渠道变窄，信息获取量也远不及年轻人，老年人在联络沟通上就存在一定障碍，与信息时代的脱节尤为明显。当时夕阳再晨聚焦电脑和手机基本功能的使用，服务老年人，帮助老年人与信息时代接轨互联。在社区开展助老志愿服务活动的形式很大程度上便利和丰富了老年人的生活。在互联网逐步兴起的时代，科普助老是一种创新的社区为老服务形式。

（二）科技助老志愿服务2.0时代——手机教学（2014～2018年）

随着移动互联网的兴起和智能手机的频繁使用，传统的电脑教学不能充分满足社区老年人对于这个时代的需求，从2014年的课程开始，越来越多的老年人开始反馈想要学习智能手机。夕阳再晨通过利用高校志愿者对科技的熟练掌握，以智能手机和移动互联网的特性与志愿服务的形式结合，学以致用，开展科技助老服务，主要以智能手机为服务内容，并与党建、思政工作结合，结合红色“1+1”党支部共建，建立社区老党员先锋队等，精神上引领团队开展志愿服务；行动上引领青年助老风尚；通过行动，为新时代大学生的新作为提供舞台，引导大学生积极贡献青春正能量，具有时代特征。

移动互联网和智能手机冲击下的社会生活都离不开一部手机，支付、打车、挂号都可以在手机上便捷获得。但是对于老年人来说，不会使用智能手机就不能够很好地享受科技带来的美好生活，因此智能手机的教学也就成了移动互联网时代下老年人的痛点与需求。夕阳再晨及时发现老年人的这一需求，在教会其使用电脑的过程中也穿插进行智能手机的教学，把服务更贴近老年人的生活，让老年人在生活中感受到智能手机的便利，也让志愿服务更加贴近服务对象的需求和生活，这是较之前互联网时代下电脑使用教学的进步与创新，从电脑到智能手机的应用是时代推进下需求导向的服务更新过程。

（三）科技助老志愿服务3.0时代——内容教学（2018年至今）

“顺势而为，与祖国同频共振”是新时代的志愿发展方向。党的十九大报告指出我国社会主要矛盾已经转化为人民日益增长的美好生活需要和不平衡不充分的发展之间的矛盾。而社区作为提高人民生活质量的窗口，应该具备更加完善和精细化的服务。志愿服务深入基层社区，结合居民需求开展精准志愿服务，通过使高校志愿服务制度化促进社会的精细化治理。

因此科技助老志愿服务活动经过前面多年的教学和服务，逐步从工具的使用慢慢过渡到互联网内容的甄别与教学。夕阳再晨以科技助老为服务的切入口，结合科技产品使用技能教授，帮助老年人走进信息时代，并开始教给老年人使用和甄别互联网内容，通过科技改变生活、方便生活。行动体系实现四化，即服务体系实现专业化、制度化、信息化、品牌化。服务技术与信息化社会紧密结合，与老年教育工作相结合；行动致力于实现每个社区都有老年大学的愿景，带动驻区单位资源，以社会组织作为枢纽，引导志愿服务专业化开展老年教育活动，通过志愿服务的形式解决社会问题。夕阳再晨建立了一套线下服务—云课堂—云教室的老年教育体系，以互联网为载体，通过核心技术运用，创新性地解决社会问题，以原有线下服务为依托，真正做到覆盖全国，惠及万家，解决老年教育的最后一公里问题，通过互联网+志愿服务助力老年教育工作的推进。

（四）科技助老志愿服务的社会价值

夕阳再晨科技助老活动开展已经有九年的时间，覆盖全国500余个社区，帮助了上百万老年人。除了考虑服务的规模与数量，服务的效果以及产生的社会效益也是一个值得探讨的问题。对此，夕阳再晨与复旦大学、中国传媒大学、北京邮电大学等高校进行相应合作，以服务的老年人为例，基于赋能理论等基础理论以及平衡计分卡、笑能感应改变量表等工具，调研老年人在参加活动后效能的改变，以此来讨论和验证夕阳再晨服务老年人的社会效益价值。

调研主要对所服务的老年人在数字融入也就是对于信息科技的接受程度和生活接纳程度进行一个测量。调查问卷中设置有对所服务老年人数字产品的占有量，愿意花在电子产品上的时间以及愿意花费的金钱的相应问项，还有老年人使用电子产品的相关信息调查，并对相关研究进行了分析，对比最终调研数据。调查结果显示，老年人对信息科技产品的掌握和了解均有明显改变，均值由35.41提升到了66.59，改变非常明显，说明所服务的老年人通过享受提供的社会服务，在接受服务的领域确实得到了显著的帮助与提升。并且可以发现，随着参加活动次数的增加，老年人的自我效能改变越来越明显，后续还通过平衡计分卡等测度工具对服务的实效进行了评价，可以看出夕阳再晨的服务对老年人和社会都有显著的效益价值。

二　助老志愿服务促进青年成长

“行善立德”是中国志愿服务的理念，对于助老志愿服务尤其如此。青年是国家的未来，老年则是国家的财富，通过助老志愿服务，青年人不仅巩固了专业知识，而且增长了课外实践阅历，从老年人身上学会了很多人生智慧和处世哲学，有效地促进了青年成长。本部分讨论夕阳再晨志愿服务项目对青年志愿者的服务机制。

（一）夕阳再晨高校合作模式

志愿服务的标准化、规范化、专业化都在不断发展和提升，夕阳再晨与高校合作成立服务队的合作模式在志愿服务标准化方面取得了有益的实践经验。夕阳再晨高校合作模式具体见图1。

高校青年志愿者的服务力量是志愿服务的先锋队和主力军，其人数体量大，专业人群丰富，时间充裕，参与社区助老服务具有显著的优势。其一，大量的高校志愿者随着时代的发展更加关注志愿服务事业，愿意参与志愿服务项目；其二，社区老年人口基数大、需求多、服务时间灵活，在高校与老年人在同一或相近社区的前提下，志愿服务需求匹配度非常高。由此，夕阳再晨通过在高校组建志愿服务队的形式深入社区，通过“高校覆盖社区、青春陪伴夕阳”的模式开展服务，充分发挥纽带作用，通过专业的课程包和孵化包为高校团队提供支持、引导、孵化的专业服务，并和社区签订合作协议，建立志愿服务基地，使社区成为高校服务队服务的渠道和载体，为居民提供专业化的志愿服务。

为保证夕阳再晨高校队伍的高效管理，夕阳再晨也依据覆盖范围建立标准化的管理体系有效管理全国范围内的高校服务队伍。

1. 在孵化体系方面，为高校团队提供系列课程、讲义、物料、活动体系、专业培训、媒体、资金等支持，建立四员体系（项目管理员、计时员、调研员、信息员），帮助高校服务队成为社区的专业助老服务力量。

2. 在标准化方面建立了夕阳再晨官网，形成了线下督导与电话回访相结合的管理体系。服务队每周的活动信息及统计都汇聚到官网，同时为服务队提供的整套课程和孵化内容也在官网下载。夕阳再晨利用官网打造夕阳再晨学院，专注于社区服务线上课程研发教学，培育了一批优秀青年社区服务专业力量。

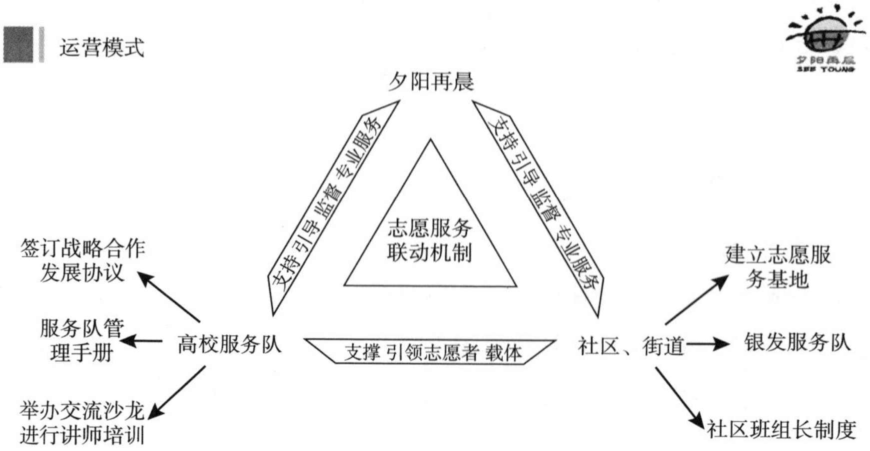

图1　夕阳再晨高校合作模式

3. 在培训和活动方面，设计了理论文案—线下系统培训—线下服务督导—回访的培训模式，帮助团队成长；打造春秋工作会议+服务队团建+常态化非正式交流活动体系，并将于每年发起全国性的主题活动，传递高校青年公益精神。

通过组织化、制度化、标准化的高校合作模式，真正打通高校青年志愿者服务社区的渠道，让高校的青年志愿者可以有组织有规范地进入社区，再开展夕阳再晨的服务内容，真正有效地服务社区的老年人。

（二）夕阳再晨志愿服务活动

通过上述高校合作服务社区的模式，夕阳再晨目前在北京、上海、广东、陕西、南京、河南、四川、湖南等19个省份的100余所高校建立了志愿服务队伍，参与志愿者累计超过10万人，覆盖全国500余个社区，帮助了上百万老年人。

在开展活动过程中，夕阳再晨志愿者不仅重视服务居民，还着力提升居民的参与感和获得感。居民不仅是活动的参与者，重视其自身的受益与享受，实现“自益”，而且广泛带动青年志愿者以深入社区服务社会来实现

“自益”。与此同时，夕阳再晨帮助居民邻里之间，以及与青年志愿者之间搭建网络服务平台，促进双方长期相互沟通，在助人的过程中实现互助，达成“互益”。有了这种助人自助理念的培育与实践，居民们可以在社区活动与生活中互相帮助实现邻里守望，以志愿服务活动拉近社区居民之间的关系，同时提高青年志愿者在服务过程中持续的积极性和活跃度，实现社区的志愿服务活动有更具生命力与活力的“公益”。

为丰富社区为老服务内容，保证社区活动的持续性，夕阳再晨成立研发团队进行内容研发，构建社区老年服务课程体系，致力于利用全方位的内容体系完善社区老年服务的规范化发展，目前包含三大类型的服务产品，分别是线下课程、配套教辅以及线上云课堂。

1. 通过线下建立的优质卓越讲师库，结合标准化的讲义及 PPT 开展线下课程。目前讲义已经超过 100 讲，拥有 10 余套教学套餐，可以充分保障夕阳再晨线下社区老年活动内容的丰富性和延续性。

2. 开发由教材、口袋书及课程包组成的配套教辅材料。开发并公开出版总字数 59. 8 万字，总页数 926 页的夕阳再晨系列图书《爸妈微信 e 时代》《手机里的大世界》《助老志愿服务工作方法——以夕阳再晨为例》共三本。开发《预防诈骗》《生活辟谣》等口袋书，便于老年人随时随地查阅使用，同时开发可供高校服务队自主操作使用的助老活动课程包，系统解决了如何丰富社区助老活动内容的问题。

3. 打造夕阳再晨云课堂。将夕阳再晨线下的优质服务内容以视频课程的形式录制出来，以线上平台的形式传播服务内容，结合线上优质教育课程及线下云教室为老年人提供完整丰富的教学体验，真正打造线上线下结合的社区老年服务体系。

夕阳再晨通过整合志愿活动以及服务内容，将一套社区老年服务的内容体系进行了全面的呈现。在有服务力量的保障下，夕阳再晨的服务内容即可以为社区的老年人带来服务与教学。将服务内容产品化、标准化，让这套服务可以方便推广与复制，也是夕阳再晨将志愿服务内容标准化的重要过程。

（三）夕阳再晨卓越讲师计划

夕阳再晨卓越讲师计划是通过挖掘高校中具有专业特长以及个人兴趣特长且热爱公益的大学生志愿者，通过培训与赋能实践，使其成为能够在社区为老年人讲授课程的讲师的志愿服务项目。可以帮助具有专业能力的志愿者了解社区探索、公益项目设计、社区课程开发等公益技能，培育一批具有专业能力的青年公益讲师，并建立讲师社群，通过教研会、交流沙龙、设计思维工作坊等活动提升专业能力，汇聚课程资源，同时利用名企实习对接等方式为优秀青年公益讲师提供广阔的职业发展前景。

目前夕阳再晨一共有95位在录讲师，除科技助老讲师以外，还有珠宝鉴定、丝网花、手指操等多种特长、特色项目讲师。夕阳再晨致力于培养这一批卓越讲师，极大地激发高校青年参与社区志愿服务的热情，同时在很大程度上丰富了社区志愿服务活动的形式和种类，让社区老年人的社区生活更加丰富多彩，充分实现“老有所乐”“老有所学”的社会目标。

（四）夕阳再晨“橙就未来”计划

夕阳再晨“橙就未来”计划主要针对老年人群的需求的发展，专注于青年公益传播的探索性群体，每期“橙就未来”计划将采用线上申请、笔试、面试的形式，招募十名实验室“研究员”，通过导师制进行选题、线下调研、传播设计与实施、资源对接、机构企业合作及参访的形式，进行为期三个月的公益传播实践。“橙就未来”计划的选题将围绕“帮助老年群体发声”的公益传播话题，实验室研究员可以通过H5、系列图片、微信推送、微博话题、公益视频、街头调研、行为艺术等方式进行传播方案的设计实施。

这一尝试可以有效地激发高校青年志愿者了解老年人的积极性，同时可以深入挖掘老年人的需求，针对老年人的需求做出探索和活动，本身也是志愿服务活动常态化的过程。夕阳再晨做出尝试并期望能够通过志愿服务进入社区的方式深度挖掘与归纳老年人的多样需求，对今后社区老年服务的设计与发展起到了重要的奠基作用。

（五）夕阳再晨 see young 领袖计划

夕阳再晨 see young 领袖计划将面向全国招募优秀公益青年，通过集训营的形式，为每一位成员提供项目运营、团队管理、组织架构设计、社会创新公坊、自媒体、公益传播等赋能的课程，以及影响力打造、沟通谈判技巧、设计思维等个人成长课程，同时组织机构参访、公益挑战赛等线下环节，全方位提升领袖计划学员能力。

其将打造公益领袖社群，促进全国各地领袖成员资源互补、经验交流、人脉构建。夕阳再晨也将开放相关媒体矩阵资源、政府企业资源、基金会资源，对领袖计划成员给予支持。这对培养优秀的社区为老服务人才起到了推进作用，也从侧面提升了社区为老志愿服务的服务质量。

（六）夕阳再晨畅想加速器

夕阳再晨畅想加速器是针对全国高校的公益青年团体的孵化行动，通过共建、共创、多元化的公益青年生态，用好玩、有趣、有料的多维度方式引导、推动和孵化青年公益项目，从社会创新的角度孵化团队，通过项目设计的形式发现和解决社会问题，拓展公益青年的社会参与方式和途径，有效提高公益青年的公益参与意识和能力，做中国公益青年的创新引擎，助力公益青年的社会发展。其也是夕阳再晨在探索社区为老志愿服务之外，进一步推动中国高校青年志愿者的有效途径之一。

三　助老志愿服务促进社会治理创新

新时代志愿服务事业的健康发展，需要更好地服务基层、深入社区，并不断创新服务模式，围绕社会治理发挥积极作用。本部分将介绍若干夕阳再晨助老志愿服务项目的不断延伸和发展，实现老有所乐、老有所学、老有所为，最终促进社会治理的案例。

（一）红色回响讲习堂——党建引领下老党员服务社区模式

“红色回响讲习堂”是夕阳再晨组织开展的党建引领下的社区服务活动，是根据北京市委关于推进“两学一做”学习教育常态化制度化的工作要求，充分提升基层街道社区党员们的学习能力和实践能力开展的红色传承党课巡讲系列活动。其旨在邀请离退休老干部、专业教授老师、典型老党员等典型人物进入社区，为基层街道社区党员带来形象生动的系列党课活动。以此充分调动离退休老干部服务社会的积极性和能动性，以现身说法教育社区的基层党员，加强社区的党建，丰富社区的党员生活，提高社区党员们的党性觉悟。

红色回响讲习堂系列活动是社区为老志愿服务活动的延伸，让先进的老党员发挥余热，服务社区基层党员。社区党员也大多是社区老年人，这种让老年人服务老年人的社区服务模式是一种创新也是一种可以探索和推广的形式。结合地区资源，契合时代主题，充分发挥离退休老党员的模范带头作用，邀请榜样人物党员（包括北京榜样、道德模范、劳模等）进入社区以自身实践讲党课，让广大党员了解优秀党员的事迹与做法，提高认知和学习潜力，强化时代职责感，以人为鉴，不断提升党性修养，在工作和生活中展示共产党人的时代精神。红色回响讲习堂巡讲系列活动根据老党员的经历和课程内容分成了四个模块，“改革开放四十年”、“四个中心建设”、“科技文化促融合”和“红色精神永传承”，邀请海淀区老干部局的老领导们根据主题为社区基层党员讲党课，一方面可以让老干部们发挥自己的光和热，忆初心，促党建；另一方面可以更好地激发基层党员的动力与斗志，传承红色精神。在活动开展过程中，讲课的离退休老干部和老党员积极参与备课，活动开展前期，更是多次组织开展座谈交流会以保证巡讲课程活动能够顺利开展。同时夕阳再晨基于前期的工作，充分了解社区基层党员们的需求，根据需求设计主题党课，根据 29 个社区的时间，做好巡讲课程排表，以时间排表推进整场巡讲系列活动。在活动中注意收集居民反馈与需求，分析活动满意度和需求度，以便后期活动更加贴合基层党员的需求，保障活动的延续性以及开展的丰富性。

本次活动的顺利开展是一次突破性的尝试，原本受益于社区为老服务的老党员们站上了服务的第一线，在党建引领的大方向下去往基层，讲述自己的红色故事、党建故事。该种社区为老服务首先从形式上丰富了社区活动类型，离退休老干部的亲身故事更加贴合基层党员的心理预期，对于这种形式的党课活动具有更高的接受度。同时，从活动内容上是一种极大的丰富，每个老干部都有不同的分享与故事，这样的活动内容有别于统一的社区党课活动，让社区基层党员耳目一新，也能更好地调动社区老党员们参与社区活动，提升整个社区的居民对活动的参与度，同时提升社区居民生活的幸福感与融入感。

（二）创精益养老——老少结对子入户探访服务模式

在花园路街道，夕阳再晨长期开展科技助老的社区志愿服务活动，也进行创新性的尝试活动，通过发动社区居民骨干志愿者和高校青年志愿者共同组成“家访员团队”与受助家庭“结对子”进行精准帮扶。通过前期筹备及宣传招募，对“家访员团队”开展系统化、针对性系列培训及共融活动，提升志愿者服务水平，让助老服务更有保障，让受助者更有获得感、幸福感、安全感，引进夕阳再晨为花园路辖区内高龄、失独、空巢老年人提供专业助老服务。

党建引领下的多元主体参与。花园路地区家访员行动助力居家养老项目，有效发挥社区党组织核心引领作用，发挥党员的先锋模范作用，发掘社区志愿者骨干，连接高校志愿者以“结对子”的形式组建社区志愿助老队伍，引进夕阳再晨为社区老年人提供专业助老服务。

“互联网＋教育”，家门口的老年大学。引入夕阳再晨老年云课堂服务，高校志愿者为老年人提供一对一的科技助老志愿服务，教会老年人学习手机挂号、手机淘宝、新闻阅读等技能，促进老年教育发展，让老年人享受科技发展成果，弥平数字鸿沟，促进老年群体融入社会。孝老、爱老、助老，让“老有所学”落在实处。

精准帮扶，菜单式、精细化服务。通过专业社工督导、居民议事、需求把脉，为社区高龄、独居、空巢老年人提供增智健身、生活照料、居家安全、精神慰藉等菜单式服务，使助老服务精细化。

精神文化与物质文化建设。高校志愿者与社区志愿者为老年人提供精神陪伴服务，通过茶艺、心理健康、健身操等线上课程，丰富老年人的精神文化生活。家访员为社区老龄、独居老年人送去助老服务物品，丰富老年物质文化生活。

志愿反哺，社工带义工。社会工作者、心理学相关专业志愿者、社工督导为社区志愿者提供智力支持，进行赋能及指导，提升社区志愿者服务技能。

通过了解老年群体服务需求，动态改进服务形式，为老年人开展科技助老、精神慰藉、居家安全、防诈骗科普等形式多样的服务。已经开展了33次入户走访活动，接受入户的老年人与入户志愿者之间形成了默契、常态沟通，对志愿者及服务内容给予了好评。志愿者在过程中完成了对老年人日常生活需求的信息采集、照片记录家访日志、督导记录。入户走访行动得到了经济日报、千龙网、搜狐网、海淀融媒体中心、花园路街道融媒体中心等市区级媒体10余次报道。

本项目包含社区志愿者招募及大学生志愿者招募。社区志愿者招募渠道由社区居委会提供。社区居委会根据以往社区志愿者活跃度推选志愿者，在后期的筛选及志愿者确认过程中，存在志愿者不明白、没有听说这个志愿者服务项目的问题。项目组及时开展志愿者项目说明会，动员和发掘志愿者，组织入户技能培训会做项目介绍，对志愿者保障、志愿服务内容进行详细培训。在志愿者招募时采用多渠道招募，并对招募渠道和媒介进行审核，确保志愿者参与该项目的积极性。夕阳再晨采用专业督导与线上线下督导相结合的形式，社区志愿者作为督导补充力量。在项目实施过程中，社区志愿者发挥了不可替代的作用，他们和接受入户的老年人关系密切并熟悉他们的生活习惯，因此社区志愿者在担任入户志愿者同时，承担着督导员的责任，对大学生志愿者进行督导。

为保障入户活动常态化进行，夕阳再晨为接受入户的老年人提供夕阳再晨云课堂线上服务，服务对象可通过线上的云课堂学习到健康养生、手工制作、美声学习、手机挂号等课程，丰富服务对象的精神文化生活，提升服务对象生活技能，实现助人自助的专业服务理念。

（三）红色传承者——党建引领街道红色文化挖掘

“红色传承者活动”是夕阳再晨在景山街道组织开展的一场情境式党课活动，根据景山街道地区特点，通过前期的筹备和微信平台征集、辖区单位推荐等不同方式收集不同时期入党党员的入党故事和相关信件，对甄选出来的优秀党员进行走访入户，选取有代表性的 4 名党员，结合入党时代背景，进行故事完善。充分挖掘党员们优秀事迹，发挥党员的先锋模范带头作用，通过会演形式开展，让不同时代的党员同志分享入党故事，朗读入党志愿书，回忆入党初心，牢记入党使命，激发党员锐意进取的拼搏精神。

三代齐聚，共享红色故事。老中青三代齐聚，党员分享自己入党故事，带动年轻党员回忆自己入党初心，使大家永远不忘“跟党走”，永远牢记和履行入党时的誓言。让入党初心、宣誓、入党志愿书激发辖区党员牢记入党使命，坚定党员理想信念，提高党性觉悟。

跨越时代忆初心。活动选取的党员分别囊括新中国成立前、新中国成立初期、改革开放、新时代等重要时期的党员们，四种不同时期的党员代表分享讲述自己的入党动机和入党初心故事，引导地区党员们“不忘初心，牢记使命”，以实际行动向党致敬。

创新党课形势，打造特殊主体党课。红色传承者主题党课是模拟中央电视台大型综艺节目——朗读者的形式进行改编的。活动环节以讲述优秀党员的简介视频开始，优秀党员上台交流分享入党故事，并诵读自己的入党志愿书，最后由优秀的青年党员以传承者的身份朗读采编后的老党员初心故事并为老年人送上属于自己的红色故事集。让学员们更好的学习模范党员们的爱国敬业精神，回忆入党初心，牢记使命。

这种创新的社区活动在社区活动中发挥的作用不言而喻，首先以党课为载体，很大程度上改变了人们对于党课这一严肃庄重的单一活动形式的认识，让社区居民和基层党员更加喜欢和接受这一新颖的活动形式。其次，活动的素材源自身边，源自社区，很多都是社区居民本来就相当熟悉的内容，以创新的形式展现出来，感受不一样的触动和感动。再者，以大型现场活动的形式呈现，也是对社区为老志愿服务活动的一次集中展示，整个活动与入户走访、为老服务、党建活动相结合，在过程中充分发挥社区志愿者以及高校青年志愿者的能动性，让志愿服务有了更新的载体和呈现形式。

（四）工信部、教育部、中国科协老干部志愿服务模式探究

为保障离退休干部志愿服务规范化、组织化、常态化，由教育部、工信部等主要部门组建成立了离退休干部志愿服务组织“老干部志愿服务团”。老干部志愿服务团成立以来，本着积极组织活动、增加参与人数、扩大惠及群众的大体路线，结合地区、机构的实际，广泛开展志愿服务活动，活动类型包括但不限于参与助力发展、环境美化、关心下一代、文明交通、爱心帮扶、政策宣传、医疗保健、精准扶贫等活动。

“老干部志愿服务团”通过短期的集中学习与培训，进一步规范志愿服务，通过培育“品牌志愿团队”来打造“品牌志愿活动”，并最终实现老干部志愿服务“服务项目品牌化”。老干部志愿服务，将实现老干部先进典型的可视化。这些先进典型具有四大特点。一是具有较强的志愿意识和行动。二是思想政治过硬。老干部们政治立场坚定，在思想上、行动上始终与党中央保持高度一致，具有很强的政治意识。三是模范遵纪守法。这些老干部们大多都为祖国的建设奋斗了一生，努力践行社会主义核心价值观，成了岗位上的模范与楷模，他们遵守法律法规、党纪党规，是岗位上的好领导，也是生活中的好榜样。四是作用贡献突出。老干部们具有为党的事业增添正能量的价值取向，有热情与热心参与各项志愿服务活动，在开展为党和人民事业

增添正能量的活动中成绩显著，在本地本部门本系统本行业有较大影响，得到社会各界普遍赞誉。

四　透过助老志愿服务展望养老产业未来

助老志愿服务事业不仅是志愿者的事业，更对养老产业、养老事业有积极的促进作用。随着助老志愿服务事业与社会多元治理格局的不断完善，其在信息化、智能化、专业化发展与社会治理、社区营造、老龄产业和老年教育事业发展方面发挥了更加重要的作用。

（一）信息化、智能化与专业化发展

党和国家高度重视志愿服务，《志愿服务条例》已经颁布，实名注册志愿者突破1亿人，各类志愿服务记录技术手段（如网站、App和小程序）也很丰富，但是志愿服务活跃度还不够，主要限制因素就在志愿服务组织，组织的规范发展和能力建设亟待加强。志愿服务领域的信息化程度必须不断加强，助老志愿服务应当朝着信息化、智能化的方向进一步发展。助老服务本身就是一项人性化、智能化的工作，需要做到可监控、可防范、可预测，因此高新技术的介入将会是助老服务未来发展的重要方向。如何引入更多专业力量服务社区老年人、如何结合5G甚至6G技术信息化、智能化地提供服务，具有重要的探索价值。

（二）基于关系的生态系统改善与社区营造

老年人是社区中的主要活跃人群，发展社区助老志愿服务与社区营造的融合可以充分调动社会资源。将助老志愿服务与社区营造相关工作进行有机结合，也是对社会资源的充分利用与整合，其能够为社区老年人打造更适合生活的社区环境，真正实现熟人社会，重建关系网络，通过外部服务带动内生服务，实现“自益—互益”的转变，带动年轻老年人服务社区老年人，带动社区志愿者参与助老服务，带动社区企业关爱守望邻里老年人，营造社

区尊老、敬老、助老的社会风尚，实现基于关系的生态系统改善与社区营造发挥了重要的作用。

（三）与养老产业的深度融合

助老志愿服务是一项需要大量人力资源投入的服务，过程中可以充分引入企业资源，打通助老志愿服务与养老产业之间的通道，让企业资本来支持社区的养老志愿服务，既是对社区助老志愿服务的发展，也是优质企业资源接近用户、深入了解用户需求的一次尝试。二者可以相辅相成，使社区内部的服务更加完善与健全，同时有助于行业的良性发展。其中包括养老辅具、护具的遴选和使用，康复器具的科普和宣传等内容。助老志愿服务致力于与养老产业的深度融合，将知识内容、营销内容拆分，将企业责任和企业效益厘清，帮助更多企业专业化地落地社区，切实换来口碑和企业形象，切实服务老年人的真实需求。

（四）老年教育在街道社区的模式探究

近年来社会各界更加重视养老教育，各省份也出台各种政策制度推进老年教育工作，将老年教育作为提高老年生活品质、丰富老年人精神文化需要的重要手段。传统的老年大学模式较为复杂与烦琐，相关的老年教育师资难以匹配到每个具体的社区，各个社区不同的老年教育需求也难以得到满足，因此基于夕阳再晨探索的老年教育的线上模式进行深入的探索，可以将线上的模式通过硬件的形式辐射到各个街道和社区，让每个街道和社区都有“老年大学”，让老年教育工作真正落到实处。如何在街道层面发挥市区级老年大学的辐射作用，如何带动高校专家和学者将专业知识编排成实务和实操课程服务社区，如何引入驻区单位资源协同服务，都是值得研究的方向。

五　结语

助老志愿服务是当代青年服务社会的主要方式之一，随着社会人口老龄化的加剧和全社会对于志愿服务认识程度的不断提高，高校青年助老志愿服务将更加具有生命力。本文以夕阳再晨为案例，归纳了科技助老志愿服务的1.0、2.0、3.0时代划分和价值评价，并从促进青年成长、带动社会治理创新的方面进行了详细梳理，可以得出结论，夕阳再晨组织高校大学生开展的助老志愿服务可以有效地服务社区老年人，这样的志愿服务实践是符合社会对志愿服务的认知与诉求的。同时，夕阳再晨助老志愿服务解决了老年人数字融入和社会融入的问题，提供了包括科技助老志愿服务、卓越讲师计划、Seeyoung 领袖计划、橙就未来实验室等多种助老服务形式，除此之外，还积极探索助老志愿服务参与社会治理的模式，尝试了党建引领下老党员服务社区模式、老少结对子入户探访服务模式以及老党员志愿服务队等模式，为中国社会老龄化问题的解决探索出了一条可以深入研究的道路。

本文还展望了未来助老志愿服务项目在信息化、智能化、专业化发展，社区营造及养老产业、老年教育领域的重要作用。可以发现夕阳再晨系统的服务体系对于今后的社会公益领域以及养老产业都有积极的意义和开拓作用，能够通过志愿服务平台更好地整合资源，让助老志愿更加专业化，同时能与产业深度融合，推进中国老龄产业的全面发展与繁荣。

参考文献

程楠:《推动志愿服务制度化，打造实践育人新平台》,《发展》2018 年第 11 期。

顾朝曦:《贯彻落实〈志愿服务条例〉推进志愿服务制度化》,《中国社会工作》2018 年第 13 期。

李严昌:《基层治理中的党员志愿服务制度化、意义、困境与路径》,《探讨与争鸣》2019 年第 3 期。

路明洁:《互联网时代大学生志愿服务现状及发展策略研究》,《湖北函授大学学报》2018 年第 14 期。

陆士桢:《中国现代志愿服务精神之魂——对"学雷锋志愿服务"的认识》,《雷锋》2018 年第 14 期。

潘建雷:《从社会转型角度分析我国新时代志愿服务的发展对策》,《中国民政》

2018 年第 11 期。

孙昌增：《志愿服务制度化创新，志愿服务大众化发展的导向》，《沈阳工程学院学报》2018 年第 14 期。

谭建光：《中国青年志愿服务的发展方向——新中国 70 年青年志愿服务回顾与展望》，《中国青年社会科学》2019 年第 2 期。

谈丽萍、刘森详：《创新社区志愿服务模式的实践与研究》，《新农村》2018 年第 5 期。

吴元兵：《组织化是志愿服务可持续发展的基础》，《社科纵横》2018 年第 33 期。

张建航：《大学生志愿服务系统的建构及其优化》，《系统科学学报》2019 年第 27 期。

张强：《志愿服务制度化建设的三个支柱》，《学习时报》2019 年第 5 期。

张晓红：《正确解读大学生志愿服务》，《人民论坛》2018 年第 19 期。

朱怡怡：《如何提高志愿者积极性——志愿服务团队的有效管理与激励》，《科技视界》2018 年第 18 期。

B.24

“融合式”社区养老模式的探索

——以寸草春晖养老机构为例

王小龙*

摘　要： 本文以寸草春晖养老院作为“融合式”养老模式的一个典型案例进行了分析，提出“融合式”养老模式的宗旨在于通过界定养老过程的内在线索，融合养老的传统内涵和现代性要素，更大限度地满足养老主体的多样化、差异化需求。本文认为，鉴于入住养老院的老年人面临生活世界的重构问题，即由原先以家庭为轴心的生活世界转变为以养老院为主要生活场域的生活世界；依托养老院的“融合式”养老模式所要解决的一个关键问题就是老年人在养老院的生活世界中的重构任务。为此，文章提出了鼓励民营投资养老机构形成合法市场地位、放开市场准入、充分利用社区养老服务闲置资源，依托养老服务信息平台促进机构养老、社区养老、居家养老的融合发展，进一步加强社区养老服务的规范性和公平性对策建议。

关键词： 融合式　寸草春晖　依托平台

---

* 王小龙，中国社会科学院社会保障专业博士，寸草春晖养老院理事长，北京市朝阳区政协常委；2007 年进入养老行业，2011 年在北京市朝阳区创办了寸草春晖养老院并担任理事长，提出了“融合式养老模式”。2019 年，融合式养老的理念被写进了国务院办公厅印发的《关于推进养老服务发展的意见》。

我国的养老政策框架中，社区养老服务一直被放在重要地位。在《中国老龄事业发展“十二五”规划》中，我国对居家养老、社区养老和机构养老分别规定了养老的发展原则，指出“重点发展居家养老服务”“大力发展社区照料服务”。在这里，仍然将社区养老服务和居家养老服务分开，并且将社区养老服务定义为社区（家庭之外）提供的各种照料服务，没有从递送方式的角度来界定社区养老服务。《“十三五”国家老龄事业发展和养老体系建设规划》同时论述了居家和社区养老服务，规划提出了“大力发展居家社区养老服务”，并提出了“居家为基础、社区为依托、机构为补充、医养相结合的养老服务体系”的建设原则。特别是在2019年政府工作报告中，李克强总理强调：要大力发展养老特别是社区养老服务业。这是对社区养老服务认识的重大深化，也拓展了养老服务的范畴。

从养老服务业发展的实践来看，2005年以来各地都提出了适合自身发展状况的养老服务业格局，将居家社区养老放到了养老服务体系建设的主体地位。但是，社区养老服务“叫好不叫座”，一方面是老年居民对社区养老服务的需求高涨，另一方面政府投入了大量的资源来建设社区照料中心和养老服务设施，但供需不匹配的现象仍然大量存在，造成大量资源的浪费。在《“十三五”国家老龄事业发展和养老体系建设规划》中，其被总结为“养老服务有效供给不足，质量效益不高”。

基于上述分析，笔者认为，迫切需要推动社区居家养老服务的创新发展。

一　“融合式”养老模式的提出

基于国际经验和多年实践与思考，我们提出了“融合式”养老模式，其概念为：基于“在地老化”原则，以“位置嵌入、功能相容、服务整合”为特色，打造居家、社区和机构养老有机融合的资源平台，形成个人、家庭、社区和机构等多元化服务供给的有机结合，具有高运营绩效和可持续发展潜力的新型养老服务模式。

简单来说就是，将周边社区的失能、半失能、失智及高龄等确实需要长期专业照护的老人安置在社区养老机构内，为其提供长期照护服务，同时以这个社区养老机构为平台，积极整合资源，向附近居家老人提供辐射服务，例如短期照料、信息管理、助餐、助浴、助洁、助医、教育培训、精神关怀、志愿者服务等。

就“融合式养老模式”基本思路而言，其并非对于现有各种养老模式的汇总和整编，而是聚焦于养老的各种主要元素之间的关系、养老的本质特性、老年人的生活状态、老年人对于养老方式的态度、为老服务资源的输送机制等关键环节提出的一种养老模式。所谓“融合”，不是对现有居家、社区、机构等多种养老单元的简单加总，而是将养老的内在要素结合为一体，使之服务于养老的连续、均衡状态，也就是说，要素功能的补充和强化，使处于养老状态的老年人恢复到应有的生活状态。它以基本型养老模式为基础，以对养老主体的社会构成特性的分析，尤其是对其日常生活世界的分析作为模式出发点，注重模式关键行动者的角色建设，以养老资源的递送、养老服务的充分接纳作为模式的融合性结果，具有不同于目前流行的各种延伸性养老模式的重要特征。

有几个容易混淆的模式：“融合式”社区养老模式和大型养老社区模式、日间照料中心模式（养老驿站模式）。

“融合式”社区养老模式和大型养老社区模式相区别，“融合式”养老模式强调“位置嵌入、功能相容、服务整合”，其特点是低成本、高效能、规模小、多功能、覆盖面广、专业化（见图1）。而大型养老社区模式注重的是大规模投资，重资产运营，往往在远离老年人原有居住环境的地方，通过造城模式，来构建老年人养老模式。他们最大的区别在于，前者是对已有成熟养老资源的连接，成本投资低，高效能运营，能够满足老人就近养老的需求，是一种主动适应老人需求的模式。后者要通过构建一个全新的环境，让老人来适应，一般集中在养老地产和大型保险公司。

“融合式”养老模式和日间照料中心模式即养老驿站模式相区别，“融合式”养老模式重点强调的是多功能服务融合，而不仅是位置的嵌入，特别强调的是要高运营绩效、专业化和可持续发展，而日间照料中心（养老驿站）注重的是位置的嵌入，专业化和可持续发展能力却很弱，基本靠政府输血才能维持，否则很难生存。

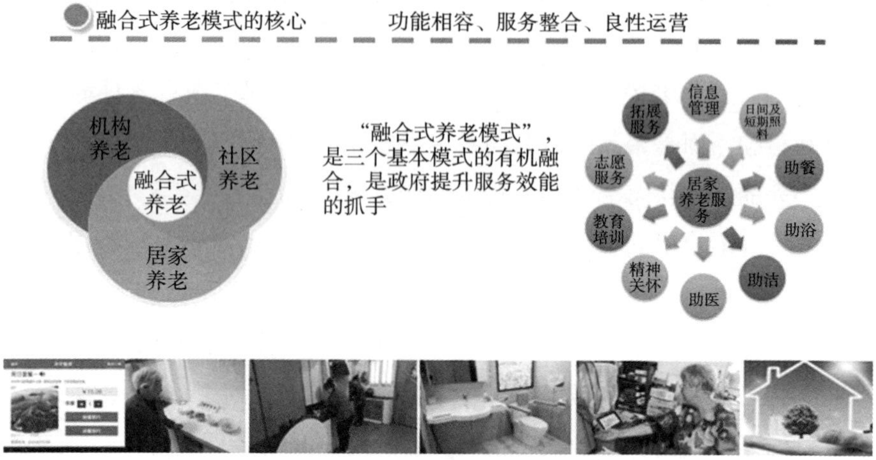

图1　寸草春晖融合式养老模式

二　寸草春晖养老机构对“融合式”养老模式的探索

（一）寸草春晖“融合式”养老的理念

在寸草春晖创立之初，“融合式”养老模式还未实践之前，一些大型养老机构只为非失能老人提供养老服务，对社区居家老人提供上门服务的还很少，养老理念缺乏系统化服务思维。政府主管机关也都按机构和社区分割管理，互不干涉，资源运营效率相对偏低。

寸草春晖养老院既是一个养老机构，又是“融合式”养老模式的服务平台，是“融合式”养老模式的实践载体。作为养老机构，其经验是对机构养老方式的变革，也是从这一平台整合外部资源，向老年人生活世界输送养老资源的关键抓手。对寸草春晖养老院的个案考察，有助于我们弄清楚，

“融合式”养老模式首先依托平台实现融合效果，并在此基础上，实现从依托平台向居家老年人生活世界的融入过程。所以，实际上我们认为，寸草春晖“融合式”的养老理念主要在于：一是“融合式”养老模式在依托平台的内部融合，即在养老机构建构老年人新的生活世界；二是依托平台的融合经验向居家老年人进行模式外溢。

（二）寸草春晖“融合式”养老的基本情况

作为“融合式”依托平台的养老院，其选址远近直接决定了能否尽快走进老年人生活的世界，以及能否促使老年人尽快衔接原先生活世界的双重可能性。因此，寸草春晖团队围绕老年人居住密度、交通状况、社区距离等多种因素，确立了嵌入社区建设养老院的基本原则。在一年多的时间里，其反复筛选 40 多个场地，最终选定北京市朝阳区和平家园作为第一家寸草春晖养老机构。其本着一个重要的运营原则，就是符合“融合式”养老的基本条件，有希望成为为社区、居家、机构老人提供系统性服务的示范基地。

目前，寸草和平家园养老院有 100 张床位，入住的主要是附近社区的失能和半失能的老人。这部分老人在家里很难获得专业化护理。他们平均年龄在 86 岁，多属高龄老人。年龄在 80 岁以上的有 74 人，占 76.29%，年龄在 90 岁以上的有 24 人，占 24.74%。长期入住的基本是失能、半失能老年人，超过 90% 的入住老人需要被提供医疗服务或康复保健服务。入住老人退休前的职业，则以干部、教师、科技人员等为主。退休前是工人或没有工作的家庭主妇共有 32 人，其余有 68 人，干部有 17 人，教师及教授有 18 人，高级工程师有 18 人，医护人员有 9 人，公务员有 4 人，会计有 2 人，都属于职业层次比较高的老年人。多数老人都达到大专以上教育水平。在 100 名入住老人中，大专及以上学历的有 49 人，占 49%。部分老人的配偶（包括已去世的）的教育水平也很高。这部分人对养护服务的质量要求较高，也具有一定的支付能力，目前以中档收入人群为主，每人每月入住费用一般为 5000 ~8000 元。入住老人的缴费根据其身体状况确定，平均缴费水平为每月 6000 元。

同时，养老院距离老年人居住地近，为社区居家老人解决了很多实际困难，具有一定的比较优势。寸草春晖的两个基本运行职能表现为：一是在实践上，作为服务社区居家老人的枢纽型平台，提供上门服务，包括日托、送餐、助医、助洁、助行、助浴等服务内容；二是每年接受政府的公益购买项目，帮助政府照顾辖区的弱势老人。目前寸草春晖在北京核心城区已经有了 8 家类似的养老机构，以此为平台覆盖了更多社区居家老人。

（三）寸草春晖“融合式”养老的运行机制

寸草春晖“融合式”养老模式的内涵可以概括为五层次：搭建一个平台、服务两类人群、融合三种模式、连接四方资源、打造五个中心。

搭建一个平台就是建立一个有一定规模床位的社区养老院，达到可以保障自身良性运营的目的，从而起到对外服务的平台支撑作用。服务两类人群是指服务养老机构中失能、半失能、失智的老人和附近社区居家老人。融合三种模式是指把居家养老、社区养老和机构养老有机融合。连接四方资源是指：第一连接政府资源，成为政府服务社区居家老人的资源对接平台；第二连接家庭资源，让更多老人能够就近养老，保障亲情互动的连续性；第三连接社会资源，利用地理优势，把附近例如医疗、第三方服务、志愿者等资源汇集到这个平台，然后递送给不同需求的老人；第四连接市场资源，通过服务刚需老人，保证养老机构可持续发展，高绩效运营。打造五个中心是指建立社区老人的党建活动中心、社区公共文化中心、护理型老人的照料中心、社区居家老人服务保障中心、社区老人的康复锻炼中心。

在要素渗透方面，寸草春晖将养老院的服务向整个社区渗透，使更多居家养老的老人获得了养老服务；同时，以个性化服务为基础，将政府的养老政策资源、社会上的志愿服务资源、家庭支持资源，以及老年人自身在人际交往、康复经验、亲子关系等方面的独特资源整合到养老共同体之中，形成对每一个老人的资源渗透，提高养老的社会质量。

（四）寸草春晖“融合式”养老的未来愿景

如何把需要一定经济基础的院内“融合式”养老经验辐射到养老院周边的居家老人，拓展“融合式”养老模式的适用范围，是我们正在探索和实践的问题。

寸草春晖养老院提供的院内“融合式”养老服务需要一定的经济基础。其有效运行又和以下几个条件不可分割：一是需要老龄化水平以及对养护服务的总需求量达到一定程度；二是对养护服务质量具有较高的需求；三是需要对这种高质量的养护服务具有一定的支付意愿和支付能力。寸草春晖推出的居家养老服务平台既是对院内“融合式”养老模式的外向延伸，又是对“融合式”养老模式在院内实践的基础上丰富内涵的过程。应该讲，寸草春晖养老院长期探索的“融合式”养老模式，通过综合型养老服务实践，也在不断丰富这一模式的内涵和效用，并以总体涵盖、个性化支持、要素渗透、过程控制等构成模式实践的基本特征。

值得一提的是，在总体涵盖上，其为护理型老年人提供颐养、照料、医疗、护理、康乐等综合优质服务。通过对养老院生活化的环境建设，寸草春晖形成了不同类型的老年人信息交流、情感沟通、经验分享的养老生态共同体。入住老人在这一新的养老生态共同体里获得了一种崭新的生活方式，提升了养老生活的质量。这也是寸草春晖未来发展的主要趋势。

三　民营养老机构发展的挑战

（一）对民营养老机构市场地位的限制制约了其积极性

根据《民办非企业单位登记暂行办法》（1999 年 12 月 28 日民政部第 18 号令发布）的规定，“投资者丧失了财产所有权、不能从事营利经营活动、不以盈利为目的、盈利不得分配、无法融资、更不可能上市等，严重的制约了养老产业的发展”。[1] 然而由于考虑到养老机构利润微薄，如果按营利性企业注册，以目前的税负和费用成本进行估算，企业将基本处于严重亏损状态，因而90%的民营投资者在创办养老机构时选择了非营利性企业。此外，养老机构经营活动中所有的市场风险，还要由经营者来承担。而投资者在经营过程中，任何企图收回前期投资的行为，都属于违法行为。这就严重打击了养老从业者的积极性，制约了养老产业的健康发展。

（二）养老机构运营成本过高，养老机构不堪重负

目前养老机构运营的主要成本分为人员成本、物业成本、建造或改造成本。此处仅以人员成本及物业成本来进行说明。

从人员成本看，最沉重的是社保问题。目前大部分护理员是四十岁到五十岁的农村妇女，在机构的工作时间，短则几个月，长则二三年，而且她们都有农保。如果按所在城市给他们上社保，一方面她们很难带走，起不到应有的作用；另一方面企业利润微薄，负担沉重，导致大部分养老企业被迫违规操作，采取不缴或少缴社保的方式维持生存，存在巨大的信用风险。

从物业成本看，特别是老旧城区物业租赁成本非常高，老年人的收费却无法达到同步增长程度，造成养老机构入不敷出，运营艰难，目前全国80%的民营养老机构处于亏损状态，虽然国家出台很多扶持政策，但都无法有效解决这一影响企业生死的核心问题。

（三）发展规划层面缺乏应有的重视

在传统的地方经济发展框架中，以 GDP 为导向，其他各个方面都以推动 GDP 增长作为主要的目标。而在 GDP 目标导向下，诸如医疗、养老等社会服务业的 GDP 产出低，被认为是“消耗性”行业，是政府的“包袱”。这就导致在地方经济社会发展规划中养老服务业没有得到应有的重视。

虽然近年来倡导以人为本的发展理念，特别是十九大也提出“人民日

---

① 1999年12月28日民政部第18号令发布。

益增长的美好生活需要和不平衡不充分的发展之间的矛盾成为主要矛盾"，全国各地逐渐对养老服务业重视起来，一些地区虽也提出了健康服务业，但是养老服务业作为产业进行培育的思想理念，仍缺乏相应的落实手段；在发展思路上，养老产业还是被作为配套性发展的辅助行业来看待。在调研中，虽然一些地方高喊将养老服务业打造成新的产业增长点，但实际效果并不好，大多停留在口头上。

除此之外，社区养老还面临一个很大的社会性问题，特别是在社区收住失能、失智老人的养老服务机构，建设之初经常受到周边社区居民的反对和围攻，产生"邻避效应"，认为是在社区里建了"养死院"。而这些问题，政府缺乏相应的支持政策和保障力度。居民一反对，其就一味退让妥协，结果导致巨大的损失。

（四）部门分割导致养老服务的断裂现象较为严重

碎片化社区养老服务业融合式发展面临较为严重的难点问题。目前我国的养老服务业的主管部门是民政部门，但民政部门的职责仅是老年生活照料。还需要消防、卫生、环保、规划、建委等各个部门的统筹和支持，才能推进养老事业和产业良性发展。但遗憾的是，部门分割导致的服务分割和断裂严重。例如养老机构的消防设置和验收标准过于苛刻，只从消防部门自己的利益角度考虑，却没有从现实环境条件和扶持养老产业健康发展的角度出发，导致城市社区的老旧建筑改造成养老项目的工作推进十分艰难：一方面出现了全国各城市核心城区标准的社区养老机构供不应求；另一方面大部分养老机构只能建在农村或偏远郊区，老人不愿去，出现大量空置浪费现象。

四　政策建议

针对上述问题，应着重从以下几方面切实推进养老服务业发展。

第一，鼓励民营资本投资养老机构，形成合法市场地位。出台保证民营养老机构合理合法地参与市场经营活动的政策措施，给予有效的政策扶持，加大力度投资支持优秀的养老服务企业做强做大，推动我国养老产业的专业化、品牌化、连锁化发展。

第二，放开准入门槛。目前从各个部门的准入限制来看，民政部门关于养老服务机构的准入门槛设置已经比较低了，而消防部门针对养老服务机构设置的门槛还比较高。鉴于此，建议有关部门在制定消防政策时，消防及民政等多部门能共同组织专家组，并且建立长期有效的沟通机制，共同制定针对养老机构的消防设置和验收标准，而不是片面的、强制性的以命令方式下达。当然，消防事关人身安全，对消防标准严格要求是对的，但需要在具体实施中考虑现实因素，从安全性和可行性两个方面考虑问题，从扶持养老事业和养老产业的角度，给予一些可行的实施方案。

第三，将社区养老服务的闲置资源充分利用起来。改革社区养老服务的管理体制，“放管服”相结合，改革服务供给模式，大力引入社会化力量来经营。鼓励国有企事业单位将非经营性资产及主营业务以外的存量资产优先用于养老服务，通过向政府备案的方式，在租期和租金方面给予明确的政策支持，设置租金最高上限、延长租期，降低养老机构的运营成本，推进养老事业和养老产业同步发展。同时，相关部门应尽快出台政策，给予养老机构从业人员全额社保补贴，合理合法降低人员成本，确保养老企业良性运营。

第四，提升政府各层级行政“一把手”对民生工作认识的高度。多组织他们到基层调研交流，绑定工作业绩进行考核。加强各部门的统筹及保障政策的执行力度，同时加大对大众的教育和宣传工作，加强法律化手段的保障，最终实现社区老年居民能够就近养老的目的。

第五，突出养老服务平台意识。促进机构养老、社区养老、居家养老三者的融合发展，而非相互割裂。政府应为需求方和供给方搭建服务交易平台，降低养老服务的交易成本，提高服务匹配效率和服务需求密度，降低养老服务单位成本。具体来讲，一是依托现有社区养老服务设施，将其打造成社区养老服务平台。政府可推动和依托社会力量运营社区养老服务平台，特别是可以依托现有养老服务机构，通过建立社区服务平台，将养老机构的服务递送到居民家中。可总结推广寸草春晖等养老机构的经验。二是依托移动技术和信息技术，建设依托互联网的养老服务信息平台。

第六，营造公平的竞争环境。养老产业的发展需要调动全社会力量参与养老服务业发展的积极性，采取行之有效的措施，降低养老产业准入的制度性和经济性成本，营造公平规范的养老产业发展环境。

B.25

多层次复合社区养老服务驿站模式探索

——以京宇轩养老驿站为例

杨 波　柴 健　马良骥*

摘　要： 人口老龄化程度的加深使现有养老模式面临挑战，如何解决养老问题逐渐成为全社会关注的焦点。创建于2005年的京宇轩集团长期从事大健康、养老等产业，并从2013年起先后建设了近90家社区养老驿站开展养老服务。依托旗下多家专业服务公司，京宇轩创新性围绕社区养老服务驿站的建设，打造了复合养老服务模式。本文通过对这一模式的内涵、框架、运行机制、管理流程和创新举措等方面进行梳理，全面展示其主要经验和面临的主要问题，为从事养老服务的其他机构和组织提供借鉴。

关键词： 社区居家养老　养老驿站　复合模式　京宇轩

在我国人口老龄化趋势下，传统养老模式因家庭结构等问题而无法满足老年人的多样化需求，面临失效的风险。① 相关研究报告指出，北京市老龄化程度高，以户籍人口计算，截至2017年底，60岁及以上老年人口占总人

* 杨波，北京市社会科学院城市所助理研究员，研究方向为区域发展；柴健，京宇轩（北京）养老服务有限公司董事长；马良骥，京宇轩（北京）养老服务有限公司副总经理。

① 牛兴霞、李嘉林：《河北省养老产业资源优势与“京津养老院”建设研究》，《工业技术与职业教育》2016年第3期。

口的比重接近1/4，位居全国第二。[①] 同时，北京市养老服务总体上存在设施供给不足，设施与受益人群在空间分布上错位等问题。[②] 养老问题的解决需要国家财政和社会资本的多重支持。

根据已有研究的成果[③]可以看到，老年人对养老地点的选择更倾向于在家门口，而非养老机构，因此，配合居家养老的社区逐渐成为养老的主要场所，社区居家养老成为养老的主要模式，而养老服务驿站则是社区居家养老模式的重要依托。

本文以京宇轩社区养老服务驿站为例，通过对其养老服务模式、当前面临问题的梳理，探索适宜推广的举措，并对未来京宇轩养老驿站乃至国内社区居家养老服务行业提出发展建议，以实现“守护天下老人安康”的企业愿景和社会和谐进步。

一　京宇轩养老驿站基本情况

京宇轩集团创办于2005年，从大健康、养老等产业切入社区居家养老服务行业，2013年起，先后建设了近90家社区养老驿站，开展居家养老和健康服务。2017年起，在中国社会福利基金会和中华志愿者协会暖心工程的支持下，京宇轩将专业养老服务与志愿者服务结合起来，参与建设敬老暖心服务站服务社区老人。多年来，其通过多家养老驿站的建设和运营，打造了高素质的养老管理团队和业务精良的技术队伍，并通过专业的服务赢得老年人的信赖，服务老人，回报社会。

京宇轩集团旗下拥有多家企业，主要包括京宇轩（北京）养老服务有

① 北京市老龄工作委员会办公室、北京师范大学中国公益研究院编《北京市老龄事业发展和养老体系建设白皮书（2017）》，社会科学文献出版社，2018，第3页。

② 蔺雪芹、王岱、王女英等：《北京市老年人口空间分布格局特征及驱动力》，《地域研究与开发》2016年第3期。

③ 丁志宏、姜向群：《北京城市老人异地养老意愿的实证分析》《人口与发展》2011年第6期；李芬：《异地养老者的特征：异地养老模式的机遇与挑战——基于157位异地养老者问卷调查的分析》《人口与发展》2012年第4期。

限公司、互联网大数据中心、餐饮服务有限公司、健康科技有限公司等，这些公司构成的公司矩阵为高效高质量实现多维度、多层次养老服务提供了重要保障。

在养老服务方面，京宇轩依照国际原则、政府规范，在长期的生产经营实践中形成了系统完善的养老服务体系，以“公益+低偿+有偿”整体服务策略为基础的多层次复合模式和多项创新举措具有一定的示范性和推广性。

二 京宇轩复合养老驿站模式

（一）复合养老驿站模式框架

京宇轩养老服务采用的是“公益+低偿+有偿”的整体服务策略。对于高龄、孤寡、空巢以及失能老人，京宇轩采取的是常态化的公益服务，对半失能老人和活力老人采取低偿或有偿服务，增强企业造血功能，实现优质服务的常态化和持续化。

京宇轩养老服务模式总体框架涵盖整体策略、衍生服务和支撑体系三大部分（如图1所示），在“公益+低偿+有偿”的整体服务策略下，衍生志愿者服务项目、扶贫与助购结合项目和常规养老服务与健康咨询相结

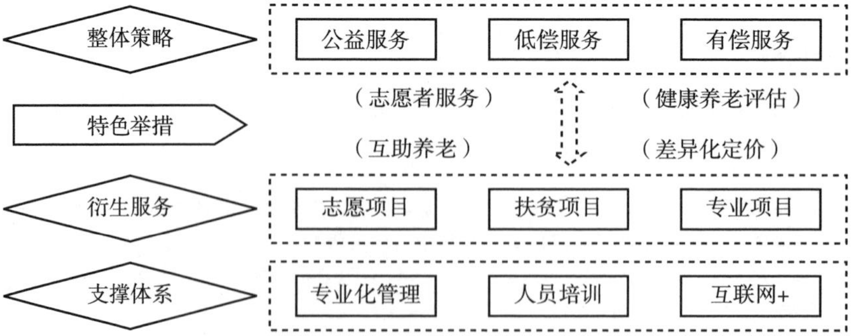

图1 京宇轩多层次复合养老模式框架

合的专业项目。如前所述，同属于京宇轩集团下的公司矩阵为其高效高质量实现多维度多层次养老服务提供了重要保障，不同的公司提供相应领域专业化服务，如在助餐方面，借助集团下属的餐厅和餐饮公司，聘请专家针对老年人饮食习惯和特点，设计出符合不同的老年人群体的营养结构和品味特点的食谱，通过专业团队支撑，为老年助餐提供优质快捷的服务保障。

具体到社区养老服务驿站建设和管理方面，京宇轩采用专业养老服务组织架构和管理流程。在组织架构上由专职站长负责全面管理工作安排，下设专职服务人员、专职养老顾问和兼职社工及志愿者。其中，养老顾问包括健康师、护理员和理疗技师；服务人员包括配送员、厨师、理发师、家政服务员和保洁服务员等。一般情况下驿站设立专职工作人员 3 名，其他专职服务人员由集团下属的服务团队派遣。

社区养老服务驿站的管理流程（如图 2 所示）如下：首先，根据互联网数据管理平台或人工走访了解社区老人需求；其次，老人需求通过无线通信或人工方式反馈至集团下属智能养老管理平台，管理平台对需求内容进行识别，并对呼叫进行应答；如仅为咨询需求则直接通过网络为老人提供线上咨询服务，如需线下服务则直接派遣相关服务人员为老人提供照料、健康和安全服务，由此形成服务的闭环。

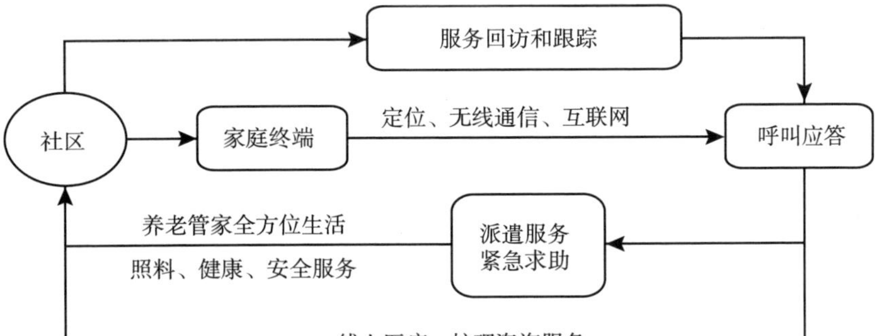

图 2　京宇轩社区养老服务驿站管理流程

在社区养老服务驿站运营过程中，社区老人对服务质量、服务内容、服务人员的意见和建议可以随时反馈给各级监督部门和机构，驿站会根据监督调整意见进行改进。

（二）京宇轩养老驿站支撑体系

1. 驿站管理制度建设

建立并完善相关工作规范和管理制度，包括驿站工作规范、驿站管理制度和员工管理制度。表 1 为养老服务驿站管理体系。

表 1　养老服务驿站管理体系

制度类别	主要内容
驿站工作规范	①养老照料服务规范；②健康服务规范；③助浴服务规范；④助餐服务规范；⑤助医服务规范；⑥家政服务规范；⑦精神慰藉服务规范；⑧代购服务规范
驿站管理制度	①呼叫服务管理制度；②养老管家服务管理制度；③入户服务管理制度；④日间照料管理制度；⑤助餐管理制度；⑥教育培训管理制度；⑦健康服务管理制度；⑧文娱活动管理制度；⑨综合档案管理规范；⑩公示制度；⑪养老综合服务协议；⑫日常安全管理制度；⑬突发意外应急预案
员工管理制度	①工作考核制度；②员工守则；③考勤制度；④财务制度；⑤服务人员规范

2. 多层次人力资源管理

京宇轩养老服务驿站会根据不同层次人员进行分级分类培训，并按其专长调整岗位工作。具体包括：对高层管理人员，京宇轩集团管理公司培训、外派；对中层管理人员及员工展开当地招聘和培训；所有工作人员均需培训，持证上岗；老年人中各类专业人才，可根据需要聘为顾问，培训讲师；家属有一技之长，根据岗位需求，可优先录用，提升亲和力。

3. 互联网呼叫服务平台

京宇轩集团建有完善的互联网线上管理体系，全面掌握老年人姓名、地址、电话、年龄、生活状况、生理状况、收入水平、医疗保障水平、紧急联系人等信息。可在线上为老年人和居民提供养老、医疗、护理等咨询服务。与呼叫、智能养老团队密切合作，提供呼叫、服务派单、入户服务等全面服务。满足老年人在家中或紧急情况下的服务需求、日常咨询、需求反馈。

（三）京宇轩养老驿站特色举措

京宇轩养老驿站所提供的全方位养老照护除了《北京市养老服务设施专项规划》确定的社区养老服务驿站应当具备的六大基本功能（即日间照料、呼叫服务、助餐服务、健康指导、文化娱乐、心理慰藉）之外，还提供了诸多特色举措。

1. 志愿者服务

京宇轩养老服务采用的是“公益 + 低偿 + 有偿”的整体服务策略。对于高龄、孤寡、空巢以及失能老人，京宇轩采取的是常态化的公益服务，由驿站员工或志愿者给老人免费提供各项服务，包括文化娱乐、日间照料、助餐、心灵慰藉、大健康管理、呼叫服务（包括助洁、助医、助购、助行、助餐、助浴）。京宇轩也会定期组织各方面的爱心企业，给这部分老人捐赠日常生活必需品。

此外，京宇轩还创新地设计了“暖心服务卡”服务，将一定价值的服务卡发给孤寡、空巢、高龄等有需求者，免费在店内使用，以提升驿站公益形象，把爱老敬老举措惠赠给站区内的所有老年人。其通过足浴等公益服务和免费健康体验，让更多的人了解驿站，喜欢驿站，来站内接受服务。

2. 互助养老

京宇轩不断加强与学校、政府等机构的合作，完善建设常态化的志愿者服务机制，组织年轻人为老人提供志愿服务。同时，鼓励低龄老人照顾高龄老人，参与“互助养老”工作。通过“互助养老”，低龄老人在享受退休生活的过程中，发挥余热照顾高龄老人，既可以实现自己的社会价值，增加低龄老人的成就感，又可以给年轻一代起到示范作用，逐渐让全社会真正形成尊老爱老的社会风气，让中华民族五千年的孝道文化，一代一代地传承下去。只有这样才有可能建立“以社会为依托，以居家为主导，以机构为辅助”的理想的养老体系。

当然，鼓励低龄老人志愿照顾高龄老人，经常会遇到低龄老人有顾虑的情况，志愿者害怕出事故，因此，除了要多做沟通，真正让低龄老人认可“互助养老”的理念，也要加强培训，通过标准化的制度、流程，尽量降低事故发生的概率。

3. 健康养老评估

老人进驻驿站，由养老管家首先对老年人群评估、分类，然后根据评估结果，制定养老服务计划和开展的项目。京宇轩健康养老评估见表1。

表2　京宇轩健康养老评估

类别	身体状况	诉求	方式	养老辅助
A类	自理：身体健康或亚健康，无重大疾病	养老：健康、享受自然、愉快、轻松生活；养心：改变原生活环境，清净、休闲	健康项目；喜欢公共交往：参与各种运动、娱乐，分时度假、旅游	健康干预，理疗、按摩、足浴、各种康复；活动中心、心理慰藉；老年餐；候鸟养老
B类	半自理：暂时或永久失去部分独立活动能力	养老：注重良性生活，杜绝高风险起居；养心：据性情爱好，参与力所能及的活动	健康干预项目；入户服务，心理慰藉；解决生活起居问题；根据兴趣参与适当活动	康复、理疗；健康指导；老年餐；部分借助护理；日间托老，心理慰藉
C类	基本失去自主活动功能，大部分需要人工辅助完成	解决起居，正常生活，生活舒适，环境清净，护理温馨。医疗、护理完善。营养搭配膳食	介入护理；专业养老护理；医疗护理、康复；营养配餐	中医康复理疗；送餐；日间照料；心理慰藉
D类	完全失去自主活动功能，全部依赖护理	规范护理，减轻痛苦，环境清新，监护齐全	专业医疗护理；专业营养配餐	医疗、理疗、食疗；介入护理

4. 差异化定价

尽管各级政府出台了一系列支持养老行业发展的政策，给予了企业一定的财务补贴，但是只有营利并生存下来，才能把企业的使命、愿景、价值观落到实处，才能脚踏实地去服务、照顾、关爱老人。

在争取实现营利的过程中，京宇轩也充分考虑到了老人及子女的消费承受能力，毕竟目前很多独生子女家庭面对的是“421”甚至“422”的家庭结构，子女压力较大，因此京宇轩各项服务采取差异化定价策略，整体服务定价走的是“亲民路线”，老人可以根据自己家庭实际情况，选择适合自己的服务，价格范围从几十元到上万元都有。京宇轩希望通过“低偿+有偿”的服务，来反哺公益养老事业，让所有老人都老有所养，老有所依。

在操作层面，差异化定价机制是结合健康养老评估将老人划分为不同类型（如失能失智老人、半失能老人、活力老人等），根据不同类型老人的需求提供差异化的服务内容，如针对失能失智老人，服务内容除日常照料外，需要偏向护理、康复等服务，针对活力老人需要提供文娱活动、代购助购等服务，再根据提供的不同服务的内容进行差异化定价。

三　当前养老驿站发展过程中面临的挑战及困难

（一）进入社区难

近年来，针对老年人的假冒伪劣保健品传销以及各种金融理财产品诈骗频繁发生，造成无论是街道社区还是老人及其子女，对于针对老人开展的各项工作，都有非常强烈的戒备心。在服务推广过程中需要不断地沟通、解释，才有可能获得基层街道、社区、老人及子女的同意，逐渐开展业务。在实际工作中，上述问题已经不是个例，经常性出现此类问题对于基层员工的积极性影响较大，从而造成基层员工有情绪，想不通，工作无法正常开展。甚至个别员工会受到刁难，引发员工流动率提升，企业招人、留人、培训人的成本增大。

（二）用工成本高

目前养老企业综合用工成本高，一方面是招人成本高，另一方面是培训成本高。虽然近期国家为了支持鼓励民营中小微企业的发展，已经降低了社保缴纳比例以及部分税率，但是由于综合方面的因素，年轻人以及受过良好教育的高素质人才，目前愿意投入养老行业的还是极少数，企业往往只能大量招聘50岁以上的女性员工，但该类员工在签署劳动合同时，只能签署劳务合同，而劳务合同目前仍然是按照800元作为抵扣基数计算个税，对于员工及企业招人留人，都带来了较大压力。同时，很多员工不仅岁数较大，而且很多从农村出来，文化程度也比较低，甚至不认字，导致企业培训难度加大，有形和无形的培训成本都有增加。

（三）运营困难大

由于中国国情特点以及几千年的养老文化，中国本土养老企业没有国外成熟的运营管理体系可以借鉴甚至照搬。目前中国的养老企业实际上都是独立地在探索适合自己的商业模式和运营管理体系，对于像京宇轩这样的民营企业，其承担的压力和面临的挑战巨大。京宇轩早期开的一些驿站，商业模式不太成熟，运营管理体系不健全，管理跟不上，大部分驿站逐渐关停，企业也付出了高昂的代价。

（四）高端人才少

如前所述，年轻人以及受过良好教育的高素质人才，目前愿意投身养老行业的还是极少数。养老行业本质仍然是一个服务行业，而不应该像有的企业搞成了房地产行业，服务业最核心的资源就是人才，无论是服务标准的制定、运营管理的执行，还是各项服务的提供，都离不开人才，养老企业从总部到基层，都需要不同层次的高素质人才。建议政府对待养老企业，可以像以前对待基金一样，在企业租房、企业税率、高管及核心骨干个人所得税税率等方面，给予优惠政策，以便吸引更多优秀人才，投身养老行业。

四　发展对策与建议

（一）加强宣传和推广工作

养老模式的转变需要老年人及其家庭的支持，转变模式的基础是打破传统养老思路，这方面需要呼吁政府加强宣传教育，树立榜样，提高公民养老意识，同时，需要从事养老服务的企业或组织积极开展各类敬老的活动。除已经承接的入户关怀活动外，还可以定期举办开放日，邀请公众实地了解各类服务。此外，应围绕现有模式启动品牌计划，通过各类传统媒体（报纸、杂志、电视）、新媒体（如网站、公众号、App）等进行宣传和交流，加强模式的推广。

（二）继续强化志愿者服务和“互助养老”等举措

志愿者服务与“互助养老”两类模式是京宇轩复合养老模式的创新举措，两类举措的强化均有助于节约企业或组织的人力成本，尤其是志愿服务的有序发展可以降低民营企业的经营成本，解决用工成本高等问题。此外，志愿者和低龄老人对服务在情感上认同感更强，其主动性和工作效率也相对较高，推动这两类举措的运行也有益于老年人获得更好的服务。为解决企业持续发展问题，应在坚持差异化定价的基础上探索新的盈利模式，如在医养结合框架下，丰富康养服务项目，在大数据平台支持下开展数据服务，等。

（三）完善养老服务人才培养方案

人力资源培养上，可以积极争取政府的补助，将集团的培训机构面向全社会公开化运营，既可以向集团下属公司输送人才，更可以向全社会其他养老机构或驿站输出人才。此外，针对培训成本较高的问题，可以考虑引入国外的一些先进模式，如对护理员的养老培训可以采取培训半天、实习半天的模式，实习期间的工资部分用来作为学员的生活费和培训费。

Abstract

This report is an analysis from 2018 to 2019, compiled by the "China Community Development Report (Theme of Community Care for Seniors)" group of Beijing Academy of Social Sciences, with participation of institutions experts, college scholars and government organizations.

This report mainly analyzes the situation and development of community care for seniors in China especially in Beijing since the year 2005. According to this report, the ageing situation nowadays in China is getting much more seriously. This report consists of two summary reports and twenty-three sub-reports, Above all, based on detailed statistical and field survey data, this report is divided into six parts and discusses the issue seriously of community care for seniors just on both the general situation and future situation in our country and especially in Beijing communities. The first part of summary reports expound the situations, the future prospects and the current problems from the perspective of macro national level and Beijing municipal level comprehensively. Furthermore, this part of report also provides policy recommendations to develop community care for seniors. The second part is made up of 4 articles, analyses the theoretical approach, ideal and reality of community old-age care, discusses the equalization of home-community old-age care, as well as probes into the issue of community intelligence care and the application of 5G technology. The Third part consists of 4 investigation reports, which emphatically expounds on the situation and problems of Beijing's community elderly facilities, just focusing on the supply side, the differences between urban and rural community. Additionally, the operation and management of elderly care centers and the construction of elderly post stations are also referred to. The fourth part has 7 survey reports, It particularly introduces that the community care for seniors is how to develop and facc what problems in the current time. It is worth mentioning that the articles in this part are all based on detailed qualitative and quantitative survey statistics, which not only analyzes the community care for seniors referred to Beijing sub-center, Shanghai city, Chishui city of Guizhou and so on, but also discusses the living environment of the elderly in Beijing old districts, the community health culture in Hainan Province and the old-age Status in Guangxi Zhuang Antonomous Region. At last, the papers of this part also bring out the countermeasures from their research perspectives. The fifth part illustrates how we can make good use of professional resources to meet the elderly demands, including mental psychological comfort for mothers of empty nest families, the construction of the community elderly psychological support system, as well as the social work skills involved in the community home care. The Sixth part in cludes typical cases. It introduces, such cases as "Puqing mode" known for its long-term care, "Leling mode" committing to micro cycle community care, "Xiyangzaichen mode" characterized by youth service, the Integrated mode of "Cuncaochunhui" and the "Jingyuxuan mode" for the elderly. In addition, discussing on perspective situations and challenges, the articles in this part also make feasible suggestions to process their practice.

Contents

I The Summary Reports

Abstract: On the one hand, China's understanding of the concept and meaning of home and community elderly care services comes from the introduction and discussion of domestic academic circles on the care of the British community and China's Hong Kong district elderly care service that are deeply influenced by the United Kingdom. On the other hand, it originates from the establishment of market economy system and the transformation of social welfare services. The model of home and community elderly service, which has been explored since 2005, has the nature of public service, which embodies the joint responsibility of the state, the society and the family for elderly care, and adapts to the characteristics of "not rich but old" in our country. It has the advantages of proximity, convenience, low cost, and is conducive to promoting employment and new service industries. And it has a low degree of social recognition, a single service project, few beneficiaries, insufficient service funds, lack of professional personnel, low resource efficiency, insufficient market-oriented operations and insufficient preferential policies. In the future, we should proceed from the national conditions, broaden the channels of funding for elderly services in the community, form a diversified investment mechanism, establish and improve service facilities and platforms, promote the professionalization and specialization of talents, and provide preferential policies to support the development of home and community old-age services.

Keywords: Institutional Care; Home Care and Community Elderly Services; Community Services Ageing

Abstract: Beijing is one of the earliest areas to enter an aging society in China. In response to the aging crisis, Beijing has formulated the development model of "9064", and community-based care has become the key area for the development of elderly care service in Beijing. After years of efforts, Beijing has built a "three-sided and four-level" management and service system of community-based care services for the elderly. In addition, Beijing has established a relatively complete legal and policy system, quality evaluation system, social security system and industrial development system. At the same time, under the encouragement of innovation, the network of elderly posts has gradually formed, the participants of community-based service have been diversified, and the smart care for the aged has been rapidly promoted, community-based care has become the main way of elderly service. Meanwhile, in the development of community-based service for the age, Beijing still needs to straighten out the boundaries of government, market, society and family, and concentrate resources on the poor, elderly and disabled elderly. At the same time, relevant policies should be further improved to enhance the sustainable development of elderly posts.

Keywords: Beijing; Community-based Care; Service Innovation for the Aged

Ⅱ Home-community Care Development

B. 3 Home Care for Seniors: Theory, Approach, Ideal and Reality

Miao Qing / 040

Abstract: Home care for Seniors is a mainstream response to the wave of silver hair. The subject——from a few academic discussion at the beginning of the 21st century to the subsequent policy advancement——has now moved towards large-scale development. Based on the integrated vision of the home care and the analysis of entire life course, the author creates an idea of service chain for maintaining dignity in old age, from healthy aging, long-term care to palliative services; promoting those services depends on the integration and backstage support of resources inside and outside the community, including knowledge renewal, policy coordination and popular innovation, and the practice could deepen the understanding of social safety net for old age and the idea of natural death. Running to a good home care for seniors, in addition to improving the professional quality of caregivers, it also needs to popularize the new knowledge of long-term care and palliative services. Through the analysis of vision and the rich content of the elderly service chain, those important nodes for creating an elderly livable community can be clarified. Moving forward on the path based on the analysis above, such as eliminating shortcomings, making solid progress, linking macro goals with implementation rules and bringing together a large number of micro-innovations, the promotion will greatly increase the quality of care services and the well-being of older people.

Keywords: Home Care for Seniors; Aging Services; Long Term Care; Palliative Services; Public Participation

Abstract: Longevity provides more opportunities for individual achievement and their contribution to society, but longevity elderly people often face a series of health problems, which means that the focus of Chinese society needs to change from pursuing youth and maintaining youth to age-related social participation, contribution, interconnection, physical function and so on. Healthy aging is regarded as a positive solution to the challenges of aging society. Based on the functional goals of individual health and the innovation of modern society, education and public health policies, healthy aging regards the elderly as valuable resources. When people live longer and healthier, society has the ability to eliminate prejudices and provide creative solutions.

Keywords: Healthy Ageing; Strategic; Ageing Discrimination

Abstract: Based on the Internet technology , it is of great significance to improve the quality of the capital city by the artificial intelligence, depending on which we can innovate the way of elderly service, and enhance the sense of community elderly residents' sense of achievement and happiness from the supply side of elderly service. In recent years, although Beijing has made some progress in the construction of intelligent city, especially in the level of community care for the elderly, it is still also in the exploratory stage. This article mainly combs and analyses the current situations and problems of Beijing intelligent elderly in order to provide scientific decisions -making for the government department theoretical basis.

Keywords: Community Care; Intelligent Elderly; Service Smart Technology

Abstract: The fifth-generation mobile communication technology has advanced technical advantages and broad application prospects. The 5G technology will be deeply integrated with social production fields, bringing new technological application scenarios and profoundly changing people's production and lifestyle. Studying the innovative application of 5G in the community nursing has certain theoretical significance and practical guiding significance. This paper firstly analyzes the evolution of previous generations of mobile communication technology standards, and points out the characteristics of 5G technology; then focuses on the analysis of the application scenarios of 5G technology in community nursing and the positive effects on the development of community nursing. The paper also points out the difficulties and problems in the application process, and puts forward corresponding countermeasures and suggestions.

Keywords: 5G; Community Nursing; Application Scenario; Innovation

Ⅲ Community Elderly Facilities

Abstract: This paper conducts an analysis on community-based facilities for elderly and disabled care in township and community levels based on the data from home-based service general survey organized by Bureau of Civil Affairs in Beijing. This survey was conducted from 2016 to 2017. Totally 330 streets, countryside and township and 6789 communities, with totally 4104 elderly and disabled care facilities, in 16 districts from Beijing were enumerated. The data dealing with facility field, service status and service functions are also collected on the base of the street and community questionnaire. Based on all the relevant data, the analysis for the all information is undertaken. First of all, this paper expounds community-based facilities total, distribution and coverage theoretically. Secondly, community-based facilities names, character, facilities, origination, environment and building conditions are also considered seriously in this paper. Thirdly, the paper discussed the operating time, the operating mode, number of occupancy and beds as well as employees. Fourthly, it analyzeding the composition and status as well as the distribution of items of service function for community elderly facilities.

Keywords: Elderly and Disabled Care; Home-base Old Care; Service Function

Abstract: This study used data of "Baseline Survey on Beijing Home-based Care Facilities for the Elderly (2016)", analyzed urban and rural differences of Beijing community facilities serving for the elderly, and explored urban-rural difference of Beijing community facilities serving for the elderly in the facility coverage, the amount possessed, the name of the facility, area of structure, attributes of the facilities, independent usage, barrier-free facilities, service scale, employee and service function, put forward to perfecting the urban and rural service demand survey for the elderly, explored the effective supply model of community elderly care service facilities suitable for the rural elderly, realized the comprehensive and reasonable coverage of community elderly care service facilities in urban and rural areas, and achieved balanced development in urban and rural areas, strengthened the standardization, independence and rationality of community service facilities for the elderly, further encouraged and supported the participation of social capital in the construction of old-age care facilities, especially in rural areas, and explored diversified modes of participation. We should raise the standard of remuneration for people working in old-age care services and increase the number of professionals working in old-age care facilities.

Keywords: Beijing; Community Facilities Serving for the Elderly; Urban-rural Difference

B. 9 Meeting the Ageing Challenge and Perfecting the Situations of Old-age Care for Metropolitan Cities *Li Shucong* / 136

Abstract: Beijing is a mega-city with a larger population, and also has deeper degree of aging. In recent years, paying more attention to the "bed side" of the family life, the "side" of community care and the "surroundings" of streets (townships) daily life, which is considered to be "three-sided" service demands, Beijing has strengthened the construction of the "four-level" service security system of city-level guidance, and has maken great progress. In fact, the street (township) care centers for the aged play an important role, since it not only undertakes six functions: institutional pension, community care for the aged, home help for the elderly, skills training, professional support and information management, but also plays the role of "two ends in the middle" by coordinating family, community and other service resources in result to meet the multiple personality needs of the elderly and improve their feelings of gaining and happiness as well as security. In the process of development, we are also faced with various difficulties which have both commonalities and individualities, such as planning, land, legal person, tax, talent, capital, etc. Therefore, we should especially study and discuss services for the elderly further more with the deepening of reform and development.

Keywords: Elderly Services; Community Care; Care Mode

Abstract: The old-age community service station is the innovative project of Beijing to lay a solid foundation for home-based elderly care services, to perfect system of elderly care service, and to promote old-age service development, so as to better satisfy the diversified old-age service needs of old people in the community. This article argues that two aspects of the problems should be solved in the process of construction, operation and development of the old-age community service stations. One is that the top-level design should be strengthened by the government to get through the "last kilometer" of policy service. The other is that the subject of operation should be good at helping seeking and self-development simultaneously to consummate the elderly care service of "Three deliveries and Four Hierarchies".

Keywords: Old-age Community Service Station; Three Deliveries and Four Hierarchies; System of Elderly Care Service

Ⅳ　Community Care Survey

Abstract: Based on the survey data of 330 townships and 6851 communities in 16 districts of Beijing in 2016 and the survey data organized by the School of Labor Economics of Capital University of Economics and Trade in Dongcheng, Chaoyang and Shijingshan in 2015, this paper analyzes the residential environment of the elderly in older residential communities and the older residential communities. Then this paper finds the number of older residential communities in

Beijing is as high as 4229, accounting for a quarter of the total number of residential districts in the city. The older residential communities are mainly concentrated in five districts, including Xicheng, Haidian, Chaoyang, Dongcheng and Fengtai, whose proportion is more than 80% . There is nearly 40% of older residential communities have undergone barrier-free transformation of outdoor environment. More than 60% of the older residential communities have undergone barrier-free transformation of the families of the elderly and the disabled. Compared with the elderly in non-older residential communities, the elderly in older residential communities are relatively poor in residential environment, unit building entrance environment, living room environment, bedroom environment and other living environment, while there is little difference in the interior environment, corridor environment, kitchen environment and toilet environment of the unit building.

Keywords: Older Residential Communities; Elderly; Residential Environment; Beijing

Abstract: Community old-age service is a new socialized pension model between home pension and institutional pension. It can provide necessary support and supplement for home care, and is an important link in the construction of Beijing's sub-center pension service system. The community old-age service station is the main carrier of community care. The Beijing's sub-center is developing the station to meet the material and spiritual needs of the elderly. In practice, there are still problems such as incomplete community pension facilities, unimproved work mechanism of old-age care the poor old-age service team and low social participation. It is suggested that the Beijing sub-center should research on the elderly-friendly international harmonious and livable capital, and actively respond to the aging society through the various plans of the sub-center, and constantly improve the construction of the community-based old-age care service system.

Keywords: Community Old-age Care; Beijing; Sub-center

Abstract: It is a core practice to construct a reasonable and harmonious pension service system, however, in the actual implementation process, there exists "double gap" between the subjective intention and effective demand of the pension service, also same between effective demand and the actual supply. This paper takes the "double gap" of pension service in Shanghai as the entry point to analyze the "double gap" situation and regional differences between urban and rural areas. At the same time, this research investigated the current elderly care needs assessment system in Shanghai. This paper discusses the problem of supply and demand mismatch from the multiple perspectives of government, institutions and individuals, so as to provide policy suggestions for establishing a reasonable supply system of pension services and realizing the balance of regional supply structure.

Keywords: Pension Service; Double Gap; Mismat

Abstract: In China, the proportion of senior citizens with care needs is high, and there are great differences among provinces. Senior citizens with care needs show high awareness rate, high demand rate, low utilization rate, poor utilization efficiency and unsatisfied effective demand for most of the elderly care service projects. In terms of groups, elderly women, widowed elderly, poorly educated elderly and economically disadvantaged elderly are the groups with strong demand for elderly care services, but they are in a weak position in terms of access to elderly care services. The awareness rate, utilization rate and oversupply rate of most care services for the elderly with care needs in rural areas are lower than those in urban areas, while the demand rate and the supply gap rate are higher than those in urban areas. There are significant differences in the awareness rate, utilization rate, demand, oversupply rate and supply gap rate of elderly care services for the elderly in the eastern, central, western and northeastern regions, and it is urgent to strengthen the home-based elderly care services in the western and central regions. In addition, this paper proposes targeted suggestions to provide better community home care services.

Keywords: Community Home Care Services; Senior Citizens With Care Needs; Supply; Demand; Utilization

B. 15 Research on Problems and Countermeasures of Chishui Old-age Service System under the Background of Urban-Rural Integration: Enlightenment to Beijing

Mu Songlin / 239

Abstract: Population aging is one of the practical problems that need to be addressed in the new era. The construction of old-age service system is very important in Chishui City Which is regarded as a longevity town and tourist city in China. The results show that the proportion of the elderly population in Chishui City is 17.7 percent, which shows the characteristics of fast speed, aging and large population. Children support, labor income and retirement pension are the main economic sources of the elderly population. There are three problems in the construction of the old-age service system. In view of the above situation, this paper puts forward three countermeasures and suggestions, and gives good enlightenment and case study for the construction of Beijing's pension service system.

Keywords: Urban-rural Integration; Old-age Service System; Problems and Countermeasures

Abstract: In the new era of socialism with Chinese characteristics, especially under the background of the challenge of population aging, the implementation of health China strategy and the promotion of healthy city and healthy village construction, this paper tries to explore the basic connotation, main characteristics and important functions of health culture, and then comb and refine the health culture practice characteristics in Hainan Province, especially in its three typical cities and counties, the implementation path to develop health culture is presented.

Keywords: Community Health Culture; Population Ageing; Healthy City And Healthy Village; Hainan

Abstract: This article discusses the particularly phenomenon of Bama Poyue village in Guangxi Bama, which is known as tourism and residence for the elderly. In a word, this article not only expounds the choice motivation and situation for the elderly, but also illustrates the important meanings and development problems referred to pension model. Above all, it is also pointed out that the elderly tourism how to develop in the future.

Keywords: "Human Being Like Migratory Birds"; Elderly Tourism; Phenomenon of Bama

Ⅴ Community Care Practice

Abstract: Empty-nest family does not only means changes of family structure and relationship to women, it also change their self-concept. Influenced by traditional culture, women usually face more difficulties to adapt to a new lifestyle when their only child become independent. It's not an excuse for women to give up their own development just because of empty-nest family environment or retirement. Not only those women themselves, but als society and community need to concern how to help empty-nest mothers adapt to new life after retirement and improve their mental health. At presert, the community of urban can bring lots of joy and excitement to people. Currently, community workers should encourage those empty-nest mothers to participate more social activities to fulfill their spiritual life, then to devote themselves into communities. This would greatly help retirement women and women nearing retirement improve their mental health, promote family harmonious atmosphere, and keep social stability.

Keywords: Empty-nest Mother; Mental Health; Community

Abstract: Community pension becomes a common trend of social pension.

It is an important guarantee for improving the retired life that community workers effectively understand the psychological needs of the elderly. This paper focused on the common psychological problems of loneliness, confusion, anxiety and uneasiness, faced by elderly in community. We analyzed the causes of the psychological problems of the elderly in China from the perspective of the change of the pension environment. On this basis, this paper argued that the contents of mental health care for the elderly include establishing whole life goals, adapting to self-help pension mode, cultivating elder's interest, improving harmonious relationship with their family, offering hospice care service and death education. Besides, This paper argues through multiple ways, including establishing a social service system for the elderly psychological care, improving mental health rescue mechanism for the elderly and establishing various forms of community ancestral academies, we could achieve the goal of psychological support services for the elderly in the community.

Keywords: Community Pension; Elderly; Mental Health; Psychological Support

Abstract: This study relies on the Haizijiao community home-based pension service project of Tiangongyuan Street in Daxing District of Beijing, and follows the professional concept of "helping others to help themselves" to intervene in the home-based pension service for the elderly in this community. The main methods include: establishing a joint meeting system to promote professional social work institutions and services to better integrate into the existing community service supply network, forming a collaborative "three-community linkage" mechanism, adhering to the need-based service concept and carrying out multi-level and multi-form professional intervention services, such as case, group and community work, based on the survey data of home-based pension service needs and actively cultivating social organizations of the elderly to enhance their social capital and form a situation of mutual assistance between the elderly from the perspective of empowerment of the elderly. The study also combined qualitative and quantitative project evaluation methods to evaluate the effectiveness of the intervention. The results show that the project has achieved remarkable results in professional social work intervention services.

Keywords: Professional Social Work; Urban Community; Home Care Service; Intervention Service; Effectiveness Evaluation

Ⅵ Institutional Cases

Abstract: China is facing the trend of increasing aging, at the same time, rapid economic and social development, so that China's family structure has made significant changes. The lack of children and the miniaturization of family structure make the pressure of traditional family old age surge, which has been difficult to meet the needs of the elderly for old age. The old-age service is different from other general services. The diversification and multi-level needs of the elderly also put forward higher requirements for the aged care service, and long-term care is a feasible response. From the international experience, the developed countries and regions that have taken the lead in the aging of the world have experienced structural changes in the long-term care delivery model, from the development of large-scale pension institutions to miniaturized and specialized community-based institutions, emphasizing on community-based long term care service coverage is to let the disabled and the demented elderly spend their old age in the communities and families they are used to. In this way, the elderly can get professional care services, and they can often get family members. There is no doubt that this concept of "Community of institutions" is worthy of reference from China and is more in line with the traditional concept of the elderly. The Fullcheer took the lead in localizing this concept in China, taking community-based long-term care institutions as the main body, carrying out systematic layout and chain operation, and forming a professional and efficient community long-term care service system.

Keywords: Long-term Care; Community and Home-based Old-age Care; Chain Replication

Abstract: Over the past 13 years, Leling Elderly Social Work Service Center has adhered to the beautiful vision of "let every aged citizen enjoy the happy life at home", never forgetting the original intention, and gradually growing from small to large, growing into a community nursing institution with certain popularity. Leling takes precision service, professional training, diversified brand activities to promote community integration and promote standardization construction as its operating mechanism. Leling adheres to the needs-oriented work, taking the elderly as the center; insisting on the integration of formal and informal care; continuing to target middle and low-income elderly people; adhering to the most suitable is the best service concept to serve the community elderly, and the results are commendable. Based on this, Leling analyzed the internal and external policy challenges of itself, proposed effective countermeasures, and proposed the future vision of development.

Keywords: Community Home Care; Leling Elderly Social Work Service Center; Micro-circulation

B. 23 Practice of "See Young" Youth Volunteer Service for the Aged and Thoughts on Public Welfare Theory

Luo Xu, Zhang Jiaxin, He Shaosen, Sui Mingzhe and Wang Yu / 346

Abstract: This paper takes See Young as an example to analyze and discuss. See Young is a social organization with the vision of "let the elderly live a high-quality life". See Young takes root into the community for a long time to serve the elderly in the community. In order to enrich the elderly's life in the community, young volunteers from universities are encouraged to serve the elderly in the community, and use the "information technology to help the elderly" to bridge the digital gap and alleviate the loneliness of the elderly. Based on the actual service cases and the corresponding theoretical thinking and research, this paper mainly discusses the following three issues and draws the corresponding conclusions. (1) See Young's service for the elderly is based on the needs of the elderly, the main service content is constantly changing and adjusting with the development of the times, from the Internet Era to the mobile Internet era, with the technological progress, the needs of the elderly are constantly changing. The service content will be updated accordingly. (2) The service mode of See Young is based on the needs of the elderly in the community, and through multi-form and multi-content service mode, a standardized service system has been established, which has a solid basis for promotion and replication; (3) See Young will combine community volunteer service with community building and social governance, and effectively mobilize and cultivate the elderly. Group feeding back society, and continuing to serve the elderly in other communities, to create a new model of governance innovation. Based on the above results, this paper makes corresponding prospects for the future development of volunteer service for the elderly and its combination with the old-age industry, and puts forward expectations for the development of the industry, hoping that volunteer service for the elderly can be rationally integrated with the old-age industry, in-depth integration, joint promotion and comprehensive improvement of the quality of life of the elderly in Chinese communities.

Keywords: See Young; Public Service; Institutionalization

Abstract: Taking "Cuncaochunhui" institution as an example, this paper puts forward the "Integrated elderly Model", which aims to define the internal clues of the elderly service process, integrates the traditional and modern elements of modernity to meet the elderly's diverse and different needs to a greater extent. We can see that the older people staying in nursing homes face the dilemma of reconstructing the life in this article, that is to say, from the family-centered world of life to the life world of nursing homes, which could be solved relying on the integrated elderly service model. Therefore, it is necessary to encourage private investment in the legal market, liberalize access, make full use of the idle resources of community care services to strengthen the normative and fair community care services. Relying on the pension service information platform to promote the integration and development of institutional pension, community pension and home pension, and further strengthen the standardization and fairness of community pension service.

Keywords: Intergradation; "Cuncaochunhui"; Platform

B. 25 Exploration on the Multi-level Compound Pattern of Community Aged Care
—*Taking Jingyuxuan Aged Care Station as an Example*

Yang Bo, Chai Jian and Ma Liangji / 376

Abstract: The deepening of population aging makes the existing aged care pattern face challenges, and how to solve the pension problem gradually becomes the social focus. Jingyuxuan Group Corporation which is founded in 2005 engaged in big health, pension industry for long term. Since 2013, Jingyuxuan have built nearly 90 community aged care stations. Relying on its professional service companies, Jingyuxuan creatively creates a multi-level compound pattern of community aged care station pattern. This article sorts out the pattern of connotation, framework, operating mechanism, management process and innovative measures, and presents its major experience and major issues to other institutions and organizations engaged in aged care services.

Keywords: Community-home Elderly Care; Elderly Care Station; Multi-level Compound Pattern; Jingyuxuan

S 基本子库
UB DATABASE

中国社会发展数据库（下设 12 个子库）

全面整合国内外中国社会发展研究成果，汇聚独家统计数据、深度分析报告，涉及社会、人口、政治、教育、法律等 12 个领域，为了解中国社会发展动态、跟踪社会核心热点、分析社会发展趋势提供一站式资源搜索和数据分析与挖掘服务。

中国经济发展数据库（下设 12 个子库）

基于“皮书系列”中涉及中国经济发展的研究资料构建，内容涵盖宏观经济、农业经济、工业经济、产业经济等 12 个重点经济领域，为实时掌控经济运行态势、把握经济发展规律、洞察经济形势、进行经济决策提供参考和依据。

中国行业发展数据库（下设 17 个子库）

以中国国民经济行业分类为依据，覆盖金融业、旅游、医疗卫生、交通运输、能源矿产等 100 多个行业，跟踪分析国民经济相关行业市场运行状况和政策导向，汇集行业发展前沿资讯，为投资、从业及各种经济决策提供理论基础和实践指导。

中国区域发展数据库（下设 6 个子库）

对中国特定区域内的经济、社会、文化等领域现状与发展情况进行深度分析和预测，研究层级至县及县以下行政区，涉及地区、区域经济体、城市、农村等不同维度。为地方经济社会宏观态势研究、发展经验研究、案例分析提供数据服务。

中国文化传媒数据库（下设 18 个子库）

汇聚文化传媒领域专家观点、热点资讯，梳理国内外中国文化发展相关学术研究成果、一手统计数据，涵盖文化产业、新闻传播、电影娱乐、文学艺术、群众文化等 18 个重点研究领域。为文化传媒研究提供相关数据、研究报告和综合分析服务。

世界经济与国际关系数据库（下设 6 个子库）

立足“皮书系列”世界经济、国际关系相关学术资源，整合世界经济、国际政治、世界文化与科技、全球性问题、国际组织与国际法、区域研究 6 大领域研究成果，为世界经济与国际关系研究提供全方位数据分析，为决策和形势研判提供参考。

法律声明